律师帮帮忙

身边的法律微服务

盈科律师事务所——编
梅向荣——主编
胡忠义——执行主编

法律出版社 LAW PRESS · CHINA

律师帮帮忙

身边的法律微服务

主　　编　梅向荣

执行主编　胡忠义

编委会成员　梅向荣　李　正　胡忠义　郭昌亮

廖　行　刘　迪　王效锋　冯　旭

执行编委　丁　萌

YINGKE® 盈科

梅向荣

北京市盈科律师事务所全球董事会主任、全国律师协会政府法律专业委员会委员、北京市律协理事、北京律协律师事务所管理指导委员会主任、中国中小企业协会副会长、中国青年企业家协会理事、中华梅商联盟会长、清华大学校友总会理事、清华企业家协会理事、监事、清华大学法学院法硕联合导师、中国人民大学律师学院兼职教授、中国政法大学法学院兼职教授、2019年度全国优秀诚信企业家。主编：《盈科律师丛书》《走近盈科大律师丛书》《登峰律途》《辩策——盈科精选刑事案件律师辩护策略与智慧》《律智——盈科精选民商事案件律师代理策略与智慧》等系列书籍，著有《如何做中国最好的律师事务所》《律师事务所战略与发展》《管理层收购法律实务》《私募股权投资基金的设立与税收筹划》等著作。

李　正

盈科律师事务所中国区董事会主任、中国区执行主任，毕业于长江商学院EMBA，负责盈科中国区各律所运营管理，熟悉律所业务发展、人力资源管理、市场营销、财务管理、信息化建设等律所运营核心板块。注重由经验化管理向制度化管理转变，通过运用智能化技术、云端服务、成本控制、实施标准化管理等现代管理手段提升管理效能，从而建立精细、高效的管理制度。性格开朗，为人正直，忠信可靠，做事认真果断、吃苦耐劳，有高度的事业心、责任感，良好的大局观和协作意识，具有强烈的团队精神。

胡忠义

胡忠义律师，北京市盈科律师事务所党委委员、盈科律师事务所中国区监事会主任、盈科宣传出版工作委员会主任，现任中国科学技术大学、西南政法大学、华北电力大学等十余所高校兼职（客座）教授、硕士研究生导师，合肥仲裁委员会仲裁员，湛江国际仲裁院仲裁员。胡忠义律师从事法律工作三十三年，曾任高校法学教师，中级法院审判员、副庭长等职多年，担任专职律师后，承办过大量重大、复杂、疑难商事纠纷案件和职务犯罪、经济犯罪、涉黑恶势力犯罪案件。

郭昌亮

郭昌亮律师，盈科全球总部合伙人，盈科中国区董事会董事，盈科宣传出版工作委员会副主任，盈科（银川）律师事务所管委会主任，中国贸促会/中国国际商会调解员，银川仲裁委仲裁员、石家庄仲裁委仲裁员。擅长政府、公司类法律顾问，专注于刑事辩护、建筑房地产、金融等法律事务。执业二十多年先后担任六十余家政府机关、企事业单位常年法律顾问，获得省级“优秀共产党员”“优秀律师”“十佳律师”等荣誉。

廖　行

廖行律师，北京盈科（成都）律师事务所管委会主任、盈科律师事务所中国区董事、盈科宣传出版工作委员会副主任，成都市第十七届人民代表大会代表，成都市人大常委会智库成员，西南政法大学行政法学院、西南石油大学法学院兼职硕士生导师，湛江国际仲裁院仲裁员、钦州仲裁委员会仲裁员，2003年从事律师工作，主要擅长刑事法律事务、重大商事法律事务、刑民行交叉法律事务、企业风险防范。

刘　迪

北京市盈科（广州）律师事务所律师，中国区股权高级合伙人、董事会董事、盈科广州不动产法律事务部主任，中国政法大学本科及国际法学院民商法专业在职研究生。曾任高等院校法学讲师近四年，律师工作九年。擅长房地产一、二级开发，一二手房交易及房地产开发全过程中涉及的诉讼、非诉讼业务。长期研究城市更新、房地产前期尽职调查、股权收购并购、公司架构，办理大量土地、城市更新、房地产网签、银行按揭办证等法律服务，同时担任二十多家大型公司的法律顾问。

王效锋

王效锋律师，法学硕士，盈科律师事务所全球合伙人、北京盈科（上海）律师事务所党委委员、监事会主任、公司法律事务部主任；社会兼职：上海交通大学凯源法学院兼职硕导、上海市法学会港澳台法律研究会理事。王效锋律师曾先后在行政机关、新闻媒体、大学、外资企业任职，具有良好的知识结构和丰富的职业背景，能够胜任重大复杂的法律服务项目，重点在公司法、合同法等相关领域提供法律服务，擅长为客户提供整体性、实战型法律解决方案。

冯　旭

冯旭，北京卫视科教频道《律师帮帮忙》栏目制片人，在二十年的记者生涯中，曾经获得中国新闻奖二等奖、北京新闻奖一、二、三等奖若干次，是新闻评论节目《锐观察》创始人之一，先后在《今日话题》《锐观察》《法治中国60′》《律师帮帮忙》等栏目担任重要岗位工作。

序

朋友问的最多的一句话就是：你会不会充满了负能量呀？我不假思索的反问道，每天接触形形色色的当事人，遇到的都是困恼心头已久的烦心事，想想自己，生活还不至于太糟？如果能给穷尽一切办法还是一筹莫展的当事人提供切实可行的法律意见，然后再让那些烦心事迎刃而解，那岂不更是一件乐事？

接触当事人多了，有时会默默地有点心疼他们，六旬老人帮人贷款、替男友身负百万负债、用信用卡帮老板周转……善良淳朴的他们，有时就因为轻率出借钱款让自己债台高筑。

有时会暗暗地替他们惋惜，分到痴呆母亲的拆迁款赡养却成空谈、两套房产让兄弟大打出手、亲姐妹抢走我的继承份额……多年的亲情，在利益面前竟能撕开这么大的裂口。

有时会恨不得自己能手撕肇事者，外教涉嫌殴打儿童、收藏品市场成骗子的乐园、多年理财竟被骗……意想不到的遭遇，让生活变成一团乱麻。

当然不管内心有怎样的波澜，理智告诉我战胜情感的最好办法，莫过于能在层层迷雾当中为当事人找到高效可行的法律路径。每一次和当事人面对面的过程当中，最让人兴奋的时刻就是律师能独辟蹊径，面对当事人看似无解的难题，打开那些缠绕已久的死结。

不同于一般的法律服务栏目，《律师帮帮忙》接触到的都是真实的案例，他们的境遇如果一天不发生改变，他们的生活就将受到持续的影响。

其实，做节目时会有一点小小的遗憾，特别是每每遇到当事人的丈夫出轨，自己却要净身出户，有的明明丈夫常年有“小三”，但想索要损害赔偿却不是一件易事。好在这本书即将出版之时，《民法典》草案已经审议通过，新增离婚时损害赔偿“兜底”条款,保护无过错方。等到2021年1月1日实施之时,我们在面对当事人这个疑问时也就更有底气维护他们的权益。

当看到把261集节目,500多个当事人活生生的案例集结成册时,更愿意读者从中能读到故事背后的内容,说了这么多年的普法,我想对每一个普通百姓来说,最好的普法不就是家长里短的生活中少一些纷争,本是和睦幸福的家庭别因为房产反目成仇,本是同林鸟的夫妻能好聚好散,本是该尽的孝道可以善始善终。也许细细地读完这些案例,你们的生活也因为知法守法变得美好了那么一点。

何思

《律师帮帮忙》栏目副制片人

第一部分　律师帮帮忙

一、婚姻家庭继承

第二部分 律师问答

第一部分

律师帮帮忙

一、婚姻家庭继承

相识网络坠入爱河，意外怀孕发现弥天大谎

随着网络成为人们生活不可或缺的一部分，相亲征婚也搭上了“互联网+”的快车，特别是手机交友、相亲软件遍地开花，部分单身的朋友由于自己时间紧任务重，开始选择社交软件相亲。然而这些相亲软件对会员身份信息把关不严，出现个人信息随意填写的情况，再加上由于缺乏监管，各怀目的的人聚集在各种相亲软件中，很多单身而渴望爱情的朋友“兵败于此”，非但没有找到爱情，还弄得满身伤痕。

本篇将为您讲述一个相识网络坠入爱河，意外怀孕发现真爱背后竟是弥天谎言的真实案例。

案例回顾

来京打拼多年的王女士，今年30岁，目前经营着一家美甲店。事业稳定的同时，她越来越希望自己的感情也能够有个着落。为了能够尽快找到心仪并且靠谱的对象，王女士特意选择了某相亲网站的实名认证。也许是千里姻缘一线牵，几天后，通过该相亲网站，王女士就认识了李先生。短暂接触之后，王女士和李先生的感情迅速升温。很快，两个人就确立了情侣关系。

经过两年的交往时间，让王女士认定李先生就是能够相守一生的人。就在今年5月，王女士得知了一个喜人的消息，她怀孕了。然而，小生命的到来却让李先生惊慌不已。

究竟是初为人父的紧张，还是有其他原因呢？

原来两年的真心付出到头来自己竟然要面对的是一场骗局。到底王女士经历了什么呢？

此时面对已经怀孕的王女士,李先生却提出要求王女士打掉孩子。这到底又是为什么呢?原来李先生不仅是一位已婚人士,还是两个孩子的父亲。李先生希望王女士打掉孩子,并保证不破坏自己的家庭,就能得到一份一定数额的赔偿。

愤怒、伤心,王女士说不清该用哪个词语来形容自己当时的心情。两年的时间,自己竟然一直活在这样一个弥天大谎里。伤害不仅在身体上,李先生对王女士欺骗造成的心理伤害将是王女士情感路上过不去的坎。虽然李先生提出了钱财的补偿,但是王女士认为,这些并不能弥补自己所受到的伤害。

面对这样无奈而又痛苦的局面,让我们一起看盈科臧梵清律师如何支招。

律师支招

王女士是出于对相亲网平台的信任,进而相信了对方,那么百合网是否存在监管不到位?王女士又将如何维护自己的权益?

首先,作为婚恋网站在提供客户信息时,负有相应的查询义务。但对于目前的婚恋网站来说,要做到百分百的核实真伪,其实在技术上是不可能实现的。是否进行了婚姻登记,只有到民政部门查询后才能知道。

如果网站在提供服务时自己宣称,可以保证客户资料百分百真实,那么网站必然是要承担相应的赔偿责任。如果网站进行了必要的提示,从客观情况来看,网站所提供的只是平台信息服务,以及后期的红娘相关服务,主观上不具有过错,所以,不应当由网站来承担赔偿责任。

根据《刑法》第 258 条的规定,重婚罪是指有配偶又与他人结婚或者明知他人有配偶而与之结婚的行为。

《刑法》第 258 条规定:“明知他人有配偶而与之结婚的,处二年以下有期徒刑或者拘役。”根据《刑法》的相关规定,有配偶者与婚外异性进行登记结婚,或者以夫妻名义对外公开宣称,则构成重婚罪。男方的行为虽然很恶劣,但并不属于刑法中构成重婚的情形。

(北京市盈科律师事务所　臧梵清)

房子被老伴偷偷抵押，七旬老人陷困境

所谓人生七十古来稀，本该是颐养天年的年纪，可王先生的生活却是一团糟。老人希望自己能过几天正常人的生活，不能一辈子活在地狱里边啊！又是什么原因让王先生如同生活在地狱一般呢，正是他的老伴。都说少来夫妻老来伴，可在近40年的光阴里，王先生和李女士却上演了一幕幕纠缠入骨的爱恨情仇，这对老夫妻的故事说出来确实有点耐人回味。

案例回顾

1979年3月，王先生和李女士经人介绍，走到一起，组建了家庭。可婚后，二人的矛盾逐渐凸显，儿子的出生也没能挽回他们的婚姻。9年之后，王先生和李女士选择了离婚。2002年年底，王先生和李女士由于孩子的原因选择复婚，可第二次的婚姻生活让王先生陷入了更大、更多的麻烦当中。

2006年王先生卖了母亲给他个人留的遗产，买了一套房子，这笔钱与老伴没有任何关系，而就在买房过户的当天，李女士希望王先生看在已经复婚的情分上，将房子写成自己的名字。

抱着对美好生活的期望，王先生默许了老伴的要求，可让他没想到的是，这一步却给自己今后的生活制造了源源不断的麻烦。

老伴在拿到房本后，态度突然转变，这让王先生始料未及。房子买回来了，老伴却将王先生告上了法庭，要求王先生每月要支付一半的房租给老伴，夫妻间的情分荡然无存。分享一半房租也就算了，最让王先生不能接受的是在2017年3月，李女士竟然背着他，将二人复婚后购买的房子做了抵押。从高利贷那里借来了

480万元，并且承诺6个月还清，每个月支付利息高达9万余元。

为了保住房子，王先生拿出为叔叔买房准备的钱，给老伴李女士偿还了480万元的债务。与此同时，就王先生为李女士偿还的480万元，二人签订了协议。在这其中，李女士承诺，会将这480万元连本带利还给王先生。而李女士在还了3个月后就不还了，这对于王先生来说，损失的不仅仅是时间和金钱。由于这笔钱原本是自己叔叔的购房款，因此，李女士的违约行为，还会牵连王先生的叔叔。

生活原本就已经很不如意，更让王先生痛心的是，他的独子也因为身体问题，无法工作，生活上还需要他的照顾。唯一让他感到欣慰的，就是自己5岁的小孙女，可家里的情况，也让王先生对孩子的成长十分担心。经历了这些波折之后，王先生下定决心，要和老伴办理离婚。

夫妻之间，签订这样的还款协议是否有法律效力？如果李女士一直拖着不还钱，王先生又该怎么办呢？是否可以向法院提起诉讼呢？王先生的遭遇让人揪心，下一步，他该如何拿起法律的武器，维护自己的权益呢？

律师支招

首先我们分析一下这套房子的财产归属，这套房子可以说是用王先生婚前的个人财产购买的，然而登记在对方名下了，那这个财产最起码应该算是王先生对配偶赠与的一部分，有一部分是赠与那么也是属于夫妻共同财产的。

当时用遗产的那笔钱来买了这套房子，如果王先生将房产登记在自己名下，那么即使是婚内购买也不属于夫妻共同财产。

婚前财产，只是把婚前的人民币转化成了其他的财产形式但不因为形式的转化而导致财产性质的变化，但恰恰王先生糊涂的一点就是他把这套房子居然登记在了配偶名下，那自然不可能是他的个人财产了，这一个登记直接导致了这套房产成为夫妻共同财产。作为夫妻共同财产的话，婚姻关系存续期间所产生的资息收益都应该是共同所有，所以租金也是一样的，老伴肯定是可以拿走一半的。

关于王先生与老伴在婚姻存续期间签订的协议，《婚姻法》第19条规定夫妻可

以约定婚姻关系存续期间所得的财产以及婚前财产归各自所有、共同所有或部分各自所有、部分共同所有。约定应当采用书面形式。没有约定或约定不明确的，适用本法第17条、第18条的规定。

在夫妻共同债务的认定上，《最高人民法院关于审理涉及夫妻债务纠纷案件适用法律有关问题的解释》已于2018年1月8日由最高人民法院审判委员会第1731次会议通过，自2018年1月18日起施行。

其中，第3条规定：夫妻一方在婚姻关系存续期间以个人名义超出家庭日常生活需要所负的债务，债权人以属于夫妻共同债务为由主张权利的，人民法院不予支持，但债权人能够证明该债务用于夫妻共同生活、共同生产经营或者基于夫妻双方共同意思表示的除外。

（北京市盈科律师事务所　崔　爽）

父母意愿将房产留给女儿，母亲离世口头遗嘱引纠纷

随着经济的发展，思想观念的改变，老人在生前通过订立遗嘱的方式，对如何处置自己的财产等事作明确交代，安排好自己财产的分配已经变得平常，更成为敬老新时尚。由于遗嘱一旦形成就可能对相关人的利益产生重大影响，因此，我国法律对于遗嘱的订立有比较严格的要求。但在现实生活中，由于各种原因，遗嘱无效的情况屡有发生，并因此而引发家庭的矛盾和纠纷。到底应该如何立遗嘱？什么

样的遗嘱才是有效遗嘱呢？

案例回顾 》

2012年随着母亲的突然离世，郝女士一家除了对亲人离去的伤感之外还陷入了兄妹之间关于遗产的纷争。

郝女士的父亲名下有一套房产，当年父母都有在口头上说过要把这套房留给郝女士，但是前几年母亲突然去世后郝女士才意识到母亲的遗产是不能由她全部继承的，必须有文字上的遗嘱，自己才能拥有这套房产。

这套房是回迁房，原来父母、女儿、侄女和郝女士都住在父亲单位分配的承租房里，户口也都在那，后来拆迁每人给了15平方米的指标，父亲就买了现在的这套回迁房。因为哥哥们都已经拥有了自己的安置房，当时父母都有意愿将这套房留给郝女士，但是考虑到父母健在登记房产证的时候就写的父亲的名字。

母亲在去世之前是没有立遗嘱的，所以哥哥姐姐们就都不同意郝女士一个人把这套房子全部继承下来。而当时回迁时郝女士和女儿的户口都在父亲的承租房里，开发商给郝女士安排了一个独居，可是为了依从父母的心愿，郝女士将自己的独居和父母的独居买成了两居。

所以郝女士认为，在这个房子里理所应当有自己和女儿的份额。

如今，父亲依然希望把这套房留给郝女士，但是还没有立遗嘱。父亲年纪越来越大了，郝女士担心父亲像母亲那样突然离开，希望提前把这套房产的问题处理好，争取这套房产尽可能多的份额。

郝女士希望在房产继承的时候把自己和女儿拥有的30平方米的拆迁房产剥离出来，由于自己对法律的问题也不太清楚，所以就来向《律师帮帮忙》节目寻求咨询帮助。

郝女士能够尽可能多地争取到这套房产的份额吗？在这套房产分配的时候可以将自己和女儿的30平方米剥离出来再进行分配吗？

律师支招

根据刚才郝女士的描述，我们先来看一下什么样的遗嘱属于有效遗嘱。一般

来讲，遗嘱的形式有公证遗嘱、自书遗嘱、代书遗嘱、录音遗嘱、口头遗嘱，上述遗嘱都是法律所允许的，只要符合该种遗嘱成立的相关要求，就可以成为一份有效的遗嘱。不同的遗嘱，形式上的要求也不同，如果不符合法律规定的形式要求，也会导致遗嘱整体无效。

针对郝女士的情况，我国《继承法》第 17 条第 5 款规定："遗嘱人在危急情况下，可以立口头遗嘱。口头遗嘱应当有两个以上见证人在场见证。危急情况解除后，遗嘱人能够用书面或者录音形式立遗嘱的，所立的口头遗嘱无效。"

我们再来看看关于继承的顺序，法律上有哪些规定。《继承法》第二章法定继承的顺序：

第 9 条规定："继承权男女平等。"第 10 条规定："遗产按照下列顺序继承：第一顺序：配偶、子女、父母。第二顺序：兄弟姐妹、祖父母、外祖父母。继承开始后，由第一顺序继承人继承，第二顺序继承人不继承。没有第一顺序继承人继承的，由第二顺序继承人继承。"

至于郝女士所说的能否将自己和女儿的 30 平方米剥离出来再分配，我们要看一下当时签署的《危旧房改造回迁安置协议书》及《补充协议书》，里面约定的被安置人是乙方即郝女士的父亲，承租非成套公房为 1.5 间，从协议中看到，回迁购房总价款共 14 万多元，这笔款项如果由郝女士的父亲直接出资，应该属于一个人的产权。

由于没有看到具体的危改安置细则，仅从提供的回迁安置协议书来分析，当时郝女士父亲承租的公房已转私房，由郝女士的父亲作为被安置人与危改房直接签订了协议，那么结合 2002 年拆迁当时应该适用的是北京市人民政府第 87 号令即《北京市城市房屋拆迁管理办法》，现在虽已被《国有土地上房屋征收与补偿条例》替代，但当时是适用的，其中就有针对拆迁公有住房的相关条款，即拆迁出租的公有住房，被拆迁人可以通过协议收购房屋承租人依法享有公房使用权或者异地安置房屋承租人的方式，与房屋承租人解除租赁关系，由拆迁人对被拆迁人给予补偿。那么实际上郝女士父亲作为出资人已经出资购买了该房屋，并且现在房屋已经登记在他名下，当然由于婚后进行的拆迁行为，应属于郝女士父母的夫妻共同财产，如果郝女士想通过诉讼的方式主张自己和女儿当时在户口上所享有的一共 30

平方米的产权,司法实践中法院一般不予支持。

(北京市盈科律师事务所　吕　丛)

分到痴呆母亲的拆迁款,赡养却成空谈

赡养父母是中华民族的传统美德,千年以来我们都不断传颂和累积着孝敬赡养父母的文化基因。在《诗经》中记载“哀哀父母,生我劬劳”“欲报之德,昊天罔极”,成语中常见的“羊羔跪乳、乌鸦反哺”,这些典籍、诗句和俗语都在告诉我们一句话——赡养父母是天经地义的事情,是一件不能违反的人伦底线。

然而在我们的生活中经常有不赡养老人的情况发生,如何应对老人赡养纠纷呢?

案例回顾

王女士家中有四个姐妹,大姐20年前患癌症去世,2005年母亲患上脑血管病之后就一直由王女士一个人照顾。2016年的时候,母亲老宅院拆迁,家中的二姐和妹妹在分得利益以后就不管母亲了,也再没有支付赡养费。

2018年5月的时候王女士因为身体有病需要住院,无奈之下只得将母亲送到二姐家,两周后二姐给王女士打电话说母亲病了,王女士到医院看到母亲的时候,母亲满身是伤,一个多月后才出院。这次受伤之后老人需要24小时都得有人看护着,一旦发现什么异常就要将老人紧急送医。

如今,母亲患有老年痴呆。当年拆迁的时候母亲有一笔20万元拆迁款,被二

姐转入自己账户，而这笔钱是说好留给母亲养老的。自母亲在二姐家生病之后，目前只能卧床，需要请护工协助护理，同时还要承担医药费，王女士希望帮母亲争回母亲的拆迁款，让母亲能安度晚年。

王女士的诉求能够实现吗？由于母亲生病属于无民事行为能力人，作为监护人的王女士能够帮母亲要回养老钱吗？

律师支招

赡养老人是中华民族的传统美德，拒绝赡养老人不仅会受到道德谴责，也会受到法律的处罚。

按照《老年人权益保障法》第73条的规定：老年人合法权益受到侵害的，被侵害人或者其代理人有权要求有关部门处理，或者依法向人民法院提起诉讼。人民法院和有关部门，对侵犯老年人合法权益的申诉、控告和检举，应当依法及时受理，不得推诿、拖延。

子女对老年人负有赡养义务、扶养义务而拒绝赡养抚养虐待老年人或者对老年人实施家庭暴力的，由有关单位给予批评教育，构成违反治安管理行为的依法给予治安管理处罚，构成违法犯罪的依法追究刑事责任。

按照《刑法》第261条规定："对于年老、年幼、患病或者其他没有独立生活能力的人，负有扶养义务而拒绝扶养，情节恶劣的，处五年以下有期徒刑、拘役或者管制。"

作为子女谁都有赡养的义务，而且赡养可能不仅包括金钱上的还有精神层面的赡养。虽然王女士是母亲的监护人，但并不是说照顾母亲的责任和义务就是王女士一个人的，作为其他子女都应该承担照顾老人的义务，尽自己赡养老人的责任。

（北京市盈科律师事务所　崔　爽）

父母去世10年,名下房产引纠纷

原本相亲相爱的一家人,各自过着相安无事的生活。随着父母的先后离世,和睦的一家人为了父母留下房子的继承问题打起了官司。

案例回顾

父母去世快10年了,父亲名下有一套房改房,郭先生家一共兄弟四人,小弟弟一直跟父母居住,在父母过世后,小弟弟找来两个邻居为自己作证,说:“妈说了百年之后把房子给我,邻居都知道”。家里其他的兄弟对小弟弟说的不认可,所以就一直协商不妥。郭先生来到节目只希望一家人能够合理地分割父母留下的房产,郭先生能如愿吗?

律师支招

首先,我们说今天来节目咨询的是一个关于口头遗嘱继承的案件,那么我们先聊一下关于口头遗嘱的法律效力,法律规定的口头遗嘱只能是在危急情况下的应急措施,以危急情况为其适用要件,不是任何场合都可以使用的立遗嘱的方式。由于遗嘱继承是公民依法处理其私有财产的一种重要方式,是一种单方民事法律行为。根据郭先生的叙述,我们认为邻居是不符合见证人身份的。

本案的另一个核心要素,就是小弟弟一直与父母居住能否多分到遗产呢?一般来讲法律规定,如果是同一顺位的继承人一般分配遗产的时候是均等分的,如果确实在父母赡养的义务中和被继承人生活在一起,那么是可以多分的,这里我们要注意的是“可以多分”而不是应当多分。

再有我们聊一下关于继承的顺序问题，我国《继承法》对法定继承的规定如下：

第9条规定："继承权男女平等。"

第10条规定："遗产按照下列顺序继承：

第一顺序：配偶、子女、父母。

第二顺序：兄弟姐妹、祖父母、外祖父母。

本法所说的子女，包括婚生子女、非婚生子女、养子女和有扶养关系的继子女。

本法所说的父母，包括生父母、养父母和有扶养关系的继父母。

本法所说的兄弟姐妹，包括同父母的兄弟姐妹、同父异母或者同母异父的兄弟姐妹、养兄弟姐妹、有扶养关系的继兄弟姐妹。"

（北京市盈科律师事务所　吕　丛）

横空突降继祖父，遗产继承添困扰

当变故突然降临的时候，你会怎样应对？面对亲人的逝去，除了悲伤你还有很多事情要做。父亲离世，本无争议的财产继承被突然出现的亲人打乱了。这到底是怎么回事呢？

案例回顾

宋先生的父亲是2015年7月去世的，老人遗留下来一处房产，房产证上只有老人一个人的名字。在宋先生的父亲去世之后，没有留下任何遗嘱，宋先生家兄弟二人对于母亲作为第一顺位继承人继承父亲的房产没有任何意见。

于是根据相关规定，房产如果过户到母亲的名下，宋先生一家需要先申请遗产公证，再进行过户。宋先生找了公证处，公证处需要提供的相关材料宋先生一家都配合提供了，就在大家都觉得顺理成章没有任何问题的时候，问题出现了。

公证员去核实父亲档案的时候，在父亲的档案中发现了一份1972年的外调材料，在这份外调材料中显示宋先生的父亲曾经有过一个继父，在这份材料中清楚地记载了这个继父是原江南造船厂的职工，在1972年写这份外调材料的时候此人已经退休回乡。

面对这份没有下文的外调材料，让宋先生犯了难。父亲这位横空突降的继父，可能有过一个妻子，妻子在当时写外调材料的时候已经去世，留有一子一女，而这一子一女具体在哪不知道。随后公证处的公证员找到了宋先生，如果完成公证就需要说明继父的情况。

也就是说宋先生一家想要完成房产的过户手续就需要去查找一个已经几十年没有联系，大家都不认识的人。

怎么查呢？没有任何的头绪，宋先生对这位继祖父可以说一无所知，不清楚这个继祖父叫什么名字，更不知道他的家乡在什么地方，面对这样的情况宋先生能找到这位几十年没有联系，自己完全不知情的继祖父吗？还能完成公证吗？

律师支招

根据宋先生所讲述的事情，按照《继承法》第3条的规定，遗产是公民死亡时遗留的个人合法财产，包括：

1. 公民的收入；
2. 公民的房屋、储蓄和生活用品；
3. 公民的林木、牲畜和家禽；
4. 公民的文物、图书资料；
5. 法律允许公民所有的生产资料；
6. 公民的著作权、专利权中的财产权利；
7. 公民的其他合法财产。

第5条规定："继承开始后，按照法定继承办理；有遗嘱的，按照遗嘱继承或者遗赠办理；有遗赠扶养协议的，按照协议办理。"

第10条规定："遗产按照下列顺序继承：

第一顺序：配偶、子女、父母。

第二顺序：兄弟姐妹、祖父母、外祖父母。

继承开始后，由第一顺序继承人继承，第二顺序继承人不继承。没有第一顺序继承人继承的，由第二顺序继承人继承。

本法所说的子女，包括婚生子女、非婚生子女、养子女和有扶养关系的继子女。

本法所说的父母，包括生父母、养父母和有扶养关系的继父母。

本法所说的兄弟姐妹，包括同父母的兄弟姐妹、同父异母或者同母异父的兄弟姐妹、养兄弟姐妹、有扶养关系的继兄弟姐妹。"

第11条规定："被继承人的子女先于被继承人死亡的，由被继承人的子女的晚辈直系血亲代位继承。代位继承人一般只能继承他的父亲或者母亲有权继承的遗产份额。"

（北京市盈科律师事务所　刘妙勤）

奶奶去世户口突增远房表哥，续租房产兄弟之间起争端

亲情在利益面前真的一文不值，不堪一击吗？在紧张而又忙碌的现实生活中，

亲情还是弥足珍贵的，这比水浓一层的亲情可以相互搀扶，共同抵御外面的风雨。但是现实往往事与愿违，对于外人有足够的宽容和理解，对于自己的兄弟反倒针锋相对，斤斤计较，满是抱怨和委屈。

来寻求帮助的刘先生，就因为自己远房亲戚不愿意与自己协商解决奶奶留下的房产，而陷入了困惑。

案例回顾

刘先生的爷爷在北京市西城区校场口有一套房管局的承租房，爷爷于 2005 年去世后房子由奶奶继续居住，2016 年年底奶奶也去世了。在奶奶去世后刘先生到派出所去给奶奶正常办理销户手续的时候，突然发现在户口本上除了其跟其孩子以外还多了一口人。面对这突然多出来的人，派出所说是刘先生的远房表哥。表哥的户口能迁进来也是奶奶同意的，当时的刘先生并没有多想，就急忙到房管局继续办理续租手续。

可到了房管局，刘先生就遇到麻烦了，在办理续租手续的时候，房管局的工作人员表示：这户口本上一共有三个人，三个人必须全部同意，有一个协议才能办理续租手续。

面对这样的情况，刘先生只好与自己的远房亲戚联系，希望能够通过协商解决问题。毕竟自己由于某种原因没有住房，当初为了尊重奶奶的生活习惯，考虑到房子比较小住不下，一直在外面租房居住。如今自己很想搬回来居住，可是这套爷爷、奶奶留下的房子让刘先生这位远房亲戚给锁上了，现在谁也住不进去，刘先生多次跟自己的亲戚和房管局协商，自己的困难一直没有得到解决。

刘先生可以住进这套承租房吗？续租的问题可以解决吗？让我们一起听听胡聿州律师怎么说。

律师支招

胡律师认为，在刘先生叙述的相关情况中，关键点主要有两个：第一个是刘先生自己是否有继续承租的权利；第二个是刘先生这位远房的亲戚，他是否有变更承

租人的资格。

公租房是一个比较特殊的房屋类型，在直管公房承租人变更的过程中，严禁办理直管公房的分户手续，严禁新的承租人为两人或两人以上共同承租。按照《北京市人民政府关于城市公有房屋管理的若干规定》的精神，承租者外迁或者死亡，原同住者要求继续承租的须经出租单位同意并新订立租赁合同。

对于谁可以继续续租承租房，按照《北京市住房和城乡建设委员会关于加强公租房承租人变更管理有关问题的通知》的精神，原承租人迁出本市或者死亡的，与原承租人同一户籍并共同居住两年以上，且无其他住房的家庭成员，愿意继续履行合同符合承租条件的其他家庭成员又无异议的可以按照原承租面积继续承租。

对于刘先生来说，目前需要做的就是收集一下自己的核心证据：第一个证据就是证明自己名下没有房，并且和原承租人是同一户籍，同时和原承租人在这个房里面共同居住了两年以上，证明有变更承租人的资格。

第二个证据就是证明那位远房的亲戚没有变更承租人的资格。证明他只是空挂户，没有在这个房子里面实际居住过。

刘先生在收集了这两方面的证据之后，可以再去同房管局的工作人员协商，重新去申请变更承租人的相关事宜，如果依然是协商不成那么就只能通过诉讼的途径来解决问题。

（北京市盈科律师事务所　胡聿州）

分到房子就不管老人，律师支招撤销赠与

我国是一个具有传统美德的国家，历来以抚养子女、赡养老人、互相帮助等为美德，其中赡养，是指子女对父母的供养，在物质和经济上为父母提供必要的生活条件。

案例回顾 >>

两位90多岁的老人，育有三子四女，可以说两位老人把大半生都奉献给了子女，到了晚年老人也没有犹豫将自己所有的房产早早地分给了孩子，可换来的却是子女对自己的赡养纠纷。

面对子女的推诿奶奶来到录制现场，奶奶家一共有三子四女。三个女儿每人分到了一套房，还有一个赡养老人的孙子分到了一套房，如今分的房子都已经过户到子女的名下，早在2012年，7个子女就以协议的形式约定过老人赡养的分工和房产的分配问题。

有房产的三个女儿各出了12万元分别给了没有分到房产的两个大儿子和一个女儿，另外三个女儿又各出了2万元给另一个没有分到房产的小儿子，并且兄弟姐妹商量好拿到房子的负责赡养老人，其他人不用管。

目前奶奶身体还好，而爷爷在年轻的时候出过工伤现在确实需要家人照顾，主要的照顾就是能在老人身边陪伴老人，帮老人做一些力所能及的家务。看似都已经商量好的事情，因为二女儿突然拿出残疾证证明自己无法继续赡养老人而引发争议。

爷爷奶奶年事已高，能够获得儿女的赡养吗？老人自己居住的这套房还没有分，这套房老人原本打算给没有分到房的三个儿子和一个女儿，可是如今老人已经不知道自己百年以后该如何处理自己的房产了。

如果孩子不赡养爷爷奶奶可以撤销赠与吗？爷爷奶奶该如何维护自己的权利，让我们听听来自北京市盈科律师事务所的刘妙勤律师怎么说。

律师支招

听完奶奶的叙述可知，奶奶和爷爷遇到的情况属于赡养纠纷。

针对奶奶和爷爷的情况，应该先提一个赡养纠纷诉讼。奶奶跟爷爷有7个孩子，不管孩子有没有分到房子，都应该对老人履行赡养义务，这是国家法律规定的。我们可以去法院起诉7个子女，要求他们对老人进行赡养。老人需要准备身份证原件，提供赡养关系的证明，所以必须要有5个子女的亲属关系证明，证明这一家人的关系，还有7个孩子的身份信息。法院作出判决后，如果爷爷奶奶认为其中有人不履行这个判决，那么可以去申请强制执行。那么这一系列的行为就可以形成一个证据链，如果二女儿确实不履行赡养义务，我们建议奶奶和爷爷再去进行房产撤销。

面对二女儿不赡养的情况，我国法律规定赠与人在赠与房产的权利转移之前是可以撤销的，现在房子已经过户了那么这条法律就不再适用。但是，有特殊情形的，赠与人可以撤销赠与，其中包括对赠与人有扶养义务而不履行的，如果说奶奶有确切证据证明女儿并没有履行对自己和老伴的扶养义务，可以申请撤销赠与。申请撤销的时间是在知道或者应当知道撤销原因之日起一年之内。

（北京市盈科律师事务所　刘妙勤）

为了房子，姐弟对簿公堂，律师：亲情比金钱珍贵

网络数据显示，近年来，遗嘱继承纠纷案件数量排名前十的分别是上海市116件、北京市115件、辽宁省44件、山东省35件、广东省33件、河北省26件、浙江省25件、江苏省24件、四川省24件、湖北省18件。在血浓于水的亲情之间，不该因为利益的分割而造成困扰。法律能够定分止争然而钱可以再挣，亲情没了家还在吗？

今天来到我们节目现场的张先生，今年56岁，他自己活了半辈子，怎么也没想到会在年过半百的时候跟自己的亲二姐对簿公堂。

案例回顾 >>

母亲今年已经80多岁高龄，却被张先生的二姐起诉至法庭。张先生说起这件事时不禁泪目。他希望二姐能够有事情回家坐下来和家里人协商，亲情永远都不能磨灭。

整件事情要从张先生的父亲1980年去世时说起，当时的一家人住在单位宿舍的平房，从平房又到一个周转房，最后一家人才搬到楼房内居住。就在张先生的父亲去世22年以后，借助房改房的政策一家人以张先生母亲的名义买下了这套房。当时我们的当事人张先生在父亲去世的时候去接的班，所以经过家庭协商，两个姐姐同意由张先生出钱以母亲的名义，用母亲的工龄跟父亲的工龄把这房子买下来。

既然张先生已经出资购买了这套房子，那么自己的二姐又以什么理由对这套房子进行分割呢？原来，二姐想分割的是已逝父亲的工龄。那么，二姐是否能够分

割成功呢？再有二姐还诉张先生的母亲把房产以买卖的关系卖给张先生的儿子，在二姐的诉讼请求上要求祖孙之间的存量房买卖无效。

面对张先生的困惑，来自北京市盈科律师事务所的娄静律师进行了逐一解答。

律师支招

张先生家里总共有三个孩子，除他之外，还有两个姐姐。父亲 1980 年便去世了，多年来，一直是母亲和姐弟三人相依为命。

张先生是大姐一手拉扯大的，艰苦的童年生活，让他对亲情异常珍视。一家人团团圆圆的，把日子过红火是他多年来的愿望。然而，二姐这一纸诉状彻底撕破了张先生的心愿。

首先，我们来看一下祖孙所签订的合同是否有效，根据《合同法》第 52 条的规定，有下列情形之一的，合同无效：

1. 一方以欺诈、胁迫的手段订立合同，损害国家利益；
2. 恶意串通，损害国家、集体或者第三人利益；
3. 以合法形式掩盖非法目的；
4. 损害社会公共利益；
5. 违反法律、行政法规的强制性规定。

看完以上五条，我们知道张先生的母亲和孙子签订的存量房买卖合同并未违反《合同法》第 52 条中的任何一项，所以该存量房买卖合同有效。

我们再来看一下关于张先生的二姐所诉的关于父亲的工龄问题，工龄是指职工自与单位建立劳动关系起以工资收入为主要来源或全部来源的工作时间，而工龄区别于收入、房屋等并不能作为遗产，不能继承。

由于该房产可以是已死亡配偶一方工龄而获得政策性福利，该政策性福利所对应财产价值的个人部分，应作为已死亡配偶的遗产予以继承。该政策性福利所对应的财产价值计算参考公式：

（已死亡配偶工龄对应财产价值的个人部分 ÷ 购买公房时房屋市值）× 房屋现值

原司法部、建设部《关于房产登记管理中加强公证的联合通知》第 2 条规定，遗嘱人为处分房产而设立的遗嘱，应当办理公证。遗嘱人死亡后，遗嘱受益人须持公证机关出具的“遗嘱公证书”和“遗嘱继承权公证书”或“接受遗赠公证书”，以及房产所有权证、契证到房地产管理机关办理房产所有权转移登记手续。

处分房产的遗嘱未经公证，在遗嘱生效后其法定继承人或遗嘱受益人可根据遗嘱内容协商签定遗产分割协议，经公证证明后到房地产管理机关办理房产所有权转移登记手续。

对遗嘱内容有争议，经协商不能达成遗产分割协议的，可向人民法院提起诉讼。房地产管理机关根据判决办理房产所有权转移登记手续。

（北京市盈科律师事务所　娄　静）

老人去世，一笔存款两套房产让兄弟大打出手

现在的房价不用小编多说大家都明白，能够拥有一套房子，是很多人的梦想。而兄弟之间本来应该是手足情深、和睦相处的，但是今天来到我们节目的李先生的哥哥，竟然为了父母留下的遗产而与自己的亲兄弟打了起来，哥哥将弟弟打得头破血流，试问在金钱面前我们真的不顾亲情了吗？

案例回顾

2017 年 10 月 3 日，李先生一家在父亲仅仅去世两个月后，兄弟几人就反目成

仇了。原本和气的一家人到底因为什么闹得这么僵呢？

原来，在老爷子去世之后，家里人找到二哥本想商量一下关于老人的遗产如何分割，可是二哥的态度非常强硬，表示老爷子生前答应给他 20 万元，其他的他就不配合了。二哥的不配合搞得一家人都很无助，后经过单位和法院调解，还开了一次庭二哥都没配合。一开始二哥说没遗嘱，后来又出现了一份遗嘱，一家人觉得这份遗嘱是伪造的，而老爷子生前的存款被二哥偷偷转移了。

老人还留下了 2003 年拆迁所得的正在办理产权的两套房产，当时拆迁的时候是父母还有大哥(大哥现在是无民事行为能力人)共获得三套房产，大哥的房子已经直接登记到大哥的名下，它不属于遗产范围。另外两套房子是由父亲签的拆迁协议，虽然没有下发房本儿，但它是属于父亲的财产，然而二哥对其中一套房的归属提出了疑议。二哥认为，其中一套房就是他自己的。而目前两套房子有一套李先生负责出租，收取租金；一套是二哥负责出租，收取租金，其实在父亲去世之后，包括在去世之前，这个租金都应该是父亲所有的，父亲去世后，四兄弟需要分配父亲留下的两套房产还有父亲的存款就可以了。

由于二哥的不配合一家人只得闹上法庭，在开庭的时候说没有遗嘱，现在二哥又不知道怎么弄出了一个遗嘱来。这个遗嘱是代书遗嘱，是打印的有两个见证人，这两个见证人一个是山东的，另外一个是海淀的，而李先生一家没有外地的亲戚，更没有海淀的亲戚，这让李先生一家对二哥拿出的遗嘱产生了质疑。

曾经和睦的家庭在财产面前变得如此冷漠，曾经亲情毁于一旦，李先生实在不知道该如何面对这样的纠纷，让我们一起看看北京市盈科律师事务所的崔爽律师是如何为李先生排忧解难的。

律师支招

听完李先生的叙述，案件已经进入了诉讼程序，所以对于当事人来讲，如果认为老人在去世之前账户中是有相对巨额的存款，但是这个存款可能被其他方恶意转移了，面对这样的情况可以向法院提供老人的账户信息，由法院出具调查令去银行调取老人名下财产的支出明细。在这种情况下，作为第三方银行来讲是会配合出具的，那么我们可以根据银行的实际流水情况来确定老人的这个钱，第一是有还是没有，第二如果在有的情况下是被恶意转移了还是老人在世期间正常支出所使用了。

我们再来说说李先生质疑的遗嘱，我国《继承法》规定伪造的遗嘱无效，遗嘱无效部分所涉及的遗产按照法定继承办理，继承人伪造遗嘱且情节严重的会丧失继承权。

《继承法》第 7 条规定："继承人有下列行为之一的，丧失继承权：

（一）故意杀害被继承人的；

（二）为争夺遗产而杀害其他继承人的；

（三）遗弃被继承人的，或者虐待被继承人情节严重的；

（四）伪造、篡改或者销毁遗嘱，情节严重的。"

所以继承人伪造遗嘱并且情节严重会丧失继承权，何谓情节严重？按照《最高人民法院关于贯彻执行〈中华人民共和国继承法〉若干问题的意见》的规定："继承人伪造、篡改或者销毁遗嘱侵害了缺乏劳动能力又无生活来源的继承人的利益并造成其生活困难的应认定其情节严重。"

（北京市盈科律师事务所　崔　爽）

委托儿子办理手续却将房产证变成了儿子的名字，老两口能要回自己的房产吗

如今的房价堪比黄金，一直都是居高不下，不少家庭为了房子而支离破碎，亲

情在房子面前变得不堪一击,似乎我们的生活都是为了这小小的几十平方米的房子在打拼。李女士,如今已经80多岁高龄,只因前几年的一时之便自己的房子被大儿子写成了他的名字,如今李女士还能将自己的房产要回吗?

案例回顾

李女士的爱人原来有一个小平房,是单位的福利分房。在1988年左右的时候,原来的小平房面临拆迁,给了一个一居室的房子,这一居室的房子在1992年先是办理了承租手续。2001年,李女士夫妇以优惠的价格买下了自己的这套承租房,将这套一居室变成了商品房。

在办理商品房手续的时候,因为李女士夫妇离得比较远,一直委托大儿子去帮着办理相关的手续,谁知大儿子在办理手续的过程中,在没有取得父母同意的情况下,将房产证变成了自己的名字。当时李女士夫妇就这个问题问了大儿子,大儿子当时的解释是,自己离房屋管理中心比较近,房子还是父母的房子,自己就是为了办手续方便一些,所以才办成自己的名子。转眼间,已经过去近20年了,如今李女士夫妇年事已高,想把这个房子卖了,手里留点钱不管是养老还是看病都会方便一些。

此刻再提这房子的事,谁知道大儿子突然变卦了,说这房子应该是属于他的,房产证上是他的名字,他只承认这房子原来是父母的,但是现在房产证上的名字是他的,这房子理所当然就该是自己的。

维修、装修、取暖费等费用,长达20多年来一直是由李女士夫妇承担,由于房子一直出租,房租收益也都是由李女士夫妇负责收,老两口不明白怎么这房子就变成了大儿子的了?他们来寻求律师的帮助,希望能够从大儿子手中要回属于自己的房产。李女士夫妇能如愿吗?让我们一起听听律师怎么说。

律师支招

根据李女士的陈述,目前房子是在大儿子名下的,从这个房产证来看不是父母的名字,那么在我国颁布了《物权法》之后,房屋的房产证是最高的权属代表,我们要想改变目前房产证的状态,可以从追根溯源的角度来维护自己的权益。房产证是于2001年下发的,作为两位老人来说他们知道房产性质变化也是近几年的事。根据我国《民法通则》第188条关于最长时效期的规定,最长时效期是从权利人知道自己的权利被侵害或者应当知道之日起计算不超过20年,超过了20年法律不予保护。从房产证下发的时间2001年来算或者两位老人家近几年才知道来算还没有超过20年,两位老人还是可以启动法律程序来维护自己的权利。

大儿子曾经单方面把这个房屋变更到自己的名下,当然抛开法律层面他在私底下跟自己的母亲表述的时候还是承认这房子是父母的,租金也交到父母的手里,然而当初在没有授权委托书的情况下,父母只是让大儿子去办理这个手续,而不是让他办到他自己的名下,作为房屋土地管理局,在办证的过程中有审查义务,这个过程中其实这也是非常重要的一点。因为毕竟已经过去了20年,对于当年的一些过程或者表述还是比较模糊的,因此才造成了今天的纠纷。

如果李女士夫妇真要追回这套房产,那我们的两位当事人需要将手里的证据链补齐。比如说老爷子的原单位哪一年分配的房子,包括缴费、拆迁、后续的拆迁手续等都要形成一个证据链。随后还涉及当时父母委托儿子去办这个事儿,到底让他办的是什么事,是替父母办理房产证还是获得授权办到自己名下,这些都需要有证据来证明,证据齐备了法律必然给予案件公正的判决。

(北京市盈科律师事务所　苏宝阳)

离婚后遇困境，
婆婆家拆迁还有我的份额吗

所谓婚姻，应该是什么样子？轰轰烈烈，不顾一切；相濡以沫，执手到老；平淡如水，相敬如宾。也许，真正的爱情应该是两个人，彼此理解，互相尊重，不缠绕，不牵绊，不占有，然后相互扶持，一起经历生活的酸、甜、苦、辣、咸。婚姻本就不是奢侈品，婚姻本来的面貌就是平凡而温暖的，像一件日用品，或许会有瑕疵，却足可以抵得住流年。

案例回顾 》

相恋7年，结婚8年，拥有一个活泼可爱的儿子，是什么原因让曾经相爱的人走到婚姻的尽头？又是什么样的遭遇让郭女士希望婆婆家拆迁的份额中有自己儿子的一份？让我们一起看看郭女士在自己的婚姻中到底经历了什么。

郭女士和她前夫相识于网络，刚认识的时候，郭女士觉得前夫是一位孝顺且有责任心的男人，感觉这个男人可以给自己想要的安全感，是一个可以托付终身的人。

2011年12月郭女士与自己的前夫领了结婚证，2012年10月举办了婚礼，办完婚礼没多久郭女士就怀孕了，由于怀孕郭女士的身体状况一直不是很好，医生建议休息，就这样直到2013年孩子出生，郭女士和她前夫二人都处于没有工作的状态，生活来源依赖双方的老人资助。

对于一个新生命的到来，一家人是喜忧参半，喜的是两人喜获爱情的结晶，忧则是两人都没有工作，以后的生活怎么办！这个时候郭女士前夫的一个朋友，希望郭女士的前夫和自己一起去外地做生意，答应每个月给郭女士前夫5000元作为工资。可没想到好景不长,工资只支付了9个月就没有再支付,虽然朋友没有再支付给郭女士前夫工资,但是朋友间的情意让郭女士的前夫一直和这位朋友一起干到了2017年。

从2013年到2017年,郭女士的前夫只换来了一张40万元的借条。此时郭女士的前夫没有工作,丧失经济来源,脾气还变得特别暴躁,经常在家里跟自己的亲人莫名其妙地发脾气,这让郭女士忍无可忍选择了离婚。

离婚协议中写明郭女士前夫外出打工期间,朋友所欠的40万元中有17万元归郭女士所有,孩子归郭女士抚养,男方每个月支付孩子抚养费2000元。

离婚后生活陷入困境的郭女士,想到自己离婚时婆婆家正好拆迁,自己儿子的户口一直跟随父亲在婆婆家,拆迁补偿是否应该也有自己儿子一份呢?面对离婚协议中明确分割的17万元郭女士能要回吗?从离婚至今没有支付过抚养费的前夫,郭女士能替儿子主张应得的抚养费吗?

律师支招

根据郭女士的诉求,吕丛律师首先对离婚的时候已经在进行拆迁的婆婆家的房产进行了分析。

从郭女士提供的拆迁补偿协议,我们看到婆婆家当时拆迁所签署的是位于北京市丰台区的《定向安置房产权调换补偿协议》,这份协议主要针对的是直管公房,根据我国《国有土地上房屋征收与补偿条例》第22条的规定:"因征收房屋造成搬迁的,房屋征收部门应当向被征收人支付搬迁费;选择房屋产权调换的,产权调换房屋交付前,房屋征收部门应当向被征收人支付临时安置费或者提供周转用房。"第23条规定:"对因征收房屋造成停产停业损失的补偿,根据房屋被征收前的效益、停产停业期限等因素确定。具体办法由省、自治区、直辖市制定。"这也就是说郭女士婆婆家拆迁只是针对房屋本身的一个拆迁,补偿也是针对房屋面积来进行补偿,在协议中完全没有涉及户口的问题。所以婆婆家拆迁的份额是没有郭女士的。

郭女士在和丈夫离婚的时候,离婚协议中涉及婚内40万元债权的转让。债权

转让,是指合同债权人将其债权全部或者部分转让给第三人的行为。债权转让分为全部转让和部分转让。债权全部让与第三人,第三人取代原债权人成为原合同关系的新的债权人,原合同债权人因合同转让而丧失合同债权人权利。债权部分让与第三人,第三人成为合同债权人加入到原合同关系之中,成为新的债权人,合同中的债权关系由一人变数人或由数人变更多人。

合同权利转让的效果是原合同主体的变更,包括两种情形:一是转让方退出原合同关系,由受让人代替其债权人地位;二是转让方不退出原合同关系,与受让方共同成为原合同的债权人。

我国《合同法》第80条第1款规定:“债权人转让权利的,应当通知债务人。未经通知,该转让对债务人不发生效力。”所以,现在对于郭女士来说当务之急是让债务人获知由于离婚债权已经发生转让的情况,并以书面的形式再次确认债权债务关系。

最后,我们再来看一下郭女士与爱人在离婚时关于孩子抚养的约定。在离婚协议中有明确约定,男方需要支付抚养费,郭女士可以依据相关的婚姻法,维护子女的合法权益。即便是夫妻双方离婚,对于孩子来说抚养义务是必须要承担的。

(北京市盈科律师事务所　吕　丛)

离婚了迫于无奈同住一套房，如今前妻要我搬走怎么办

在电视剧里经常看到一些剧情，很多夫妻明明感情已经出现了很严重的问题，明明都已经互相零容忍，明明已经把结婚证变成了离婚证，但还是决定相安无事地住在一起。在电视剧中离婚不离家的情况，也许是剧情的需要，也许是为了孩子。现实生活中也有这样的例子，今天来到我们栏目中的张先生和他的前妻就是已经离婚了却依旧生活在同一屋檐下，到底有什么困难让两个已经不能生活在一起的人，无奈地依旧共同居住在同一屋檐下呢？

案例回顾

2018 年 9 月，张先生的前妻将张先生以排除妨害的理由告上法庭，到底是什么情况让已经离婚的两个人再次走进法院？

2018 年 7 月，张先生与前妻离婚，离婚时两人没有什么共同财产可以分割，离婚后面对现实的生活困境，前妻一直没有搬离张先生名下的这套一居室的住房，依然与张先生共同生活在一个 60 平方米的一居室中，共处同一屋檐下。

张先生和前妻居住的房子，是之前张先生父母的宅基地拆迁回购的住房，老房是张先生父亲的产权。如今前妻突然将张先生起诉到法院，要求将张先生名下唯一的这套一居室由她和孩子来居住，并要求张先生给付一万元的补偿款。面对前妻的突然起诉，张先生及年迈的父母迫于无奈，希望与张先生的前妻协商解决，然而前妻不给一丝协商的余地，这让张先生不知如何是好。

如今，来到栏目中，张先生有两个迫切的诉求，希望来自北京市盈科律师事务

所的娄静律师能给予帮助。

第一，现在住的这套房子到底算不算夫妻共同财产？

第二，作为张先生的前妻，有没有权利要求排他性居住？

律师支招

我们了解了张先生的诉求之后，现在关键是看这套一居室的房屋，到底是不是夫妻共同财产？

首先，根据张先生提供的《北京市住宅房屋拆迁货币补偿协议》，我们看到张先生的这套一居室是2004年的一套拆迁回购房，房屋被拆迁之前，老房的产权人是张先生的父亲，而买这套房子的资金来源是张先生父母老房的拆迁款，意味着是张先生的父母出钱买的这套房子。也就是说张先生现在所居住的一居室的房子是张先生与前妻在婚姻存续期间，用父亲的老房拆迁所得的拆迁款购买的，买房的钱也是张先生父母所出，那么现在房屋的水电费以及相关的物业费也同属张先生父母所出。

那么张先生的这套房子是否属于张先生与前妻的共同财产呢？

我国关于被拆迁房是有明确的法律规定的，不仅涉及婚姻法还涉及国家关于房屋征收以及补偿相关的法律法规。当时拆迁时间是在2004年，张先生提供了一份关于拆迁的评估报告，这份拆迁评估报告所依据的《北京市城市房屋拆迁管理办法》也就是市人民政府令第87条。虽然该管理办法目前已经失效，但是在2004年的时候，这个拆迁管理办法是有效的。

《最高人民法院关于适用〈中华人民共和国婚姻法〉若干问题的解释（三）》第7条规定："婚后由一方父母出资为子女购买的不动产，产权登记在出资人子女名下的，可按照婚姻法第十八条第（三）项的规定，视为只对自己子女一方的赠与，该不动产应认定为夫妻一方的个人财产。"即如果是父母出资的用于子女个人的不动产，这一部分是按照婚姻关系一方的个人财产而不算是共同财产来进行认定，所以，张先生目前所涉诉的房屋应当属于他个人财产而不是夫妻的共同财产。

实际上张先生一直居住的这套房子，应该是属于他父母赠与给他本人的，而不是他们双方在婚姻关系存续期间产生的共同财产。

我国关于婚姻关系存续期间的共同财产有明确的法律规定。比如说除《婚姻法》第 18 条第 3 项规定以外的继承、赠与或者其他所得，回迁房又不存在此种情形。《最高人民法院关于适用〈中华人民共和国婚姻法〉若干问题的解释（三）》中对不动产赠与个人还是赠与夫妻双方是有明确规定的，所以，根据目前回迁房的产权性质，可以认定为张先生的个人财产。

《最高人民法院关于适用〈中华人民共和国婚姻法〉若干问题的解释（二）》第 11 条规定："婚姻关系存续期间，下列财产属于婚姻法第十七条规定的'其他应当归共同所有的财产'：

（一）一方以个人财产投资取得的收益；

（二）男女双方实际取得或者应当取得的住房补贴、住房公积金；

（三）男女双方实际取得或者应当取得的养老保险金、破产安置补偿费。"

下面我们再来看看张先生的前妻，涉诉的民事关系上关于排他性的问题，按照我国《物权法》规定，排他性居住必须是物权人或者是有权的占有人，而从目前双方的法律关系来看张先生的前妻既不是物权人又不是有权的占有人，所以她主张这个诉讼请求是没有事实和法律依据的。

考虑到双方实际的居住条件，张先生的这个案子并不是一个简单的离婚财产分割问题。作为抚养子女的一方，是否需要拥有一个居住的环境，法官会在审理案件过程中，充分考虑各方的经济条件与居住条件，从是否更有利于子女的成长这一方面来进行一个权衡。从情感角度他们虽然已经解除了夫妻关系，但是女方毕竟是女儿的亲生母亲，父母与子女的关系仍然存在，所以亲情还是需要去考虑的。

（北京市盈科律师事务所　娄　静）

一份协议，两次公证遗嘱，这套房产到底怎么分

兄弟姐妹之间本应相亲相爱，相互扶持，这毕竟是一份血浓于水的手足亲情。可是王女士与自己的兄弟姐妹却因为一份全家同意的协议，两次父母的公证遗嘱闹得要上法庭，兄妹之间到底发生了什么呢？已经故去的两位老人又为何要两次公证自己的遗嘱呢？

案例回顾 »

早在1995年，王女士父母的单位销售福利房改房，父母居住的房子需要购房款5.7万元，当时父母表示：哪个子女协助出这笔购房款，将来这套房子就归哪个子女拥有。王女士和爱人商量好，帮父母交了4.7万元的购房款，父母自己交了剩余所需的1万多元，房产证写的是父母的名字。

在房子购买之后，父母和家中所有的子女共同签订了一份家庭协议，写明父母可以一直居住在这套房屋内，百年之后房产归王女士所有，并且在全家成员都同意的情况下签字确认。

2008年，王女士的父母又分别立下公证遗嘱，写明在自己去世后房子归王女士所有。直到2017年，王女士从朋友口中得知，在王女士不知情的情况下，父母在2010年和其他子女商量立了第二份遗嘱，这份遗嘱表示，王女士只继承房子的50%，另一半房产由其他子女平均分配。

如今父母都已经去世了，房子闲置着。关于房子的继承问题，王女士与其他兄弟姐妹迟迟不能达成一致。

律师支招

崔爽律师在仔细看过了毛先生提供的这份家庭协议之后,告诉毛先生在协议中所约定的内容其实并不够清晰。协议中有一段提到:求助人的夫妻双方仅对此房有继承权和拥有权。这里面继承权我们不难理解,那么拥有权是什么意思呢?是因为当时两位老人求助于儿女出资,是对出资部分享有权利,然后没出资的那部分也由出资的子女来继承吗?还是说无论是不是你出的钱,房子登记在老人名下,就是老人的财产。崔律师个人认为,这份家庭协议还是有一些争议的。

接下来,我们分别从这两层意思上做一个分析,看一下都是哪些不同的法律后果。如果是第一种情况的话,其实老人所拥有的财产部分,只是当时出资的 1 万元钱所对应的房屋份额部分,那最终这一部分将作为他的遗产,他有权对这部分财产进行分配,超出部分的财产份额,老人在遗嘱中的分配是无效的。如果按照第二种理解的情况,那么协议最终将被认定为无论是否有其他子女的出资,这套房子百分之百的权利都是老人的,也就是说父母是有权来处置自己的财产的。在这种情况下,这两份遗嘱第一份肯定是有效的,那么第二份把第一份进行了部分的更改,将最终以第二份遗嘱为准。

当家庭协议与遗嘱发生冲突,且遗嘱订立者有多份遗嘱时,《最高人民法院关于贯彻执行〈中华人民共和国继承法〉若干问题的意见》第 42 条明确规定,遗嘱人以不同形式立有数份内容相抵触的遗嘱,其中有公证遗嘱的,以最后所立公证遗嘱为准;没有公证遗嘱的,以最后所立的遗嘱为准。《继承法》第 20 条规定:遗嘱人可以撤销、变更自己所立的遗嘱。立有数份遗嘱,内容相抵触的,以最后的遗嘱为准。自书、代书、录音、口头遗嘱,不得撤销、变更公证遗嘱。

(北京市盈科律师事务所　崔　爽)

哥哥抢了我的房，20 年后兄弟反目成仇

当我们还年轻的时候，兄弟姐妹之间似乎都会为自己占了个小便宜而窃窃自喜，甚至还有点洋洋得意，可是随着年龄的增长，会愈加发现自己曾经的窃窃自喜源自亲情的可贵……当自己有困难的时候，手足之间的亲情是最好的慰藉。

来到我们节目中的由先生就是这样一位吃亏的兄弟，在哥哥困难的时候，让出了自己的房子，结果哥哥却将房子买下来换成了自己的名字。由先生这亏吃的有点委屈，他能用法律武器维护自己的权益吗？

案例回顾 》

王女士和由先生是 1980 年结的婚，1981 年单位给了安置房，当时单位对于承租人写谁要求不是很严格，所以就写了由先生母亲的名字。

1993 年哥哥从外地回到北京，由先生把自己的安置房让出来给哥哥居住。哥哥是 1995 年进的厂，1997 年单位在房改房销售的时候，哥哥背着由先生把房子买下，这套房子变成了哥哥的名字。从那时起，哥哥就一直不承认自己买的房子是由先生夫妇让给他的，他认为父母的房有他一份。而其实这套安置房，并不是父母的遗产，是单位根据当时的政策给正式职工的福利分房。

2005 年婆婆去世以后，家中的亲人也一直跟哥哥说起这套房子的事情，认为哥哥应该给由先生夫妇一些补偿。可是哥哥在给补偿的问题上一拖就是四五年，到现在也没有给由先生夫妇补偿。

为此，由先生将哥哥告上了法庭，法院要求单位出示一些关于房子的资料，单位给出的理由是丢失没有了。法官最后表示，房屋属于单位产权，应该由单位解决，这样的事情不归法院管辖，所以起诉并没有得到法院的裁判。

于是由先生继续跟单位协商。毕竟由先生手上有当年落实政策的证明，和当时这套房子的相关证明材料，而哥哥手上貌似只有一个房产证。

面对由先生夫妇有关于这套安置房充足的证明材料，而单位无法调解，法院无法判决的情况，由先生夫妇能够要回这套房子的所有权吗？让我们看看苏宝阳律师怎么说。

律师支招

听完了王女士和由先生的叙述，苏宝阳律师认为首先要确认的是哥哥有没有权利来买这套房子。

母亲和由先生是这套房子的实际承租人，实际承租使用人才有权购买单位的福利房。购买的时候单位也是有条件的，购买人必须是本单位的职工且没有住房，才能享受单位福利购房待遇。在这样的情况下，非实际使用承租人也就是哥哥如果要购买这套房产，须征求原承租使用人同意，如果母亲和由先生有一方不同意，哥哥是不能将房产购买在自己的名下。由先生的哥哥虽然是本单位的职工，但是从外地回京后单位已经不再福利分房，所以哥哥并不符合单位的购房要求。

其次，我们需要看这套房产在转为资产这个变化过程中都发生了什么情况，这也是本案的重要节点。

哥哥目前拥有这套房产的房产证，虽然房产证是合法证件，但是取得的过程和手段并不合法。追根溯源这套房产的购买经过，当年这套房产到底是分给谁使用，需要单位出具相关的手续证明。如果说，是由先生和母亲共同使用，那么就应该由母亲或由先生来购买这套房产的产权，这是原始的根源。当我们把原始的根源澄清之后，房改的时候谁符合什么样的条件就不言而喻了。

为了这套房子，由先生将哥哥起诉至法院，法院有相关的规定，在这套房产中涉及企业公产，不属于法院的受案范围，所以法院才迟迟没有裁决。如今房子已经由企业公产转变为个人私产，在变性之后法院是有权裁判的。现在，当事人由先生在能够证明房产的来源之后，有权主张对于该房屋拥有所有权而不仅仅是使用权。

（北京市盈科律师事务所　苏宝阳）

父母房产继承，引得兄妹心生嫌隙

父母都有年迈离去的时候，在父母年迈的时候对于家庭来说出现纠纷一般都是关于养老问题和财产分割问题。虽然有的老人有子有女，但是在财产分配的问题上很难做到让每一个子女都满意。张先生和母亲还有自己的妹妹就是因为曾经签订了《房产分割协议》，这份原本希望手足和睦的协议签订后，张先生由于自身的原因迟迟没有将房产过户，时隔一年，伴随着父亲的离世，自己的妹妹竟然反悔了。面对妹妹的反悔，这样的一份协议在法律上还有效吗？妹妹到底能不能反悔？

案例回顾

张先生父母名下各有一套房，一家人在2017年1月6日经过协商签订了家庭财产协议书。

一套位于八里庄的房产在母亲名下，母亲的房产通过赠与协议赠与给张先生的妹妹，随后妹妹将母亲赠与的房屋卖出，母亲无处居住只得到养老院生活。一套在父亲名下的房产，签订协议的时候父亲已经昏迷，甚至出现语言不清的情况。母亲决定将父亲名下的房产由张先生来继承。等于妹妹取得了八里庄房子的继承权，张先生取得了十里堡房子的继承权，双方相互放弃对方房子的一部分继承权。协议中载明：张先生放弃母亲房产的部分继承权，并获得妹妹给予的100万元补偿款。张先生独自继承父亲名下的房产，妹妹放弃父亲房产的继承份额。

妹妹的房子当年就过户处理了，张先生由于自己申请了两限房，直到2018年4

月才拿到钥匙,所以在此之前张先生迟迟没有过户。如今张先生已经办理完两限房手续准备办理父亲这套房产的继承手续时,妹妹变卦了,她认为父亲的房产有自己的份额,要求分割父亲的房产。

妹妹认为父亲的房产有自己的份额到底对不对?我们之前签署的协议还有效吗?妹妹可以私自处分母亲的房产吗?母亲的赡养问题又该如何解决?

律师支招

在听完张先生的叙述后,崔律师仔细看了一下协议,认为协议本身确实有一定的问题。

首先说位于八里庄的这套房子,这套房子是张先生父母的夫妻共同财产,在协议中虽然没有父亲的签字,但无论是张先生的母亲、张先生还是他妹妹都同意这套房子的处理方式,所以没有争议。但他们都忽略了一点,在处理这套房产的时候,张先生的父亲还没有去世,这样的处理方式侵犯了父亲的财产权利,父亲并没有表示要把他的财产份额赠与女儿,可以说是家人代父亲作出了这样的决议。父亲生前也未对此协议作出过追认,该协议不具有遗嘱的性质,因此,在父亲百年之后,该房产属于其份额的部分发生法定继承。我们再来看看张先生所说的位于十里堡的房子,这套房子目前还登记在已经去世的父亲的名下。虽然各方写了协议书,同样的一个问题父亲没有在上面签字,且该协议签订时父亲已不能清楚表达自己的意志,也就是说这份协议书的效力有待于商榷。这套房产属于夫妻共同财产,在张先生的父亲去世后母亲先分得该房产的1/2,剩下的1/2 由母亲和两个子女再各分得1/3,也就是说母亲享有这套房子 2/3 的份额。这些份额,母亲已经表达了自己愿意都给张先生,但是我们不能规避的一个问题就是张先生在享有 1/6 的同时,他的妹妹也享有 1/6。妹妹,虽然在这个协议里边提到了说我放弃对这套房子的权利,但是对于遗产的放弃是要在继承开始后遗产分割前作出,那才可能有效。协议是在继承开始前,也就是说财产权利人去世之前达成的协议,针对这个协议中放弃的主张,作为财产的继承人随时可以反悔,而且在法律上是成立的。所以从目前来看位于十里堡的这套房子,在张先生的母亲没有异议的情况下,张先生能够取得该房产的5/6,剩余 1/6 的房产份额妹妹依然享有继承权。只有妹妹放弃继承权,张先

生才能过户。

（北京市盈科律师事务所　崔　爽）

姐姐将父母留下的房产占为己有，其他子女还有份额吗

都说清官难断家务事，如今多个子女的家庭中，关于房产的拆迁、继承可谓是家务事中最让人烦心的事。伴随着我们特有的房子情结，一个残酷的事实摆在了眼前，兄弟姐妹的感情在房产面前不堪一击。难道真的只有永恒的利益，没有永恒的亲情吗？

求助的朱女士一家就遇到了这样的情况，原本父母的承租房现在变成了姐姐一个人的拆迁安置房，房产早已成为姐姐的私有财产。到底姐姐这么做有没有道理？父母的房子是不是也应该有其他兄弟姐妹的份额？

案例回顾

早在1953年，朱女士的父母获得了单位的承租房。1963年，朱女士的姐姐从北京插队到东北，1991年才回到北京。姐姐回北京之后一直和母亲居住，两年后母亲去世。2000年的时候，在其他兄弟姐妹不知情的情况下，姐姐取得了原父母承租房的租赁合同。2006年该承租房实施原拆原建旧房改造项目，姐姐写了一个困难申请，同时表明兄弟姐妹不与姐姐争房产，同意将此房产落户在姐姐名下。

而对于拆迁这件事,其他兄弟姐妹都是毫不知情。直到上年也就是 2017 年 2 月 19 日,一家人关于房子的分配问题,开了家庭会议。会议中关于原父母的承租房,后来变为姐姐的承租房一事,姐姐已经全权交给自己的儿子来处理。姐姐的儿子在 2017 年 2 月 19 日写了一个保证书,保证用他自己名下的经济适用房在四年后可以上市交易的时候,将卖房所得的房款补偿给其他兄弟姐妹。

在这次家庭会议之后,朱女士等其他兄妹发现姐姐竟然搬走了,而房子竟然已经通过链家地产在进行出售,最终成交价是 958 万元人民币。其他兄弟姐妹得知房产出售又联系不上姐姐,情急之下于 2017 年 5 月 27 日以"房产确权"为缘由,将姐姐告上法庭。

最后这场官司法院判其他兄弟姐妹败诉,这让大家很不理解。虽然承租房没有继承权,但是承租房产生了可分配利益之后,应该有每个子女的份额。到底朱女士等其他兄弟姐妹还能不能拥有该房产的份额呢?让我们看看崔爽律师怎么说。

律师支招

听完了朱女士的叙述,崔爽律师从法律的层面帮朱女士对自己家的事进行了进一步的分析。

咱们以朱女士叙述中的 3 套房子作为基点来梳理这件事。首先我们说承租房是原父母承租的,其实承租房有两种,第一种是房管局作为出租方,承租给当时的老百姓。第二种是原单位作为房子的出租方,出租给自己单位的职工。原则上讲承租人一方去世,他的配偶可以被变更为承租人,如果在配偶也去世的情况下,应该由子女协商一致,最终推举出一个人作为承租人。如果不能协商一致,为了避免纠纷原单位或者房管局基本就是维持现状。现实中也不免会出现某位子女,在家人没有达成一致的时候,利用一些方式将承租人变更。

国家的相关法律规定,到期以后如果没有签订新的租赁合同,也就是虽然没有签订书面的租赁合同,但是合同还在履行过程中,也就是说我们还在这住,还在交租金,出租方也依旧让我们在这居住,这就形成了不定期租赁合同,事实上还是有合同关系的。那么在朱女士家人的事情中,房子是在事实的合同关系履行过程中,

该套房子在2006年被拆迁的时候，被拆迁安置人一定是承租人，那这个时候的承租人其实就是大姐，这也是为什么后来大姐能顺理成章地拿到房子产权的原因。

我们再来看看关于朱女士等其他兄弟姐妹关于起诉的事情。当时，朱女士起诉这900多万元的房子产权归兄弟姐妹共有，这个诉本身有问题。上文已经给朱女士分析了房产的原因，那么事实就在这套卖了900多万元的房子是通过承租房拆迁得来的，那承租房拆的是大姐的。

现在的核心问题在于其他兄弟姐妹认为大姐在取得承租权的手续和这个过程是有问题的。但是截至目前，也没有任何的证据，能够去推翻在2000年大姐所签订的租赁合同。这就是说，如果没有任何证据推翻她作为承租人这个事实的话，那么房子在拆了以后就是大姐自己的。目前，我们可以做的就是收集一些证据，让大姐儿子的保证书落到实处，把现在保证书中需要满足的条件，尽量满足，确保最后其他兄弟姐妹可以拿到相应的补偿。

（北京市盈科律师事务所　崔　爽）

父亲去世后，一份公证遗嘱让我震惊

在生命中我们无法回避生老病死的现实，如今随着人们观念的转变，公证遗嘱已经成为长辈们最常见的处理身后事的方式。长辈为了自己百年之后，能将自己的财产合法地让子女们继承而不在家庭中产生矛盾，纷纷选择公证遗嘱的方式料理自己的身后事。在老人去世后，子女面对遗嘱提出异议又该如何处理呢？老人遗产再加上房子的问题，这两者结合又势必会出现风波吗？面对这两件并不简单、轻松的事情子女又会何去何从呢？

本篇当事人王先生，就对自己父亲生前留下的公证遗嘱产生质疑。到底是什么情况让王先生对父亲的遗嘱产生质疑呢？王先生可以通过法律途径维护自己的权益吗？

案例回顾

王先生2019年51岁，2018年年初父亲去世后，留下了一封公证遗嘱如今成了王先生的一块心病。

2018年1月25日父亲去世以后，王先生才知道自己的父母在2013年4月做了一份公证遗嘱，在遗嘱中表示要把现在王先生居住的这套唯一住房，留给父亲与前妻所生的女儿，这让王先生百思不得其解。

王先生的父亲名下有一套工作单位分配的福利分房，自己和父母在这里已经居住了近30年。在得知这份遗嘱的同时，王先生才知道自己是出生后不久，被父母领养的孩子，自己与父母并无血缘关系。虽然王先生并非父母亲生，可终归共同生活了几十年，自己对父母也尽到了赡养的义务。

父亲和前妻在1953年就已经离婚，大姐一直跟随父亲前妻生活在沈阳。长期以来，两位老人的日常起居一直是王先生和妻子在照顾，大姐从来没管过。大姐每年只是在父亲过生日的时候才来北京看看年迈的父亲。2012年王先生由于自己身体的原因，为了能够照顾好年迈的父母，专门找保姆帮忙照顾老人。而大姐也就是在那时候，背着王先生带父母去公证处立下了公证遗嘱。

更让王先生觉得事有蹊跷的是，早在2008年，王先生的父亲便已经出现了老年痴呆的症状，2011年出现记忆力减退，2012年在北京大学第六医院确诊为老年性痴呆。而姐姐是在2013年陪同父母去公证处立下的公证遗嘱，结合父母的自身情况，王先生怀疑这份公证遗嘱本身并不是父亲的真实意愿。

如今大姐拿着遗嘱起诉王先生索要这唯一的住房，大姐的做法让王先生十分气愤。那么究竟这份遗嘱能否成立？在王先生心里从来没有尽到赡养义务的大姐，能否有权继承父亲留下来的房子？王先生能保住自己这唯一的一套住房吗？

让我们看看律师怎么说。

律师支招

听完了王先生的叙述，崔爽律师认为王先生家的纠纷关键点有以下几方面：首先是公证书的问题，公证书的流程是否符合相关规定；其次，撤销是一个什么样的程序；再次，本案还涉及关于收养的问题，是不是符合收养法，是不是已经形成事实上的收养关系；复次，就是这套房产涉不涉及夫妻共同财产；最后，遗嘱的效力或者公证遗嘱的效力是全部有效还是部分无效，还是程序的违法或者内容的违法导致会被撤销掉。结合以上几点，我们逐一进行分析。

本案中王先生的母亲通过公证，将这套房屋约定为王先生父亲个人所有，王先生的父亲又通过公证遗嘱的形式，将这套房屋作为个人遗产赠与了女儿。相关的法律规定，在婚姻关系存续期间所形成的房产、收入和其他财产原则上都应被认定为夫妻共同财产。但除夫妻共同财产、个人特有财产外，还有夫妻约定财产。夫妻可以约定婚姻关系存续期间所得的财产及婚前财产归共同所有、各自所有或部分共同所有、部分各自所有。作为房产的拥有者王先生的父亲，对于自己有处分权的财产，被继承人可以将其作为遗产赠与任一继承人。

公证书的基本内容违法或者与事实不符的，应当作出撤销公证书的处理决定；公证书的内容合法、正确，但在办理过程中有违反程序规定、缺乏必要手续的情形，应当补办缺漏的程序和手续；无法补办或者严重违反公证程序的，应当撤销公证书。

当事人认为公证书有错误的，可以在收到公证书之日起一年内，向出具该公证书的公证机构提出复查。本案中，王先生若能提供父亲相关的就医记录，证明父亲在进行公证时并非完全民事行为能力人，则可以主张公证程序上的材料缺失。依照《公证程序规则》第 36 条的规定，民事法律行为的公证应当符合下列条件：(1)当事人具有从事该行为的资格和相应的民事行为能力；(2)当事人的意思表示真实；(3)该行为的内容和形式合法不违背社会公德；(4)公证法规定的其他条件不同的民事法律行为公正的公正规则有特殊的要求的从其规定。

我们再来看看关于王先生的收养问题，咱们国家的《收养法》颁布时间是 1991

年，相关的收养要按照法律办理相应的登记和收养手续，这样才能成立合法的收养关系。如果在法律颁布之前已经形成了事实上的收养关系，其实在法律颁布之后应当及时办理相关的公证手续，如果没有办理但已经形成事实的收养关系，同样是受法律保护的，所以王先生作为继子，依法应享有继父母相关的继承权。

（北京市盈科律师事务所　崔　爽）

11 年感情曲终人散后，离婚后我能分到什么

婚姻是爱情的延续，家庭又是婚姻的载体。大多数人的爱情原本生机勃勃，进入婚姻后却无法正常延续。还有很多人对自己的婚姻生活已经定位为名存实亡，然而依旧不愿意认输放弃，仅仅是为了保住一个完整家庭的样貌。不得不承认，所有家庭的解体其实都是从内部原因开始的，直至出现压垮婚姻的那最后一根稻草，让原本就已经不堪一击的婚姻城堡轰然倒塌。

刘女士和丈夫结婚已经 11 年，今年丈夫将自己诉上法庭要求离婚，面对结婚这么多年自己一手打下的江山，刘女士亟待解决的问题，就是离婚后财产要如何分割？

案例回顾

刘女士和丈夫结婚 11 年了，两人婚后一直没有孩子，对此，婆家颇有微词。

今年，丈夫还是将刘女士起诉至法院提出离婚，刘女士虽然能证明自己具有生育能力，但她不想在这样的婚姻中再继续挣扎，所以同意了离婚。

刘女士和丈夫都有哪些共同财产呢？让我们一起帮刘女士核算一下。刘女士和丈夫在2014年买了一套两限房，丈夫当时处于没有工作的状态，是刘女士自己刷的银行卡交的首付款，付款人写的是丈夫的名字，之后每个月的房贷是由丈夫来还。除了这套两限房以外，2016年，在婚姻存续期间，刘女士在海南还买了一套房产，也是贷款买的。此外，在刘女士的名下，还一直经营着一家公司。现在丈夫将刘女士诉至法院离婚，在财产分割上，不仅一直说房子不可能给刘女士，还要分刘女士的公司。

面对这样的情况，原本属于共同的财产到底应该如何进行分割。刘女士求助栏目组，希望律师给予专业的指导，告诉自己离婚后两套房产和公司刘女士和丈夫各占多少？刘女士和丈夫之间的财产，到底哪些能属于自己？如果丈夫要分公司合理吗？属于刘女士的债务可以共同承担吗？

律师支招

在听完了刘女士的叙述后，崔爽律师认为，刘女士与丈夫离婚，在财产分割的问题上需要确认的几个关键点是：(1)两限房如何分割？(2)海南的房子如何分割？(3)公司是否有丈夫的份额？(4)债务要怎么处理？

有关夫妻的共同财产，《婚姻法》第17条规定，夫妻在婚姻关系存续期间所得的下列财产，工资、奖金；生产、经营的收益；知识产权的收益；继承或赠与所得的财产归夫妻共同所有。对于刘女士来说，首先是以双方协商发挥物的最大价值为原则，如果双方能够协商比如说：北京的这套房子归男方，海南那套房子归女方，综合一下它们现在的市值以及未偿还的贷款，把差价部分互相补充，如果能达成这样的一致，这两套房子可能在诉讼中就能一并处理。如果双方不能达成这样的一致，因为海南的这套房子目前处于未确权即没有房产证的状态，所以法院原则上暂不做处理，待房产证下发之后可以再另行以诉讼的方式来对海南这套房子进行分配。

《婚姻法》第19条规定："夫妻可以约定婚姻关系存续期间所得的财产以及婚

前财产归各自所有、共同所有或部分各自所有、部分共同所有。约定应当采用书面形式。没有约定或约定不明确的,适用本法第十七条、第十八条的规定。夫妻对婚姻关系存续期间所得的财产以及婚前财产的约定对双方具有约束力。夫妻对婚姻关系存续期间所得的财产约定归各自所有的,夫或妻一方对外所负的债务,第三人知道该约定的,以夫或妻一方所有的财产清偿。"

关于刘女士提出的丈夫要分自己公司一半的情况,首先刘女士是公司100%的股权持有人,成立的时间也是在婚内成立的,所以从法律上讲刘女士的丈夫是有权利拥有公司一半的股权。夫妻共同财产,包括公司的股权和债务。首先,公司的债务是由公司来承担,房租是公司的,公司产生的就由公司来承担,但是作为股东来讲对公司是有出资义务。当股权的50%分给刘女士的爱人之后,同时意味着他还有针对于这50%的股权的出资义务,而公司的债务也由股东方共同承担,如果要是分割公司,那么在期间负担的这些房租,刘女士丈夫也需要去承担。如果公司出现交不起房租或者经营上的债务,我们法律上规定的可以把股东追加为刘女士的丈夫,两个股东都可以作为被执行人,以他们股东个人名下的财产对公司的债务承担一定的连带责任。

《婚姻法》第41条关于共同债务的规定,离婚时原为夫妻共同生活所负的债务,应当共同偿还。共同财产不足清偿的或财产归各自所有的,由双方协议清偿,协议不成时由人民法院判决。

(北京市盈科律师事务所　崔　爽)

亲姐妹抢走了我的继承份额,我该如何维权

在当下高房价时代的影响下,每个人对于房子的一系列问题都是非常的关心,作为多子女家庭,在老人去世后房子就变成了一个极其敏感的话题。的确,老人辛苦大半生,凭借自己奋斗,辛辛苦苦赚来的钱买来的房子,百年之后肯定希望自己的子女能够和谐地商量好关于房产的处理问题。然而众多多子女家庭却都没有处理好关于老人过世后房产继承的问题,这也给原本和睦的家庭蒙上了一层不必要的阴影。

案例回顾

周女士爱人家中有兄弟姐妹四人,母亲在世时兄弟姐妹一家人和和睦睦,相处融洽。谁料想母亲刚去世不久家里就变样了。

周女士的公公与婆婆有一套公租房享受房改房政策购买的房子,当时房子一直登记在公公的名下,2011 年 1 月的时候公公去世将房产变更为婆婆的名字,房子购买的费用是婆婆多年来的个人积蓄。2016 年婆婆去世,由于婆婆不认识字所以也没有给子女留下遗嘱。婆婆在世期间一直居住在这套房子内,照顾婆婆的任务一直是四个孩子中的老大、老二和老三来承担的。

周女士的婆婆去世之后,两个女儿将老人的安葬费和存款全拿走了。老人是 9 月去世的,两个女儿将老人的房子在 10 月就租出去了。面对婆婆的遗产房,两个儿子似乎一直没有话语权,两个闺女做主了一切事情,难道父母生前所表示的在自己百年之后,几个孩子平均分这套房产的意愿,已经没有依据了吗?面对这样的情况周女士能拿回属于自己和丈夫应有的继承份额吗?让我们来看看崔爽律师怎么说。

律师支招

听完了周女士的诉说，崔爽律师表示，由于老人没有留下遗嘱，需要履行法定继承的程序，《继承法》第二章法定继承第 9 条规定继承权男女平等。第 13 条规定同一顺序继承人继承遗产的份额，一般应当均等。对生活有特殊困难的缺乏劳动能力的继承人，分配遗产时，应当予以照顾。对被继承人尽了主要扶养义务或者与被继承人共同生活的继承人，分配遗产时，可以多分。有扶养能力和有扶养条件的继承人，不尽扶养义务的，分配遗产时，应当不分或者少分。继承人协商同意的，也可以不均等。

作为子女的周女士肯定是继承人之一，那么老人的不动产房屋以外的存款和安葬费还有生前的工资都是应该以顺位继承的比例来分配给所有的子女。也就是说原则上被继承人去世了之后，所有有继承权的继承人在老人没有留下遗嘱的情况下，大家原则上是平均分配的。当然分配的这个资产不仅限于房产，还包括老人遗留的其他资产。所以我们也因此判断，如周女士所说的，姐妹强行地把这些财产占有并且进行处置，目前来说这是不合理的，这个行为肯定是不当的。

老人生前的房屋被出租所获得的租金，作为继承人周女士同样可以主张自己应得的份额。若是继承人无法对房屋进行合理分配，那么可以就房子现有价值进行评估，对于每个继承人份额进行确认，若达成一致有能力的继承人可以将房子收购。

面对遗产继承纠纷，肯定要以先行的调解、和解和商量为主，但如果说经过各种尝试，都达不到目的或者没有一个有效推进途径的话，周女士也只能提起诉讼，因为作为周女士的先生是合法的继承人，是享有继承权的，要实现继承权在协商解决不了的情况下，诉讼是可以给予保护的。

（北京市盈科律师事务所　崔　爽）

前妻亡故，房产证上没我名，我该怎么办

在如今的社会中有不少的老人因为丧配或者离异之后，为了摆脱自己的孤独感，都有可能面临再婚的问题。为什么再婚的时候需要考虑的问题比较多？其实财产纠纷是老人再婚中遇到的一大问题，有时候解决不好可能会影响数个家庭的幸福生活。今天来到节目中寻求帮助的周先生就遇到了这样的困扰。

案例回顾

周先生已经是85岁高龄的老人，经历了三段婚姻，自己如今住在近130平方米的大房子里，但心里却很不踏实。周先生在自己的第一段婚姻中有一个亲生女儿，第二段婚姻中周先生与他的妻子两人没有亲生的子女，前妻有一儿一女，在周先生与前妻领证结婚的时候前妻的一儿一女均已年满18周岁。

这套房子是周先生与前妻共同购买的，虽然前妻在几年前已经去世，但房本仍然是前妻的名字。前妻在去世之前留下遗嘱，将这套房子中她的份额都给她自己的女儿，前妻的儿子之前口头承诺，自己放弃这套房子的继承权，可孩子们为了这个房产现在依然闹得不可开交。

由于年事已高，周先生的腿脚不便，再加上患有腿部疾病，上年8月刚做完膝关节置换手术，日常生活中的上下楼对于老人来说都是巨大的考验。周先生起初想和前妻的女儿更换房屋，愿意用自己近130平方米的大房子去换女儿位于1楼的30多平方米小房子，但由于一系列的纠纷，这个愿望也落了空。

房本上没有周先生的名字，这已经成了周先生的一块心病，而正因为这个原因，周先生的亲生女儿对此也有一些顾虑。因为房产的问题，现在女儿跟周先生都很少来往，周先生希望能够尽快解决这房子的份额分配，拿回属于自己的份额，这样也可以给女儿一个交代。

律师支招

在听完了周先生的叙述后，崔爽律师首先对于周先去前妻的遗嘱进行了说明。遗嘱的方式首先分为两大类，一类是口头的，另一类是书面的。书面的遗嘱又分为自书、代书、见证以及公证，这些遗嘱形式都是有效的。很明显周先生前妻的这份遗嘱应该是属于见证遗嘱或者代书遗嘱形式，前提是在遗嘱中是本人的意愿且本人签字，里边的内容不违反法律规定，且立遗嘱人处分的是自己名下的资产，遗嘱是拥有法律效力的。在这份遗嘱的基础上，周先生可以到法院起诉请求自己的房产份额，因为此房屋属于夫妻共有财产，周先生可享有 50% 的份额。

我们再来看看周先生希望的房屋置换问题，他想从 130 平方米的房子换到 30 平方米的房子中去，也就是用自己的大房子跟前妻女儿的小房子做一个置换。这个置换属于双方协商的范围，如果双方能够协商一致，当然可以做相应的调整。无论是产权方面还是使用权方面的置换都是可以的。但如果双方不能达成一致，那么这个目的最终也是实现不了的。

尽管房本上没有周先生的名字，按照《婚姻法》第 17 条的规定，夫妻在婚姻关系存续期间所得的下列财产归夫妻共同所有。

1. 工资、奖金；
2. 生产、经营的收益；
3. 知识产权的收益；
4. 继承或赠与所得的财产，但本法第 18 条第 3 项规定的除外；
5. 其他应当归共同所有的财产。

夫妻对共同所有的财产有平等的处理权，周先生的财产显然属于夫妻共有财产，其享有房产份额的 50%，在百年之后他的财产仍可按遗嘱方式继承，如果没有遗嘱，按照法定方式来对遗产作出分配。

（北京市盈科律师事务所　崔　爽）

替男友身负百万元债务，如今她该如何挽回损失

现代人的沟通方式除了与相识的朋友、同事、亲人见面交流之外，就是网络上的交流与倾诉。很大一部分人的沟通靠的是手机，这也促进了社交软件的流行。我们的生活也因为网络交流的普及，似乎多了一份乐趣。就连谈恋爱，也是从网上认识人，然后慢慢发展到现实，有的在见面之后不了了之，而有的则会继续发展下去，两人开始一段真正的恋情。原本这些婚恋网站以及一些社交软件是为了方便大家的沟通与交流的，如今却已经不是表面看上去的那么单纯，在众多社交软件以及婚恋平台中隐藏着很多图谋不轨的人，以交往为幌子对他人进行欺骗。

寻求帮助的袁女士，就遇到了这样的事情。网上相亲结识的男友，竟然为她精心设下了骗局，袁女士替男友身负百万债务，如今她该如何挽回自己的损失？

案例回顾

袁女士今年26岁，一年半以前，她在网上认识了自称是一名交警的男朋友陈某。在两人交往的一年半的时间中，陈某不断地给袁女士发他出去执法的小视频和照片，陈某北京人的身份，交警的工作，这些都让袁女士对陈某产生了很强的信任感。可袁女士做梦也没想到，陈某的警察身份是假的，而自己竟然因为对陈某的信任而背上了数百万元的债务。这到底是怎么回事呢？

在袁女士与陈某交往一个月之后，陈某以自己征信不好，为了挣钱想购买渣土车为理由，希望用袁女士的名字去办理贷款，每个月由陈某来还款，当时袁女士就同意了，从包商银行贷了20万元。在2018年2月的时候，陈某再次提出用袁女士的名字贷款，先后一共从6家银行办理了本金是177万元左右的贷款，在2018年12月的时候，袁女士又一次帮陈某贷款，做了所谓的55万元左右的宽带设备。最后陈某要求袁女士用自己的名字去做一些高利贷甚至要求典当首饰的时候，这让袁女士对陈某起了疑心。

面对陈某频繁地用袁女士的名义做贷款，让袁女士心里很不踏实。几经打听后，袁女士才发现，自己被陈某骗了。陈某并不是警察，目前已经从原单位办理了离职手续，而最让袁女士伤心的是，这些所谓投资挣钱的贷款都被陈某用来玩百家乐挥霍了。

如今，陈某根本无力偿还这些钱，袁女士不得不承担如此巨大的还款压力。那么袁女士究竟应该怎么做才能降低自己的损失呢？让我们来看看崔爽律师怎么说。

律师支招

崔爽律师认为，根据袁女士所梳理的这些细节，能够看出陈某的行为符合以不法所有为目的实施欺诈，让袁女士产生了错误的认知。袁女士基于错误的认知而处分巨额资金给陈某，并最终造成袁女士受到了财产上的损失。而这个款项可能都已经被陈某挥霍，所以崔爽律师更倾向于认为这是一个刑事案件，陈某构成诈骗罪。

陈某写给袁女士的借条，借款用途并非事实，不能仅凭此来认定陈某具有犯罪的主客观构成要件。若公安机关对此不予刑事立案，则借条可作为民间借贷纠纷案件中的关键证据。

陈某现在名下没有住房，没有车，没有财产，因为陈某已经成年，原则上他的父母是没有还款责任的，但是如果真的是牵扯到了刑事犯罪，父母愿意拿出自己的财产来给儿子进行偿还或者赎罪，当然也是没有问题的。但如果他们拒绝、不同意、不管，在法律关系上也不能把他们的财产用来偿还对于袁女士的欠款。

基于袁女士和陈某的这层关系，崔律师建议袁女士，书写正规的报案材料，梳理相关的证据，到公安机关以诈骗罪提起刑事报案。

（北京市盈科律师事务所　崔　爽）

多年亲情难道真的不如一套房

兄弟这个词，很多时候已经变成人们之间打招呼的一句口头语，也许对不认识的人喊上一句："你好，兄弟！"算表示友好和亲切，伴随着一声简单的"兄弟"拉近了彼此之间的距离。在生活中还有一种兄弟那就是手足之情，岁月中，心手相连；困难时，相互帮忙，这份情谊往往是那么简单与纯真，是从小植在彼此心中，一生放不下的牵挂。而如今，亲兄弟两家人竟然为了一套房产而闹上了法庭，难道亲情在房产和金钱面前真的一文不值、不堪一击吗？

寻求帮助的王女士，在自己的生活中就遭遇了一套房产让两家亲人形同陌路的情况，如今她该如何挽回自己的损失？能够要回本该属于自己的利益吗？

案例回顾

王女士的丈夫叫杨甲（北京户口），2003 年出资 170，700 元，在天津用弟弟杨乙（天津户口）的名字购买了一套房子，并签有协议。协议中规定，产权人填写杨乙，但产权持有人是杨甲，房本由杨甲持有，待到杨乙把老屋卖掉之后，一次性支付给杨甲 170，700 元之后，杨甲将房本过户给杨乙，过户等费用由杨乙承担。这份协议是杨甲的外甥颜某书写，并且成为协议的唯一证明人。

2004年,杨乙突然因病过世,过世之前并没有支付170,700元的购房款,也没有将房子过户给哥哥杨甲,房子一直是杨乙的名字但房本一直在杨甲手中。随着弟弟杨乙的离世,两家人都认为房子是自己的,让王女士万万没想到的是,杨乙的女儿在2007年没有通知杨甲和王女士的情况下将房屋出售,房产交易金额为145万元。随后杨甲和王女士获知房子被出售的情况,在2011年将杨乙的子女告上法庭,索要房产。法院依据双方出示的证据作出了审理,并没有支持杨甲的诉讼,杨甲败诉。

2018年,杨甲过世。王女士告诉我们,这套房产一直是老伴自己在弄,不让我们插手,这个事也是老伴的一个心病,去世的时候还惦记着这个事。王女士在老伴杨甲过世之后,多次联系杨乙的女儿,希望在不走法律程序的情况下,和对方协商把这件事情圆满地解决。可杨乙的女儿一直不肯协商,甚至不接听王女士的电话。

王女士能拿回当时老伴出资购房的170,700元吗?让我们看看张运玲律师如何说。

律师支招

听完了王女士的叙述,张运玲律师表示,打官司讲究的是证据,那我们首先看看现在手上的证据,也就是这份协议。这份协议是杨甲的外甥颜某书写并作为见证人,在颜某出庭作证的情况下是可以证明协议有效。第一次法院的判决书也是具有法律效力的,这上面把整个事情的过程进行了叙述,以及这个协议书的内容也有相关的描述,也能够证明协议内容是真实的。

既然法院认定我们的事情是属于民间借贷,那么王女士能够主张多少钱的权益呢?是否有法律依据?

《最高人民法院关于审理民间借贷案件适用法律若干问题的规定》第29条规定:“借贷双方对逾期利率有约定的,从其约定,但以不超过年利率24%为限。未约定逾期利率或者约定不明的,人民法院可以区分不同情况处理:

(一)既未约定借期内的利率,也未约定逾期利率,出借人主张借款人自逾期

还款之日起按照年利率6%支付资金占用期间利息的，人民法院应予支持；

（二）约定了借期内的利率但未约定逾期利率，出借人主张借款人自逾期还款之日起按照借期内的利率支付资金占用期间利息的，人民法院应予支持。”

有了法律依据，我们就可以帮王女士算一算这笔账。根据民间借贷的司法解释，王女士的情况属于没有约定的，那么法律最多保护的是6%的年化利率，就是原本出资的17万元按每年6%来计算利息，从2003年到现在15年的时间，利息是153，630元再加上170，700元本金，目前王女士只能准备好手里的证据，起诉杨乙的子女，可以主张房款和利息的324，330元，同时也可以将之前交付的一些其他的费用一同争取一下，以减少王女士的损失。

（北京市盈科律师事务所　张运玲）

一纸协议改头换面，房屋赠与变房产归属，希望侄女给养老送终的愿望能得到保障吗

当你老了，走不动了，此时，你最为需要的是一份温馨的陪伴……生儿育女对于大部分人来说几乎是一种活着的使命，然而，同样有很多的朋友选择完全不一样的生活。人到中年，膝下无子女的人最先想到的就是今后如何养老。今天李先生来到节目组，希望律师帮助自己分析一下前段时间的遭遇，让自己的养老问题能尽早落实。

案例回顾

李先生的父亲名下有一套公租房，在父亲去世后由李先生在房子内居住并一直由李先生负责缴纳公租房的房租。直到2012年房屋拆迁还依然是父亲的名字，李先生在拆迁时发现自己二哥的户口也在父亲这套房产内。

拆迁补偿李先生分给二哥5万元和一套房产，自己留了8万元和另一套房产。就在李先生和二哥分完拆迁财产后，自己的大哥、二姐和三姐将自己和二哥告上法庭。他们觉得拆迁的房产是父亲的遗产，应该也有他们的份额。李先生和二哥为了官司专门咨询了律师，在私下进行调解的过程中，由李先生的二哥给其他三兄妹一人10万元，再支付给李先生10万元。

支付李先生这10万元钱二哥有一个条件，就是李先生与二哥的女儿签订一份赠与合同，李先生和妻子百年以后将自己的房产赠与给二哥的闺女，对于膝下无子女的李先生来说，这份协议对于他们夫妻来说并不是一件坏事，有了这样一份协议自己的养老问题也多了一重保障，李先生何乐而不为。

2018年7月29日，李先生签了两份协议，一份为房产赠与协议，另一份为关于房产的“一揽子”协议。本以为皆大欢喜，没想到4个月后拿到协议原件的时候却傻了眼。拿到协议的李先生发现赠与协议变成了房产归属协议，在这份协议中也没有注明李先生的侄女为李先生夫妻养老送终，更没有提及二哥要给李先生的10万元钱，而就是这样一份变了味的协议让李先生寝食难安。

本就是李先生亲手签下的协议，究竟为什么会对自己不利呢？让我们一起看看彭欣彤律师怎么说。

律师支招

听完了李先生的叙述，彭欣彤律师认为对于这份房产归属协议李先生可以撤销。

原来在协议签订之初，第一份协议并没有“房产归属协议”这六个字，而是在签订之后，才被打印上去，这也是李先生迟迟要不来协议原件的原因所在。李先生

原本计划的赠与协议变成了房产归属协议，其中第4条更是提出了李先生对房产使用权、维修权不得转让变卖。

尽管李先生手中的协议被加上了“房产归属协议”这六个字，仍然可以进行撤销。根据《合同法》第54条的规定，可撤销的合同需满足以下几个条件：一是因重大误解订立的；二是在订立合同时显失公平的。

李先生的房产归属协议就是在订立时显失公平，因此是可以撤销的。

这份房产归属协议可以撤销让李先生安心不少，可同时还签订有一份“一揽子”协议是不是也能撤销呢？李先生除了要撤销房屋归属协议还想撤销“一揽子”协议书，目的就是要撤销房屋归属协议。2018年8月1日签订的这“一揽子”协议，目前看没有撤销的条件，所以彭欣彤律师建议，先撤销房产归属协议。

（北京市盈科律师事务所　彭欣彤）

二伯去世，遗赠协议是否有效

独居、孤寡的老年人，在自己的晚年生活中常常需要亲人和朋友的照料。在长期的共同生活中，老人与亲人之间会发生遗赠、继承、情感等种种扯不清的纠纷。

王女士的二伯就在自己去世前留下一份遗赠协议，自己百年之后，将自己的房产和遗产留给亲侄女来处理。王女士的二伯是再婚家庭，而对老人的遗赠协议再婚的二婶一直不认可，老人去世后，王女士甚至将二婶告上法院，希望能够按照二伯生前的遗赠协议，明确老人的房产归王女士所有。

案例回顾

王女士的二伯,2017 年在村民见证及全程录像的情况下给王女士留下了一份遗赠协议。2018 年 8 月 4 日二伯突然去世,二伯生前有一段合法的婚姻,他们是再婚家庭。二婶带着一个女儿,女儿已经长大成人,在二伯的婚姻生活期间,一直都是二伯自己照顾自己,二婶对二伯的照顾不够精心,二伯生病的时候大部分都是由王女士带二伯去看病。

二伯居住的这套房产是王女士家的老院子,这套房产是早年时祖辈留下来的宅基地,由于一些老旧的问题,一直没有宅基地的所有权证明。1987 年二伯和二婶还没有结婚时,由王女士的父亲和母亲帮助二伯将原来破旧的老屋,翻盖了三间北房和一间偏房。当时在建房子的时候是王女士的父亲找到大队书记,问询翻盖的相关事宜。大队书记表示,这套房产属于老宅翻建,不用批示可以直接翻盖。从房子翻盖好之后,二伯就一直在此居住,与二婶结婚后她们夫妻的户口均落户在此。

面对二伯生前留下的遗赠协议,二婶一直不认可。在协议中约定,二伯去世之后所有的财产,包括房产、退休金都由王女士来继承。王女士表示,自己并不会一下把房子收回,更不会将二伯的所有财产全部归为已有,但是她希望在履行二伯遗赠协议时,二婶能够配合自己办理相关手续,自己也会顾及亲情让二婶继续在这里居住。王女士的诉求能实现吗?让我们看看崔爽律师怎么说。

律师支招

听完了王女士的陈述,崔爽律师表示,首先,需要给大家说一下遗嘱和遗赠的区别。遗嘱是被继承人将自己生前所有的财产处分给自己的法定继承人。遗赠是被继承人将自己生前所有的财产处分给法定继承人之外的人。这是两者最主要的区别。法定继承人,一般包括配偶、父母、子女、祖父母、外祖父母、兄弟姐妹。

在说清楚遗赠和遗嘱的区别之后,我们再来看看宅基地的特殊性。宅基地一般是一宅一户,而不是一宅一人,所以他是以家庭为使用单位的。家中其他人的户

口都已经不在这个宅基地内，而这个宅基地又是祖宅，可能因为一些历史原因，导致确实没有合法的宅基地使用权证书，但是二伯一直在这实际居住，然后地上翻建的房子也是二伯或二伯授意其他人进行翻建的，同时二伯的户口也在这，那么从理论上讲这个宅基地的实际使用权人就是二伯。另外，在2000年村委会曾经出具过一个《农村房屋情况调查表》，通过这个调查表可以清晰地看到这块宅基地实际的使用人以及他的户主就是二伯，房屋又是在二伯婚前翻建的，应认定为婚前个人财产，基于此二伯有权将其作为个人遗产赠与王女士。

作为立协议人来讲，一定是考虑到自身的各种因素才决定将自身的房产、养老金、退休金赠与侄女王女士进行管理和支配，根据协议王女士可以直接享有支配和继承权。如果王女士与二婶沟通无果，可通过诉讼方式进行确权，避免问题成为历史遗留问题。

（北京市盈科律师事务所　崔　爽）

姑姑去世，作为养子女如何分配姑姑的遗产

生老病死是一种自然的规律，当身边的亲人离世后留下来的只有遗产。在亲情当中有些家庭还多了一层收养关系，这是父母与子女之间除了基于血缘关系之外的进一层关系。这样的关系基于法律行为即收养而发生，一般应当符合相应的法定程序，但现实中存在大量未办理正式收养手续的情形。那么，未办理收养手续

能否形成收养关系？养子女有无继承权？

案例回顾

韩先生的姑姑一直没有生育，将韩先生和韩先生叔叔家的一个妹妹，从小带在身边一起抚养。

老人在2000年单位福利分房以后跟妹妹分开居住，后来是韩先生出资帮姑姑买下了这套福利房，并一直一起居住到姑姑去世。当年韩先生在帮姑姑购买房产之后，就将房产过户到自己的名下。2007年的时候老人突然生病，遗留半身不遂的后遗症。姑姑生病后，韩先生一直照顾着老人，一直到2017年老人去世。在这期间，老人住院好多次，作为养女的妹妹一直没有照顾过老人，而在老人去世后，妹妹直接将老人的工资和单位给的医药费补助私自拿走，大概有2万多元。

韩先生认为自己一直在照顾姑姑，姑姑生病的时候医药费基本都是自己垫付的，妹妹一直没有尽到照顾老人的责任，反而在这样的情况下妹妹私自拿走老人留下来的钱，妹妹的做法让韩先生很生气，希望能够要回属于自己的那部分财产。

律师支招

听完了韩先生的叙述，黄兴国律师表示，韩先生和他的叔伯妹妹与姑姑之间都没有收养协议，他们同样可以作为继承人继承老人留下的遗产。

老人生前合法所拥有的财产，根据《继承法》第14条的规定，对继承人以外的依靠被继承人扶养的缺乏劳动能力又没有生活来源的人，或者继承人以外的对被继承人扶养较多的人，可以分配给他们适当的遗产。据此，非负有法定赡养义务的人对被继承人生活起居照顾较多的，可适当继承被继承人的财产。

姑姑去世后得到一部分医药费补贴，在姑姑生病的过程中是韩先生垫付的医药费，这部分医药费补贴应该专款专用归垫付人所得。韩先生所提到的姑姑留下的2万多元工资以及医药费补助已经被妹妹拿走，如果韩先生想得到法律的支持，需要提供相关的证据证明。为了这2万多元，韩先生是不是真的要动用诉讼的武器需要三思，建议韩先生还是应该跟妹妹好好协商解决此事。

黄兴国律师表示：我们在生活中遇到很难解决的问题时，在协商无果、万不得

已的情况下最后才推荐大家使用诉讼的方式,因为诉讼本身不仅要投入时间和精力,还要付出必要的成本。不过作为韩先生来说,当自己心中有疑惑能采取寻找专业律师进行咨询的方式,是非常值得肯定的。

(北京市盈科律师事务所　黄兴国)

六旬老人的爱情保卫战

人生路上我们难免都会面对意外与生死,对于那些丧偶的中老年人来说,“头白鸳鸯失伴飞”的寂寞晚景的确有点凄凉,俗话说“满堂儿女不如半路夫妻”这也是众多独居的中老年人希望拥有再婚家庭的初衷。可现实生活却往往不尽如人意,老人的再婚,最大的阻力就是自己的子女,很多子女面对老人再婚的问题都会持反对意见。有人说这是老人的权利,做子女的不应该干涉。但也有人说,老人再婚,会引发很多不必要的麻烦,这会给子女增加不少的负担。

作为老年人到底该如何对待自己的黄昏恋,本篇律师聊聊关于老年人再婚的那些事。

案例回顾

刘先生今年60多岁,身体健康,前妻在2014年去世,刘先生虽然膝下有两个儿子,但是都忙于工作没有过多的时间陪伴和照顾刘先生。机缘巧合之下刘先生认识了现在的老伴,原本期待晚年幸福婚姻生活的刘先生,却在再婚的问题上遭到了两个儿子的强烈反对。

刘先生与前妻是在20世纪80年代结婚的，两人婚后拥有了一套60多平方米的住宅，2003年刘先生购买了该套房产的产权，虽然产权证上是刘先生一个人的名字，但实际上这套房产是刘先生与前妻的共同财产。目前这套房产由刘先生的大儿子居住，刘先生和现任妻子一直在外面租房子生活。

在前妻去世之后，刘先生与前妻共同拥有的房子做过一次继承分配公证，由于前妻生前没有遗嘱，这次继承分配公证是按法定继承顺序继承的。兄弟二人之所以会阻止刘先生的第二次婚姻，根节点就是担心这套房产落在阿姨手里，而刘先生的老伴则明确表示，不要这套房产，同意刘先生大儿子的要求，将房子过户到兄弟二人的名下。

拥有这套房产份额最多的刘先生，肯定对这套房产有使用的权利，然而面对兄弟俩完全没有协商余地的态度，刘先生过着有家不能回的日子，兄弟俩的做法让刘先生很是气愤，刘先生能否顺利地搬回到自己的房子内安享晚年，让我们看看律师怎么说。

律师支招

在听完了刘先生的叙述后，李蕾律师表示，刘先生与儿子之间的矛盾毕竟是亲情之间的纠纷，如果能坐下来协商解决是最好的方式，作为刘先生的儿子，他们的顾虑无非是将来拿不到房子，认为过户到自己名下就放心了。其实我觉得最好的解决办法是一家人能坐到一起在不伤感情的情况下，找到一个利益平衡点，协商解决。

如果协商不成必须依靠法院来解决此事，那么我们先要从继承顺序聊起。《继承法》中明确规定，继承权男女平等。而继承人范围及继承顺序为，第一顺序：配偶、子女、父母。第二顺序：兄弟姐妹、祖父母、外祖父母。继承开始后，由第一顺序继承人继承，第二顺序继承人不继承。没有第一顺序继承人继承的，由第二顺序继承人继承。

按法律规定，大儿子作为合法的继承人之一，对该房产是享有一部分所有权的，如果说他要求在房产证上增名，明确自己的所有权是合理合法的要求。但是如

果刘先生的大儿子要求全都过户到他名下，那么必须要经过刘先生本人同意，如果刘先生不同意，刘先生大儿子的诉求在法律上是站不住脚的，是没有依据的。

所有权有几项权能，即占有、使用、收益、处分，作为刘先生重要的权能之一就是使用这套房产，现在因为大儿子占着刘先生使用不了，就这一点刘先生完全可以通过向法院起诉来实现自己的诉求。大儿子作为共有人之一，他对这个房屋其实也是有使用权的，可能真的诉至法院的时候，法官会再根据刘先生一家的现实情况，来做出一个相应合理的处理。

（北京市盈科律师事务所　李　蕾）

母女为房子反目成仇，为争利益两度对簿公堂

当下，拆迁似乎成了富裕的等价词汇，一遇拆迁富四海，尤其在北上广深这样的发达地区。在经历了拆迁之后，许多原来的温饱户成了拥有多套房的“房地主”。拆迁不仅会让我们乔迁新居，还会给我们原本的生活带来一笔巨大的财富，可是殊不知这巨大财富的背后又有着多少令人心酸的家长里短。随着财富的降临，有些家庭，房子多了、钱多了，“家”却散了。拆迁，拆除的不仅仅是老旧的房子，还拆掉了一家人的亲情。

案例回顾

边女士的父母有一套宅基地房产，2012 年边女士的哥哥生病，为了更好地照

顾已经患肝癌的哥哥和年迈的父母,边女士决定搬回家居住。

边女士搬回家后,全心全意地照顾生病的哥哥,没想到哥哥被确诊肝癌后没多长时间就去世了,同年10月边女士的父亲也去世了。年迈的父亲为了能让边女士和母亲和平相处,特意给边女士留下一份遗嘱,将自己名下的房产全部由边女士继承,母亲名下的房产由侄子继承。

2017年12月底父母名下的宅基地面临拆迁,突如其来的1000万元拆迁补偿款,非但没有改善一家人的生活,还将边女士与母亲的关系推上了破裂的境地。

律师支招

边女士 我想问一下,父亲的遗嘱有效吗?我能继承的都有哪些?

刘妙勤律师 据您的介绍,父亲曾经立过遗嘱,将他的财产留给您。那么,能够继承的遗产都有哪些呢?根据《继承法》第3条的规定,遗产是公民死亡时遗留的个人合法财产,包括:(1)公民的收入;(2)公民的房屋、储蓄和生活用品;(3)公民的林木、牲畜和家禽;(4)公民的文物、图书资料;(5)法律允许公民所有的生产资料;(6)公民的著作权、专利权中的财产权利;(7)公民的其他合法财产。

边女士 为了这个房子继承的事情,我起诉了母亲,法院一审判决是房屋重置新价,随后我又上诉,二审说一审法院认定遗嘱划分不清,撤销了一审判决。下一步我该怎么做?还请律师帮帮我。

刘妙勤律师 本案中多次提到宅基地,那么宅基地使用权人对宅基地有着怎样的权利呢?根据《物权法》第152条的规定,宅基地使用权人依法对集体所有的土地享有占有和使用的权利,有权依法利用该土地建造住宅及其附属设施。所以说这个房屋拆迁补偿利益可能大头都会在宅地所有权的补偿费用上,也就是说您是不是被安置人非常的重要。

边女士 拆迁补偿协议并不是我签字的,现在我还能有什么办法推翻我母亲已经签订的协议吗?

刘妙勤律师　作为边女士认为补偿协议对自己的利益有所侵害，认为损害了自己的合法权益，这是符合《合同法》里面合同无效的规定的。边女士作为安置对象，这个权利被侵犯了或者认为腾退人跟被腾退人互相串通，损害了边女士的合法权益，这个补偿协议可以认定为无效协议。之后一切又回到原点，边女士就可以作为安置对象，可以再跟苏一二村的村委会去签订一个正式的拆迁补偿协议。在新的补偿协议里面，可以对边女士应该得到的利益进行一个很好的保障。

（北京市盈科律师事务所　刘妙勤）

父亲未按离婚协议过户房产，母亲替儿寻求栏目帮助

爱情一直是一个亘古不变的永恒，然而两个相爱的人走进婚姻的殿堂，面对柴、米、油、盐的琐事时，有些人则经受不住长久的考验。不管夫妻之间的爱情曾经有多么浪漫，矛盾一旦出现之后，这份曾经美好的爱情往往变成了海市蜃楼。在婚姻、爱情的世界里，一些人因为爱情的消失，婚姻的不顺利不仅给自己精神上带来伤害，最后还给自己及家人造成财产纠纷。

寻求帮助的刘女士，在经历了婚姻伤痛之后的 20 年，再次面临为儿子维权的问题。

案例回顾

1998 年刘女士跟前夫离婚，当时在离婚协议中约定，将位于北京市海淀区西四环北路 137 号院内一套 60 平方米的房子，在儿子成年后将房子过户给儿子，房产归儿子所有。

如今孩子已经 26 岁了，房本上依然是父亲高先生的名字，20 多年来这套房产也一直由高先生居住，为什么到了今天依然没有过户呢？按照当时离婚协议的约定，应该在几年前就完成过户，由于前夫一家在此居住，刘女士就一直没有过问关于房子的问题。刘女士本打算在孩子准备结婚的时候，再找前夫过户房产也不迟，可没想到上年 9 月前夫突然脑梗死，造成现在右半身不能动，严重语言障碍。

面对重病的前夫，刘女士怎么突然迫切地想要帮助儿子将房产过户呢？孩子当时在刘女士与前夫离婚的时候虽然判给了爸爸，但是孩子实际一直跟刘女士一起生活。前夫生病以后，刘女士发现在这套房子内居住的不仅仅有孩子的爸爸和奶奶，还有一位陌生的女士。再加上房本被孩子的姑姑拿走要作为抵押物抵押出去，这些让刘女士心生不安，寻求栏目组及专业律师的帮助，希望能通过法律的手段，维护属于孩子的权益。

律师支招

听完了刘女士的陈述，曹晓静律师表示，首先我们要从法律层面来讲，20 年前的离婚协议是在双方自愿的基础上达成的，并且有承办单位的盖章，也就是我们说的民政局的备案，是具有法律效力的。根据离婚协议的相关约定，房子应该过户给孩子。

当时刘女士在与前夫离婚的时候，协议中关于房产的处理，是基于一个离婚的意思表示对财产的一种处分。刘女士已经履行了自己的义务，也就是前夫一直在这个房子内居住，但是必须在儿子 18 周岁成年之后，将房产过户给儿子，这是一个离婚的条件，男方当时已经答应了这个条件，才会在离婚协议书上签字，并且办理离婚手续。这种情形不同于一般的赠与，这个是不能够撤销的。男方是不能够以

现在瘫痪的状态，或者说需要照顾的状态，去撤销当年离婚协议上对于房产的处分，房子的过户手续依然应该按照协议约定的进行办理。

面对瘫痪在床、不会说话的前夫，刘女士又该怎么办呢？作为离婚协议中的主体，刘女士主张这个权利的话应当以刘女士为原告向法院提起一个诉讼。以婚姻家庭纠纷为案由起诉，可以诉请前夫将房产过户到儿子的名下，其实就是要求前夫履行这套手续。但是关于刘女士前夫主体资格的问题，如果他是完全行为能力人那么他就是被告，如果他是限制行为能力人，还要走一个特殊的宣告程序，由法院或者居委会或者单位来给刘女士的前夫指定一个监护人，监护人从近亲属里优先指定。根据《民法总则》第 17 条至第 24 条的规定，无民事行为能力人包括不满 8 周岁的未成年人及不能辨认自己行为的成年人。不满 8 周岁的未成年人为无民事行为能力人，由其法定代理人代理实施民事法律行为。不能辨认自己行为的成年人为无民事行为能力人，由其法定代理人代理实施民事法律行为。8 周岁以上的未成年人不能辨认自己行为的适用前款规定。

曹律师建议刘女士，诉讼程序要尽早启动。因为房产毕竟现在还在前夫名下，在他生病之前可以作为遗产继承，因为权利没有转移。家中居住的陌生女子可能是没有领结婚证但已经形成同居关系的人。如果前夫将离婚时已经处理了房产的事实掩盖，为了跟这个女的再继续生活，基于不管是照顾自己的目的还是别的目的，将房子赠与给这个女士，那么如果刘女士没有启动诉讼程序被别人捷足先登，会给刘女士带来不必要的麻烦，存在潜在的风险。

嘉宾支招

听完了刘女士的叙述，赵可老师建议刘女士尽快启动诉讼程序，在启动诉讼程序的过程中，无论是需要对刘女士的前夫进行行为能力的鉴定，还是说法庭要依据现在的情况裁决什么时候履行当年的离婚协议，都是保障房产能过户给儿子的一个维权行为。这样可以有效避免前夫通过遗嘱或者赠与的行为再次对房产进行处置，包括其他人以该套房产为抵押物进行抵押。如果不尽快启动诉讼程序，该房产有可能附加到别人的权益，如果能够尽快经过法院判决，即使刘女士的前夫由于身体的原因不能到房管局配合过户，也可以通过法院强制执行程序来完成过户。在房产过户之后，不管是给孩子继承还是将房产转卖之后给前夫看病，对于刘女士来说无疑获得了主动权。

（北京市盈科律师事务所　曹晓静）

婆婆留下个人遗嘱，我该向谁要回自家那份遗产

可怜天下父母心，作为父母一碗水端平其实也不难，毕竟手心手背都是肉。很多开明的父母在安排自己百年之后财产分割的问题时，一般都采取按照家庭为单位进行平均分配，这样做对于日后儿女之间的手足亲情也许是最好的保护。如果老人偏心将财产厚此薄彼地分配给孩子，也许会将原本和睦的手足亲情变得伤痕累累。所得遗产再遇到拆迁，那家庭中的每一位成员，都将接受亲情的考验，毕竟拆迁过程中会涉及更大的利益。在这里小编多一句嘴，很想对朋友们说：金钱有限，亲情无价，愿大家都能够珍惜身边最亲的人，毕竟家和万事兴。

寻求帮助的于女士，就出现了由于老人留下个人遗嘱，造成遗产分配不均，儿女为房产闹纠纷的事情。

案例回顾

于女士的公公婆婆一共生养了 7 个子女，如今公公婆婆二人相继去世，留下了一套房产是在自家宅基地上盖的房子，一个前院一个后院。

公公去世前并未留下遗嘱，而婆婆去世前留下个人遗嘱，将婆婆名下的财产全部留给于女士的小叔子，也就是婆婆的小儿子，这让其他兄弟心中产生了一个极大的问号。经过多方询问，于女士获知，在婆婆立遗嘱的问题上，是小叔子自己花钱请人上门来给婆婆写的遗嘱，遗嘱写完后直接让婆婆捺的手印。没想到在婆婆捺完手印后，就突发脑出血摔倒在地。直到婆婆出院以后才跟家中其他孩子讲述了立遗嘱的事情，当时婆婆并没有当回事，还表示出让兄弟三人分家的意愿。

现在房屋拆迁，于女士的小叔子在没有通知其他兄弟的情况下，签订了拆迁补偿协议。在知道拆迁之后，家中的其他兄弟将于女士的小叔子告上法庭，经过法院一审、二审的判决，女士的小叔子占整个遗产的一半份额，所占份额最多。于女士一家人能要回属于自己的1/7财产吗？即使婆婆有遗嘱，但是公公去世前并未留下任何遗嘱，于女士的小叔子是否可以享有父亲那部分多数遗产？让我们来听听律师怎么说。

律师支招

听完了于女士的叙述，娄静律师先解释一下关于遗嘱的问题。于女士婆婆生前立有遗嘱，我们首先要看这个遗嘱是否符合法定的表现方式。我国关于遗嘱由《继承法》规定，表现有自书遗嘱、公证遗嘱、见证遗嘱的形式，根据于女士拿到节目中的法院判决书，我们可以清晰地看到，当时于女士的婆婆在立遗嘱的时候进行了录像，有见证人在现场见证立遗嘱的整个过程，这样的形式属于见证遗嘱。

由于于女士的婆婆在去世前留有遗嘱，而公公未留遗嘱，根据《继承法》第26条关于遗产认定的相关规定，夫妻在婚姻关系存续期间，所得的共同所有的财产，除有约定的以外，如果分割遗产，应当先将共同所有财产的一半分出为配偶所有，其余的为被继承人的遗产。遗产在家庭共有财产之中的，遗产分割时，应当先分出他人的财产。也就是说于女士婆婆所立的遗嘱是有效的。在遗嘱有效的情况下，7个兄弟姐妹其实已经拥有了一份法院生效的判决，也就是一个调解文书。于女士家人的情况，已经经过了二审终审，并且是调解结案，按照我国《民事诉讼法》的相关规定，民事调解的二审文书是生效的判决。目前在房子已经被拆掉，但是拆迁补偿利益还没拿到的情况下,娄静律师建议于女士跟拆迁征收方进行协商。

如果于女士拿到法院生效判决无法实现的话,可以通过诉讼的方式来解决。根据我国《民事诉讼法》的相关规定,法院生效的判决无须再次证明。遗产继承人可以直接通过生效判决和享有宅基地使用权证等遗产证明,继承相关权益。在公公婆婆去世以后,经过法院的判决,于女士及其他兄弟几人已经确定了彼此的份额,也就是说您自己有什么权益,在法院的调解书里面已经确定。那么也就是说,对明确财产的这部分进行拆迁的话,于女士及其他兄弟可以就自己的这部分份额要求拆迁办给您相应的补偿。

目前,拆迁部门已经完成拆迁,于女士的家人已经搬离拆迁地,我们看到于女士提供的资料,关于拆迁定向安置的方案中是由某投资有限公司所发的,虽然拆迁已经结束,但是作为注册的公司是不会进行挪移的。所以,可以通过诉讼的方式将这个有限公司作为被告,告到法院,来主张自己的权益。我国《国有土地上房屋征收与补偿条例》明确规定,先补偿后搬迁。在于女士已经搬离但是并未拿到搬迁补偿款的情况下,可以请求法院进行判决,享有应当享有的拆迁权利。

嘉宾支招

听完了于女士的叙述,赵可老师认为,其实于女士一直纠结的,就是这个遗嘱是否有效,是不是可以证明它是一个遗嘱。经过法院的裁决和娄律师的分析不难看出,这份遗嘱具有法律效力。按照相关的法律规定,自书遗嘱和见证遗嘱,都是有法律效力的。在出现老人留下几份遗嘱的情况下,那么公证遗嘱的效力是优先的。

(北京市盈科律师事务所　娄　静)

母亲留下的两份遗嘱是否有效

依据我国法律，有效的遗嘱订立方式有口头遗嘱、书面遗嘱、公证遗嘱等，就书面遗嘱而言，无疑需要以书面为载体，以书写的形式表现出来。代书遗嘱指的是通过他人代为书写的遗嘱，一般是由于遗嘱人文化水平不高或者基于身体原因受限而委托他人代写，但合法有效的代书遗嘱无论是代书过程还是对代书人都是有限制的，随便找人代书遗嘱有可能会导致该遗嘱无效。

今晚寻求帮助的王先生就因为母亲留下的两份遗嘱均被视为无效遗嘱，与其他兄弟姐妹之间出现了关于母亲遗产继承的纠纷。

案例回顾 》

王先生的母亲有一套房产，是1998年拆迁后购买的房改房，这套房产的前身是以母亲为承租人的一套公租房。根据当时的拆迁政策，可以选择去别的地方继续承租公租房，也可以拆迁之后自己购买。其他的兄弟姐妹都选择不买，而王先生在和爱人商量之后，在母亲的工龄基础之上，借钱将房子买了下来。

母亲在2004年去世，母亲去世后对于遗产分配问题兄妹几人产生纠纷，王先生随即到朝阳法院将其他的兄妹告上法庭。关于房产继承问题，母亲先后留下三份遗嘱。第一份是关于自家平房的分配问题，第二份和第三份遗嘱就是关于王先生当时出资购买的这套楼房的分配。后两份遗嘱当中都明确提出要将这套楼房由王先生继承。第一份是王先生的表叔代写，并由表叔作为见证人。第二份是律师写的然后由王先生的母亲签名，这当中有三位见证人的签字，这三位见证人都是王先生的同学。

经过两次诉讼过程，法院已经对王先生母亲的遗产作出判决，四个孩子平均分配母亲的遗产。面对这样的判决王先生觉得有失公正,希望胡英杰律师能给自己一个明确的答案,母亲留下的后两份遗嘱到底有没有法律效力?

律师支招

王 先 生 母亲去世后,从继承的角度来说,房产一半归母亲一半归我自己所有,兄妹应该分母亲的份额,为什么要将属于我自己的也拿出来分配。

胡英杰律师 房屋登记部门在登记房产的时候,登记的是母亲的名字。即使您当时出资,只能说明这部分出资可能是赠与给母亲购房使用。因为在您与母亲之间,也没有签订明确的出资协议。所以目前来讲这套房屋确实就是母亲享有完整的一个产权,那么现在四个子女每个人是平均有1/4的份额,是合情合法的。《继承法》第10条规定,遗产按照下列顺序继承,第一顺序配偶、子女、父母。第二顺序为兄弟姐妹、祖父母、外祖父母。继承开始后由第一顺序继承人继承,第二顺序继承人不继承。没有第一顺序继承人继承的由第二顺序继承人继承,法律上认定是平均继承。

王 先 生 我母亲留下的两份遗嘱都没有法律效力吗?

胡英杰律师 您母亲留下的两份遗嘱,其中第一份由表叔作为代书人和见证人,因为代书遗嘱需要两人或两人以上作为见证人,那么这份遗嘱少了一个见证人,所以无效。对于第二份遗嘱,三个见证人都是您的同学,与遗嘱的利益人有关系,所以这份遗嘱的法律效力也会弱一些。

王 先 生 这套房产当时是由我出资的,我能够主张不平均分配吗?

胡英杰律师 目前整个事件从2003年到如今已经有十多年的时间,出资协议和遗嘱的合法性两个小疏漏,给王先生造成在法律上无法弥补的损失。目前对于王先生来说,从证据上其实是很不利的,我们建议王先生与其他的兄弟姐妹能够友好地协商解决,毕竟买这套房屋王先生是出了很大一部分力的,如果能够协商的比较妥

当的话，王先生还是有可能争取到更大的一个份额。但是目前从法律上和拥有的证据上来看，确实应该是平均分配的法定继承。

（北京市盈科律师事务所　胡英杰）

追问17年前的协议，了却今生情缘

恋爱时再好的感情，如果婚后没有用心经营，幸福就如同手中的沙子一不小心流走了。有些夫妻在离婚的时候，是真的过不下去了，不得不选择离婚；有些夫妻在离婚的时候，感情还在，却因为种种原因选择了离婚。“人非圣贤，孰能无过？”夫妻之间即使分开，如果能多一分包容，多一分理解，即使爱情不再，也能收获一份没有血缘的亲情。

寻求帮助的李先生，在离婚多年后，想到了17年前离婚时与前妻签订的一纸协议，这到底是一份什么样的协议呢？

案例回顾

早在1989年，李先生与前妻离婚。当时，李先生在三里河有一个一居室，归前妻和孩子拥有，最近的八九年，李先生自己则一直居住在妹妹家。

2001年，李先生和前妻又签订了一份协议。在协议中约定，白塔寺两间前妻母亲名下的公租房，归李先生所有，前妻拥有永久居住权，如果遇到拆迁，李先生适当补偿给女儿一些钱款即可。

如今,多年来居住在妹妹家的李先生,觉得给妹妹增添了很多的麻烦,希望能与前妻商量,在这两间平房归前妻和孩子的情况下,能不能适当地给一些经济补偿,也好给妹妹减轻一些负担。

律师支招

李 先 生 我想知道,我和我前妻签订的协议是否具备法律效力?

崔爽律师 在看过了您提供的这份协议之后,我认为这份协议从原则上讲,真的没有什么用。因为虽然李先生与前妻作了这样的约定,但是,等于是A和B签了一个协议约定了C的东西。白塔寺的两间公租房毕竟是前妻已经去世母亲的名字,而且,前妻是姐妹三人,作为李先生的前妻不能全认为就是她的房。如果其他姐妹愿意放弃自己的权益,并愿意配合办理相应的手续,那么李先生的前妻有权处置这两间平房。

李 先 生 这是我前妻的真实意愿,我如今的诉求合理吗?我能和前妻协商吗?

崔爽律师 您前妻在签这份协议的时候,她本质上没想骗您,这也就是她真实意思,这点我们都相信。她就想这两间白塔寺的公租房归您,将来在拆迁的情况下,能给女儿点钱,其他都是您的。如今,听完您的叙述,其实您的意思是,两间房子就算之后有再大的利益,您都不想要,就希望现在您的前妻能够给您一定的经济补偿,这个钱可以商量着来,您拿到钱就可以了,也可以减轻妹妹的负担。您现在这个想法我觉得还是挺合理的,您可以和前妻进行协商解决。

李 先 生 我应该怎么协商,需要写协议吗?

崔爽律师 其实,您的事情还是很简单的。您放弃这套承租房里的一切权利,不管是拆迁还是腾退,但是是有条件的,比如说要求前妻在2019年年底,或者12月之前,要给您一次性补偿多少钱。就这么简单的两句话,您只需要把这件事落实下来,与您的前妻再签订一份协

议就可以了。

（北京市盈科律师事务所　崔　爽）

儿媳迁走我的户口，谁来给我养老

“养儿防老”是很多中国父母传宗接代思想的普遍认知，从古到今，根深蒂固。然而作为母子之间的亲情，本是一场你把我养大、我陪你变老的轮回。按理说父母对子女舐犊情深，反过来，子女对父母理应反哺还情。在我们的生活中却有一些老人为自己的赡养问题而担忧，孩子的不孝顺成了老人的心病。

今天替母亲走进栏目的赵女士，如今为老母亲的赡养问题陷入困扰。到底赵女士一家发生了什么呢？老人的赡养问题能够解决吗？

案例回顾 》

2006 年，赵女士的父亲去世，弟弟和弟妹以将来为母亲养老送终为由，希望母亲将父亲名下的公租房租赁合同变更为弟弟。赵女士的母亲面对儿子的请求和给自己坚定养老的态度，私自将房子的承租人变更为赵女士的弟弟。

如今房子的承租人已经变更为赵女士侄女的名字，赵女士的老母亲已经无法住回曾经属于自己的房子。除了赠与的房产赵女士的母亲还在儿子生前分两次借给儿子 7 万元钱。先是赵女士的弟弟以女儿结婚需要买车为由，向母亲借了 3 万元，后来又因为房屋装修资金不够向母亲借了 4 万元。当时赵女士的母亲没有让儿子写下欠条，如今赵女士的弟弟已经去世，弟妹对于这7万元的欠款拒不认账，赵女士能替母亲要回属于自己的养老钱吗？面对赵女士和母亲的困惑，让我们一起看看崔爽律师怎么说。

律师支招

在听完了赵女士的叙述之后，崔爽律师表示，因为赵女士的弟弟已经去世，作为弟媳妇跟两个姐妹在对于老人的赡养义务上是不一样的。从法定的角度来说，弟媳是没有法定赡养责任的。这也是为什么在法律上有一个协议叫遗赠抚养协议。关于这个遗赠抚养协议，实际上就是生前养我，死后给我送终，然后在我去世以后我的财产才是你的，才能过户给你。这样的财产遗赠抚养协议，能够有效地保证作为晚辈对老人赡养义务的兑现，也可以有效地避免像赵女士母亲如今这样尴尬的局面。

再看一下赵女士所说的母亲的户口已经被弟媳迁出的事情，如果赵女士和母亲对于委托书有质疑的话，可以申请对委托书进行笔迹鉴定，若确认该委托书是伪造的，赵女士的母亲可以提起行政撤销，将自己的户口迁回到原住址。户口的恢复，并不能直接导致赵女士的母亲拥有了该套房屋的产权，但能保证母亲的居住权。

赵女士的母亲与儿媳之间实际上还有一笔债务纠纷，当初赵女士的母亲在借给儿子钱的时候，没有让儿子留下借条，如今儿媳拒不认账。赵女士可以通过查询银行取现记录等方式帮助母亲寻找借出的证据，以此证明母亲曾经将钱借给了儿媳一家。若经过多方查找都不能提供借出的证据，赵女士的母亲想让儿媳还款的诉求将难以实现。

最后，崔爽律师表示，通过赵女士的案件，我们可以看到，老人在对于自己的财产没有进行有效保护的时候，在后续的生活中万一出现变故，就很尴尬了。作为老人来讲，在自己有生之年，一定要有效地保管好自己的财产，即使要提前处理自己的财产，也要和儿女签订必要的赡养协议以防万一，这样不仅是对自己晚年生活的保障，也可以让自己老有所养、老有所依。

（北京市盈科律师事务所　崔　爽）

扶养残疾老人，他的遗产我如何继承

独居、孤寡的老年人同样需要晚辈的关心和照料。在长期的共同生活中，老人与晚辈之间形成养子女关系后，自然会发生遗赠、继承、情感等种种关系。在这众多的关系中，一旦老人去世，作为养子女又该如何继承老人的遗产呢？

刘女士因为自己全心全意地照顾丈夫的养父，得到了老人的认可，老人去世前曾多次表示要把自己的遗产留给刘女士一家。如今老人去世多年，老人还有两个兄弟，刘女士该如何继承老人留给自己的遗产呢？

案例回顾

20 多年前，刘女士的爱人在一家单位上班，由于老板的弟弟是一名残疾人无人照料，希望刘女士和爱人能够帮忙照顾。后来残疾老人生病，刘女士和爱人在医院照顾了将近 2 年的时间。从医院回来之后，老人的大哥提出，让刘女士的爱人给残疾老人当儿子，在老人百年之后，家产都归陈女士和爱人所有。就这样，刘女士和爱人与这位残疾老人签订了一份遗赠扶养协议，约定刘女士和爱人对残疾老人进行赡养、送终，而老人则将自己的遗产作为回报。

2017 年，残疾老人去世，留下了宅基地以及宅基地上 3 间房屋。随后，刘女士和爱人对这 3 间房屋进行了翻盖。如今，残疾老人的兄弟找上门来，希望也能分得老人留下的部分财产。为了避免日后不必要的纠纷，刘女士希望能够将老人留下的宅基地变更到爱人的名下。刘女士的诉求合法吗？她又该如何才能完成自己的诉求呢？让我们看看曹晓静律师怎么说。

律师支招

刘　女　士　按当初签订的协议,写的是养子协议,我以继承的方式起诉到法院,法院说养子不成立,让我以遗赠抚养协议起诉。我就想问问律师我该如何起诉?另外,养父有一个哥哥、两个弟弟,他们哥仨有没有份额?

曹晓静律师　我们先来看一下关于收养的关系。如果是民间的收养,在《收养法》正式实施之前,这种事实收养关系是可以认可的。在形成了正式的收养关系之后,被收养人与自己的亲生父母在法定血亲上的父母和子女关系就解除了。我们再来看一下协议,老人立的遗赠抚养协议的主体都有签字。从这个内容上来看,协议的第一条,自愿将自己位于某村的一处3间北房室内所有的财物及现金移交养子掌管,享有继承权,并承诺与养子共同生活、和睦相处。刘女士的爱人在协议中也认可收养人为养父,自愿承担相关的生病照看以及养老送终的义务,一起共同生活。还有见证人的家属代表的签字和村委会的盖章,还有证明人的签字,我认为这份协议是完全合理合法的,完全符合遗赠抚养协议的相关要件。

刘　女　士　那老人如今已经去世,对于养父的财产他的兄弟有份额吗?

曹晓静律师　立约人也就是被继承人,他自己没有自己的子女,没有配偶,没有父母,也就是说没有法定意义上的第一顺序继承人,第二顺序上的继承人就是兄弟姐妹。但是,因为有这份遗赠抚养协议,遗赠抚养协议中所提及的这些财产,比如说位于某村的几间院落以及相应的存款,需要按照遗赠抚养协议来继承,如果遗赠抚养协议中没有提到这些就需要按照法定继承。

刘　女　士　1995年养父还活着的时候,村里边改房屋契证的时候,养父说是我付出的多一些,养父就把房屋契证改成我的名字了。2005年8月,房子就已经翻建成了6间,已经过去十多年了。我现在

起诉的对吗？

曹晓静律师　案由是遗赠抚养协议纠纷，诉请就是判令位于某村的正房3间，归原告刘女士的爱人遗赠所有。我认为这次他的案由和诉请都是正确的。房子是在老人去世之后翻建的，我觉得又是一个法律关系的竞合，如果是在王先生去世之前翻建，有可能翻建部分就属于遗产，但是现在刘女士的爱人是在老人去世之后进行了翻建，依照现在的相关法律规定，地上物的新建部分，其实本身就是属于刘女士爱人所有的，老宅的这3间房屋是属于遗留下来的。遗赠抚养协议中涉案的房产，同时也应当依照遗赠抚养协议，来判归刘女士的爱人所有。

（北京市盈科律师事务所　曹晓静）

儿子离婚，房子有儿媳的份额吗

作为年轻人，在自己事业和家庭刚刚起步的时候，能够自己买得起房子的可以说寥寥无几，一般都是需要父母的积蓄来帮助自己购买一套属于自己的小窝。而老人家忙活了大半辈子，拿出手里的全部积蓄来帮孩子买房，不仅是父母对子女的爱，更是对孩子未来生活的祝福。而一旦小两口的婚姻触礁，在离婚的时候这套父母出资帮助购买的房屋又该如何分配呢？

寻求帮助的韩女士，在儿子结婚前由自己和老伴出资帮儿子买了一套房产。现在小两口闹离婚，儿媳起诉至法院提出要分割房产，这让韩女士很难接受。儿媳在离婚时能分得这套房屋的房产吗?

案例回顾

韩女士夫妻俩就一个儿子,2009年,儿子结婚面临买房。由于家中并不富裕,儿子和儿媳婚后申请了一套两限房。房子虽然写的是小两口的名字,但是钱款确实是韩女士夫妻两个全款支付的。

由于当时韩女士和丈夫全款帮助两个孩子买房,儿媳曾主动提出写一份关于房产的说明,表明房产的钱款是由韩女士出资,等到两限房能够上市的时候,便以买卖的形式将房屋过户给韩女士。

当时在购房的时候,钱是从韩女士的账户上直接转账给开发商的,房屋的产权证在2011年年底的时候就已经拿到了,该房产从购房合同到产权登记证都落在了韩女士儿子的名下。如今,小两口闹离婚,儿媳竟然提出要对房产进行分割,儿媳的态度让韩女士很难接受。这套房产该如何分配呢?作为出资人的韩女士和她的丈夫是否拥有该房产的份额?儿媳与韩女士在购房时签订的协议具备法律效力吗?针对韩女士家的问题,让我们来听听张运玲律师怎么说。

律师支招

在听完了韩女士的叙述后,张运玲律师请韩女士拿出了当年与儿媳签订的协议。在韩女士一家的协议中,有这样的约定:如果政策允许,男方的父母可以随时将此房过户到其中任意一人名下,也就是甲方任意人名下。该约定中的“父母任意名下”和“政策允许”非常重要。在《合同法》上有一种特殊的情况,就是附条件合同,条件成立时合同生效。在韩女士的四方约定中,待政策允许,也就是说产权证下来以后可以上市交易的时候,这个时候合同的条件就成立了,由此韩女士与儿媳签订的协议,具有法律效力。

韩女士夫妇作为男方的父母,根据协议可以选择在条件成立、政策允许、小夫妻同意的情况下,可以接受这套房产,将房屋过户到两位老人的名下。但是如果婚姻出现问题,也可以视为是对男方一方的赠与。《最高人民法院关于适用〈中华人

民共和国婚姻法〉若干问题的解释(三)》中指出，夫妻一方婚前签订不动产买卖合同，以个人财产支付首付款并在银行贷款，婚后用夫妻共同财产还贷，不动产登记于首付款支付方名下的，离婚时该不动产由双方协议处理。不能达成协议的，人民法院可以判决该不动产归产权登记一方。也就是说，只要是一方父母出资，产权落在出资方子女名下的，这种情况就视为对一方子女的赠与。虽然该套房屋是儿子和前儿媳婚后购买，但是钱款全部由韩女士支付，并写有相关的协议，所以该房屋属于韩女士对儿子的单独赠与。

(北京市盈科律师事务所　张运玲)

500万元房产引发家庭纠纷

婚姻对于夫妻两个人来说都是非常重要的，我们都认为婚姻是一生中非常重要的事情，结婚的时候也是一生中最神圣的时候。但是婚后的生活很容易就会暴露出各种小缺点、小问题，许多人就因此选择离婚。离婚对于家庭的伤害，不仅仅是对小家庭，甚至是对两个大家庭之间亲情的伤害，不只是共同财产的分割，还有孩子的抚养等一系列问题。

黄先生最近就被儿子和儿媳的离婚事件，闹得心力交瘁。面对儿媳妇将自己起诉至法院，要求分割财产的诉求，老人无奈之下走进栏目组寻求律师的帮助。

案例回顾

半年以来，家住北京市昌平区天通北苑二区的黄先生，被儿子儿媳的离婚事件搅得是焦头烂额。

2003 年,儿媳和儿子结婚。家里一直居住的房子,是 2007 年的拆迁安置房,拆迁安置的时候并没有儿媳的份额,只有儿子和孙子的份额。2018 年儿子和儿媳闹离婚,他们把他们的共同财产分完了以后,儿媳现在又将黄先生夫妻二人告上法庭,希望分割黄先生名下的三居室,这点让黄先生夫妇二人无法接受。

前儿媳要分的这套房子,是黄先生用祖宅的拆迁补偿款购买的,黄先生认为前儿媳的要求根本就是无理的,令黄先生没有想到的是,自己不但被前儿媳告上了法庭,法院在一审判判决中,还要求黄先生支付给前儿媳 40 万元的巨款。

如今,儿子、儿媳已经离婚,儿媳要求分割公婆的房产不说,黄先生与自己唯一的小孙子也是相见困难。老两口为了见孙子,天天以泪洗面。最大的愿望就是能和孙子一个月见上一面。黄先生应该给前儿媳支付 40 万元的巨款吗?黄先生见孙子的诉求能得到满足吗?让我们看看李蕾律师如何解答。

律师支招

黄 先 生 我现在的房子是当时宅基地拆迁的安置房,当时土地使用权人是我本人,拆迁的时候,被拆迁人和被安置人分别是我的母亲、继父,我们老两口还有我儿子和我孙子,六口人。当时拆迁补偿的时候,是按宅基地之内房屋的建筑面积来补偿的。儿子名下什么都没有,现在前儿媳要分我的这套三居室,还将我们起诉至法院,我觉得特别的不合理。

李蕾律师 我先来给您解读一下判决书吧,判决书的意思就是认为,您的儿子儿媳妇都是家庭成员,当时拆迁的时候他们都在家庭之内,所以他们对拆迁所得的补偿是享有相应的利益。然后是法院酌情让您给您的前儿媳 40 万元的补偿,是这个意思。您不能说您的前儿媳不是被安置人,这么说不太严谨。因为拆迁是在他们婚姻存续期间,被安置人有她的先生和儿子,法院也是考虑到这方面的因素,等于您儿子的份额是夫妻共有财产,有您儿媳妇的利益。

黄 先 生　一审已经判决了,我不服又上诉了,我觉得就不应该有她的份额。

李蕾律师　您这个事情我看判决是在2018年12月27日作出的,您现在已经上诉。关于到底给您儿媳妇多少钱,如果您觉得她一个人就拿走40万元有点多的话,是可以再协商的。

黄 先 生　说到自己的孙子,黄先生夫妻二人有着满肚子的话,其中既有无奈、委屈又有气愤。孩子判给儿媳,她把孙子给带走后,我们想见都见不着。我们最大的愿望就是想和孙子一个月见一次面。

李蕾律师　关于孩子探视权的问题,根据咱们国家法律规定,虽然父母离婚,不直接抚养子女的这一方,也是享有探视权的。这一点咱们是可以主张的,并且可以要求她配合。如果对方不配合的话,还是可以通过相关法律途径解决。

(北京市盈科律师事务所　李　蕾)

丈夫瞒着我卖房,如今我还能要回吗

房子一直是大家非常关心的问题,关心的热度在近年来也是只增不减。之前迟迟没有出手买房子的人,关心房价什么时候能够下跌,自己什么时候才能够买得起房。而在多年前卖房子的人,随着现在房价不断的上涨,心中多多少少都会有些后悔的成分。

王女士一家就是在卖房的问题上产生了纠纷。多年前,丈夫隐瞒家人将房屋卖掉,而且将卖房所得的钱财挥霍,如今买家依然有余款没有结清。王女士面对当初丈夫的抉择既生气又无奈。今天她们夫妻二人走进栏目组寻求律师的专业帮助,希望将自己的损失降到最低。

案例回顾

王女士家住在丰台区,早在2005年的时候,家中旧村改造获得了两套拆迁安置房。

2006年,王女士的爱人任先生瞒着家人,将自己名下的房屋私自进行了出售。王女士由于上班比较远,一直在外面租房没在家中居住,直到丈夫将房屋出售一年多以后,王女士才知道这件事。卖房时丈夫与买方签订了房屋买卖协议,协议中双方协商的房屋成交价为41万元,买方在签约之后,已经支付了36万元房款,至今仍有5万元的余款未付。

在房子被卖一年后,也就是王女士刚刚知道的时候,卖房所得的房款已经被丈夫挥霍得所剩无几。为了这套房产,夫妻俩经常发生争吵。王女士希望律师帮忙支招,在时隔多年之后依然希望能要回自己的房子,王女士的诉求能得到法律的支持吗?让我们看看黄兴国律师怎么说。

律师支招

王　女　士　房子一直没有房产证,大队也给开具了房屋不能出售的证明,我们也先后提起3次诉讼,一直希望撤销之前的买卖协议,收回我的房子。丈夫私自卖的房屋我并不知情,是不是也损害了我的利益?

黄兴国律师　该房屋在5年内并不具备上市条件,但是不影响房屋的买卖。您在知晓房子被丈夫私自卖出之后,就应该提起撤销合同或判定合同无效的诉讼,因您未能及时采取相应的维权行为,如今该合同已经不能撤销。

王　女　士　大队出具的证明是否有效?我们3次提起诉讼3次撤诉,想知道法院会判我们之前的合同有效吗?

黄兴国律师　比照经济适用房管理的房屋，5 年之内是不具备上市交易的条件，但是，这并不意味着您不能把房子卖给别人。当您把房子卖给别人后，即使现在还不具备过户的条件，是可以在具备过户条件之后再进行过户的。法院在审理这类案件的时候，首先考虑的是您的安置房，它本身的性质是否允许买卖，目前我们没有看到您房屋不允许买卖的法律依据。虽然村里给您已经开了证明，说明安置人是您，但是当房屋到您手里后，您对房屋再进行处置，不能排除将来法院在认定的时候认为买卖有效。

王　女　士　**现在对方还有 5 万多元的余款一直没有付清，这个钱在当时相当于 1/7 的房款，房子一直在升值，对方又迟迟不付清房款，这个钱我们是不是有权来追要？**

黄兴国律师　依据当时的转让协议，对方应该一次性将钱款支付给您。在您的合同中有一个违约条款，如果在 2006 年 12 月底之前，不履行付清全款的义务，要以违约一倍的价位来付款。如果您想要追要对方违约金，那么首先您需要认可之前的买卖协议是有效的，如果协议有效，您是有权要求对方来按照合同约定承担相关的违约责任。

（北京市盈科律师事务所　黄兴国）

离婚了，三套房产凭什么与我无关

爱情就像是春天里的一抹阳光，暖融融的，让人情不自禁地想要多停留一会。而婚姻则更像是阴晴不定的天气，一会冷一会热，让你捉摸不透。当婚姻触礁的时候，面对共同生活所积累下的财富，两个曾经相爱的人又该如何分配呢？

寻求帮助的张女士，属于再婚家庭如今再次面临离婚。男方与张女士在一起的这段时间，涉及三套房产，张女士能够主张自己的权利吗？

案例回顾

张女士经过朋友介绍与一位同是离异的男士相识，由于都有过一段失败的婚姻，两人多了一份理解。张女士和对方在相识后，很快决定在 2017 年领证，再次组建家庭。张女士的孩子一直和张女士一起生活，男方的孩子一直由男方的父母照顾着，没有和张女士一起生活。

结婚后，两人一直住在张女士母亲的房里，本以为生活可以这样平静地过下去，可让张女士没想到的是，在两人婚后一年多的时间，男方突然提出，他又遇到了一个漂亮的女孩希望离婚。男方第一次起诉离婚由于张女士没有同意，两人没有离成。现在张女士就在等待男方的第二次起诉离婚。

从 2017 年到 2019 年，两人结婚也就一年多的时间。男方在婚前有一套房子，一直在出租。张女士与男方结婚之后，男方在外地订了一套房子。还有就是男方在外地贷款购买了一套房子，张女士婚后一直和男方一起还贷。如今，面对自己的遭遇，张女士很想知道哪些是夫妻的共同财产，自己该如何维护自己的权益？

律师支招

在听完了张女士的叙述后，杨武成律师表示，因为张女士提出的三套房产每套的情况都不一样，所以需要逐一进行分析。

我们先来分析这位先生婚后订购的这套房产。如果这套房产，是以婚后的收入，包括工资以及经营收入来购买的房产，都属于夫妻共同财产，也就是房子应该是一人一半。如果男方可以证明购房的钱是他婚前的积蓄，那么就是他的个人财产。但如果男方也说不清楚购房款的来源，那么应该认定为是婚后财产，张女士是可以主张自己权利的。

我们再来看一下男方婚前的这套一直在出租的房子。因为房子的出租与共同经营，都和张女士没有任何关系，房子的孳息就可以认定为是男方的个人财产。所以张女士很难对婚姻存续期内，这套房子所产生的利益主张自己的权利。《最高人民法院关于适用〈中华人民共和国婚姻法〉若干问题的解释（三）》则明确了孳息和自然增值的个人财产属性。要提醒张女士的是，由于婚后张女士一直住在母亲家里，男方将自己的婚前个人财产出租，租金还属于他个人。这样做从道德层面上肯定是说不过去的，像这些因素，在法官审理离婚案件的时候，都会作为考虑的因素，所以张女士一定要提出来，这样在判的时候法官会作出适当的照顾。

最后我们再来分析一下，张女士提到的男方一套婚前购买但涉及婚后共同还贷的房产。由于还取贷款的钱，是用婚后的工资来进行还款的，而婚后的工资是你们的共同财产，所以在法院判决离婚的时候是会分给张女士一部分利益的，同时张女士还可以主张房屋增值的相应份额。

（北京市盈科律师事务所　杨武成）

没有遗嘱的房产，亲兄妹该怎么分

母爱似水，父爱如山，父母给予孩子的爱是无私的，然而岁月不曾饶过任何人，哪怕是那500年不老不倒不朽的胡杨树，也会有悄悄地离开世界的那一天。当父母离开我们，血浓于水的兄妹亲情，在面对没有分割的遗产时产生分歧，意见相悖又该如何处理呢？

寻求帮助的王先生家中，就发生了类似的事件。兄妹几人面对父母留下的遗产意见不一致，到底应该如何处理呢？

案例回顾 >>

王先生的母亲是2010年去世的，父亲是2013年去世的，两位老人去世以后，给家中的4个子女留下一套房产，没有遗嘱。

如今王先生的几个兄弟姐妹都已年过半百，希望早一点将老人留下的遗产卖掉，也好各自拿走属于各自的份额，唯独家中的老四不同意卖房。老四非但不同意卖房，还将房屋出租。无奈之下，其他兄妹只好告上法院。

一套房产引发的两场官司，关于老人留下的遗产，法院的判决是，兄妹4人每人占房屋25%的所有权，可房子依然无法分割。而对于弟弟私自将其中一间出租，一年所获收益是48,000元，兄妹几人能获得房屋出租的收益吗？一直被这件事困扰的王先生，求助栏目组，希望律师帮自己分析一下，该如何才能尽早解决自己家的问题。

律师支招

听完了王先生的叙述，杨武成律师表示，由于这是共同拥有的房产，只要家中

有一个成员不同意就没有办法实现卖房。在王先生与弟弟反复沟通无效的情况下，为了解决问题只能走诉讼程序对老人留下的遗产进行分割。

在您第一次起诉过程中，您的诉讼请求不太恰当。在您提供的法院判决中，您当时的诉求是，确定每人享有203号房屋25%的所有权，那么法院也是这样判的，可以说判如所请。这个诉讼请求只是确定一下这是共同共有的房产，每个人拥有25%的产权，其实在这一点上您家是没有分歧的。所以，您现在这个案子是一个没有办法执行的判决，需要另案起诉。

王先生家的房子不一定非要卖，只要兄妹协商好，将房子进行彻底的分割就可以了。如果说4个共有人达不成一致意见的话，其中3个人都主张出卖这个房屋，另一个人不同意的情况下，这个人有一个优先购买权。也就是说，在我们按照市场价格来出售房产的情况下，如果一个人不同意卖，那么他可以按照这个钱，把房子买下来，然后按照比例给其他共有人金钱补偿也是可以的。

如果王先生另案起诉的话，如果有一方依然坚持不卖，申请强制执行是需要有一个法院生效的判决书。一般情况下，法官会跟当事人沟通，征求当事人的意见。如果对房子的价值无法达成一致的话，法院可以根据王先生家的情况，找专业的评估机构对房产进行评估。另案起诉的时候王先生作为原告，您弟弟作为被告，在他不同意卖房的时候，如果您弟弟愿意把这个房子买下，将钱补给其他共有人是可以的。如果他不愿意，那么其他兄妹当中，任何一个人能够把钱付了也是可以的。如果在都无法支付的情况下，最后的结果就应该是把这个房子进行拍卖，然后每个人拿25%的份额。但是，大家都知道，拍卖的结果肯定比自己卖的要低一些，所以在法官跟你们谈完话以后，依然建议你们能自己卖房，进行分割会更有利。

对于王先生所说的，弟弟私自出租房子所获收益如何分割的问题。兄妹几人已经起诉至法院，法院在2014年6月19日作出判决。判决之后15日之内如果不上诉，就已经生效。对于申请强制执行的时效期是2年，如果您弟弟持续在出租，那么您还可以申请执行。如果您弟弟只出租了一年，那么2014年生效的判决，到今天已经过了强制执行的时效期。王先生只能和弟弟协商要回出租的收益。

赵可老师在听完了王先生的叙述后表示，现在房子是4个人共有的状态，每个

人的份额是25%，这点是没有争议的。但是，在共有财产中是不能单独处置属于自己的25%的份额，所以需要兄妹之间协商如何处置共有物。如果有一方不同意处置意见，不同意的一方是有优先购买权的，可以出资将房子买下来，给予其他兄妹经济补偿。

（北京市盈科律师事务所　杨武成）

前夫突然离世，房子属于儿子还是再婚妻子

结婚，是爱的结果；离婚，是不得已的选择。离婚后财产如何分割，一直是曾经相爱的两个人争议的焦点。对于很多结婚有子女又离婚的家庭，在房产分割上或许仍旧是一笔糊涂账。

一套房，为何让郝女士提心吊胆，夜不能寐。如今儿子已经成年，19年前的约定，房子到底能否属于儿子？

案例回顾

家住西城区的郝女士，19年前也就是在2000年的时候与前夫协议离婚，在离婚协议中约定，将前夫名下的房产留给儿子。19年后，前夫突然离世，让还在前夫名下的房产归属出现了极大的不确定性。

原来，19年前郝女士与前夫离婚后，前夫很快就再婚了。再婚以后，前夫又给现在的妻子写了一个关于房子的协议。在这份协议中表明前夫现在的妻子对房子可以永久居住。

为了儿子的权益不受到侵害，郝女士决定拿起法律武器来维护儿子的权利。将房子纠纷一事起诉到西城法院，经过西城法院的审理后，支持了郝女士的诉讼请求，判房屋归儿子所有。但是，对方又再次上诉到第二中级人民法院，让郝女士完全没有想到的是，第二中级人民法院推翻了一审的判决。而在庭审过后，郝女士对前夫现任妻子所出示的两份证明材料也产生质疑。

一年来，郝女士被两场官司可以说搅得焦头烂额。为什么19年前在离婚时房子没有直接过户给儿子？为什么二审会推翻了一审的判决？房子究竟应该属于谁？带着这些疑问，郝女士寻求栏目组的帮助，希望北京市盈科律师事务所的刘敏律师能帮自己逐一解开谜团。

律师支招

在听完了郝女士的叙述之后，刘敏律师先从当年的离婚协议书开始为郝女士梳理。

在当年郝女士离婚的时候，一共有两份备案的离婚协议，一份是手写的，另一份是机打的。在两份离婚协议书上，都约定了夫妻共同拥有的这套房子要赠与给儿子。目前依据这个协议来看，一般的离婚协议属于“一揽子”协议，里面会涉及当事人对于离婚后孩子抚养、债权债务的承担、财产的分割以及离婚过程中都有哪些损害赔偿之类的一系列内容。那么在签订协议一年之内，如果当事人没有要求撤销协议，那么这个离婚协议就是有效的，就是说从赠与关系上郝女士的儿子是应该能拿到父母赠与的财产。

针对郝女士的这个案子，其实目前最主要的问题是因为这套房子是央产房，而央产房上市的话必须有一个前提，就是在京中央单位已购住房的产权变更登记通知单。郝女士的儿子必须办理相关手续之后才可能给他进行过户登记。所以在二审中，依据郝女士的起诉案由，按赠与协议要求起诉过户到郝女士儿子名下，其实这是一个明显的障碍。

离婚协议是有效的，郝女士的儿子是有权获得这套房产的，那么最终能否拿到这个物权，其实需要一个确认。现在法院其实并没有剥夺郝女士要求的这个权利，只不过是因为目前央产房的一些特殊性质,暂时拿不到而已。

对于央产房过户,前提是需要拿到通知单,如果拿到通知单的话也需要产权人提供相应的材料,甚至交费,因为有些会涉及属于超标的房屋面积需要补差价。刘敏律师建议郝女士采取曲线救国的方式,因为在离婚协议中,当时他们夫妻双方的意愿就是所有财产均由儿子完全继承,即使后期郝女士的前夫给了现任妻子房屋的使用权,但是并不影响郝女士的儿子权利的行使。对于你们夫妻共同财产以及孩子各方面的一些利益补偿的一个处置,那么应该优先保护这份权利。

在目前房产不能过户的情况下,刘敏律师建议郝女士可以先通过继承的方式获得房产的相应份额,之后再通过离婚协议约定,要求对方偿还债务的形式获得全部房产。对于最后郝女士提出的前夫的现任妻子所出示的两份证明材料所产生的质疑,刘敏律师建议对两份证明都申请进行笔迹鉴定。

另外,咱们要从人情上去考虑,毕竟男方写了这个使用权的协议,他也是希望他再婚的妻子能有一个居住的地方,也算给这个妻子一个心理安慰。或者与前夫再婚的妻子协商,看是否能通过一定的补偿化解纠纷。

(北京市盈科律师事务所　刘　敏)

父亲的房子归儿子还是归女儿

都说“家家有本难念的经”,因为房产继承而引发的家庭纠纷,在生活中时常发生。对于父母来说,自己的孩子都是心头肉,也都不想偏心。不过在传统的观念中儿子才是一个家庭的继承人,房子无疑是父母留给孩子最好的财产。生活中对

待某一个孩子的偏爱,会造成孩子们之间的心理不平衡,父母的一碗水没有端平,难免给兄妹之间的相处留下不必要的隐患。

寻求帮助的李先生是家中的独子,父母将房子留给李先生独自拥有,曾经和睦的一家人如今走上法庭。李先生该如何处理自己家姐弟之间的纠纷呢?

案例回顾

李先生家有兄妹5人,李先生是家中的独子,一个大家庭的生活也算是和和美美,其乐融融。几年前,由于母亲已经去世,父亲身患疾病瘫痪在床,需要子女的照顾。原本姐妹一起照顾父亲,结果因为生活琐事李先生的三姐与父亲产生了矛盾,李先生只得让自己的妻子辞去工作,全心全意地照顾年迈的父亲。

对于李先生的照顾,父亲默默地记在心里,于是将其名下唯一的房产以买卖的形式过户到李先生的名下。谁料,家中姐妹几人对于父亲将名下房产过户给李先生的做法,纷纷表示不满,竟将父亲和李先生一并告上法庭,要求确认李先生与父亲的房屋买卖合同无效,理由是父亲所售房屋为夫妻共同财产,母亲去世后子女有权继承相应份额,父亲不得在未征得4原告同意的情况下出售房屋。

李先生告诉我们,母亲当年在世的时候,曾经表示,希望将房产留给唯一的孙子,也就是李先生的儿子,可母亲去世时并未留下正式遗嘱,因为母亲去世之后,已经发生了一次法定继承,李先生和父亲面对姐妹的起诉该如何应对呢?法院很快对于李先生家的事,作出判决。判决书是2012年8月8日下发的,判决的结果是,确认李先生跟父亲所签订的房屋买卖合同无效,并要求李先生在判决生效之日起10日内将房屋产权恢复至李先生父亲的名下。

如今,李先生的父亲已经去世,李先生姐弟5人该如何面对父母留下的房产呢?一家人能在亲情的力量下化解多年的纠纷吗?让我们看看曹晓静律师如何支招。

律师支招

听完了李先生叙述,曹晓静律师表示,李先生家的案子现在属于遗产继承的案件。一审法院在2012年已经作出判决,李先生和他的姐妹均未在规定的上诉时间内上诉,也就是判决后15日内都没有提出上诉,那么这个判决就发生了法律效力。但是在法院判决生效之后,原告也就是李先生的姐姐和妹妹是有权利选择申请强制执行的,也有权利选择私下和解的方式,而李先生的姐姐和妹妹选择静待李先生的做法,不免看出姐弟之间的亲情。

据李先生所说,在这房刚买的时候,一次全家一起吃饭的时候,母亲曾表示过想将这套房子留给孙子,也就是李先生的儿子。这是老人的一个心愿,但是没有留下遗嘱,也没有在医院住院期间或在危急情况下立下口头的遗嘱,所以母亲的这个意愿可以说已经确认无效。而李先生的父亲在2012年8月15日的时候,留下了一份父亲亲笔书写的遗嘱。曹晓静律师认为,丰台法院对于李先生一家的案子所作出的一审判决,从法律和事实的认定上没有问题。

李先生的母亲已经去世,在母亲去世的那一刻已经发生了法定继承。确实是李先生的父亲在没有经过权利人同意的情况下,就将房屋以出售的方式过户给了李先生。如果李先生父亲的遗嘱合法有效,李先生能得到多少的房产份额呢?让我们详细地帮李先生梳理一下。李先生的母亲在去世后,发生了一次法定继承,也就是李先生的父亲和5个子女共同继承李先生母亲的那一半房产。也就是父亲继承了李先生母亲的1/6,李先生也继承了1/6,如果在父亲这个手书遗嘱有效的前提下,李先生享有整个房产2/3的支配份额。如果再考虑到母亲生前李先生所尽的主要赡养义务,作为李先生还可以申请酌情多分,也就是在2/3的基础上还会再多一点。

曹晓静律师认为,在法院的判决已经生效的前提下,李先生的姐姐和妹妹,没有去申请强制执行,房子如今依然还在李先生的名下,说明一家人的心里都在顾念这一层血浓于水的亲情。建议李先生和姐妹找机会坐下来,好好地协商房产的分配问题,早一天回归和睦的一家人。

(北京市盈科律师事务所　曹晓静)

爷爷奶奶留下的遗产,我和姑姑该怎么分

在现代人的生活当中,房产已经成为人们最重要的财产。在老人去世房产分割时,哪怕亲人之间都会出现各种各样的纠纷和财产分割问题。更何况当“本位继承”遇上“代位继承”时,财产分割就会成为一家人的困扰。其实,“代位继承”也是一种继承制度,和“本位继承”相对应,是法定继承的一种特殊情况。它是指被继承人的子女先于被继承人死亡时,由被继承人子女的晚辈直系血亲代替先死亡的长辈直系血亲继承被继承人遗产的一项法定继承制度,又称间接继承、承租继承。

今天来到节目中寻求帮助的刘女士一家,就遇到了“代位继承”的困扰。一家人实在搞不清楚该如何分配爷爷奶奶留下的遗产,才是最合法合情合理的,只得寻求《律师帮帮忙》栏目组,希望律师能给家人一个专业的解答。

案例回顾 >>

在刘女士的记忆中,对爸爸妈妈的印象已经有些模糊了。由于父母去世的早,刘女士和姐姐是由爷爷奶奶一手带大。

随着时间的推移,姐妹俩都已长大成人,各自拥有了属于自己的小家庭。爷爷和奶奶也都相继离世,家里的长辈只剩下了姑姑。如今,互相依靠的两代人,碰到了一件棘手问题,寻求《律师帮帮忙》栏目组给予专业的帮助。

原来,在爷爷名下原有一处300～400平方米的宅基地,2010年经历拆迁。当时的拆迁政策是按照居住户口给予拆迁补偿,拆迁时爷爷已经过世,奶奶在世。在爷爷留下的宅基地上有刘女士一家三口、姐姐家两口和奶奶的户口在这里,姑姑的户口不在这里,所以在拆迁安置的房产中没有分给姑姑。

拆迁一共分到4套房子和300多万元的拆迁补偿款。当时拆迁分得的这4套房子中,刘女士一家分得了2套房子,剩余2套一套三居由奶奶和姐姐一家居住,另一套由姐姐所有。2018年奶奶去世,没有留下遗嘱。刘女士和姐姐还有姑姑该如何继承拆迁安置房和拆迁补偿款呢?奶奶去世后,属于一家人的拆迁补偿款一直由姐姐保管,这笔钱该如何分配才合理呢?让我们请杨丽萍律师帮刘女士算算这笔账。

律师支招

听完了刘女士的叙述,杨丽萍律师表示,这是一个涉及代位继承和本位继承的案件。对于刘女士爷爷的遗产,法定继承人有奶奶、姑姑,还有刘女士的父亲。因为刘女士的父亲先于爷爷去世,所以刘女士和姐姐代位继承的是父亲那部分的份额。如果我们假设爷爷整个的遗产是1,那么爷爷的这部分遗产是由奶奶、姑姑和刘女士的父亲三个人来继承的,也就是每人获得1/3的份额。奶奶也已经去世,奶奶的遗产除了自己拆迁所得的部分之外,还包括从爷爷那里继承到的这1/3遗产,两项加起来才是奶奶遗产的总数。对于整体的遗产继承是刘女士的姑姑和父亲来继承,刘女士和姐姐代位继承父亲的份额。

目前,我们帮刘女士简单地算完了关于遗产继承份额的账,那么关于刘女士所提到的货币补偿部分一直由姐姐来保管,这部分又该如何分配呢?

货币补偿实际是有多人的利益,不仅包括刘女士的姐姐,还包含了姑姑也包含刘女士全家的份额。因为这个货币补偿包含周转的费用,这个费用在拆迁的时候是按人头来进行给付的,所以刘女士的姐姐所持有的并不是奶奶一个人的补偿款。对于这笔拆迁补偿,奶奶是无权自行处理这笔钱的。虽然刘女士的姑姑不在被安置人的名单中,但在刘女士的爷爷奶奶去世后,刘女士的姑姑属于两位老人的继承人,所以对于这笔拆迁费用将由刘女士的姑姑、刘女士和刘女士的姐姐来共同继承。

(北京市盈科律师事务所　杨丽萍)

妹妹突然去世，为争遗产遗体至今难以火化

人至中年，生活节奏基本已经定型。上班也不再如年轻时那般拼命，似乎拥有了相对空闲的时间，可以开始自己的业余生活，约上三五好友一起聊聊已经长大的孩子，与兄弟姐妹一起话话家长，这也许是很多朋友心目中祥和的中年生活。这样的祥和也许会被家中亲人的突然撒手人寰而打破，眼看同辈人突然逝去，留下的遗产又该如何分配？若是姐弟之间解决不好这样的问题，那这祥和的中年生活可就得有一番折腾了。

今天来到节目中寻求帮助的吴女士，家中妹妹突然去世，沉浸在悲伤中的吴女士被自己的亲弟弟强迫取出妹妹的存款，至今妹妹都没能入土为安。妹妹的遗产该如何处理？

案例回顾

2019 年的大年初一，吴女士的妹妹突然去世，妹妹没有丈夫和子女，其财产的继承人只有吴女士和吴女士的弟弟。

妹妹没有丈夫也没有孩子，如今突然去世留下的遗产该如何分配呢？情急之下的吴女士选择咨询栏目组，希望专业的律师能帮吴女士，告诉吴女士下一步应该如何做才能为妹妹尽快办理火化，关于妹妹的遗产到底应该怎么分才是合法的。

律师支招

在听完了吴女士的叙述后，周雷律师表示，吴女士的案件是继承案件。按照法律规定，因为吴女士的父母已经去世，吴女士的妹妹没有丈夫和子女，在这样的情况下，兄弟姐妹就是第一顺位继承人，吴女士和吴女士的弟弟是可以按照法定继承来继承吴女士妹妹的财产的。

如果说存款还在银行,在亲属之间可以达成一致的情况下,可以去公证处办理一份公证手续进行继承。如果在家庭有纠纷协商不一致的情况下,需要起诉至法院来解决问题。

如吴女士所说,自己家的问题貌似无法协商解决,那么吴女士可以通过向法院诉讼的方式来解决妹妹遗产的继承问题。向法院诉讼的话,第一,要证明被继承人已经死亡;第二,要证明吴女士和妹妹之间的亲属关系,也就是说你需要证明吴女士是属于继承人;第三,要证明吴女士的妹妹有一定的财产,也就是吴女士要主张的财产。这三样证据准备齐之后,吴女士就可以到西城法院起诉立案。在法院判决遗产分配的时候,如果吴女士知道一些财产的情况,可以在起诉状里面直接列明,如果有不知道的财产或者知道一些线索,吴女士还可以申请法院调查。

吴女士的事情,从法定继承的角度来说,目前只有吴女士和吴女士的弟弟是吴女士妹妹的直系亲属,对于妹妹的财产,就二位是继承人,吴女士要求平分妹妹的财产的诉求是合理的。而至于火化证明也好,死亡证明也罢,其实都是证明吴女士妹妹已经去世的一个事实,并不代表说给妹妹火化之后,办理了死亡证明,妹妹的财产如吴女士的弟弟所说的,被收为银行所有或者被其他人侵占,财产依然在吴女士的妹妹名下,继承人可以依照法定程序继承。

（北京市盈科律师事务所　周　雷）

成立“兄弟姐妹互助基金”是好心还是坏事

俗话说的好,救急不救穷。兄弟姐妹遇到困难的时候,伸出援手相互帮忙,共

渡难关。此时的出手帮忙不是为了得到回报，而是让彼此的感情更好。在我们传统的孝道、家庭思维下，大多数的朋友在面对“亲人”“家人”这类关系时，无法像陌生人一样冷血。其实血肉至亲之间的互帮互助本是一种血浓于水的本能，怕就怕这个“帮衬”是单方面的，怕就怕将帮衬变成了“绑架”。

今天来到节目中寻求帮助的孙女士，出于好意希望在家中兄弟姐妹之间成立互助基金，以备不时之需。这样的好意需要的是兄妹几人的鼎力支持，如果家庭成员中有人不同意或者不愿意参与，孙女士好心成立的互助基金是否变成了“坏事”呢？

案例回顾

早在1978年的时候，孙女士的母亲将位于宝钞胡同的两间北房，置换了中关村的一间房屋。房子是公租房，承租人是孙女士的母亲和孙女士的大哥，而实际在承租房内居住的是孙女士的五姐。

1998年母亲去世，大哥成为这套承租房的唯一承租人。6年前，在其他兄弟姐妹都不知情的情况下，孙女士的大哥将房子的承租人变更成孙女士的五姐。

2018年，孙女士的大哥病重，将当年的换房协议和单位证明，都委托给了孙女士。孙女士希望在家庭内部成立“兄弟姐妹互助基金”，大家共同集资以备不时之需。经过询问，孙女士五姐居住的中关村的房子面临拆迁，孙女士认为，五姐现在居住的这套要拆迁的公租房跟母亲是有渊源的，如今虽然变更到五姐名下，但是拆迁之后的拆迁利益还是跟其他兄弟姐妹有关的。所以孙女士希望五姐能拿出一部分拆迁利益，投到一家人成立的“兄弟姐妹互助基金”中。孙女士的诉求能够实现吗？这样要求五姐合理合法吗？让我们看看黄兴国律师怎么说。

律师支招

在听完了孙女士的陈述后，黄兴国律师表示，孙女士自己对五姐居住的将要拆迁房屋是没有诉求的，目的是希望五姐拿出一部分拆迁利益，投入到兄弟姐妹共同成立的一个“互助基金”中，为了将来大家老了之后的不时之需。

孙女士这样的初衷是非常好的，但是如果把这件事和五姐将要拆迁的房子绑定在一起，孙女士可能很难实现自己的目标。毕竟对于公租房来说，承租权是由出租方来决定的，而公租房的承租权实际上是不能继承的。孙女士手里的换房证明，的的确确证明中关村的房子是孙女士母亲之前的承租房换过来的。而在母亲在去世之后，房子的唯一承租人就是孙女士的大哥。从某种意义上来说，孙女士的大哥对这个房产有处置权利。之后大哥同意把承租人变更给五姐，只要房屋所有权单位同意，那么大哥的做法是不需要经过其他兄弟姐妹认可的。

孙女士认为五姐的房子未来拆迁可能产生的利益，应该照顾家里经济相对困难的几个姐妹是无法得到法律支持的。因为承租房屋不属于遗产，不存在继承的问题。在母亲去世之后，属于母亲的承租权就没有了。我们需要明确一下，公租房这种政策性房屋和我们自由产权的住宅或其他房屋是不一样的，大家应该区别对待。

（北京市盈科律师事务所　黄兴国）

再婚之喜突遭丧夫之痛，引发房产之争

无论是拥有过一段失败的婚姻还是中年丧偶，对于这些朋友而言通过再婚的形式，重新构建幸福家庭固然是一件好事。但是再婚家庭的财产分割问题的确让人头疼。万一再婚家庭一方先离去，家庭财产该如何继承？继承比例份额该如何划分呢？

2018 年对于江女士来说，简直就是交织了大喜大悲的一年，这一年自己与相

恋多年的丈夫走进了婚姻的殿堂，然而不幸的是同年6月丈夫生病去世。丈夫去世后，丈夫的前妻和儿子找上门来，要求江女士搬离房产。不知如何是好的江女士向节目组发出了求助。

案例回顾

江女士和爱人是再婚家庭，于2018年2月领证结婚，在婚前两人都育有儿女。原本以为自己找到依靠的江女士，从来没想过上天竟然跟她开了一个玩笑。同年6月19日也就是在江女士和爱人结婚4个多月之后，丈夫突发心梗去世。

丈夫去世后，丈夫和前妻的儿子找上门来，要求江女士搬出自己父亲的房子。随后，双方闹上了法庭。原来，江女士与爱人所住的房子，是爱人家之前拆迁所获得的一套50多平方米的公租房，在与江女士结婚之前，也就是2017年12月，爱人将房产购买到自己名下，现在房子的房产证还没有办理下来。江女士的爱人在去世时才56岁，还没有到退休的年龄，除了一套房子之外，爱人的财产还涉及存款和住房公积金大概有30多万元。

面对爱人已经成家的儿子以及前妻，前来索要房产和丈夫的财产，江女士不知如何是好，不清楚自己有哪些权利可以主张。让我们看看两位律师如何帮张女士分析哪些是属于张女士的继承份额。

律师支招

就江女士提供的材料和描述，张莉萍律师认为，相对来说，属于夫妻共同财产是少一些的。对于江女士爱人的存款这一块，是没有争议的，都是属于江女士爱人的个人财产。那么目前需要做的就是，确定遗产的范围，由所有的继承人按份分割。至于分割的份额，需要确认继承人的范围再进行分配。

单就房子来说，首先江女士跟被继承人的儿子属于共同继承人，两个人是具有同等的继承权利。正常来讲分割也是同等的份额，这种情况下就是一人一半。其实我们法律当中也有规定，在什么情况下是可以多分，什么情况下是可以少分或者说应当少分。如果说其他的继承人有生活特别困难又没有劳动能力的，这种情况下法院是可以多分。另外一种情况跟被继承人共同生活或者说尽了主要的抚养、赡养义务，在这种情况下也是可以多分的。可以多分其实从法律的角度来讲，就是法院有自由裁量的权力。至于是不是多分，能不能多分，法院会综合具体情况对财产进行分割。

另外，对于住房公积金这一块，如果说在双方结婚的时候，江女士的爱人还没有退休，因为公积金是属于个人缴纳加上单位缴纳，那么从结婚一直到退休期间，这段时间的公积金先划为夫妻共同财产。那这一部分的一半，由江女士个人所有，另外一半属于遗产，需要跟之前所有的公积金的数额加起来作为遗产的份额再进行分割。

因为江女士与先生都是再婚，在婚前都育有子女，那么关于继承顺序的问题，在《继承法》中规定，第一顺序的继承人包括配偶、父母、子女，在涉及子女问题的时候，其实子女包括婚生子女、非婚生子女以及有抚养关系的继子女。那么在江女士的案件中，因为双方婚内关系存续的时间只有 4 个月，正常来讲是不会形成抚养关系的，所以说江女士的女儿是没有办法作为第一顺序的继承人参与继承的。所以在江女士这个案件当中，只有江女士跟被继承人的儿子是属于继承人的范围。

赵丽丽律师建议，如果双方确实是现在关系闹得比较僵、协商不了的情况下，直接提起诉讼是最为直接的一个解决问题的途径。

在江女士起诉到法院以后，就房屋的价值，法官会考虑到谁对这个房屋有更大的一个实际居住需求。以江女士为例，如果目前江女士确实没有其他居所，在这种情况下，法院会考虑照顾妇女、儿童以及弱者，在涉及房屋使用权的时候，会酌情考虑江女士的现实生活情况。

其实在案件当中，江女士所提出的问题确实在生活当中也比较常见。一方面要忍受老伴去世的痛苦，另一方面还要忍受老伴的孩子所施加的其他方面的压力。

那么为了从根本上解决这样的问题，赵丽丽律师提示广大朋友，虽然在我们的生活中，我们并不愿意直接去谈及或者约定财产的分配问题，但是在婚姻生活中尤其是再婚家庭，应该在再婚者在世时，积极妥善处理好财产关系，可以通过办理财

产公证的程序，明确双方各自婚前财产状况，以免婚前财产与婚后财产混同，日后难以区分。更应该改变传统观念，在生前采取自书遗嘱、代书遗嘱、公证遗嘱等形式，对自己的财产分配留下明确的书面处理说明，做到“有备无患”，以免日后产生不必要的家庭财产纠纷。

（北京市盈科律师事务所　张莉萍　赵丽丽）

丈夫离世，我竟然被轰出家门

清官难断家务事，这句话充分说明了家庭关系的复杂，亲情关系不光体现在家庭成员的关系上，还体现在亲人（亲戚）之间。亲情关系如何处理，如何把握得更好，其实是一件很伤脑筋的事。钱生不带来，死不带去，亲情是今生的缘分，亲情曾经在我们的成长中为我们带来了多少幸福，让我们享受到人间欢乐，只有今生的亲情，没有来世的缘分。别让金钱蒙蔽了双眼，为金钱与亲人反目成仇，亲情是无价的，何不在今生好好珍惜。

丈夫刚刚去世，小姑子及其他亲人就将张女士打出家门，使张女士迫不得已离开自己的家，究竟是因为财产纠纷还是另有隐情？

案例回顾

张女士与丈夫是二婚，家中有4间房，这4间房是上次拆迁时的安置房，在这次拆迁安置中，被安置人是张女士的婆婆、张女士的丈夫，还有张女士丈夫的两个妹妹。4间房最终都落在张女士婆婆的名下。

张女士的丈夫在2018年生病离世。就在张女士的丈夫去世的第二天，张女士的小姑子竟然将张女士轰出了家门。原来，张女士的婆婆在去世之前留有遗嘱，将这几间房留给了小姑子，现在家中又恰逢第二次拆迁。

另外张女士正在将户口迁来北京，恰赶上了家中拆迁，一直停滞未能办理，现在丈夫离世会不会影响张女士的户口迁往北京？

张女士面对自己的遭遇很是委屈，丈夫去世，难道曾经作为安置人的自己就没有居住权吗？婆婆可以全权处理这4间房的归属吗？面对张女士的疑问，让我们看看刘敏律师如何解答。

律师支招

由于张女士没有提供书面的相关材料，依据她口头的陈述，刘敏律师推测出张女士的婆婆所立的公证遗嘱可能是部分无效。因为张女士的婆婆所立的遗嘱中，处理了已经去世的张女士公公的遗产以及本应属于张女士丈夫的份额，那么在这样的情况下，张女士婆婆所立的遗嘱处理了他人的财产份额，这部分遗嘱内容应该是无效的。追溯这套房产的相关细节，在拆迁的时候，虽然张女士的公公已经去世，但是房产是夫妻共同财产，作为张女士的婆婆需要先分出一半属于张女士公公的财产，才有权处置另外一半属于张女士婆婆自己的财产。

对于张女士来说，财产权利应该来源于她丈夫的财产权利，依据张女士的陈述，丈夫是在被拆迁所在地有户口的，同时也是第一次拆迁的拆迁安置人，那么理应得到拆迁安置房，那么对于张女士是否对安置房享有权利，还需要张女士提供更多的书面材料。

对于张女士提出的户口问题，实际上目前是一个先后顺序的问题。张女士在符合户籍相关政策，可以迁入户口的情况下，当时拆迁政策不准迁户是为了巩固拆迁财产分配的数额，才不允许进行迁入户口。但是这只是一个暂时停止，不是说张女士就丧失了这个权利。建议张女士首先把房子的产权厘清，在自己拥有了房子的相关份额之后，等到拆迁户籍解冻以后，再考虑按照相关政策办理户口的转入。

最后，刘敏律师建议，张女士提供进一步的书面材料，律师依据书面材料来进

行更细致的分析，帮助张女士提起析产继承等诉讼。

（北京市盈科律师事务所　刘　敏）

父母离世未曾留下遗嘱，一套房产引发七姐妹继承纠纷

一线城市房产价值越高，关于房产引发的继承纠纷就会越来越多。房产继承纠纷在全国各地都时有发生，为了争夺房产，本该亲密无间的继承人之间有的闹上法庭，有的甚至打得头破血流。房产继承的合法处理，不仅免于争端，而且也能公平公正地维护自身合法权益。

高女士一家姐妹7人，父母去世后对于两位老人的房产和财产均没有留下遗嘱，如今面对老人留下的房产7个姐妹7个家庭7种意见，太难调和了。

案例回顾

高女士的父母是一个拥有7个子女的大家庭，高女士是家中的老大。母亲于2011年去世，母亲去世后父亲自己的意愿是能跟家中的老三一起生活，由于父亲的房子比较小，老三直接将老父亲接到自己购买的房子里共同生活，家中最小的妹妹一直居住父亲的房子。

父母去世后，两位老人均没有留下遗嘱，作为家中的老大高女士认为，自己有义务跟大家协商分配老人留下的遗产。但是高女士与家中姐妹多次沟通协商，都

达不成一致意见。

7个孩子，7个家庭，不止7个主意，这让高女士陷入了为难之中。高女士想要知道如何才能合理地分配父母留下的遗产，让我们看看张雅琴律师怎么说。

律师支招

在听完高女士的叙述之后，张雅琴律师认为，父母双方在生前没有留下遗嘱，遗产按照法定继承进行分配，根据《继承法》的规定，继承人一般按照平均分配的原则。对父母名下的一套房产，还有父母生前留下的工资、存款，还有丧葬费抚恤金等按照平均分配的原则来进行分配。

如果有子女对老人尽了主要的赡养义务或是与老人共同生活，也就是高女士所说的家中老三一直尽主要的抚养义务，那么法院会根据老三提交的证据，与父亲在一起生活的时间长短，来进行一个具体的判断，也就是说老三可以视情况多分财产。

至于父母留下的存款，可以到银行打对账单，在母亲去世的时候，银行中的存款属于父母留下的遗产，其中有一半是母亲的遗产，是可以平均分配的。在父亲去世的时候，工资卡里面留有多少钱，这个钱是父亲留下的遗产，可以协商解决。

对于高女士家庭来说，首先是调解，但是目前家庭内部是无法达成一致的解决方案，那么在这样的情况下，高女士到法院提起诉讼之后，法院对于像高女士这种财产继承的案件，通常都会安排诉前调解，由人民调解员或法官进行调解。在调解的过程中，7个子女可以充分表达各自的想法，如果能在人民调解员的主持下，大家都做一点点让步，最后达成一个调解协议并依据协议进行继承分割，这可能是高女士一家最希望看到的结果。

此外，向法院起诉时需要高女士自己写一份起诉书，也可以找律师帮高女士草拟一份起诉书，将高女士的诉求在起诉书上体现，然后拿起诉书和高女士自己的身份证原件、父母的死亡证明，还有其他继承人的身份信息和与父母的亲属关系证明，直接去父亲居住所在地或者父亲主要财产所在地也就是房屋所在地的法院提起诉讼。

（北京市盈科律师事务所　张雅琴）

二、租房、买房、拆迁、物业

卖家签约后涨价，买家两审胜诉仍要多交钱

今天来到节目现场的是一个四口之家，经过多年生活的积累，他们一直希望改善自己的住房，2015年他们签订合同购买了一套住房，可是两年的时间过去了，依然没有拿到自己的房本。在录制之前，这名当事人对栏目组的小伙伴说：我只有一个简单的愿望，就是早日住上属于自己的房子！

到底是什么原因让2015年就已经买房的赵女士至今都没有拿到房本呢？到底又是什么样的买房经历能让赵女士如此期待呢？

案例回顾

2015年，赵女士一家经过慎重考虑，决定卖掉二环边自己的老房，在北京的大兴区购买一套自己心仪的住房。

为了交易的便捷、合法，赵女士特意联系了链家地产作为中介方，帮她选择了一套小区环境舒适，交通比较便利，面积为96.15平方米的二居室住房。就这样很顺利，赵女士就在链家的会谈室第一次见到了当时房屋的产权人。经过交流双方很快就房屋的买卖协议达成一致，双方都答应以456万元的价格成交，并于当天签订了北京市存量房屋买卖合同，赵女士也在当日交付定金10万元。合同约定于同年10月15日，一次性付清全部房款，完成房屋交易。

没想到的意外就在这几个月间出现了……

因为房屋涨价，卖方先是向赵女士提出涨价80万元的要求，在赵女士没有同意的情况下卖方索性不再履行合同约定，直接单方面毁约。无奈之下赵女士只能

通过司法手段维护自己的权益,提起诉讼。

法院一审认定卖方违约,判令对方支付违约金,并配合赵女士依照合同完成房屋过户。可卖方不服判决提出了上诉。原来,在链家地产提供的居间合同中,总房价456万元被分为了两部分,其中房屋成交价格仅180万元,剩下的276万元则是家具家电、装饰装修及配套设施作价。卖方认为链家地产与赵女士有合谋逃税的嫌疑。

二审法院经审理,改判赵女士应按照456万元的房价缴纳税款,其余则维持了一审法院的判决。面对二审的判决,赵女士表示:国家要我交多少税我就交多少,即使中介公司在我完全不理解的情况下帮我做了"阴阳合同",但是承担全部税款这是我该履行的义务。

为了吸引客户签约,90%以上的中介都会在成交时签订阴阳合同,本案中链家地产要承担法律责任吗?遇到房价上涨卖方毁约的情况买方该如何保护自己的权益?

买房者能否成功维权,拥有自己心仪的住房呢?我们特意邀请人民调解员阎煜华老师和崔爽律师一起从专业的角度为我们答疑解惑。

律师支招

首先我们要说的是房屋买卖时候的合同签订。

2018年北京住建委在网站上公布了《关于〈北京市存量房屋买卖合同〉及相关经纪服务合同示范文本公开征求意见的通知》,修订后的买卖合同将自行成交版和经纪成交版合二为一,并明确房屋成交价格将按照实际成交价格进行网签及纳税,房屋的成交网签价格将把以往的房屋价格和装修价格合并在一起。

另外,就是合同的每一条款是如何约定公正性的,我们一般都是通过专业的房地产中介机构来签订这个合同,也就是说把合约契约给它确定了,但是在契约确定了之后,你有契约精神并不意味着对方也有这样的契约精神。尤其是在房地产市场价格大幅波动的时候,一旦一方不遵守契约精神,势必导致合同履行出现障碍。在出现障碍的情况下,双方在可行的范围内能够协调就协调,协调不成立即到法院

提起诉讼,但在这个过程中最主要的一个手段和方式是,要对财产也就这个房产进行保全,否则的话可能你正在诉讼,但是他已经在诉讼过程中把这套房子另行出卖给其他第三方了,那么你是不可能再获得这套房产了。

在合同订立阶段并不是说你交的定金越高对你的保障就越大,而且根据我国的法律规定,定金所缴纳的标准和比例是有限制的,超过20%部分的定金都是无效的,我国法律只保护20%以内的定金。此外,为什么我说不是你交的定金越高越能保护你这个交易,确实有的时候我们的定金交1万元、2万元、3万元、5万元都有可能,但是我们要关注一个重要的细节,就是一定在定金交纳完成之后一到两天签订正式的合同。我们合同签订的时间和定金缴纳的时间不要隔得太久,因为这样的话市场行情会变得更快,里边发生的变化会更大。

而在买房过程中,中介参与“阴阳合同”是否涉及逃税?那么逃税不仅可能承担行政责任,还有可能构成犯罪。中介参与阴阳合同,行政主管机关和行业协会有权对参与阴阳合同的中介进行行政处罚。

本案中很明显赵女士好像是在不知情的情况下与对方签订了阴阳合同,她不知不觉地步入了陷阱当中,为什么会是这样?因为中介在给你计算房屋交易价格的时候,一定会给你计算出来所有的成本,包括你的中介费以及税费。那么如果A中介按照正常的456万元来计算你的税费的话,那可能B中介不按照这个,B中介按照180万元来算,对于赵女士来讲,就像她说的,我不知道呀,她觉得同样是一套房子,为什么我在B中介买就便宜,在A这买就贵,我可能就去选择B了,正是因为这样的市场乱象导致了中介在进行或者说在引导客户进行合同签订的时候,都以阴阳合同的方式来呈现,这个就是典型的“阴阳合同”的存在。

(北京市盈科律师事务所　崔　爽)

交了全款，住了房子，房产证却迟迟不属于我

朋友这个角色是我们一生必不可少的，如果你遇到一个损友，那么你的生活和工作可能都会出现或多或少的困扰，今天来到节目中讲述自己经历的王女士，就是在自己的生活中遇到了损友，结果一步步陷入了朋友设计好的“坑”。到底是怎么回事呢？王女士和自己的朋友发生了什么事情呢？

案例回顾

2004 年年底王女士买房的时候，房子还是一个没有建成的期房。而这个房子原本是王女士一个好朋友的，他买这个房子以后就决定将这个房子卖给王女士。而且有一个前提条件，就是双方先签订一个简单的买卖合同，并且王女士要交付给朋友全款，等这个房子的房产证办下来以后，朋友则陪同王女士去过户。

由于关系比较好，王女士就相信了自己的朋友。简单签了一个买卖合同就成交了。当时这个房子的购买价值跟市场价持平，王女士还咨询了同小区的人，王女士家的房子还比别人家的房子贵了几万元钱，所以说当时也不是图便宜才买了朋友的房子。

付房款没有耽误，毕竟是从朋友手里买的房子，第二天王女士就急忙把全款凑给了自己的朋友。2004 年签订的合同，王女士一家是在 2005 年年初拿的钥匙，然后就开始了装修，2005 年中旬王女士一家很顺利地住进了本以为属于自己的新房。而让王女士没有想到的是，2010 年时已经入住 6 年的房子，突然朋友要求把房子还给他，而当时签订的合同就算了，这对于王女士一家来说简直就是晴天霹雳，完全不能接受。

而王女士获知,2009 年这位朋友就已经取得该房产的房产证,从道理上来讲应该和王女士去办理过户手续,而这位朋友并没有履行自己的约定去与王女士办理过户手续,反而两次以“撤销合同”为由将王女士告上法庭,虽然两次都以自己撤诉草草收场,然而 14 年已经过去,王女士依然没有拿到属于自己的房产证。

面对这样的遭遇,王女士只想尽快拿到属于自己的房产证。

律师支招

按照《合同法》第 54 条的规定,如果有以下情形我们可以要求法院对已经生效的合同进行变更或者撤销:

(1)因重大误解订立的;(2)在订立合同时显失公平的。一方以欺诈、胁迫的手段或者乘人之危,使对方在违背真实意思的情况下订立的合同,受损害方有权请求人民法院或者仲裁机构变更或者撤销。

在这些情况下,受损的一方可以通过起诉的方式,对合同进行变更或者撤销。当事人请求变更的,人民法院或者仲裁机构不得主动撤销。

针对今天的案件,该房屋买卖合同虽然内容比较简单,但是大致上应该有的条款都已经具备了。再有就是王女士提供的收条,显示了王女士如约支付了购房款,这个对于房屋买卖合同的成立是非常重要的一点。还有就是房屋的入住协议,入住协议显示了王女士是在签订房屋买卖合同后不久,就已经实际上入住该房子了,王女士还提供了物业费、取暖费、电费等很长时间段内的票据,这都说明王女士一直是在使用这个房屋。通过这些证据,能够说明从事实上这个房子应该是属于王女士。

(北京市盈科律师事务所　张亚敏)

一场拆迁引发两场官司，多年亲情毁于一旦

拆迁似乎成了富裕的等价词汇，一遇拆迁富四海，尤其在北上广深这样的发达地区，许多原来看似只能解决的温饱户通过拆迁成了拥有多套房的"房地主"。但也就是这样的情况，让有些家庭，房子多了、钱多了，"家"却散了。

案例回顾

家住北京市石景山区的韩女士，因为前夫家拆迁的事情已经困扰了自己2年。

在这次拆迁的时候，母亲赠与前夫的房子，突然变成舅妈的，这与前夫儿时的生活有关。前夫从小在姥姥家长大，从小舅舅、舅妈对前夫都很好，而这次面临拆迁的房屋是姥姥家宅基地上面的4间房。老人有一儿两女，老人过世后，1992年家人进行协商，签订了家庭析产协议，将老宅的房屋进行了分配和公证。

2016年前夫家拆迁，他的哥哥和弟弟还有舅舅、舅妈直接去拆迁办办理了回迁和拆迁款补偿协议。现如今前夫手里虽然有当时分家的公正和协议，但是拆迁的赔偿款和回迁房却与前夫一点关系都没有。

拆迁协议写的是前夫的弟弟的名字，如今弟弟和哥哥都不愿意拿出拆迁协议来给韩女士的前夫看，甚至连老人都不让见。为了要拆迁协议复印件，韩女士的前夫只得将母亲告上法庭，这边的诉讼还没结束前夫的舅妈又把韩女士的前夫告上法庭，要求当年的析产协议无效，一场拆迁引发了两场官司。

律师支招

针对本案，我们首先要确认之前一家人签订的公证书是否公正有效。

公证的合法有效至少需具备以下三个条件：

1. 必须由有特定法律身份的专门人员——公证员亲自进行公证；

2. 公证的对象和内容必须合法:公证的对象包括法律行为、有法律意义的文书和事实三种,公证的内容不能违法或有逃避法律的内容;

3. 公证的程序符合法律规定。

我们再来看看关于房屋赠与,房屋赠与是指一方(赠与人)自愿把自己所有的房屋无偿赠与他人(受赠人),他人愿意接受的民事法律行为。房屋赠与的双方当事人应订立书面合同。赠与人自愿单方承担将房屋无偿赠与对方的义务,但不享受对等的权利;受赠人则享有无偿接受对方所赠房屋的权利,一般不承担法律上的义务,即使受赠人在接受赠与时附有一些义务,但这些义务并非与所取得的权利互为代价。

房屋赠与同房屋买卖一样,都属于所有权的转移。按照《城市私有房屋管理条例》的规定,应提交各项证明办理登记过户手续。如果当事人未办理过户手续,根据《合同法》第44条、1999年12月19日《最高人民法院关于适用〈中华人民共和国合同法〉若干问题的解释(一)》第9条的规定,赠与合同仍然有效,但赠与的房屋所有权不能转移。

本案还涉及宅基地,根据我国法律规定,宅基地属于农民集体所有,公民个人没有所有权,只有使用权。公民的房屋属于个人的合法财产,按照我国继承法的规定是可以继承的。

继承的对象是遗产,《继承法》规定遗产是公民生前的个人合法财产,即必须是该公民个人的、合法的财产。而宅基地并不属于个人财产,因我国《土地法》规定,农村的土地归村集体所有,这个"农村的土地"中就包括了宅基地,因此宅基地不属于遗产范围,不能继承。但地上的房屋因为是村民自行修建,因此房屋的所有权属于修建房屋的村民。如果你们家里还有人在那个村集体内,且符合分配宅基地的条件,那么可以申请将该宅基地分配给他,由他使用该土地,可自建房屋。

(北京市盈科律师事务所 张运玲)

长租20年仅住10年面临腾退，四五十户业主何去何从

案例回顾

事情要追溯到2007年，当时报纸上登了一个广告，就说要卖房子。那时候大家还不知道商住是什么概念，包括王阿姨在内的大概有四五十户居民，看到报纸的广告后就一次性交了房款。交完以后给了大家一个廉租的房本，就等于王阿姨她们一次性买了房子20年的使用权，这么多年过去了，王阿姨她们一直住在这。

王阿姨她们居住的房子都是小面积的，跟现在商住的房屋是一样的，就是开间。今年的8月28日突然法院来人，直接贴了告示，说这房子牵扯到一个案子，如今法院要求腾退，限10天之内腾退完。

面对租住20年的合同和马上要无家可归的局面，王阿姨她们这四五十户居民觉得自己很冤，可是又不知道该如何维权，王阿姨她们可以维权成功吗？

律师支招

听了王阿姨的叙述，感觉这就是二房东签了10年的房屋租赁合同，但是跟现在这四五十户人家却签了20年的租赁合同，如今剩下的10年已经没办法履行了，只好跑路了。

首先我们要弄清楚房子的性质，刚才我们从王阿姨的叙述当中感觉到房屋像是商改公寓，那么这是什么意思呢？商改公寓可以把商用住宅改成公寓，就等于把商业用房改成了公寓。这是在满足了一定的情况之下经过了申请才能获得的。

王阿姨她们如今被动的原因就是在于二房东根本没有权利把这个房子租至20年，因为他本身跟一房东只签了10年。王阿姨今天带来的这个合同叫北京廉租住宅租赁合同，这个合同是他自己给王阿姨她们出的。如果说二房东可以从一房东手里继续租赁这个房子，那么他就能正常地履行自己的义务，转租就是没有问题的，而在二房东与一房东之间也产生了纠纷。一房东起诉二房东是因为他已经好几年不交房租，拖到二审的时候恰好到了他们之间签订的10年合同期限，这个时候一房东主张解除合同、合同终止，希望得到合理租金及违约金。

根据王阿姨说的情况，这四五十户人家只能起诉二房东，因为是他跟大家签订的房屋租赁合同，要跟他解除合同关系，要求他退还剩余的房租。

（北京市盈科律师事务所　刘妙勤）

两年租约，缘何变成一纸空文

合同的签订其实就是一种契约的履行，如果双方都秉承着诚信的态度，那结果自然是皆大欢喜，如果在执行过程中有一方毁约或者遇到了一些特殊的情况，那么结局就不会那么尽如人意了。今天来到节目现场的刘先生，最近就陷入了租金合约无效的困扰。

案例回顾

刘先生在位于西单的西西友谊商城租下了一个店铺，经营着珠宝首饰定制的生意。多年辛苦下来，刘先生的买卖日渐红火，积累下了大批客户。可最近，刘先生为了店铺的租约问题，大伤脑筋。让他没想到的是，自己明明缴纳了两年的租金给珠宝大楼的承租商，也就是宏基业天然珠宝有限公司，如今才过了一年，却接到了大楼产权人——西西友谊商城的通知，说自己签订的合同无效，缴纳的租金作废。这个消息，如同晴天霹雳一般，让刘先生寝食难安。

这件事要从2006年说起，这一年宏基业珠宝公司租下了西西友谊商城的三四层，分割出320个摊位，出租给像刘先生一样的珠宝商户，对外统称宏基业珠宝市场。2016年西西友谊商城的房顶漏水，淹了四层的商户，致使珠宝受损，由于商城一直没有和受损摊主达成赔偿意见，从2016年开始，宏基业珠宝公司停止向西西友谊商城交纳房租。为讨要房租，西西友谊商城起诉至法院。案件历经两审，2017年12月26日，北京市第二中级人民法院作出终审判决，判定宏基业珠宝公司给付西西友谊商城房租1700余万元。2018年5月，西城区执行局的执行法官进驻西西友谊商城，对宏基业珠宝市场进行清理，强制执行。

面对突如其来的变故，刘先生和王先生表示，他们作为在此经营的个体租户，对于西西友谊商城和宏基业珠宝公司之间的纠纷并不知情。他们与宏基业珠宝公司签订的租赁合同是从2017年11月1日到2019年10月31日，而根据北京市第二中级人民法院判决书中写明的、承租人宏基业与产权人西西友谊商城签订的合同则在2019年4月30日就终止了。

11月7日下午，商城相关负责人与租户们召开协调会。负责人在会上表示，对于跟宏基业珠宝公司签订合同尚未到期的租户，他们可以免去其从2018年5月29日之后到年底的租金。但前提是要满足两大条件。愿意继续干的可以和大厦签订至少一年期的合同，租金一年是八折；如果不愿意继续干，就签一个到期腾退的证明，12月31日保证把场地还给西西友谊商城。如果租户无法满足这两大条件，则将面临起诉，并且补交从2018年5月30日之后的房租。

刘先生他们如何面对没有第三种选择的困境呢？他们能拿起法律武器维护自己的权利吗？让我们听听来自北京市盈科律师事务所的高同武律师如何支招。

律师支招

根据刘先生的陈述，该案件属于房屋租赁合同纠纷案件，这里面涉及三个主

体:房屋的产权人也就是西西友谊商城,承租人宏基业珠宝公司和次承租人刘先生等30多位商铺的经营业主。

房屋这个财产只有流动起来才能为当事人产生经济效益,在房屋租赁的过程当中经常会出现承租人把房屋进行转租的情况,我们俗称这个承租人就是二房东。依照《最高人民法院关于审理城镇房屋租赁合同纠纷案件具体应用法律若干问题的解释》第16条的规定:因为租赁合同而产生的纠纷案件,人民法院可以通知次承租人作为第三人参加诉讼。那么,在这起案件当中,像刘先生这样的租户就是第三人。依照相关法律规定,执行程序开始以后如果案外人认为所执行的标的和自己有全部或者部分请求权或者认为执行可能影响自己的合法权益,他可以向法院提出执行异议。

依照合同的相对性原则,合同关系仅在特定人之间发生法律关系,因此只有合同关系的当事人之间才能够互相提出诉讼请求。本案当中,次承租人也就是刘先生等租户他们与承租人宏基业珠宝公司签订合同,因此要追偿租金只能向宏基业主张权利。此外,依照《最高人民法院关于审理城镇房屋租赁合同纠纷案件具体应用法律若干问题的解释》第15条的规定:承租人经出租人同意将租赁房屋转租给第三人时,转租期限超过承租人剩余租赁期限的人民法院应当认定超过约定部分无效。

(北京市盈科律师事务所　高同武)

二房东员工携款离职,倒霉的竟然是租户

住房,从来都是百姓的心头事,从古至今皆是如此,如今在房屋租赁市场中,年

轻人占据大多数，他们从找房到入住的过程中总会遇到诸多令他们困扰的问题。

案例回顾 >>

2018年3月10日，靳先生夫妇从北京丰台区21世纪不动产（银地家园门店）租住一套两居室自住，2018年3月到目前为止靳先生刚刚住了半年的时间。在租住的前期，靳先生夫妇缴付一年租金48,000元、一个月的押金4000元、支付中介费2000元，共计54,000（伍万肆仟元整），同时与21世纪不动产签订了正规的租住合同。

原本一切都看似很顺利，然而，在靳先生居住使用不到3个月的时候事情就变得不那么顺利了。在2019年5月中旬的时候，靳先生突然接到我爱我家向他发出的催缴放款通知。后经靳先生夫妇了解，此房为我爱我家代理的房源，21世纪不动产实际是"二房东"。5月的时候21世纪不动产向我爱我家缴纳房款，后续到了8月，我爱我家再次找到靳先生催缴。靳先生再次声明自己是交了一年的房租，这套房子是从21世纪不动产租的。后来靳先生多次找到21世纪不动产，希望联系到当时给靳先生租房的工作人员，结果21世纪不动产告知受理靳先生租房事宜的员工携款离职，目前，21世纪不动产不予调解，我爱我家强行收缴房费，并撬锁、卸电表（目前家中无电）。

中介公司一系列的举动已经严重影响靳先生正常的租住生活，派出所做过2～3次上门出警，问题仍未解决。靳先生目前急需解决自己生活中用水、用电等问题，急切希望自己能回归到正常的生活轨迹中。

律师支招

我们刚才获知，在靳先生和靳太太租了这套房子以后好像就没安生过，遭遇了拆电表、断电、拆窗户等一系列的事情。这些对于靳先生的生活，都造成了很大的困扰。

我们可以先抛开租赁合同、租金，抛开房主实际上没有收到房租，这一系列的问题不谈。既然靳先生已经承租了房子，那么除房主以外任何其他第三方，不管以谁的名义哪怕它是以房主的名义来向靳先生主张一些权利，要求缴纳租金或者让靳先生搬离，都不应该采取断水、断电这些极端的措施。

除了靳先生，当任何一位租户遇到这样的问题的时候，我们都要先看一下有没有房主的委托手续，如果有的话我们需要审查是不是真实的，并不是张三、李四谁来跟我们说这个事情我们都要去接纳和接待的。

其次，任何人也没有权利侵入到我们现在所居住的场所去撬锁、断电。如果发生这些极端问题别犹豫直接及时报警，而且警察肯定会出警予以解决这类的问题。如果在租房的时候，我们存在租赁纠纷，可以到法院去解决，任何租房所产生的纠纷都不可以直接导致任何人就可以去撬锁、撬门、砸窗户、拆电表，这些极端的行为实质上都是违法的。

靳先生夫妇租的这套房子，目前已经缴纳了一年的租金，还在有效的居住状态，房东也没有联系到靳先生提出他自己本身的疑义，对于目前靳先生夫妇所遭遇的情况，完全可以通过诉讼的方式来维护自己的权利。

（北京市盈科律师事务所 崔 爽）

黑中介租来合租房，出问题我该找谁讨公道

案例回顾

田先生通过名为宜居房友（据说该中介公司已经多次更名）的中介公司租下一套合租房的主卧，签订的租住合同是2019年2月到期。刚刚住了8个月，2018

年10月2日，中介通知田先生必须搬走。据说，田先生租住的房主已把房屋抵押给小额贷款公司，经过与中介的沟通，中介带田先生去选看更换房源，但都是隔断间，并且出现了乱报价的情况，田先生要求终止合同并退还租房款又被中介拒绝。

由于中介与田先生未达成共识，随后田先生便经常遭遇陌生人上门骚扰破坏，并要求田先生尽快搬走，无奈之下的田先生再次与中介沟通，对方称不搬就会打砸抢。

田先生选择报警，派出所无法受理租房纠纷，未能立案，后向工商反映，工商部门告知合同违法，但无法追责，目前问题未解决。面对这样的局面田先生该如何解决？田先生有办法维护自己的权利吗？

律师支招

我们通过田先生的房屋租赁合同可以看到在这份租赁合同中根本没有一个中介方，出租方是个人，承租方就是田先生，所以在租赁合同中根本没有中介这一主体存在。

再有我们看到在双方签订的房屋租赁合同中关于违约责任的规定：甲方也就是出租方如果没有按照合同的规定提前收回房屋，应提前10日告知租户，并向乙方支付规定月租金的两倍作为违约金，而且每逾期支付一天还应当向乙方也就是承租方支付日租金的5%作为滞纳金，同时在合同中还规定了交付违约金的时间。

目前我们从合同上来看，出租方是一个个人并不是公司，而且这个出租方在签订合同的时候用的是虚假的姓名，我们现在已经知道了其真实的姓名，所以完全可以把他作为被诉的主体，从法律上是可以成立的。

截至目前，田先生及他的家人都已经搬离这套房子，所以没有发生的部分租金或者已经交纳的押金，我们是可以要求退还的。在这个过程中所产生的搬家费、中介费以及租住的同等房子因为搬得比较仓促所产生的那部分高出去的租金，在2019年2月之前由于违约而产生的损失都是可以要求违约方，也就是出租方来承担。

这件事也给了我们警示，不管是作为租方还是作为出租方，首先我们应该找正

规机构来协助办理自己的租赁手续，按照正规的合同范本签订租赁协议，这才是对自己权益最大的保障。

（北京市盈科律师事务所　崔　爽）

自如管家屡屡出事，住房焦虑找谁维权

随着消费升级的来临和年轻人买房观念的转变，越来越多的年轻人不再将买房看作生活必需品，而是选择有品质的青年公寓，将租房住看作一种生活方式。舒适的居住环境、便捷的找房体验和美好的社区互动，也让这类长租公寓品牌备受白领青年的青睐。今天来到我们节目的钱先生就选择了自如租房，除了方便之外，装修风格简约舒适，而且可以马上拎包入住，临近地铁。满心以为自己可以过上安心、舒适、便利的生活，哪知道自己却面临了更多的麻烦，面对这些麻烦钱先生该如何解决呢？能不能用法律武器来维权呢？

案例回顾 »

2018年10月16日晚9点，工作了一天满身疲惫的钱先生回到了家，就在他打开房门的一瞬间，却被眼前的一幕惊呆了。

钱先生打开门以后发现屋里全是水，这一屋子的水让钱先生以为自己走错门了。原本温馨的小家就因为这次漏水变成了一片汪洋，家里钱先生养的温顺小猫，如今也在调皮地踩水嬉戏，原本整洁的家具都已经改变了曾经的模样。随即，钱先生赶紧联系自己的管家，拨通了电话管家的回答让钱先生哭笑不得。

到底管家说了什么呢？原来在电话接通的时候，自如管家告知钱先生他休假了，钱先生依旧希望自如能来人配合解决一下，可是得到的答案却是：今天周二，我们管家都休假。这句话可有点激怒了钱先生，难道租房赶上礼拜二着火了也没人来处理吗？感觉到钱先生态度的自如管家，赶紧说：您该怎么报修就怎么保修，咱都是有保险的，最后的赔付由保险这边决定，事儿肯定给您解决，我先给您联系维修、联系保洁，不影响您今天晚上休息，东西您该保存保存，明天我们自如管家上门再说。

随后钱先生找到物业，更让钱先生感叹的是，维修师傅在钱先生家找不到任何漏水的地方，管道没有任何漏水的痕迹，这一地的水是哪来的？找不到漏水的地方比明确哪漏水还可怕，这万一哪天一回家又漏水了怎么办？物业维修检测的结果让钱先生每天回家都是心惊胆战的，每次一推开房门恐怕又看见屋内一片汪洋。

面对莫名其妙的漏水钱先生到底该如何维权？面对形同虚设的管家钱先生又该如何索赔？让我们来看看来自北京市盈科律师事务所的崔爽律师怎么说。

律师支招

咱们先说一下电子合同，电子合同是双方或多方当事人之间，通过电子信息网络以电子的形式达成的设立、变更、终止财产性民事权利义务关系的协议。通过上述定义可以看出电子合同是以电子的方式订立的合同，其主要是指在网络条件下，当事人为了实现一定的目的，通过我国出台的电子商务法律法规有哪些数据电文、电子邮件等形式签订的明确双方权利义务关系的一种电子协议。双方签署时间的确定，证据的收集，双方签字盖章的效力在认定上都有一定的困难。

我建议钱先生回去还是要先找物业，去做一下打压试水的测试，在家中有人的情况下，最好能够找到是不是房间内隐蔽的水管有漏水、渗水的现象，不建议钱先生自己用肉眼来看。要通过物业相对专业的检测做到及时止损，先确保不再漏水了再往后进行。要保留现场取证，找相关责任方进行后续的协商以及赔偿。

至于钱先生提到的关于租住房屋甲醛超标的问题，是可以自己先进行简单的测试，自己的测试结果足以可以作为证据来指控自如管家，也证明这个房间是不安全的，如果自如管家有异议，那可以请专业的第三方机构进行专业的测试，测试完

成之后如果真的有问题，那自如管家是必须要解决的，如果没有问题我们也就可以放心居住了。

（北京市盈科律师事务所　崔　爽）

买新房也能买出问题，百万购房款如何追回

买房并不是一件很容易的事，很多人在买房的时候，并不能一次性付清全款，原本协商好的交款期限却被告知将提前半年，面对无法凑齐的房款买房人欲退房，谁料退款又成了一个更大的难题。

董先生就遇到了这样的糟心事，无奈之下他来到节目求助律师。

案例回顾

董先生购买了一套住房，7 月 18 日交了 10 万元定金，又在 7 月 30 日交了 99 万元的首付款。在认购此房源前，置业顾问告知董先生可以在 2018 年年底支付总房款的 40%，在明年项目封顶时也就是 2019 年 5 月左右，再支付总房款的 40%，即支付完首付款的所有款项。但是在 8 月 13 日的时候，董先生的置业顾问突然告知董先生，要在 2018 年年底前支付完所有首付款，即总房款的 80%。如果到期没有交齐 80% 的首付款的话就没有办法进行房子的网签。这个说法与之前的说法完全不一样，董先生认为这与置业顾问之前的承诺不太相符，随后与置业顾问进行

多次沟通,一直拖到现在也没能给出很明确的说法和具体的缴款时间。

董先生准备买的这套房子的总房款是4,906,981元,是董先生于2018年7月18日摇号抽中此房号,然而这套房子对于董先生来说属于二套房产,按照北京市住房管理的相关要求,需要支付总房款金额80%作为首付款。

原本承诺的首付款缴款周期有将近一年的时间,现在却被告知必须在2018年年底完成首付款的缴纳,这对于董先生一家来说是不具备条件的。经过多次协商2018年8月25日,董先生在万和斐丽售楼处与销售经理达成一致意见,董先生放弃此房源,房产公司退还全部款项,期限为一个半月,最多不超过2个月。然而时至今日,款项仍未退回也未能给出具体的时间。

董先生能够成功追回自己的百万首付款吗?让我们一起看看来自北京市盈科律师事务所的崔爽律师怎么说。

律师支招

为了帮助董先生,我们先来看一下董先生的房屋认购合同。我们看到在这个房屋认购合同中第五条和第六条分别约定了在什么情况下是可以退还已经交纳的首付款,以及在什么情况下是可以把定金以及首付款全部退还。也就是说认购人如果没有在认购协议签订之日起7日内与出卖人协商买卖合同的相关条款,在这种情况下出卖人是有权解除认购合同,已经交纳的定金是不予退还的。但是如果已经交纳了定金以外的其他首付款,是可以返还的。

第六条说的是认购人在第四条第二款约定的期限内也就是认购书签订之日起7日内与出卖人协商房屋买卖合同的相关条款,也就是说双方进行协商了但是没有达成一致,那么在这种情况下自认购书签订之日起满7日的次日起超过5日本认购书自动解除。如果没有协商成功那就自动解除,5日以后在这种情况下出卖人应当在本认购书解除之日起30日内将已经收取的定金退还认购人。

目前我们只看了认购协议,并不清楚后面的补充买卖合同以及在协商之后是否再次达成书面协议。从目前的两条来看,首先买卖合同条款压根就没协商过,合同买卖双方,对于有没有进行协商,是不是就能证明作为认购人我们拒绝对买卖合

同进行协商呢？如果最后认定为“是”的话，那可能定金是不予退还的，其他款项是予以返还的。当然我们在合同中还看到一种情况，就是第六条，双方进行协商了，最终没有达成一致，那在这种情况下认购书就自动解除了，解除以后 30 日之内，他是要将我们已经交纳的定金退还给董先生的。

根据认购协议和相关条款，如果买卖合同条款双方没有协商，那么定金不退而其他款项需返还，如果买卖合同条款双方协商，并未达成一致那么 30 日内返还定金及其他款项。

对于董先生的问题，协商调解肯定是一个途径，但如果说这个途径最终不能够达成我们的目的，确实还要提起诉讼，而在诉讼过程中，我们需要的就是证据。第一，董先生现在手里已经有的合同，不要再交回，一旦再交了就什么都没有了；第二，关于之前协商过程中的几段录音，需要我们进行梳理和整理，看能不能体现出，最终合同没有达成一致并不是我们拒绝去签订合同或者达成合同，而是开发商一方擅自变更了付款条款导致双方合同无法达成一致。

（北京市盈科律师事务所　崔　爽）

买的高品质精装修房，收房时却问题多多，业主该找谁维权

商品房在我国已经有 40 年的历史，经过这些年的发展，房子的市场属性也逐渐扩大，开发商们自然会越来越迎合购房者的需求。其中，让购房者最劳心伤神的

莫过于交房后的装修问题,于是机智的开发商就开始推出各种简装房、精装房。收完房,甚至连家电都已经帮你置办好了,如此拎包入住的房子谁不喜欢?可是就是这样的省心房,却省出来一堆的糟心事,这让业主如何是好?

来到节目现场的张女士,看了五星级的样板间之后毫不犹豫地定下了自己的房子,然而收房的时候心却彻底凉了,本篇律师将帮张女士分析面对这样的情况自己该如何维权。

案例回顾 >>

收房的当天,一进门就发现和之前看的样板间有天壤之别,这让张女士的心情落差太大了,甚至有点难以接受。

买房的时候,开发商的销售人员再三保证,包括他们的宣传都是1万元1平方米的精装修,并且交房的时候现房和当时样板间并无任何差距,但是实际看到房子的时候,只有20%是相符的。当时再看样板间的时候,开发商宣传的都是智能化、高品质、1万多元1平方米的精装修,可是看到房子后感觉自己就是以高价格买了一乡村品质的房子,心里特别的失望,特别的寒心。仔细查看发现的问题也越来越多,质量跟当初承诺的也完全不一样。原来在买房的时候,开发商所谓的那些科技感,现在在自己的房间中完全没有体现出来,自己的房子和之前承诺宣传的大相径庭。因为张女士家的地板被泡了,卫生间还存在大面积渗水,导致客厅的地板和墙面全都是水,只要一踩木地板,水就会出来。见到这样的情况,开发商决定给张女士重新装修。

地板启开的时候,张女士发现在合同上明明写的是实木地板却变成了复合地板;装修的材质明显是很次的板子;之前说的床是电动的,现在看来就是一个很普通的床;之前承诺是达到欧洲标准的直饮水,如今换成过滤水,也就是生活用水;之前承诺的新风系统,竟然被设计在柜子里,如果你想使用新风系统,还要打开柜子;样板间的楼梯是红木实木的那种,开发商在没有经过业主同意的情况下,将楼梯换成了所谓天然大理石的。

因为张女士所买的是精装户型,所有户型的装修全都是一样的,业主们感觉与样板间的匹配率勉强可以达到20%。

就目前的问题，业主已经找过两次开发商，开发商都是说让业主们写一些文字性的东西，把大家的诉求还有使用过程中出现的一些问题报给开发商。当时业主们就去销售大厅找所谓的领导，当时说是两个星期之后给业主回复，结果到现在都没有回复，回复都没有，就别说解决问题了，所以张女士和其他的业主决定要一起维权。

面对张女士的遭遇，让我们一起来听听北京市盈科律师事务所的崔爽律师怎么说。

律师支招

根据张女士的叙述，我们有两点需要特别关注：首先，开发商签完买卖合同以后，张女士和开发商是只有一个买卖合同关系还是说装修也是和开发商之间签订的协议？其次就是装修出现的问题，张女士该找谁去维权？

我们先看一下张女士和开发商之间的购房合同，其实原则上讲，我们的合同是跟开发商签的，而且是开发商承诺的精装交房，至于开发商找谁装修那是开发商的事情，未必是开发商自己装修，因为开发商也会涉及没有资质等一系列的问题。然而我们看到张女士签定了一个委托的施工协议，这里边的内容是什么呢？就是业主作为委托方而这个装修公司作为受托方，是张女士自己委托了这个装修公司来给自己装修的。也就是说无论装修有没有问题，最终开发商都以这样一个委托施工的方式，把施工后续所带来的一些问题或者是需要做的维修转嫁给装修公司。以一个什么方式来转嫁呢？就是以业主自己的名义委托装修公司来进行装修。我看到这个协议本身也是有附件的，后面有一个施工方案，里面有可能是装修所用的一些材料的品牌，如果装修的这些内容比如说使用的品牌和这些不符的话，那么无论是你现在的漏水还是后期的维修以及产品的不符，现在可能对于张女士来讲都是找委托施工协议的乙方，也就是我们签订委托装修的这家装修公司去维权了。

如装修公司积极配合，通过后续的维修更换能不能达到最终开发商所承诺的样板间的效果，我觉得这个是后续需要进一步确认的问题。我们需要考虑的是，在法律上我们是否有证据证明装修公司需要把房间都装的跟样板间一样或者是更好,这个我们不能简单地这样去看,首先我们是有购房合同,其次我们签了委托装修合同,那么合同也有相关附件,都要使用什么样品牌,什么样的商品,在装修之初有没有给出装修的效果图或者装修的平面图,如果没有,那么房间的装修是按照样板间和宣传册进行的,这些是需要有相关的证据,并不是口头承诺。有证据来证明开发商当时是作出这样的承诺,给消费者或者业主按照样板间的标准来进行装修,同时在这种情况下又找到作为第三方的装修公司由业主进行委托,进行后续的装修工作。如果能把这些梳理成一个证据链的话,那张女士以及其他业主也是可以去主张自己的权益的。

我们在购房的时候,是要有公摊面积的,而这个公摊面积并不是谁或者是开发商可以任意去进行变更或者改变的,所有的东西都是要做完设计进行完论证,在安全系数没有问题的情况下到当地的住建委备案,备案完成之后要按照备案的图纸进行房屋的加盖,当然在加盖的过程中会有一定的差别,所以国家也规定了差额在多少之内是法律允许的,那我们要补差,如果超过这个比例作为消费者是可以退房的。

(北京市盈科律师事务所　崔　爽)

长租公寓也能暴雷?我的家在哪里

不管是北上还是南下,想必大家都会有一种苦恼那就是租房的苦恼!租房的压力和诸多不可控的变数,让生活本就艰辛的北漂一族经常有苦难言。骑乘白马翩翩而来的长租公寓曾被视为救民水火的英雄王子,然而,随着各地长租公寓项目

的频频暴雷，房东索债无门，租户面临流离失所，人们不知不觉间觉得曾经帅气的白马王子正在上演的也许是“骑士启示录”。

面对同一房屋中介出现的上百例违约纠纷，本篇律师将帮当事人跳过租赁陷阱，尽早维护自己的权益。

案例回顾

孙先生在今年的5月，通过中介公司租赁了一套超级蜂巢小区的一居室，月租金是2700元。然而令他没有想到的是刚刚续交了房租之后，从未谋面的房东就来到自己的出租屋内，通知孙先生尽快搬离这套房子。

孙先生说面对这突如其来的变故显得有些手足无措，甚至自己完全不明白其中的原因。为此，孙先生和房东一起找到了中介公司，中介公司也承认并承诺要么给孙先生换房，要么就是退房租。经过协商，孙先生也不想追要中介公司的违约金，只希望能够顺利地要回自己的房租和押金，但接下来发生的一系列事情却让人始料不及。

中介公司在很短的时间内竟然消失地不见踪影，中介公司之前的业务员全都已经离职，失联了。出现问题的不仅仅有孙先生一人，还涉及租户100多人、房主100多人。租户中大多是在签订合同的同时，中介公司以方便交房租、帮助减轻资金压力为由要求其用手机注册，并在线绑定了元宝E家APP及银行卡，绑定之后线上支付的软件会按照租户签订的合同一次性办理好一年的贷款，而租户只需要每月按时还款就可以了。这看似便捷的支付途径，如今却给众多租户带来了不小的麻烦。中介公司的失联，押金和剩余房租退不回来不说，因为被绑定了元宝E家贷款平台，还要每个月按时还贷款。尽管贷款平台显示退租中或已退租，但租户还是收到短信提醒称自己有贷款未还。很多租户担心如果自己就此不再还款出现逾期会严重影响个人信用，所以依然在无奈地还钱。

一边要面对房主要求搬家的通知，另一边要面对违约的中介公司，如此局面让广大租户和业主纷纷陷入两难的境地，面对中介紧闭的大门以及从不兑现的承诺，众多房主和房客如何维权呢？让我们看看来自北京市盈科律师事务所的苏宝阳律师怎么说。

律师支招

长租公寓资金链断裂问题之所以存在,是因为长租公寓已经不再是单纯的“房东、房客、中介”这样简单的“三角形”稳定关系,而是存在一个“四边形”关系,即加入了金融企业。这个过程都是通过长租公寓来运作,一旦运作不到位,中间某个环节出了问题,尤其是租金兑付方面出现问题,这个看似稳妥的“四边形”就变得不那么稳定了。

目前从孙先生的叙述来看,没有退还租客应退的房租,从租赁合同的角度来看,已经违反了双方的合同约定。

租赁合同一般是租客与中介机构签署的,房东收取的租金一般是由中介机构支付的,房东与租客没有直接的法律关系,因此房东无权直接赶走租客,租客面临被房东驱逐的情况下,还无法拿回已经支付的租金,责任在于中介方。

从另外一个角度讲,很多承租人在完全不了解的情况下,就被办理了元宝 E 家的贷款,从《侵权责任法》的角度讲,中介公司不退还租客的房租已经侵犯了租客的财产权利。同时作为中介方,其与租客是居间关系,作为居间方本身就负有审慎义务。《合同法》第 425 条规定,居间人应当就有关订立合同的事项向委托人如实报告。居间人故意隐瞒与订立合同有关的重要事实或者提供虚假情况,损害委托人利益的,不得要求支付报酬并应当承担损害赔偿责任。

(北京市盈科律师事务所　苏宝阳)

买房交钱252万元，中途遇变故 栏目出手相助成功拿回全款

买房向来是中国人最重要的事，如今很多的朋友为了让家人的生活质量更上一层楼纷纷选择买房。最近赵先生在买房的时候就遇到了关于订金的麻烦事。

赵先生到底遇到了什么样的困难呢？这麻烦事能解决吗？

案例回顾

赵先生在今年的4月和爱人偶然间看上了一套房子，当时销售员介绍说这个房子第二天就要开盘了，如果觉得房子还比较满意，可以先交订金，先把房子定下来。赵先生觉得销售人员说的也有一定的道理，再加上自己和爱人确实比较喜欢这套房子，在冲动之下按照销售人员说的交了订金。当时销售人员说的很明确，由于自己需要卖掉现在居住的房子才能买这套房子，所以如果中间有偏差，销售人员也同意将已经交的购房款全部退回。至于退房款的时间，也答应会在赵先生提出退房后最多2个月退回。

赵先生相信了销售人员的话，于4月27日凌晨交排卡订金网转27万元，4月27日下午楼盘开盘当天就选定了一套自己心仪的房子，与开发商草签了购房协议，因为要买的房子是赵先生名下的第二套住房，所以签订合同后就要交30%的房款，三个月后需要赵先生补齐50%的房款。

按照销售方的要求，赵先生已经前前后后交了252万元的预付款。眼看着就已经到了8月，赵先生因为原来的那套房一直没有卖出去，没有办法交齐这套房子剩余的房款，所以他不打算再买这套房子了。于是，他要求销售方按照之前的承诺退还之前所交的30%房款。

此时,前销售人员已经辞职离开了这家公司,赵先生的事情由另一位业务员接管,她收走赵先生手上的所有资料,明确说不提供相关的证明手续,承诺一两个月为赵先生办理退款。

如今,赵先生已经在律师的帮助下成功地拿回了自己的252万元购房款,律师又是通过什么方法帮助赵先生拿回这笔购房款的呢?让我们听听北京市盈科律师事务所的娄静律师怎么说。

律师支招

娄静律师在分析赵先生的案件之前,先强调了“言”字旁的“订”字与“宝盖头”的“定”字的差异。言字旁的这个订字,通常用的是一个预付款或者预交款;宝盖头的定字,在我们《民法通则》、《合同法》和《担保法》都有规定,“宝盖头”它是定金的一种性质,类似于法律上的担保,它常用在合同已经签订以后,用于约束双方按照合同的义务来履行合同,如果是交定金的一方不履行,对方是可以扣定金的。所以在我们的生活中,在和商家签订合同时,一定要搞清楚这两个字的含义。也就是说,“言字旁”的订金是可以退的,而“宝盖头”的定金是不可以退的。

通过赵先生的叙述,可以看出这是一起房屋买卖合同纠纷。不管是节目中我们记者的采访还是赵先生与销售人员的沟通,都已经达成了一个口头合同,默认为销售方已经承诺在今年的11月完成退款。

另外,需要强调的是赵先生和开发商签订的合同并非是正式的《商品房房屋买卖协议》,而是一个关于购房款如何缴纳的协议。根据我国《担保法》规定:一方向对方给付定金作为债权的担保。债务人履行债务后,定金应当抵作价款或者收回。给付定金的一方不履行约定的债务的,无权要求返还定金;收受定金的一方不履行约定的债务的,应当双倍返还定金。另外,根据《最高人民法院关于审理商品房买卖合同纠纷案件适用法律若干问题的解释》第4条规定:出卖人通过认购、订购、预订等方式向买受人收受定金作为订立商品房买卖合同担保的,如果因当事人一方原因未能订立商品房买卖合同,应当按照法律关于定金的规定处理;因不可归责于当事人双方的事由,导致商品房买卖合同未能订立的,出卖人应当将定金返还买

受人。

如今赵先生在栏目组的帮助下，按照律师支招来与开发商协商退款的相关事情，已经在3天前成功拿回了自己的购房款，此事已得到圆满的解决，但是赵先生的遭遇希望能给大家提个醒，在签订合同的时候分清“定”与“订”字的差异。

（北京市盈科律师事务所　娄　静）

开发商违约在先，消费者将要走上依法维权路

很多朋友都是好不容易攒够了一笔钱，有的甚至还没攒够必须向银行贷款，来实现买下一套属于自己房子的愿望。这本是值得期待、值得高兴的事情，可是今天来到我们节目的朋友，都是2016年买了同一楼盘的期房，如今却因为各自的问题与开发商产生纠纷，交十几万元的预付款甚至几十万元的全款，最终能住进自己心仪的房屋吗？希望退房款的朋友能够顺利拿回自己已经缴纳的房款吗？开发商能如期交房吗？

案例回顾

李女士是2016年4月买的华银城的房子，当时开发商承诺在2019年5月30日之前交房，并承诺在交付房款后能给买房者进行网签备案。如今房子已经开工在建，但是中间发生的一些事情，让李女士开始对开发商的履约能力产生了怀疑。

首先作为房屋购买者一直没有拿到商品房的买卖合同，其次则是开发商答应的网签备案一直没有完成，至于购房发票就更没有给到购房者。

在李女士等人的维权下，开发商终于将《商品房买卖合同》交给了购房者。网签备案仍旧没有完成，面对这样的房子，开发商能给购房者进行网签备案吗？到2019年5月30日的时候李女士能顺利地入住自己买的房子吗？

让我们看看律师怎么说。

律师支招

李女士购买的房子是2019年交付，目前还没有到交房日期，如果到2019年5月开发商不能如期交房，则属于开发商违反合同条约，业主有权要求开发商按照协议支付违约金，并追究其违约责任。若合同目的不能实现，可以提出解除合同。合同解除之后，就涉及开发商返还已付购房款的问题，逾期利息和违约金可以参考合同来执行。

针对李女士所说的，目前自己购买的房子被开发商抵押的情况，李女士需要等待楼盘解押之后才能重新办理贷款和抵押手续。

案例回顾

关女士是2016年买的华银城的房子，如今她选购的房子还只是一个坑，根本就还没有盖。这让关女士非常担忧，首先到底什么时候能交房？还有没有可能交房？如果不能如期交房选择退款可以吗？如果选择退款开发商能够把钱顺利地退到购房者手中吗？现在对于已经交了预付款的关女士来说是既不敢再交钱，也担心自己如果退房预付款退不到手怎么办？

律师支招

关女士买的房子实际上是开发商在还没有取得预售许可证的情况下进行的预售，所以可以认定为合同无效。合同无效同样产生双方返还的问题，首付款及定金都是要退还给购房者，逾期利息也是可以主张的。胡律师针对关女士手中的缴费

收据，也就是开发商所开具的收据内容与合同中的内容存在表述不一致的问题，告诉关女士这样的情况不会影响到这笔费用的认定，因为在金额和事项完全能够对应的情况下，可以认定交的这部分钱就是合同中的首付款。

对于关女士来说，现在最好的办法就是直接去法院起诉开发商，起诉合同无效，若法院调解无果会作出判决，这样关女士可以根据法院判决的退款期限来要求开发商向自己退还首付款。

案例回顾

薛女士是2016年首期开盘的业主，她的问题可以说是三位当事人中最多的一位。她的房子现在连拆迁都还没有开始，薛女士感觉自己的买房经历就跟上当受骗一样。当时买房的时候说是五证齐全，后来五证也不齐了。由于自己担心只得去现场查看房子的建造进度，结果旁边的楼都已经开始施工建造，唯独薛女士买的区域迟迟没有动工。原来在这片区域有一个钉子户，这钉子户还是临街的门面房目前还在营业中。薛女士看到这样的情况赶紧找开发商理论，开发商给出的答案是：等，什么时候拆了什么时候才能进行网签备案。

这一个“等”字可愁坏了薛女士，当时开发商与薛女士签订的是一份商品房预售合同，面对现实中的钉子户和开发商盖楼的遥遥无期，薛女士决定与开发商协商调换一套房子。原本认为调换应该是同等楼层、同样面积、同样价格的房子，但是开发商给薛女士安排调换的房子与之前薛女士认购的房子中间有3万元的差价，开发商在协商过程中并未表示要把差价款退给薛女士。除此之外给薛女士调换的房子，其他业主都是于2019年9月30日交房，而薛女士在交完全款签订《商品房买卖合同》时发现，开发商将自己的交房日期改到了2019年12月31日，这让薛女士心生不安。

律师支招

薛女士在新签订的《商品房买卖合同》中已经签字，那么等同于薛女士已经认可了开发商给自己更改的交房日期，双方达成合意，合同生效。

至于薛女士选择调换房屋的差价问题，胡律师告诉薛女士，在房屋调换的过程中，开发商应该本着同样价位、同楼层、同面积进行调换，如果产生差价开发商应该给购房者退还差价。如果开发商执意不退，薛女士可以收集相关的证据，比如之前购买时的宣传册证明两套房间存在不同的价位，就可以直接起诉开发商要回自己的差价款。

（北京市盈科律师事务所　胡英杰）

18 年前缴纳房产全款，18 年后房子依旧不属于自己

在我们生活中大家都比较了解的是上市交易的商品房，其实对于房子还有其他的房产形式如经济适用房、房改房，甚至还经常有朋友问我们能不能买小产权的房子。这些房子由于各种因素在市场中让无数买房人心动不已，可这样的房子一旦出现纠纷也会给户主带来更棘手的问题。

今天来到节目的王先生就是在 18 年前买了房子，由于各种错综复杂的原因到现在还没有拥有房子的产权。

案例回顾

家住北京市丰台区的王先生，2000 年的时候花费 28 万元，从自己的朋友刘某手中购买了一套拆迁承租房。双方商量妥当后，即刻签署了一份合同，王先生一并支付了房屋的全款 28 万元，约定刘某在获得承租房产权后将房子过户给王先生。

由于当年政策上的原因，房改房停止向住户出售，所以王先生没能及时获得房子的产权。双方约定好等政策允许之后再完成购买及过户的手续。

2003年再次允许买卖承租房，而这个时候王先生因与刘某内弟涉及一场关于餐厅股权转让的法律纠纷没有完全解决，刘某要求先解决完官司再商议买房的事情。所以当这次政策允许承租房可以买卖的时候，刘某拒绝给王先生购买的房产完成过户。

如今已经2018年，王先生也早就已经入住了自己当年买下的房子，但是房子的产权依旧没有过户到自己的名下。

2017年该房屋市场价值为1560万元，刘某提出再签一份协议，希望王先生将此房产购买下来之后，两人再将房子转卖，获得的利润按照75%（王先生）比25%（刘某）分配。面对多年来房子的问题迟迟不能解决和这样一份协议，王先生出于气愤在签名处写下了“刹韦”两个字而非本名，协议中所涉及的身份证号的最后一位也故意写错。但对方认为签名形似王先生本名，认定王先生同意了该协议内容。

该协议有法律效力吗？长达18年的房产交易，王先生最终能够拿回属于自己的房子吗？让我们一起看看来自盈科律师事务所的胡英杰律师和赵可老师是怎么说。

律师支招

听完了王先生的叙述，我们先来分析一下第一份协议和第二份协议。从2000年王先生与自己的朋友刘某形成房屋交易协议后，因为客观原因阻挡协议履行，双方可以协商解除协议，若双方不愿解除协议，当客观原因消除之后，可继续履行协议。而在签订第二份协议的时候没有明确表示把第一份协议解除，在第二份协议中将王先生的义务进行了调整，那么可以认定为第二份协议是一份新的协议。如果双方同意按照第二份协议来履行，那么从事实上第二份协议替代了第一份协议的效力。而现在王先生是不同意第二份协议的，就需要在法律事实上确认第二份协议无效。

至于王先生提到的第二份协议，也就是2017年刘某提出签订的第二份协议，应该就撤销第二份协议和要求刘某履行第一份协议，分别提起两个诉讼。我国《合同法》第52条对此作出规定："有下列情形之一的，合同无效：

（一）一方以欺诈、胁迫的手段订立合同，损害国家利益；

（二）恶意串通，损害国家、集体或者第三人利益；

（三）以合法形式掩盖非法目的；

（四）损害社会公共利益；

（五）违反法律、行政法规的强制性规定。"

嘉宾观点

听了王先生的叙述，王先生是希望确认第二份协议无效，继续履行第一份协议。那么建议王先生可以向法院提起诉讼，请求法院来确认这份协议的效力，从合同法的角度来讲，合同无效的情况只有五种，而王先生签订的第二份协议，实际上并不是自己的真实意愿，在这样的情况下，建议王先生收集手上的证据，主张撤销合同。

当事人也可起诉出卖人和供房单位，直接获得购房资格，诉讼时注意证据收集。可寻求专业人士的帮助。

（北京市盈科律师事务所　胡英杰）

长租公寓暴雷导致租金变贷款，众多租客苦不堪言

从2016年开始，大量资本涌入租赁市场，长租公寓品牌层出不穷，租金贷也打着金融创新的名义大行其道。

案例回顾

周女士，是通过昊园恒业租住房屋的一名租客。租房时，中介告诉周女士有两种缴纳房租的形式，如果选择现金就只能押一付12，如果使用元宝e家平台交房款可以押一付一。对于租客来说，使用元宝e家平台交房款可以极大地减轻自己的房款压力。周女士选择了使用元宝e家平台来缴纳房款。

周女士自从签约后，每月如期还款。但到了最近，房东突然来到周女士的住处，称昊园恒业未付清房款，他不打算再将房子交给这家公司代理，同时要求周女士重新找房，赶紧搬走。

面临无房可住的周女士来到中介公司"找说法"，才知道"押一付一"实际上是分期贷款。她随即要求中介返还押金和剩余房费，并消除在"元宝e家"的贷款记录。当时一位工作人员告诉周女士会尽快解决问题。

但中介公司迟迟没有退回房款，找新房时面对"押一付三"的房款开支，自己确实感到很无奈。而这个时候，周女士打开元宝e家平台查看，发现自己在平台上仍有房款未还清，面对这样的情况，周女士担心如果没有按时还款，影响到个人征信，甚至以后的个人生活，实在是得不偿失。

律师支招

通过周女士的叙述，我觉得周女士的情况属于转租纠纷和金融贷款合同纠纷的案件。

在整个事件中,首先是房东和中介之间已经形成房屋租赁关系,随后中介与周女士也形成一个房屋租赁关系,中介相当于二房东,而周女士则处于次承租人的地位。同时,周女士还和支付房租的第三方平台元宝 e 家形成了借贷关系。

对于周女士来说,所签订的房屋租赁合同,关于房屋租金的交付方式依然是押一付 12,由此可见在选择第三方平台支付租金的情况下,平台方可能已经将一年的房租支付给了中介,而对于周女士来说按每月支付还款,承担还款的义务。从签订合同之日起,实际上已经与元宝 e 家形成了借款的合同关系。在周女士与中介签订的租赁合同中附件四这一部分,有关于了解和使用租房分期平台业务的一个说明,这个说明针对于元宝 e 家是一个分期贷款平台,并且在合同中明确说明,如果一旦不还款要自行承担后果,并自愿承担相应的责任。

目前由于房东没有收到租金,所以导致其行使了他的物权,要求作为租客的周女士腾退房屋。从合同关系和合同相对性来说,周女士作为次承租人已经偿还了相应的租金,后续多余的偿还租金可以向中介追偿。

根据最高人民法院关于房屋租赁的解释,其实是可以突破合同的这个相对性。《最高人民法院关于审理城镇房屋租赁合同纠纷案件具体应用法律若干问题的解释》第 17 条规定:“因承租人拖欠租金,出租人请求解除合同时,次承租人请求代承租人支付欠付的租金和违约金以抗辩出租人合同解除权的,人民法院应予支持。但转租合同无效的除外。次承租人代为支付的租金和违约金超出其应付的租金数额,可以折抵租金或者向承租人追偿。”也就是说,作为次承租人的周女士有一个抗辩权。比如说可以代位支付相应的租金,那么作为周女士来说还可以继续租住这个房屋。周女士可以把租金先支付给房东,而这笔多余的支付钱款是可以向中介追偿的。

作为租客,周女士还可以起诉当时在平台中放款的晋商,要求终止合同。虽然晋商的注册地是在山西太原,但是从合同的履行地来说是在金融平台上放款,款项应该是发放给了中介,那么中介其实是在北京注册的一家公司,那么对于周女士来说在北京起诉晋商是没有问题的。

(北京市盈科律师事务所　吕　丛)

新房买出来的糟心事

随着交通的发达，人们出行的日益方便，对生活品质的追求日益提高，好多北京人开始追求自己向往的生活，在外地买“度假房”曾经一度成为一种趋势。这种在外地买房度假的差异化生活，更是给很多退休后的老年人增添了不少生活的乐趣。

本案的当事人也是买了度假房，本想着能在山清水秀的地方安享自己的晚年，可没想到竟然买出来一堆糟心事。

案例回顾

王叔叔的身体在做完心脏搭桥手术之后一直不是很好，再加上孙阿姨由于大面积的烧伤导致汗腺受到损伤，很容易觉得热，适合在一个凉爽的地方避暑。

2012 年 12 月底，王叔叔和孙阿姨一起出去玩，无意中看到河北石家庄平山县温塘镇刚刚开盘的楼盘。当时是期房，置业顾问告诉王叔叔说，这个楼盘是温泉入户，整个楼盘位于半山坡上夏天是不需要开空调的，比石家庄低好几度。通过置业顾问的介绍，让王叔叔和孙阿姨觉得找到了一个比较好的养老的地方，于是交了全款购买了这套房子。

2013 年房子就盖完了，2014 年王叔叔和孙阿姨办理了收房入住手续。当时在收房的时候由于有几个地方的装修王叔叔和孙阿姨不是很满意，故将一把钥匙留在了开发商处，希望开发商可以将房间内的几个问题修缮好。结果第二次再去也就是接近一年以后的时间，房子还是那样根本就没动。

2017 年当王叔叔和孙阿姨再一次走进自己的新房时，被眼前的一幕惊呆了。

发现自己还没住过的房子,竟然住了不认识的人。房间内有电视,小孩玩具还有床和沙发,这让王叔叔和孙阿姨心里很不舒服。随即联系开发商要求退房,开发商爽快地答应给王叔叔退房,让王叔叔和孙阿姨将之前的手续交回到财务部门,可是当王叔叔和阿姨将自己的手续交回去之后,退房的事就没人再提了。

如今,面对被别人住过并且多年来还没拿到房产证的新房,王叔叔和孙阿姨犯了难,不知道该如何保护自己的权益,让我们看看崔爽律师怎么说。

律师支招

根据王叔叔的叙述,感觉王叔叔和孙阿姨现在就是希望自己能够把这套房子退了。其实,王叔叔发现有人住了自己的新房,仅仅这一点是不能成为退房的理由。

退房有两种情况,首先我们要看一下合同,合同里有没有约定达到什么样条件或者出现什么情况可以退掉这个房子,也就是双方解除合同。还有一种就是法定的情况可以退房。在某些法律规定的合同解除条件出现的时候,比如作为购房人根本的合同目的不能实现,在这种情况下虽然没有约定,按照法律规定依然可以退房。且根据《最高人民法院关于审理商品房买卖合同纠纷案件适用法律若干问题的解释》第 8 条的规定:“具有下列情形之一,导致商品房买卖合同目的不能实现的,无法取得房屋的买受人可以请求解除合同、返还已付购房款及利息、赔偿损失,并可以请求出卖人承担不超过已付购房款一倍的赔偿责任:(一)商品房买卖合同订立后,出卖人未告知买受人又将该房屋抵押给第三人;(二)商品房买卖合同订立后,出卖人又将该房屋出卖给第三人。”在解除合同时,同时可根据该司法解释,主张相应的款项。

我们再来看看关于王叔叔说的,买房已经将近 4 年多了,依然没有拿到房产证这件事。在合同中有关于房产证明确的约定,办理时间是房屋交付后 180 日内,根据现在的情况是开发商没有及时地办理房产证,那么王叔叔和孙阿姨可以按照合同中第 2 款“出卖人按已付购房款的每日 0.01% 向买受人支付违约金”来主张权利。

最后我们说一下王叔叔将钥匙放在开发商处，希望维修的事情。在王叔叔和孙阿姨签订的合同中，除了《预售房买卖合同》以外还有一个装修合同，里面约定了关于装修内容以及要做的一些装修事项。如果确实是合同的乙方没有履行相关装修义务或者是履行的不够完整，王叔叔和孙阿姨同样可以依据房屋的装修合同向对方主张相关的权利，让他履行。如果说对方仍拒不履行，王叔叔和孙阿姨是可以自行聘请第三方来完成后续的修补以及相关的维修工作，聘请第三方所产生的费用可以向对方主张。

（北京市盈科律师事务所 崔 爽）

租客提前退租，房主竟成被告，内心飘过无数个委屈

原告是租客，被告是房东，在起诉中要求房东返还押金和赔偿违约金6400元，但是事情竟因租客提前解除租房合同而起，作为房东的高女士到底经历了什么？在看似租客违约的情况下又怎么成了被告呢？

案例回顾

高女士在二环边上有一套一居室的住房，2016年2月21日通过中介公司链家地产租给了王先生，租期为2年。

在2017年11月的时候，租客王先生找高女士协商，想在自己租住期满一年前

2个月将房屋转租给另一个人,高女士当时就表示不同意,从而与王先生产生了一些矛盾。

双方约定在2017年12月底完成退租,原本应该顺利地办完退租手续,但是由于租户未能主动结清400多元的水电费和煤气费而引起矛盾的升级。

高女士不满意租客的做法,随即更换门锁。租户认为房主这么做侵犯了自己的权利,以不能正常使用房屋为由起诉高女士赔偿违约金6400元,胜诉。

明明是租客单方违约在先,给高女士的生活带来了很多不必要的麻烦,如今却是高女士收到法院的判决,还错过了上诉时机,茫然无助的高女士找到栏目组,寻求帮助,希望北京市盈科律师事务所的苏宝阳律师能帮帮自己,告诉自己下一步该如何维权。

律师支招

听完了高女士的叙述,这起案件其实就两点核心内容,一是先确定双方哪一方违约,二是违约之后所要承担的责任。

从高女士提供的合同中,我们看到关于房租的交付方式双方约定的是“押一付三”,押一个月的房租目的就是防备合同履行完之后,出现欠水电费不给的情况,还有就是防备一些器物损坏不赔偿的问题。

在我国《合同法》当中有一个名词“预期违约”,就是在合同有效成立后、履行期到来之前,一方当事人肯定地、明确地表示他将不履行合同或一方当事人根据另一方当事人的行为或客观事实预见到他到期将不履行合同。我国《合同法》第108条作出了明文规定,当事人一方明确表示或者以自己的行为表示不履行合同义务的,对方可以在履行期限届满之前要求其承担违约责任,也就是说一旦发生预期违约被违约方可以直接解除合同,请求对方承担损害赔偿等违约责任,也可以不解除合同,待合同履行期满时请求继续履行,当对方不履行时再请求损害赔偿。

在高女士提供的合同当中有明确规定:有一方违约要百分之百承担违约责任。从合同内容看是承租人违约,按照合同规定承租人需要按月租金的百分之百来承

担赔偿责任。

针对租客将高女士起诉的情况，高女士当时没有主张自己的权利。当时虽然表示同意退还租客押金，但未明确是否追究租客提前退租的违约责任，其实作为高女士当时应该追究租客的民事违约责任，作为租客提前3个月退租就应该支付给高女士3个月的租金。由于当时高女士没有提出来，就意味着默认放弃。

关于高女士说的错过了上诉的时间，按照法律相关规定是以拿到判决书的次日开始起算上诉期。也就是从高女士去法院亲自领取判决书的15日之内。15日之内高女士没有主张自己的权利，等于放弃上诉权利。

对于高女士现在的情况，错过了上诉期依照法律程序还可以申诉，当事人高女士可以依据一审的判决，根据当时双方签订的合同，以及对方承租的使用期限和缴费的相关证据，继续来申诉，进一步维护自己的权益。

在此，我们也给大家讲一下，在诉讼中有申诉和上诉两种概念，这两种诉讼权利有着怎样的区别呢？

第一，上诉针对的是对一审的判决不服，须在一定的上诉期限内进行，这时一审判决还没有生效。而申诉针对的是已经生效的一审或二审判决，有新的证据能改变原审判决结果。

第二，时间上不同，对一审法院的判决上诉须在法定的15日之内进行，而申诉的时间则是从判决生效之日起2年之内进行。

第三，上诉和申诉时需具备的条件也不同，只要对一审判决不服就可以提起上诉，而申诉就必须具备判决所依据的事实不清楚、证据不充分、审理的程序违法甚至是法官有行贿受贿、徇私舞弊的行为等条件。

在《民事诉讼法》中规定，如果是对一审法院作出的判决不服，提起上诉是不可以申请强制执行的，也就是说在一审的判决还没有生效时，当事人在上诉期限内提起了上诉这个判决就不生效了，也就不能执行。但如果是提起申诉的情况，无论是对一审、二审还是最高人民法院作出的判决进行申诉，都不影响执行。因为判决已经生效，生效的判决就要执行。

如果遇到这边申诉还没有结果申请人那边就已经执行了，我们该怎么办呢？《民事诉讼法》中有执行回转，如果是对生效的判决由于当事人的申诉改变了原审判决的内容,申诉胜诉后,将原先执行走的内容(实物或金钱)通过执行回转再执行回来。

(北京市盈科律师事务所　苏宝阳)

开发商逾期交房还称自己没有违约,我该如何讨回公道

12月11日,节目播出“华银城”三位业主维权的案例后,不少华银城业主都在和栏目组咨询相关法律问题,如今栏目组征集华银城业主集体诉讼的事情还在进行,“天鹅湖”项目的业主又走进了演播室,向律师陈述自己的遭遇,希望能够得到律师的帮助。

天鹅湖的业主到底经历了什么呢?交了20多万元的房款最终能维护自己的权益吗?如果选择退房,房款能顺利拿回吗?开发商逾期交房到底有没有违约呢?

案例回顾

2015年5月2日,袁女士购买了河北华银天鹅湖的一套房子,在合同中明确约定2017年8月13日交房,可是现在离约定的交房日期已经过去1年的时间了,开发商不仅没有交房,甚至到目前项目还没有动工。

袁女士当时买房的时候只交了23万元,与房地产开发商签订了《商品房预定合同》,当时开发商说,在2017年交完房后,后期有8年的时间由天鹅湖房地产公

司来经营。按照开发商的说法，一套价值94万元的房子，袁女士只需要交23万元就可以拥有了。

然而前一段时间房地产公司突然给袁女士致电，表示由于之前约定的房子还没有盖，需要袁女士尽快办理手续，来给她换一套房子。面对这样的开发商，袁女士心里开始打鼓，觉得公司实在不靠谱，希望开发商能够配合，将自己的房子退掉。这个时候开发商的态度是，退房是可以的，365天之后是无息退款。算上之前买期房的等待时间，袁女士的这20多万元，在开发商处被占用了3年的时间，非但不能立刻退款，还需要再等一年才能无息退款。

面对袁女士的遭遇，让我们看看来自北京市盈科律师事务所的吕丛律师和我们的帮忙团观察员赵可老师如何支招。

律师支招

听完了袁女士的叙述，吕丛律师认为：袁女士所签订的《商品房预定合同》原则上来说和商品房买卖合同还是有区别的，一般在预定合同中会约定买卖双方还要再签署一个正式的房屋买卖合同。根据袁女士提供的《商品房预定合同》可以看到目前合同中的一些条款，其中包含支付方式、交房的日期和逾期交房的违约责任，并且清楚地陈述项目的建设标准，包括袁女士所购买的房屋的具体位置，还有楼号和建筑面积。从合同中的相关内容来看它已经符合商品房买卖合同的全部基本要件，所以可以认定其实这个合同不是简单的预定合同而是商品房买卖合同。

根据《审理商品房买卖合同的解释》第5条的规定：商品房的认购、订购、预订等协议，具备《商品房销售管理办法》第16条规定的商品房买卖合同的主要内容，并且出卖人已经按照约定收受购房款的，该协议应当认定为商品房买卖合同，也就是说合同的本质要以合同的内容为准，而不是仅看它的名称认购书等。

在袁女士提供的合同中，明确了出卖人逾期交房的违约责任，在第7条有一个明确的约定。开发商的合同中没有写当事人有解除的权利。合同中表示，出卖人自本合同约定的交付之日起第二日，买受人已交付房款的按日万分之一向买受人支付违约金至实际交付之日止。然后买受人不再追究出卖人的其他违约交房的责任。在这样的情况下,作为购房者到底有没有解除权呢?法律其实是有规定的,有约定的从约定,没有约定的从法定。可以依据《合同法》第94条,还有房屋买卖合同的相关司法解释的规定,先给开发商发一个催告函,催告他如果3个月之内还是没有把房屋交付给购房者,那么购房者就可以要求行使法定的解除权,跟开发商解除合同关系,同时要求开发商返还相应的购房款并支付利息。所以,对方所说的无息退款是没有法律依据的。

我们再来看一下,在买房之初签订的委托经营合同,委托合同是以双方信任为存在基础的,如果一方不守信用失信于另一方,继续履行合同就没有必要了。《合同法》第410条还规定,委托人或者受托人可以随时解除委托合同,因解除合同给对方造成损失的,除不可归责于该当事人的事由以外应当赔偿损失。法律赋予了双方当事人都可以任意终止合同的权利,也就是说任何一方想要终止合同,就可以随时提出解除合同,而且不需要有任何的理由,但是受托人处理事务不尽注意义务、怠于委托事务的处理,委托人无奈而解除委托合同的,虽然会给受托人造成一定的损失,但因解除合同事由不可归责于委托人或者不能完全归责于委托人,委托人对受托人因合同终止而遭受的损失可以不予赔偿或者只赔偿其部分损失。

嘉宾支招

在签订商品房买卖合同的时候一定要看开发商资质是否齐全,如果开发商手续不齐全,最终签订的协议也是无效协议,很可能导致钱款被占用,后续还需要通过诉讼的方式来追回自己的钱款,给自己平添了很多麻烦。

开发商在销售商品房的时候需要具备5种证件:

1.《国有土地使用权证》;

2.《建设用地规划许可证》;

3.《建设工程规划许可证》;

4.《建设工程施工许可证》或《建设工程开工证》;

5.《商品房销售预售许可证》。

对于这5种证件,作为开发商只有拿到了前4种证件才能拿到最后的商品房预售许可证。

由于袁女士在购房时签订了《委托经营合同》,《委托经营合同》与《商品房买卖合同》是两种情况,开发商说的以《委托经营合同》为依据将房屋在2026年再交付实际上是没有道理的。房屋应该是依据《预定合同》的约定在2017年交房,如果逾期不交可以按照律师的办法先给开发商发一个催告函,满3个月之后如果还不能交房,不能履行主要的合同义务,作为袁女士可以行使法定的合同解除权。

开发商催促袁女士换房,也就意味着换一个合同,所有的权利义务也会重新约定,包括交房的日期,如果您觉得未来这个项目还能交房,那么袁女士可以选择换房。如果您觉得开发商的违约情况已经很严重了,那么您可以依据原来的合同行使相应的权利。

(北京市盈科律师事务所　吕　丛)

理不清的物业费我该怎么交

如今对于每一个小区来说,物业的存在是必不可少的,一方面能够更方便地管理小区的绿化、治安、公共设施;另一方面小区的很多服务也需要物业来提供。物业公司和业主之间是商业合作关系,是合同关系,是业主花钱购买物业公司服务的关系。来到节目的常先生因为物业费的缴纳与物业公司产生了纠纷,到底是什么样的情况呢?

案例回顾

常先生买了3套房子,在2014年与一家公司签约,将自己的3套房子租给这家公司作为办公用房。在2015年4月,原本该交房租的租户,不仅没有正常给常先生支付房租,还在常先生不知情的情况下,将他提供的办公家具全部搬走。

常先生在第一时间报警,在警察到场后将丢失的物品进行了统计和登记。在常先生找到物业要求调取小区监控录像时,物业表示没有录像,对此常先生很生气认为这是小区物业监管不利,而物业公司则表示:谁搬了常先生的东西,常先生应该去找谁,而不应该来找物业。面对物业公司的答复常先生很是不满,一气之下就没有缴纳物业费。

转眼间到了2016年1月,常先生再次将自己的房子租给另外一家租户,在新租户去办理入住手续的时候,物业公司要求补缴物业费。租户见到这样的情况跟常先生电话协商是否要将物业费补缴,常先生当时同意让新租户先将物业费垫付办理入住手续,随后从租户的房租中冲抵垫付的物业费。

可令常先生没有想到的是,如今物业公司以"拖欠物业费"为由,将自己起诉。在诉讼中表示物业费是从2015年10月到2018年3月都没有缴纳。而实际上常先生所欠物业费是从2016年10月至2018年3月。

面对物业公司起诉中多出来的一年物业费,常先生陷入了困惑,针对一年的物业费,常先生和物业公司双方存在分歧,常先生不知道自己该用什么样的方式来维护权益。

律师支招

听完了常先生的叙述,胡律师表示:《合同法》第61条规定,在合同生效后当事人就质量、价款或者报酬履行地点等内容没有约定或者约定不明确的,可以协议补充,不能达成补充协议的按照合同有关条款或者交易习惯确定。就本案来说,常先生丢失财物,物业公司到底有没有赔偿责任呢?物业公司有没有责任需要根据合同中有没有约定物业公司对业主财产具有保管和看护的义务来确定。一般来讲,物业公司对业主的财产并不具有保管义务,它只是接受业主的委托,提供基础的安全保障服务。如果产生纠纷,物业公司的举证义务,是证明其依据合同履行了义务没有过错行为,就可以免除其赔偿责任。如果物业服务合同里专门约定了物业公

司对业主的财产具有保管和看护义务，那么在业主的财产丢失后，业主可以向物业公司主张承担违约责任赔偿损失。

本案已经开庭，常先生在一审、二审中由于证据不足造成了败诉，胡律师建议常先生调取庭审笔录，如法院没有采信常先生出示的照片、收据、录音等证据，可以将此作为新的证据继续向法院提交，申请再审。

胡律师建议常先生，继续和之前的租户进行沟通，由于产生纠纷的这一年物业费是租户补缴的，并且是以房租来冲抵的，所以尽量让租户给常先生提供相应的票据或者银行的流水凭证，如果有这方面证据的话是足以能够证明物业费已经缴纳。常先生也可以向法院申请调取物业公司的收费记录，如果自己确实缴纳过物业费，那么在物业公司的缴费记录中是应该有存档的。最为关键的一点是常先生要配合诉讼程序，把所能提供的和认为对自己有利的证据保存下来，从而作为自己维权的有利证据。

（北京市盈科律师事务所　胡聿州）

借名买房 or 借钱买房，一字之差损失可能近千万

房子对于每个家庭来说，不仅是刚性需求还是一个家庭重要的投资收益。“借名买房”虽然不是那么“阳光”，但在现实中确实客观存在。钱是自己给的，购房合同甚至房产证上却是别人的名字，不管是为了回避限购还是为了享受更大的优惠，

对于出资购房者来说,必然存在一定的风险。

本案的当事人王女士,就是因为2002年房改房期间,本想节省成本用父亲的工龄和名字买下自己一直居住的房子,没想到却给自己今天的生活徒增很多烦恼。到底王女士的烦恼能不能解决呢?

案例回顾

1992年王女士通过折迁,按照当时的折迁政策分到一套公租房,房租及水电费和供暖费一直由王女士自己缴纳。2002年享受国家政策,产权单位建议王女士可以用老人的工龄来买这套房子,这样可以享受更大的优惠。当时的王女士觉得工作人员说的很有道理,当即选择用父亲的工龄买下房子。这套原本就是分给自己且居住多年,并且购买时全部由自己出资的房子,为了节省购买成本用父亲的工龄购买,房本写成了父亲的名字。

如今父亲去世,王女士希望将房产过户到自己的名下,母亲为王女士做了公证遗嘱,证明房屋全部由王女士出资,而面对当年购买时13,424元已经升值到如今200多万元人民币的房子,同父异母的7个兄弟姐妹,却不同意房子为王女士独自拥有,认为房本上写的是父亲的名字,要求获得房子的部分份额。多年来王女士和姐妹们的关系一直很好,从未因为房子发生过纠纷,如今因为房子升值,自己购买的房子要被兄弟姐妹当作父亲的遗产,希望拿走自己的份额,这让王女士感到心有不甘。

眼看着自己居住了26年的房子,却要分给别人,王女士陷入困境,律师能够帮助王女士拿回属于自己的房子吗?

律师支招

听完了王女士的叙述,胡聿州律师认为:本案关键点是房子究竟属于借名买房的性质还是属于王女士借给父母钱买房,房子是否属于父母遗产,这是核心问题。

针对房屋的产权,我们国家的物权法采取的是以登记为主,房管中心登记这套房子的产权人是王女士的父亲,从这一点来说对王女士确实是一个不利因素,因为

既然登记的产权人是王女士的父亲，因此其他子女要求继承父亲的遗产也无可厚非。王女士要想主张本套住房为借名买房，需要到法院起诉父亲遗产的其他继承人，要求履行过户和其他变更登记的手续。王女士须提供充分的证据证明存在借名购房的法律事实，当时与父亲的约定以及王女士个人独立缴纳房款的凭证都是较为有利的证据。

如果法院判定此房产为王女士借款给父母买房，那么这套房产就属于父母的共同财产，属于父亲那一半的份额就会被作为遗产进行分割。若是这样的情况，王女士依然可以占有房屋的大部分份额。母亲已经立有公证遗嘱，将自己名下的份额归王女士所有。那么母亲名下的 9/16 再加上王女士自己的 1/16，王女士依然可以获得房屋的 5/8 的份额。

根据《北京市高级人民法院关于审理房屋买卖合同纠纷案件适用法律若干问题的指导意见(试行)》第 15 条规定：当事人约定一方以他人名义购买房屋并将房屋登记在他人名下，借名人实际享有房屋权益。借名人依据合同的约定要求登记人也就是出名人，办理房屋所有权转移登记的可予以支持。但是该房屋因登记人的债权人查封或者其他原因，依法不能办理转移登记或者涉及善意交易的，第三人利益的除外，当事人一方提供证据证明其对房屋的购买确实存在出资关系，但不足以证明双方之间存在借名登记的约定，其主张确认房屋归其所有或者要求登记人办理房屋所有权转移登记的，不予支持。

（北京市盈科律师事务所　胡聿州）

百万购房款买来迟迟未盖的新房,我该怎么办

买房,对于老百姓来讲不仅是人生中一件非常重要的大事,有时候更像游戏中一步步打小怪兽的过程,尤其是在北上广深这样的大城市买房,更是如此。在这样的城市中生活总希望能拥有属于自己的房子,面对限购和自身买房的种种障碍,真的想居者有其屋的人,恐怕要付出巨大的代价。来到节目的朱先生用家庭的积蓄买了房,结果开发商开工的时间一拖再拖,如今开发商告知自己,新房还没有盖并且要逾期两年交房,这对于朱先生来说,哪里还有欢声笑语只有一筹莫展,不知该如何维权。

案例回顾 >>

朱先生是外地人,在7月购买了房山的回迁房。当时,开发商说外地人也可以买,在自己交满5年社保以后,就可以办理房本。尽管此时的朱先生尚未取得购房资格,但是听完开发商的承诺还是交了定金,并且随后补齐了全部房款103.6万元。这房子是买来给儿子结婚用的婚房,一家人开始筹划收房之后的幸福生活。

交了房子的全款,可是开发商却迟迟没有动工。朱先生找到开发商询问开工时间,开发商却告知朱先生之前签订的协议有问题,需要重新签订协议。在朱先生的一再催问下,2018年11月15日开发商给朱先生发了一个通知称,决议2019年5月动工。之后开发商又发出通知,告知交房时间要延后2年。更为蹊跷的是,朱先生等60余户没有购房资格的家庭在与开发商签订回迁楼的回购合同时还与开发商签订了两份借款合同。

没有购房资格真的可以买房吗？开发商又为何要与购房者签订借款合同呢？无法接受延期交房的朱先生能通过法律手段维护自己的正当权益吗？让我们看看律师怎么说。

律师支招

听完了朱先生的叙述，崔爽律师认为：首先针对朱先生自身的问题，他并不拥有购房资格，那么就不能够购买房产。北京市有明确的房屋限购政策，对于什么样的人、在什么条件下享有购房资格是有明确规定的。任何人不得以任何方式，直接或者变相地突破这个规定，否则的话可能将直接导致双方已经签订的购房合同无效。

其次，回迁房是给特定的人群或者是特定收入人群的一种福利性购房，作为朱先生来讲，本身并不符合主体资格，其并不是被拆迁的当地农民或者居民，所以在这种情况下根本不能够去购买这样的房子。另外，回迁房适用于经济适用房的指标，这种房子在取得房本 5 年后才能上市交易，且在上市交易的时候要向政府补交土地出让金，所以它根本不是正常的商品房，由上面几点可见这个房屋买卖的回购合同肯定是无效的。可能也正因如此，开发商在签订合同的时候本身就知道合同会涉及无效，所以在签订合同的当日又与购房者签订了两份借款合同。借款合同的金额就是朱先生所交纳的所谓购房款的金额，那在这种情况下无论开发商是否延期，朱先生都可以主张要求开发商归还购房款项。

当然现在来看可能有两个方向，第一，就是主张原回购合同无效，要求已经支付的款项按照不当得利的方式予以返还。第二，我们也可以抛开回购合同，在借款期限届满时，直接依借款合同主张出借的款项以及相应的利息。在这样的情况下，开发商一定会拿出回购合同，开发商要说明的问题就是，其实我们与开发商之间根本没有发生实际的借款，双方也没有达成借款的合意。在这种情况下，开发商可能只同意归还已经支付的购房款而不同意按照借款的方式支付利息。

按照《合同法》第 58 条的规定，合同无效或者被撤销后因该合同取得的财产应当予以返还，不能返还或者没有必要返还的，应当折价补偿。有过错的一方应当赔偿对方因此所受到的损失，双方都有过错的应当各自承担相应的责任。

嘉宾支招

听完了朱先生的叙述，帮忙团观察员赵可老师告诉朱先生，他在开发商那购房，但同时同一天又与开发商签订了借款协议，等于把购房款转成了一种借款的形式，也就是用房产做抵押，而实际上抵押的房产是一个还没有盖起来的房子。

不管是北京市也好还是上海市也罢，很多地区对于房产购买资格都有限制性的规定。所以我们购房人在购房之前，一定要了解清楚当地的购房政策，在知道自己没有购房资格的时候不要抱有侥幸心理。

（北京市盈科律师事务所　崔　爽）

二房东跑路，大房东起诉我，我该怎么办

随着人们生活观念的不断更新，越来越多的人加入餐饮这个行业，朱女士也不例外。她自己经营的小饭店生意做得红红火火，随着小店的回头客越来越多，也积累了不少的老顾客，这对于用心经营的朱女士一家来说，是最好的回报。可谁知自己的小饭店在经营了6年多的时间后，突然接到大房东的腾退公告，这让朱女士一家人慌了神，原本希望一直经营下去的小饭店眼看就关门歇业了，这让一家人很是难过。朱女士该如何应对13天的腾退期？可以凭借法律武器保护自己的权利吗？

案例回顾

朱女士有一家倾注全家人心血，经营得很好，每天上台率、翻桌率都很不错，甚至到了饭点还会排队的小饭店。这家已经经营了6年多的小饭店是全家人家庭生活的主要经济来源。

2017年12月17日，大房东突然贴出一个通知，让她在12月31日前搬离，不再续约。面对突如其来的消息，朱女士有点接受不了。

小店突然间停止营业，使得全家人没有了收入，这对朱女士及其家人的生活产生了一定的影响。小饭馆毕竟已经经营了6年多的时间，大房东给出仅仅13天的时间，朱女士认为自己根本无法搬离。下一步去哪找店面，之前老客户办的卡怎么退，这些棘手的问题让朱女士陷入困境。

转眼间就到了12月31日，大房东派来了医院的保安，来到朱女士的店里进行清退，在这期间朱女士和保安发生了冲突，冲突中对朱女士自己造成了比较大的伤害。同时大房东采取断水断电的做法，让朱女士无法营业。

大房东不仅从1月1日开始断水断电，还把朱女士起诉到法院，要求朱女士交房屋占有费。2017年3月一审开庭，由于朱女士自身的原因没有出庭，法院直接将判决书快递到了家中。二审上诉，经过法院调解也没协商出一个妥当的结果，维持一审原判。在案件的审理过程中，朱女士觉得非常不合理。面对大房东的诉状，法院的直接判决，朱女士觉得自己受了损失但又没有得到一个妥善的解决，感到很是委屈。

面对朱女士的遭遇，难道真的是法院判决有失公正吗？到底朱女士下一步该如何做才是最理智的选择呢？让我们看看律师怎么说。

律师支招

听完朱女士的叙述，吕丛律师认为：朱女士觉得委屈，也在情理之中，那么我们首先要搞明白的就是自己的委屈该找谁去维权。

当初，朱女士是和二房东签订的《房屋租赁合同》，也就是说出租人其实是医院。从2012年开始,租赁合同就是一年一签,最后出租人发出的腾退公告离限定的腾退时间,只有13天的时间。后来起诉到法院,经历了一审和二审都判决朱女士是逾期占有该房屋,要求腾退房屋的同时支付逾期占有该房屋的占用费用。

吕律师看了朱女士的判决书,告诉朱女士案件属于物权保护纠纷,最主要的是朱女士和二房东之间签署了《房屋租赁合同》,和二房东之间成立租赁合同关系。目前出租人医院也就是我们说的大房东,作为所有权人向您发出了物权保护纠纷的诉讼。他要求您腾退房屋是基于物权的保护,而非合同关系。

房屋的租赁期限已经到期,目前处于无权占有的状态,出租人要求腾退房屋是没有问题的。医院是基于它是所有权人来要求朱女士腾退的。所有权人对于房屋享有占有、使用、收益、处分这几项权利。《物权法》第34条规定,无权占有不动产或者动产的,权利人可以请求返还原物。

建议您依据与二房东的合同关系去主张自己的权利。比如按照合同约定,应该是多少日进行提前告知,可以依据合同关系对二房东提出诉讼。如果在找不到二房东的情况下,可以委托律师,律师有调查取证的权利,可以帮朱女士去查找二房东,让朱女士有一个明确的诉讼主体,来维护自己的权益。

针对朱女士认为法院在审理的过程中有不合理之处,在一审之前,朱女士是到过法院,填写过地址确认书也做过谈话,留下了笔录。之后由于自身的原因,开庭没有到场,其实朱女士已经参与了庭审的过程,虽然只是谈话,但是一般谈话都是法院组织双方进行的。根据《最高人民法院关于适用〈中华人民共和国民事诉讼法〉的解释》第241条的规定,被告经传票传唤无正当理由拒不到庭,或者未经法庭许可中途退庭的,人民法院应当按期开庭或者继续开庭审理,对到庭的当事人诉讼请求、双方的诉辩理由以及已经提交的证据及其他诉讼材料进行审理后,可以依法缺席判决。如果一审是一个简易程序的话,根据上述司法解释第261条规定,适用简易程序审理案件,人民法院可以采取捎口信、电话、短信、传真、电子邮件等简便方式传唤双方当事人、通知证人和送达裁判文书以外的诉讼文书。所以,如果朱女士希望通过自己的情况要求确认程序违法,可能无法得到法院的支持。

吕丛律师觉得,因我国是两审终审制,如果一审、二审法院判决都已经生效,在这种情况下朱女士想申请再审的话只能通过审判监督程序发起,但是目前从判决

的结果包括刚才朱女士讲述的一些细节来看,即便朱女士要求再审,恐怕结果也不会如朱女士所愿。另外,最主要的是再审是不影响原判决执行的,也就是说对方一旦申请强制执行,那么朱女士就会在面临腾退房屋的同时还要面临再审的诉累。

（北京市盈科律师事务所　吕　丛）

农村宅基地,不是你想买就能买

在乡村振兴战略提出后,农村土地改革受到各方关注。同时随着城市生活节奏的加快,不少城里人开始向往农村的田园生活,甚至想去农村买一块宅基地,盖一栋小楼,远离城市的喧嚣,过上自己喜欢的田园生活。但是农村的宅基地和地上建设的房子也不是城里人想买就能买、有钱就能买的。

本篇当事人李先生,就因为早在 2005 年将自家的宅基地卖给了城里人,房子一直无人过问,已经成了危房。如今李先生只得依据 2004 年国务院下发的《关于深化改革严格土地管理的决定》"禁止城镇居民在农村购置宅基地"的规定,将之前的买主告上法庭。李先生需要给买方赔偿吗?他希望通过诉讼实现合同无效,能够得到法律的支持吗?

案例回顾

2005 年 12 月 16 日,李先生将自家宅基地卖给了一户城里居民。房子完成交易之后,这家人一直未对之前的老房进行翻盖和维修,更是一天也没有居住过。

在 2014 年的时候,村委会多次找到了李先生,告诉他该房屋由于年久失修已经成为危房,如果有一天真出现坍塌等事故万一砸伤了人,依然要由李先生负责。

直到2017年,李先生看到房子的买主一直都没有对原房产翻盖和修缮,也一天都没有居住过,便与购买者进行协商,希望赎回自己的房子。谁料协商不成,李先生只得依据2004年国务院下发的《关于深化改革严格土地管理的决定》"禁止城镇居民在农村购置宅基地"的规定,将购房者诉至法院。随后法院将房子判给了李先生。让李先生意外的是原购房者另案起诉,认为李先生应该对其进行赔偿。

原购房者除了要求李先生返还之前的购房款3.8万元之外,还要求赔偿损失235万元。李先生认为这个赔偿过高,是自己完全不能承受的,但是又不知道该如何应对对方的诉讼,随之求助栏目组,希望北京市盈科律师事务所的崔爽律师能够给自己一个专业的解释和帮助。

律师支招

在听完了李先生的叙述后,崔爽律师表示,宅基地是面对村集体组织内部成员的,如果把宅基地转售或者出售给了集体组织成员以外的第三方,那么这个行为就是会被认定为无效,也就是李先生与购买者之间的买卖合同是无效合同。

我国《合同法》第58条作了明确的规定,即合同无效或者被撤销后,因该合同取得的财产应当予以返还,不能返还或者没有必要返还的,应当折价补偿。有过错的一方应当赔偿对方因此所受到的损失,双方都有过错的应当各自承担相应的责任,这种赔偿责任是基于缔约过失责任而发生的,这里的"损失"应以实际已经发生的损失为限,不应当赔偿期待利益。因为无效合同的处理,以恢复原状为原则。

对于本案的情况还有一个核心问题,就是评估。由于房屋买卖合同是无效的,虽然李先生把地和地上物都收回了,作为原出卖方关于房子建造的价值以及折旧的价格是要向原买受人进行赔偿或补偿。目前法院已经同意对方对相关的损失进行评估鉴定,评估鉴定机构所出具的评估结果会作为法院认定对方实际损失的一个依据,但是本案还有一个情况就是,双方在买卖过程中都有一定的过错,最终法院要根据评估结果和案件的实际情况,对过错比例情况进行划分。

关于评估机构的选择,首先,评估机构必须是在北京市高级人民法院备案的有

资质的评估机构，至于选择哪一家双方可以协商，如果双方协商不成又不能达成一致意见的，需要通过北京市高级人民法院进行摇号确定。李先生在评估鉴定的过程中可以坚持一定要到现场。其次，如果在评估过程中李先生认为评估人员的语言上或者是操作上有什么不规范不对的地方，可以及时提出。最后，就是在评估鉴定机构出具评估结果之后，如果评估结果确实有瑕疵或者有其他问题的话，李先生是可以提出申请要求重新鉴定或者补充相关的鉴定的。同时如果认为有比较重大的瑕疵，也可以要求相关的专家证人出庭或者要求鉴定人员出庭，接受您的质询和询问，这些都是李先生的权利。

（北京市盈科律师事务所　崔　爽）

和谐置家不和谐，买房遭遇精心骗局

买房真是一件会把更年期提前20年的事情。原本沉醉在凑够首付和即将入住新房喜悦之中的郭先生一家，现在经常是一声叹息，有苦说不出。让郭先生万万没有想到的是自己如此信任地将全部积蓄交给中介公司，本以为可以顺利地为儿子购买婚房，一家人安心地过着还不错的小日子，结果却遭遇了中介公司精心设计的连环骗局。郭先生能够拿起法律武器维护自己的权益吗？

案例回顾

郭先生今年已经60多岁了，眼看着自己的儿子都到了成家的年龄，房子作为小两口新生活开始的必备基础，郭先生和爱人商量之后，在2016年决定用手里的全部积蓄为儿子购买婚房。

郭先生一家通过怀柔区和谐置家房屋中介公司购买了龙桥雅苑4号楼的一栋楼房,准备将这套房产作为儿子的婚房。当时与业主谈好,成交价是206万元,中介公司和业主告诉郭先生这套房子在银行还有贷款,由于自己没有能力偿还,所以希望郭先生能先支付预付款办理该房产的解押手续。出于对中介公司和售房者的信任,郭先生向卖方预付了170万元购房款。

从交了预付款到办理完网签手续再到现在,已经过去两年多的时间,郭先生购买的房子却迟迟没有过户。经过多次追问和调查郭先生发现,自己支付给卖方的170万元预付款,卖方根本就没用来办理银行贷款的还贷解押手续,而是将钱挪作他用,其名下没有任何财产,另外,卖方在办理网签后,还曾用此房产为他人做过担保。

无奈之下的郭先生只得将卖方诉至法院,郭先生能顺利地办理房产过户手续吗?让我们看看律师怎么说。

律师支招

听完了郭先生的叙述,看完了郭先生提供的居间合同、房屋买卖合同,李蕾律师表示:中介公司虽然在居间合同中规避了自己的责任,但是作为房地产经纪机构,仍负有房源核验、协助交易资金划转等相关事宜的义务,依然需要敦促卖方在收到款项后及时办理解押、过户。卖方未按照合同约定办理解押、过户手续,已严重违反合同约定。

在本案中,给郭先生两种解决方案,第一,如果郭先生还想要这套房子,可以要求卖方继续履行,在卖方无力偿还银行贷款办理解押的情况下,可以由郭先生行使涤除权,代为偿还银行贷款,代为偿还的部分可向卖方追偿,同时可以要求卖方支付违约金。第二,如果郭先生不想继续履行,可以解除合同,要求卖方返还已支付的购房款,并支付违约金。违约金可按合同约定主张,约定的违约金如低于给郭先生造成的损失的,可以请求人民法院予以增加。

此外,根据郭先生的表述,卖方可能已经涉嫌刑事犯罪。根据《刑法》第224条

规定，以非法占有为目的，在签订、履行合同过程中骗取对方当事人财物，构成合同诈骗罪。从卖方在收取购房款后挪作他用、在办理网签后仍然用该房产给他人做担保等行为推断，其可能具有非法占有郭先生购房款的主观故意。建议郭先生可尝试向公安机关报案。

（北京市盈科律师事务所　李　蕾）

多年手足亲情迷失在15平方米的拆迁份额中

拆迁对于现在很多家庭来说都算是好事，既能住新房子又能让家庭的经济条件有所改善，绝对是双丰收的喜事。但是就是这样的喜事竟然让一些家庭因此变得亲情丧失，一家人因为拆迁份额争得面红耳赤，甚至闹到了法院。郭女士一家就遇到了这样的情况，一边是年过八旬的老母亲，另一边是从小一起长大手足情深的亲姐姐，郭女士家中到底发生了什么呢？原来姐姐占了母亲15平方米的拆迁份额，母亲起诉希望要回属于自己的份额。家中大姐将母亲另案起诉至法院，要求分配父亲生前所用工龄购买房产的遗产份额。如今母亲年事已高面对未尽赡养义务的儿女，老母亲又将儿女诉至法院要求尽赡养义务。

案例回顾 》

1999年郭女士的父亲去世，在办理父亲销户手续的时候，郭女士发现自己母亲的户口并没有跟父亲的户口在一起，而是被大姐迁到南竹竿胡同大姐的家中。原本父亲去世母亲应该成为新的户主，因为大姐已将母亲的户口迁走，父亲这套房子的新户主就变成了郭女士的弟弟。

2000 年大姐家面临拆迁，当时的拆迁政策是按户口拆迁，按每户每人 15 平方米平价，超出部分按 5000 元一平方米来购买。大姐家在拆迁的时候，算上郭女士母亲，是按照四口人来安置的，也就是说大姐的安置房应该有郭女士母亲 15 平方米的拆迁份额。

2002 年 10 月 18 日大姐家拆迁安置之后，又把母亲和自己儿子的户口迁入到其弟弟的现住址，即朝阳区幸福二村。到了 2004 年、2005 年因为郭女士的母亲生病去大姐家居住，当时郭女士的母亲一个月才挣 900 多元钱，可是大姐竟然跟母亲要 1000 元的生活费，这让郭女士的母亲很是不能接受。

母亲迫于无奈，只能将自己老伴生前用工龄买下来的福利房以 100 万元的价格卖给了郭女士，老人拿着卖房的钱与儿子一起生活。这样一来，郭女士的母亲和弟弟就一直住在幸福二村产权人是郭女士的房子中。没想到的是，2018 年 6 月 11 日出台了新的政策，就是依据工龄买的房产其中工龄部分算作遗产。这让大姐将郭女士的母亲告上法庭，让其分割属于父亲工龄那部分利益。因为当时母亲将房子以 100 万元的价格卖给了郭女士，郭女士想息事宁人，针对大姐起诉的事情，郭女士向姐姐和弟弟每人给 15 万元，承诺在 2019 年 2 月 28 日之前给齐。

郭女士的母亲已经 80 岁高龄，郭女士的大姐占有母亲的 15 平方米一直未能有一个明确的说法，而今老人与郭女士的弟弟一起住在郭女士的房子中。母亲的赡养问题是儿女天经地义要承担的义务，为了大家能坐下来商量老人养老的问题，郭女士的母亲将全部儿女起诉至法院，要求儿女尽赡养义务，全家 4 个子女应该给老人支付赡养费。

亲情是一个人具有善心和爱心的综合体现，能够做到尊敬父母，关爱兄弟姐妹，是一个人的本分，是为人处世的根本。面对家中目前混乱的情况、遗失的亲情郭女士该何去何从？原本和睦的一家人必须要通过法院才能解决问题吗？让我们看看黄兴国律师怎么说。

律师支招

面对郭女士家中错综复杂的关系，黄兴国律师对三次起诉和相关的问题为郭

女士进行了详细的解释和帮助。

针对郭女士母亲拥有15平方米拆迁份额的情况，黄律师认为，根据北京市相关规定，拆迁被安置人享受的是两种权利，一是对安置房享有居住权，就是可以一直住到人去世之后；二是可以把被安置的优惠购房指标，也就是郭女士所说的那15平方米，把它的优惠价和当时购买的市场价之间的差额算出一个金额，直接要经济利益。但是这两项权利只能选择一项，而且一旦选定就不能更改。

我们再来说说大姐起诉母亲要分父亲工龄的案件。在北京市出台政策之前，关于工龄购房的问题一直还是比较模糊的，但是随着政策的出台已经明确。其中所使用的已故配偶工龄的经济利益，是要作为遗产处理的。也就是说，郭女士的母亲把她的那套房卖给了郭女士，其实郭女士的母亲是无权处分全部房产的，郭女士的母亲只能处分属于自己的那一半，对于已经去世的郭女士父亲的那一半，几个子女是可以进行法定继承的。郭女士的父亲当时出的工龄购买的房产，首先应该占到房屋中的一个比例，至于这个比例是占5%也好10%也好，最终怎么算成钱来分给继承的子女，肯定不会以当时的2万元钱购买价来认定，按道理来说应当是评估。针对目前房屋已经出售的情况，如果当时的买卖价格不是明显低于市场价的话，也不排除法院可能会参考出售价格来划分比例和具体的份额。而姐姐今天的诉讼行为，其实大姐是可以主张财产利益受到损失，要求母亲将已经出售的房产中属于自己的那一份还给大姐。

最后关于郭女士的母亲将子女诉至法院，要求所有子女尽赡养义务的问题，给父母付赡养费是法定义务，具体赡养费的数额要看父母的需要和孩子的经济能力，但是赡养费是肯定要付的，这是没有争议的。

通过郭女士家中的纠纷，我们看到母亲和姐姐之间的矛盾已经非常深了，在姐姐是不是占用了母亲15平方米的拆迁指标已经变成一个诉讼之后又发生了索要赡养费的诉讼，还发生了姐姐起诉要求继承父亲名下的财产等一系列纠纷。让我们觉得如果在一个家庭中，自己的母亲和孩子都不能坐在一起心平气和地说一说这些事，真的很难想象怎么化解这些纠纷。诉讼其实不是万能的，有些纠纷也不是通过法院的诉讼都能解决的，像这些本质上其实是一些亲情关系的表现，大家为了一些财产发生各种各样的纠纷，最后依然建议大家心平气和地坐在一起，有什么话都尽可能地敞开了说，将遗失的亲情找回来。

（北京市盈科律师事务所　黄兴国）

中介公司强占业主7年房产，谁能帮我打开我自己的房子

地产中介公司是房地产业的重要组成部分，地产中介公司贯穿在房地产业经济运行的全过程之中，为房地产业的生产、流通和消费提供了多元化的中介服务。在我们的生活中，不论是业主还是租客都希望通过中介公司顺利实现一系列租赁活动。中介在房产交易中扮演着越来越重要的角色。但是行为不规范的中介依然存在，今天来到节目中的刘先生，自己家的房子被中介强占了7年，刘先生到底将房子交给了什么样的中介呢？在委托的过程中难道刘先生有失误吗？

案例回顾

2006年1月19日，刘先生将房子委托给中介公司出租，与中介公司签订的合同是一年一续，一共续了5年时间。刘先生在第一年签约的时候，合同签订每月房租是900元，而到了年底，也就是2006年到2007年合同期满的时候，中介公司以房间内安装新水表，水表显示的用水量与实际相差1000多个字，要求刘先生承担相关费用为由没有给刘先生支付第一年的租金。

该房屋在2011年2月10日合同到期之后，刘先生没有再跟这家中介公司续

签。随后刘先生一直与中介公司沟通，希望要回中介公司欠刘先生的第一年房租9900元，中介公司不但不支付所欠下的房租，还一直不交还刘先生房屋的钥匙。

面对如此中介刘先生很无奈，只得一次又一次地到中介公司上门要说法，结果却是中介公司的人互相推脱，从2011年2月10日合同到期直到现在，刘先生都没能拿到自己房屋的钥匙。无奈之下的刘先生找过公安局，公安局称，刘先生不能随便破门而入，如果对方说自己有100万元的现金在房间内，对于刘先生来说是说不清的。刘先生起诉到法院依然无果，到底应该怎么做才能拿回属于自己的房子呢？让我们看看律师怎么说。

律师支招

在听完了刘先生的叙述后，黄兴国律师建议当事人通过法院诉讼的方式确定房屋应当由刘先生来使用，在这个时候法院会要求对方进行腾退，那么如果对方不腾退，作为房屋的使用者刘先生是可以申请法院执行。由法院的执行法官通过合法的途径，也就是在法官进入这间屋子的时候，是全程会有录像的，房间内到底有什么东西，哪些是您的，哪些是他的可以说得清清楚楚，避免出现我们收回自己的房子还被人家讹了一笔的情况。

在询问刘先生房屋性质的时候，获知房屋是公租房，按照我们国家关于公租房和承租房的管理政策，公租房是不能够出租使用的。我们在生活中，由于自己不住或者各种原因，觉得房子空着浪费，不乏有许多人不懂政策的要求把房子出租了。其实在你获益的同时可能就会隐藏着极大的风险，一旦房子有了纠纷以后，您的利益很难得到法律的维护。就像今天我们刘先生一样，在寻求法律保护的时候总会面对很多尴尬的局面。因为刘先生手中并没有中介公司欠自己租金的证据，而且也很难再找到相关的证据，所以黄兴国律师建议刘先生通过法律的手段先把自己的房子拿回来，阻止自己的损失进一步扩大，至于其他的损失可以一步一步来要求赔偿。

我们再来说一下关于房屋的诉讼，根据《民事诉讼法》第24条规定，“因合同纠纷提起的诉讼，由被告住所地或者合同履行地人民法院管辖”。我们一般会在房屋所在地,因为刘先生的情况将来涉及要腾退房屋,如果中介不主动配合法院还有可能要强制执行。那显然房屋在哪个区域就由哪个区的法院来做这些执行的工作,对我们当事人和法院而言都是最便利的一种方式,对刘先生也是最好的一种保护。

（北京市盈科律师事务所　黄兴国）

千万房产维权难

买房对于普通群众来说,是一项大事,会耗费很多的时间和精力,毕竟是几百万元甚至上千万元的消费。买房,本是一件高兴的事,但买到称心如意的房子的难度却非常大。在买房的过程中一旦出现业主与开发商的纠纷,维权之路更是步履维艰,开发商条条框框的合约您真的仔细看了吗?怎么签合同才能避免被坑?若一旦发生纠纷,作为业主又如何维护自己的权益?

案例回顾 >>

为了孩子能够享受到最好的教育,权女士于2016年在北京市海淀区购买了一套单价67,500元一平方米,合同成交价是980多万元的期房。购买这套房产的时候,开发商承诺打造的就是一个高端小区。

原本开发商约定的是2017年12月31日交房,可在临近交房没几天的时间,权女士收到开发商的电话,通知权女士暂时不能交房。面对合同中关于逾期交房的约定,开发商需要赔偿业主每天万分之二的赔偿金,而对于这笔赔偿金,开发商

的态度是希望按照当地租房的指导价来赔偿，等于开发商对当时在合同中所承诺的关于延期交房的违约责任要打折赔偿。

随着时间的推移，到了2018年10月31日，众多业主在这一天才刚刚开始收房。其实很多业主原本是不想办理收房手续的，因为在看完房间的装修后，发现了各种问题。但开发商要求业主必须收房，如果不收房将按照合约每天给开发商赔钱。

面对实际延迟交房将近一年的时间，开发商在给业主的延期交房通知书中，林林总总写了很多种原因，比如将重大会议、一些国际会议、高考等因素，均列在了不可抗力的范畴之内。开发商解释因为遭遇了这么多种不可抗力，导致了延期，这个原因不是开发商造成的，所以在对业主的赔偿中也要大打折扣。开发商的做法真的合理吗？事实真的如开发商所说，延期交房是因为不可抗力吗？让我们看看律师怎么说。

律师支招

在听完了权女士的叙述，黄兴国律师认为，开发商由于延期交房，给业主罗列了一系列的理由，而这些理由在律师看来，是站不住脚的。业主朋友们可以采取合法的手段，通过诉讼的方式来维护自己的权益。根据开发商延期的问题，黄兴国律师建议众多业主朋友应尽快起诉。

根据《合同法》第117条规定，因不可抗力不能履行合同的，根据不可抗力的影响，部分或者全部免除责任，但法律另有规定的除外。当事人延迟履行后发生不可抗力的，不能免除责任。本法所称不可抗力，是指不能预见、不能避免并不能克服的客观情况。综上所述，开发商提到的高考、会议等都是可以预见的，所以不属于不可抗力。

权女士等业主在收房后发现的装修问题，应要求开发商及时整改。根据《合同法》第107条规定，当事人一方不履行合同义务或者履行合同义务不符合约定的，应当承担继续履行、采取补救措施或者赔偿损失等违约责任。同时根据《合同法》第110条规定，质量不符合约定的，应当按照当事人的约定承担违约责任。对违约责任没有约定或者约定不明确,依照本法第 61 条的规定仍不能确定的,受损害方根据标的的性质以及损失的大小,可以合理选择要求对方承担修理、更换、重作、退货、减小价款或者报酬等违约责任。

业主们应该和开发商进行协商,在协商的过程中应有主次之分,先抛给开发商必须面对的问题来协商解决,当然,最好以 EMS 快递的形式给开发商发函列明其需要承担责任之处,限期答复,只有这样才能将已经产生的问题逐个击破,最终达到全部解决的目的。

(北京市盈科律师事务所　黄兴国)

仅住 30 年鉴定为 D 级危房,五分之四居民拒绝搬离,如何才能住进新房

一提到危楼很多人会想到另一个词“豆腐渣工程”,确实,我们生活中遇到的豆腐渣工程比较多,工程修建不久就出故障甚至倒塌,这给人们的生活和安全带来了严重的影响和隐患。今天来到节目组求助的程女士,自己住的房子已经被鉴定为 D 级危房,房子的外墙皮时常出现脱落的情况,在这样的房子内居住,居民对生活安全度的追求已经远远超过了舒适度。

案例回顾

程女士于 1986 年在五棵松饭店附近购买了一套公有住房,有《买卖契约》和

《房屋所有权证》。2014年在房屋入住了将近30年的时候，由于房屋存在安全隐患，房主们申请了危房鉴定同年由北京市出具证明，鉴定程女士居住的二号楼和与之相邻的一号楼均为D级危楼。程女士家居住的这栋二号楼的阳台是后加的，与房屋主体结构不是一个整体，现在两栋楼都是危楼，随时有倒塌的可能。

D级危房按照相关规定是不能住人的，两栋危楼已经出过最少三次事故有窗户掉下来的，有墙皮掉下来的，甚至还出现了整个墙面塌下来的情况，庆幸的是没有砸伤人。2016年经过多次反映问题，单位跟众多在此居住的住户签订了腾房解危的协议。

在单位与住户签订的协议书中，规定了回迁安置的具体补偿费用以及在楼房翻盖的过程中所给予住户的租房补助。而目前单位由于各种问题与住户协商，由房主集资建新楼。两栋楼大概有136户，已经有90%左右的住户同意该协议，但是单位要求有一户不同意该协议就不翻盖，导致集资建房一直搁置。

程女士认为，自己购买这套房屋的时候，买的是70年产权，如今刚居住了这么短的时间就已经被鉴定为D级危楼，这个责任主体到底应该是谁？盖房子的经费是不是也不应该由住户来全部承担？当时在单位与住户签订腾房解危协议的时候，有30多户已经搬了出来，近两年的时间他们一直在外面租房，2018年的房租单位还能根据协议正常的给付给住户吗？程女士带着一系列的问题来到栏目组寻求律师的专业指导，对于危房带来的损失应如何维权，让我们看看崔爽律师怎么说。

律师支招

在听完了程女士的叙述后，崔爽律师跟程女士强调，在协议中所约定的三年完工，并不是说从住户搬离的日期开始算三年，是这个危房拆除到竣工的时间是三年，今天楼依然没有开始拆除，那三年的时间也就没有开始起算。

我们再来看一下这两栋楼居民的现状，有30户已经搬离，还有106户依然居住在危楼中，没有搬离的住户从表面看他们的行为与已经搬出的住户之间没有直接的关系，但是有非常根本的关系存在，就是他们如果不搬离，不交钥匙不交房，直接导致永远也住不进新房子。

对于程女士提到的单位后续要与搬离住户签订的知情同意书,崔爽律师认为,知情书完全可以不签,签了也没有法律效力。依据协议,原产权单位给搬离住户外出租房的费用,是他们的义务,这笔租房的费用应该一直给到住户住进新房为止。如果原产权单位不履行协议,作为住户是可以依据协议起诉原产权单位,法律上也是可以保护众多住户的权益。

关于盖新房这件事,本身推进的义务主体不应该是众多业主,但是毕竟和众多业主的利益息息相关,所以崔律师建议还是向相关的部门或者产权单位的上级主管单位进行反映,但是在反映的时候主要应该反映的是已经鉴定为 D 级危楼但是现在依然有 100 多户在里边租住或者居住,对于人身安全存在很大的隐患。

嘉宾支招

对于程女士的事情,赵老师认为,目前只有 30 户签订了协议,对于原产权单位来说推进盖新房的项目,也有一定的难度。原产权单位若想顺利地推进危改项目确实需要与住户之间达成协议,而且需要一定比例的搬出,才能实施下一步拆除和翻建的工作。建议住户到北京市规划委和相关管理部门反映危房的问题,希望能够尽快解决危楼的问题。

(北京市盈科律师事务所　崔　爽)

房子拆迁，受益人却不是我

农村一般家庭都会有多个子女，在儿女长大成家后，都会选择搬出父母家另立门户，这也就是我们常说的分家。分家不只是简简单单搬走就算完了，家里的共同财产，也就是父母这辈子创造的财富，是要给儿女逐一进行分配的，这也是农村一个不成文的规定。有道是“兄弟齐心，其利断金”，苏先生一家分家后赶上拆迁，原本对于苏先生来说是喜事，可是当拆迁协议拿到手里的时候却傻眼了，属于自己的补偿款如今却被甚少走动的堂妹领走了，苏先生经历了什么呢？他又能通过法律途径维护自己的权益吗？

案例回顾

苏先生家兄弟四人，父亲在一九七几年的时候就去世了，一直是母亲和四个孩子一起生活。

二哥和三哥的宅院都是结婚前就已经准备好的，三哥在盖完自己的房后又买下了苏先生居住的前宅院也就是南院。

随着苏先生成家，孩子的降生，母亲和舅舅把苏先生和大哥叫在一起，进行了一次口头分家。苏先生的房子在2016年做了评估准备拆迁，2017年当评估结果给到苏先生的时候，协议的名字已经换成了别人，而拆迁的补偿苏先生到目前都没有拿到。苏先生急忙向拆迁部门反映此事，拆迁办告知当时来办理的是苏先生的大哥，苏先生的拆迁份额被冒领了。

原本应该属于苏先生的房子如今却变成苏先生亲叔的闺女名下，这位多年没有来往的堂妹，把苏先生的拆迁协议写成她的名字，领走了苏先生的回迁房和拆迁补偿款，这让苏先生非常不解。苏先生能顺利地要回属于自己的房子吗？让我们看看律师怎么说。

律师支招

在听完了苏先生的叙述后,曹律师注意到在 1989 年苏先生家庭的口头分家,在法律上是有这个概念,但是因为没有书面的分家协议作为佐证,所以需要有证据进行证明这次分家有效。如果涉及口头分家,首先建议有一些录音、录像,再有就是要有相关的证人证明。

口头分家不是我们提倡的分家的方式,虽然在农村非常盛行,但是口头分家最容易引起纠纷,苏先生的问题其实就是这样。

2010 年,苏先生由于自己家庭的原因曾经到村委会开过相关的证明。根据村委会的证明可以基本确定南院的地上物大部分都是苏先生的,这个证明是有效的。在已经基本明白苏先生家的情况后,曹律师认为,苏先生的房子被堂妹委托苏先生的大哥办理了相关的手续,领走实际拆迁补偿协议中,她并没有宅基地也没有出资建房的份额。

很显然堂妹的做法侵犯了苏先生的利益。根据《物权法》第 33 条规定,因物权的归属内容发生争议的利害关系人,可以请求确认权利。物权确认请求权是物权保护的一项基本权利,物权归属或者内容发生争议,物权人可以请求有关行政机关、人民法院等部门确认该物权的归属或者内容。

曹律师建议苏先生,还是应该再找拆迁公司,可以诉拆迁公司和堂妹之间签订的拆迁补偿协议无效。苏先生可以从乡里的土地规划科或者拆迁公司和村委会调取当时堂妹签订的拆迁协议,获取有利的证据。

嘉宾支招

赵可老师提醒苏先生,在拆迁利益分配的过程中,与苏先生发生纠纷的并不是自己的大哥,而是现在的被拆迁安置人苏先生的堂妹。建议苏先生起诉拆迁公司和堂妹之间签订的拆迁补偿协议无效。

苏先生一直认为自己是被拆迁南院的所有人,包括当时对房屋的购买、修建和使用。现在被拆迁安置人变成了苏先生的堂妹,苏先生的首要任务就是确认堂妹

与拆迁办所签订的拆迁补偿协议无效，从而合法地维护自己的利益。

（北京市盈科律师事务所　曹晓静）

拖欠7年供暖费，原房主户口迟迟不迁出，二手房买卖后我该怎么办

在二手房交易过程中，大家都知道签了合同，交完了钱，就可以等待原房主与自己办理过户手续了。实际上在签完合同，交了钱办理过户之后，还有一个过程就是物业交割。物业交割其实并不复杂，只是需要双方配合到场进行户主的变更，但是有很多朋友在办理完产权过户之后就不是那么注意物业及其他的交割手续了。所以，提醒各位朋友在购买二手房时一定要注意物业交割的各项内容，保证自身利益不会遭受损失。

案例回顾

佟女士在2018年4月初的时候，通过中介购买了西城区的一套二手学区房。按照合同规定过户之后的45日之内原房主要将房子交给佟女士，可是在到达交房日期后，原房主迟迟不肯交房。房产过户后佟女士发现原房主拖欠了7年的供暖费，合同规定过户之后180天之内原房主要迁出他的户口，现在已经过了180天了，但是原房主的户口依然没有迁出。

佟女士手上有原房主的2万元，但是因为原房主不同意用这2万元来填补物

业交割中的欠费，所以针对这套房产的供暖费迟迟没有补缴。半个月之前，佟女士与热力部门协商，相关部门表示现在如果再起诉原房主是要连带佟女士一起起诉的。

佟女士又找到当时买房的中介方即链家地产协调此事。链家地产的律师团建议佟女士，在原房主不同意的情况下，不要私自去使用这2万元。面对原房主拖欠的费用以及迟迟没有迁出的户口，佟女士陷入了两难的境地，到底该如何做才能保障佟女士的权益呢，我们看看崔爽律师怎么说。

律师支招

在听完了佟女士的叙述后，崔爽律师认为，将物业交割推进下去，这种解决办法可能对于中介来讲是唯一的且是保守的方法。但是对于佟女士来说，最重要的就是如何避免自己后续的损失，所以在这种情况下，没有必要用保守的方法解决物业交割中的问题。

关于热力公司决定起诉的时候，不仅起诉原房主还要将佟女士一同起诉的问题。在2018年7月房主变更为佟女士之前，基于这套房子所产生的任何权利义务关系都是原房主的，在2018年7月房主变更为佟女士之后，基于这套房子产生的权利义务以及费用的发生，承担的义务主体都应该是佟女士。也就是说作为原告来讲，他即便把佟女士起诉，那是他的权利，但是在最终判决责任的承担上，法院是不会判佟女士去承担房本变更之前的责任的。

佟女士在与买家签订购房合同的时候，合同中对于户口逾期迁出要承担什么样的违约责任是有明确约定的，即使合同中没有约定的，北京市高级人民法院在出具的《关于审理房屋买卖合同纠纷案件适用法律若干问题的指导意见(试行)》中规定了逾期将户口迁出要承担相关的违约责任。佟女士买房的原房主针对户口的迁出有30万元的保证金，即使现在佟女士不去法院起诉，这个违约是一直持续的，违约金是一直在累计中的。但是依据目前咱们国家现行的户籍政策，如果原户主因为本人没有地方可以将自己的户口迁出，那么是没有办法给原户主强制迁出的。在《合同法》第107条规定，当事人一方不履行合同义务或者履行合同义务不符合

约定的，应当承担继续履行、采取补救措施或者赔偿损失等违约责任。根据《最高人民法院关于适用〈中华人民共和国合同法〉若干问题的解释（二）》第29条规定，当事人主张约定的违约金过高请求予以适当减少的，人民法院应当以实际损失为基础，兼顾合同的履行情况、当事人的过错程度以及预期利益等综合因素，根据公平原则和诚实信用原则，予以衡量并作出裁决。

佟女士今天面对的一套房子两个房主的情况，原则上讲对佟女士的孩子正常上学没有形式上的障碍。

（北京市盈科律师事务所　崔　爽）

房产交易中拖延过户导致违约，损失该向谁讨要

在我们的日常生活中其实经常需要面对各种各样的合约，尤其是面对房产买卖。在履行合同的过程中，一旦出现违约的情况我们应该如何处理呢？违约需要承担相应的违约责任，这点大家都明白，如果由于一个合同的违约造成后续一连串合同的违约那这个责任该由谁来承担呢？即使违约方有违约事实，但是对违约没有故意或者过失的过错，还需要承担违约责任吗？

案例回顾

2018年8月19日，夏女士将自己在金都航城小区内一套两居室房产以885

万元的价格出售。一个小伙子看上了夏女士的房产，随后两人签订了房屋买卖合同。

在交付了50万元定金之后，小伙子声称自己要办公积金贷款购买这套房产。当时小伙子称需要夏女士签下一份协议，协议内容大致为：夏女士收到了买方的240万元，现需办理贷款缴纳剩余的房费，并称这只是他办理贷款中的一个流程。此时的夏女士只收到了50万元定金，并未收到协议中所说的240万元，因此未同意签署该协议。为了办理贷款，买方与夏女士再次协商签订补充协议称，自己与夏女士签订的240万元的协议只是为了办理贷款走流程，并没有真的交付给夏女士240万元，协议中所说内容只是为了贷款走一个形式，涉及的财产无效。看到补充协议的内容后，夏女士这才答应签署了第一份协议。

半个月后，到了夏女士与买方约定办理房屋过户的时间，可是买方却一直拖着没有办理。当时在购房协议中夏女士签订的合同写明，需要在2018年12月19日之前办理过户，否则按违约处理。

由于买方办理过户手续的拖延，导致夏女士后续签订的一系列合同违约，造成夏女士经济损失。如今房产已经履行完过户手续，房子也已经交付完成，夏女士想知道，如何追讨买方在逾期过户上的违约责任。在合同中写明的2019年1月4日如果不过户就是根本性违约，需要赔付20%的违约金，夏女士是否可以索要？因为买方违约而造成夏女士资金缺乏所导致的相关违约责任，夏女士是否可以要求连带赔偿？面对夏女士的诉求，我们一起看看律师怎么说。

律师支招

听完了夏女士在房屋买卖过程中追索违约金的过程，曹晓静律师提醒各位：在签订房屋买卖合同条款的时候，一定要把房屋的付款时间以及过户时间和交房时间，作出明确的约定，并且最好能跟违约金条款相衔接。在有连环购房的情况下，一定要审慎地签订连环购房或者说其他连带的合同，以免造成不必要的损失。出现无奈签订的情况下也一定要如实地告知买房人情况，尽到告知的义务。一旦发生纠纷要有审慎的注意义务及时止损。

夏女士是在2018年11月20日签订的股权转让协议，房产买卖合同是在2018年8月19日签订的，也就是说在签订房屋买卖合同的时候，作为购买夏女士房产的买家并不知道夏女士后续还要签订股权转让协议，所以说从买房人的角度来讲，他是不能够预见到自己的逾期付款行为或逾期过户行为，会给夏女士的另外一个交易产生损失或影响。作为夏女士首先要对自己的损失进行举证，证明两个合同的因果关系，我个人觉得对于两个合同的因果关系举证比较困难，因此夏女士所主张的由买房人赔偿连带损失，会有一定风险。

夏女士所主张的逾期付款违约金是有法律效力的，万分之五的利益也是在合理范围内。关于逾期过户的主张，需要夏女士收集买方不配合的证据，形成证据链条，主张其违约。

嘉宾支招

听完夏女士的陈述，赵可老师认为，主要是因为在房屋买卖的过程当中，夏女士跟买房人产生了多次不愉快的经历而导致对买房者产生不满的情绪。所以即使是在现在房屋买卖合同已经实际履行的情况下，还是坚持要求买方承担违约责任。在这样的情况下，还是劝一下夏女士，既然房屋买卖的事情已经完成，钱也已经交付，房屋也已经完成过户，双方尽量以和为贵。

（北京市盈科律师事务所　曹晓静）

借款买房,不料深陷套路贷

一个个“合法”的“套路”,一步步引君入瓮,给你“合法”小钱的同时“套走”你的大钱,这就是传说中的套路贷。套路贷基本是以贷款公司名义,通过一些渠道获取公民的信任向受害人放贷,并用“套路贷”方式垒高债务,采用各种手段,强立债权、强索受害人财物。

案例回顾

王先生想换房改善生活,于是向融创投资担保公司贷款。不料自己却遇上了空壳公司,这家公司又找到了第二家公司,王先生将房产证和自己的身份证抵押给第二家公司,第二家公司找了一个所谓的银主,由银主掏钱通过公司将钱转给了王先生。

春节前后王先生还清了全部贷款,原本应该归还的抵押手续,第二家公司却迟迟没有归还,还要求王先生再掏 5 万元。与此同时,第一家公司也不愿返还此前以保证金为名义向王先生索要的 50 万元。面对这种情况王先生应该怎么办呢?

律师支招

王　先　生　我现在已经将钱全还完了,根据合同约定他应该返还我房产证以及其他的手续,现在他仍然不返还房产证我该怎么办?

黄兴国律师　如果您已经还完钱,他仍然不返还您相关材料的话,您是可以通过诉讼的方式要求他返还的,同时对于他的抵押权也是可以起诉,要求他去办这个抵押权的注销手续。在提起返还证件的诉讼中若存在证据不足的情况,您可直接挂失证件补办新本。

王 先 生 他们说第二个月我应该给5万元的利息，结果当时没有钱只付了2万元，但是后来我都是提前还的，我还需要承担晚交利息的责任吗？这算我的过错吗？

黄兴国律师 这个违约金肯定是不合适的，即便在整个过程中您存在一定的违约行为，法院也会考虑到违约的期限和这个比例的关系，针对违约金会向下进行酌降的。

王 先 生 第一家空壳公司还拿了50万元的保证金，这个钱我该如何要回？当时是以现金的形式给第一家公司的。

黄兴国律师 其实钱已经交付给对方，举证责任还在您这里。而且当时第一家公司是以个人借款的形式跟您签订的合同，合同中出借方式约定的是银行转账的方式，目前看来依据借款合同来追回50万元还是有一定难度的。即便您采取民事诉讼的方式，按照现有的证据来看难度依然比较大。

（北京市盈科律师事务所 黄兴国）

物业缴费陷纠纷

近年来，关于物业与业主的纠纷问题越来越多，在众多纠纷中因为业主各种各样理由拒交物业费最为突出。物业公司自身服务质量差，缺乏服务意识，服务水平低也是物业公司与业主的核心矛盾。

案例回顾

郑女士手中有一个物业的缴费单据,显示从2001~2003年曾缴纳过包括物业费、维修费等若干费用。而让郑女士不解的是,自己准备缴纳2004年物业费的时候,物业公司要求郑女士再次缴纳2001~2003年的物业费。

郑女士已经缴纳了2001~2003年的物业费,小区也没有更换过物业公司,从2004年直到2018年郑女士所在单位一直承诺给自己的员工缴纳物业费,而实际却一直没有交。在长达十几年的时间中,物业公司一直在进行物业费的催缴,众多业主一直跟物业公司强调去找自己的单位解决物业费。

面对十几年的物业费,郑女士手中的缴费明细单能否成为2001~2003年已经缴费的证据,能否从2004年之后开始补缴物业费,让我们看看律师怎么说。

律师支招

郑女士 我手上的单据可否作为已经缴费的证据?

崔爽律师 通过您提供的物业收费单据的内容以及落款,还是可以作出一个相对清晰的判断,这不是一个明细而是一个交款凭证。

郑女士 物业现在不收2004~2018年的物业费,之前一直是单位承诺我们交物业费,我们应该怎么办?

崔爽律师 通过您的相关证据,并没有体现物业公司不收的情况。如果物业公司将您起诉,不仅要缴纳物业费本身,还会涉及一定的违约金或者滞纳金。因为您是房主,所以作为业主需要按照物业公司的规定按时给物业公司缴纳费用。

郑女士 我一直在跟物业沟通缴费的相关事情,物业公司一直不收,如果涉及违约金我该怎么做?

崔爽律师 如果您可以证明物业公司曾经提出过,如不补齐2001年到2003年的物业费,就拒绝您继续缴纳2004年到2018年的物业费,将成

为是否收取您2004年到2018年违约金的关键证据。

（北京市盈科律师事务所　崔　爽）

买房我们要注意的那些陷阱

对于我们这些普通百姓们来说，赚够买房的钱真的是一件不容易的事儿。买房是需要慎重考虑的事情，不但要满足物质上的需求，面对开发商的众多陷阱，脑子也得跟得上。作为第一次买房或者第一次投资买房的小白们，一定要学会认清购房中的陷阱，学会保护自己的权益，避免损失。

案例回顾

家住西城区的王女士从2018年2月到现在和很多购买了荣盛香蒲屿房产的人一样，被开发商的种种说法搅得焦头烂额。

王女士于2017年9月30日在香河县购买了荣盛地产旗下的综合体商铺，开发商称该商铺为70年大产权。从购买至今长达一年多的时间，开发商都没有给业主做网签，期间王女士反复找开发商问其原因，后来问到当地房管局才知道是因为开发商没有给业主做监管银行分户。

随后，王女士发现了开发商更多的问题，在当初缴纳购房款的时候，开发商是分了好多个交易主体与业主签订的合同。全部购房款被分成了房款、参团（费）还有服务费，这个参团费和服务费就是开发商所谓的电商费用。当时开发商承诺的4.5万元抵8万元总房款的费用也被分别列入了两个不同的电商公司来收缴。开发商为何要以如此之多的公司来签订一个购房合同呢？这让王女士等众多业主产生了疑惑，难道这些公司是用来掩护偷税漏税的？

除了以上问题之外，开发商在当初售房的时候承诺售后包租，捆绑基金。这是什么意思呢？其实就是在这个商铺购买之后，开发商会分10年来给业主返钱，而这个钱必须以基金的形式来返还。如果不认购这个基金，10年之内只返总房款的5%，作为买房投资的业主肯定觉得10年5%利率有点太低了。基金是第一年到第八年返还4.6%，第九年会比较多，10年下来能返到总房款的90%左右，这样算下来，10年时间购房款就已经基本回本了，业主都会选择以基金的形式来返还，这样看似对业主比较合适，而且开发商一直称这个基金是不对外销售的。

当业主们纷纷缴纳房产全款之后，开发商迟迟不能办理房产的网签手续，这让业主怀疑开发商是不是涉及一房多卖等违约情况，经过多次协商，业主决定退房。开发商也承认因为还没有给业主办理网签，所以没有违约金，还有办理完网签才需要业主支付总房款10%的违约金。

在办理退房手续的过程中，业主纷纷询问关于购房时开发商所收取的电商费该如何退还，开发商的回答是，开发商自己公司的可以给退，但是另一家电商三河市久居房地产开发有限公司收的3万元的费用，需要业主自己去要。业主希望开发商和电商公司协商一起办理退房手续，结果开发商和电商公司联系之后给出的答案是，电商费用不退。

最后，万般无奈之下的业主决定依然先办理退房手续，在看到退款协议时，业主面对开发商的霸王条款实在难以接受。其中一条明确表示，"因此引起的法律纠纷和经济损失由自己负责"，业主看后询问开发商能否删除这条约定，毕竟业主没有办理网签，没有违约金，开发商工作人员的回答是，这是制式协议改不了。

王女士等众多业主认为，这条规定可能就是隐藏的一个陷阱，是开发商担心业主追要电商费用而约定的。在开发商准备与业主签订的退款协议中，不但存在霸王条款且没有明示房款的具体到账时间，部分业主自签订该退款协议至今已有5个多月了，房款依然没有到账，这让后续的业主不能也不敢再签这份退款协议。

一纸退房协议不仅仅证明业主要退房，还涉及以后业主在通过司法途径解决

电商、团购等费用维权的问题，开发商不能因为业主办理退房手续，就可以逃避电商费用引起的法律责任。

律师支招

听完了王女士的叙述，吕丛律师先解释了开发商所谓的电商费到底是什么？电商费实际是购买一手房时，开发商(售卖房产)以钱抵钱的一种营销模式，通过这种以钱抵钱的形式提高了房屋的价格，还让消费者觉得自己占了很大的便宜。电商费现在已经开始改变，很多开发商已经不再称为是电商费，而是改为参团费或者服务费等。

王女士虽然是跟开发商签订的房屋买卖合同，但是交的这些电商费都是向第三方公司支付的，王女士除了担心开发商偷税漏税这一个问题之外还担心作为缴税义务主体的第三方，必须要向业主出具相应的发票，而现在第三方公司没有出具。作为第三方公司不给业主开具正规发票，可能涉嫌应缴税费未缴的问题，在相关部门核实核查之后，第三方公司如果真的应缴税费而没有缴纳将面临行政处罚。

开发商从业主买房至今都不能办理网签手续，我们认为开发商在相关备案手续或是法律流程上出了问题，比如五证不全，在开发商五证没有完全办下来的时候，就有可能拖欠土地出让金，这些都有可能造成没法办理网签手续。作为买受人来说，没有义务去了解开发商到底有没有哪一方面的问题，只要认准是开发商没办理网签手续就可以要求解除合同，并且由开发商承担相应的赔偿损失。

根据王女士的描述，吕丛律师认为购买该房产风险比较大，建议尽快办理退房手续。本套商铺不仅仅是简单的售房，还涉及运营基金的问题和售后包租的问题。这就牵扯到更多的法律关系，将事情变得更加复杂。刚才王女士提到，在开发商对外出售商铺的时候，是分割成 10 平方米或者 20 平方米或者是更小的面积来出售的。分割式产权商铺作为业主面临最大的风险就是消防问题可能无法通过相关部门的验收，还有一个建筑安全的问题，最终可能导致房本办不下来。王女上购买这套房产的时候，开发商将房款分成了两部分，60% 的金额作为房款写在合同里，而其余 40% 的金额则以基金的方式收取。吕丛律师认为这里面有很大的风险，运营基金的费用是打到第三方公司的一个账户，这家基金公司的注册资本只有 50 万元。这让吕丛律师想到了经常提到的“理财有风险,投资需谨慎”。业主将钱投到这个小基金公司,10 年以后这个小公司是否还存在都是一个问题,即便存在他有没有这么大的资金来反馈给业主依然是一个大问题。到时候作为业主就有可能面临血本无归。

王女士如果选择退房又面临一个问题,含有霸王条款的退款协议到底该不该签?吕丛律师认为,即使签订了退款协议开发商也不会马上退款,因为在协议中没有明示房款到账的期限。依据我国《合同法》的相关规定,作为提供这个格式条款的一方,免除了自己的责任加重了对方的责任,在这种情况下这个约定是无效的,也就是说这个条款是无效条款。如果王女士选择退房,吕丛律师建议可以起诉到法院要求退房,在诉讼过程中业主是不受开发商霸王条款的约束的。目前没有办理相关的网签手续,主要是开发商的原因,那么我们认为开发商是有责任的,要求解除合同并且要求其赔偿损失。对于王女士纠结的电商费用,我们当时也是交给了开发商的,那我就可以认为是因为开发商的原因给我造成的一个实际损失,因为当时收钱的是两个公司,为了简便这个程序,起诉的时候我们可以只起诉开发商,因为业主是跟开发商签订的房屋买卖合同,由于开发商违约的原因给业主造成了实际损失,业主就认为需要和开发商解约,如果解约的话,开发商造成的实际损失肯定包含电商费用,而且电商公司主要是跟开发商中间有相关的利益关系。

(北京市盈科律师事务所　吕　丛)

没有房产证的商品房,业主该何去何从

相信很多朋友为了买到一套合适的房子,会经过再三的考虑,毕竟买房不是小事,甚至是拿出毕生的积蓄来买一套自己心仪的住房。大家在买房子之后就会开始关注办理房产证的相关问题,房产证是保证自己权益的有力凭证,买房后应及时办理房产证。而在现实生活中,就有朋友买了房、花了钱却无法拿到属于自己的房产证。

案例回顾

北京海航国兴城楼盘位于北京市顺义后沙峪,目前周边二手房价格已经突破5万元1平方米,栏目组最近接到小区业主的求助,说他们的房子连2万元1平方米都不值,同在一个小区,这到底是怎么回事呢?

朴女士是于2014年购买的北京国兴城项目,当时开发商承诺三年一定能办下房本,时至今日,开发商明确表示办不下来房本。如果房子办不下来房本,其价值肯定会大打折扣。同一个小区4号楼和1号楼、2号楼的业主都是有房本的,而5号楼和3号楼的业主目前是没有房本的。没有办理下来房本的业主,找到开发商才想了解不能办理房产证的真正原因,而开发商现在针对此事并未明确作出回答,让众多业主觉得自己被开发商骗了。

150余户的业主多数都是拿出了一生的积蓄购买的房子,可是面对无法办理房本的窘境,开发商也只是给出了购房款8%的赔偿方案。然而今天的房价和三年前相比已经翻了一两倍,如果按房价的8%作为补偿,众多业主都是买不起其他房子的。众多业主在买房子的时候,很多不是为了投资,就是希望能有一个安定的家,能够自住。

面对同小区别人价值600万元的房产，自己只能卖到150万元，150余户业主该何去何从，让我们先听听律师怎么说。

律师支招

朴　女　士　我们现在150余户的业主，希望把房本能够办理下来，如果房本不能办下来，开发商目前给出的赔偿方案不可能与业主达成共识。

黄兴国律师　如您所说，同一小区的其他三栋楼其实已经拿到房本了，所以这个项目也不是小产权的项目。开发商有大房本，但是却不允许分割销售。您当时买这个房子时候，土地上的性质是办公。这个房子是按照办公立项的，但是在房子卖给您的时候，是按照公寓的形式卖的。当时说的产权是50年，那实际上是属于综合用地。这也就是原始取得的土地性质或者说当时的规划性质，就不是一个可以做这种小产权证的项目。我们说小产权证叫建筑物区分所有权，现在政策不允许这么操作，那就意味着可能短期之内您希望拿到房产证的诉求是无法完成的。

朴　女　士　我们可以按照当时签订的合同找开发商维权吗？我们也联系了行政主管部门，希望通过行政举报来维权。

黄兴国律师　看到您提供的合同，首先打开合同封面上写的是《房屋使用权转让协议》这个已经和刚才说的性质就不太一样了，房屋的性质根据合同来看是办公用房。从老百姓的角度来看，肯定不会有那么专业的认知，在法律方面可以说开发商玩了一个文字游戏。针对业主举报的情况，我们可以清晰地看到由顺义区住建委市场科张贴的关于禁止违规销售房屋的告知，但是开发商通过巧妙地转变合同中的文字，让广大的业主承担了所有的责任。

朴　女　士　我们现在还有什么办法可以挽回损失吗？

黄兴国律师　郑重提示每一位准备购房的消费者，在购买房屋的时候一定仔细地阅读合同。本案中，朴女士签订的合同实际上是一个房屋

的使用权转让协议，这和购房合同的区别非常大，而且合同条款中，对于如何办理房产证以及办理不下房产证之后怎么办，其实是有明确约定。但是我们当事人朴女士迄今为止都仍然认为自己实际上签订的是购房合同，对方承担的是一个商品房的交付和房产证办理的一个手续，这和合同约定的区别是非常大的。所以我建议朋友们在处理自身的重大权利的时候，一定要仔仔细细地看合同，如果自己看不清楚或者看不明白，也一定要找个明白人帮自己把它看清楚，否则贸然的签订合同会给自己制造很大的麻烦。

（北京市盈科律师事务所　黄兴国）

房屋被征收，弟弟借走户口可以私分宅基地利益吗

农村宅基地指的是农民用来建房的土地，一般需要通过向当地政府申请才能获得。对农村宅基地政策有所了解的都知道，农民对宅基地享用使用权和占有权，但所有权是归村集体所有，因此关于农村宅基地继承问题也是很多朋友们心中的一大疑问。由于各种错综复杂的原因，孩子变成城市户口，户口迁出不在宅基地内还能拥有继承权吗？当宅基地使用权人去世，作为子女到底应该如何分配老人遗产？

寻求帮助的胡先生就在自家宅基地被征收的过程中，出现了兄弟姐妹利益分配不合理的纠纷。

案例回顾

在胡先生12岁的时候，母亲去世，留下兄弟姐妹4人。后父亲再娶，生下3个同父异母的弟弟妹妹，9口人一直居住在一起。

因继母的孩子们户口属于农村户口，始终不能迁入居民户口。由于家里拥挤胡先生申请宅基地，之后宅基地申请下来，共120平方米。在申请宅基地的过程中，胡先生的父亲于1986年去世，所以宅基地的户口直接落在了继母的名字上，后继母去世。

去年，继母所生的弟弟妹妹将胡先生户口本和身份证借走。随后胡先生才得知，弟弟借走户口本和身份证是为了房屋拆迁安置使用，如今弟弟私自分走了所得的房屋。征收办以弟弟的名义给继母所生的弟弟妹妹一人分了2套房，一共6套房产。胡先生知道情况后，认为征收办不应该在继承人不在场的情况下将财产分割，征收办解释要保护被拆迁人的隐私，而且这属于胡先生家庭内部纠纷，需要上诉法院解决。

胡先生上诉法院后，法院因胡先生的户口没在宅基地内，所以判决胡先生所得份额较少。在法庭上弟弟妹妹称一直在外租房，其实全家人一直生活在一起。并且弟弟妹妹做了一份伪证，写明胡先生放弃所占份额，而胡先生从未签署过类似协议。

胡先生能用法律武器维护自己的权益吗？他能够得到属于自己的份额吗？让我们看看律师怎么说。

律师支招

胡先生　是不是我们家兄弟几人都应该享有继承权，在宅基地征收后，我们是不是都有份额？

娄静律师　胡先生的父亲有4个子女，然后继母和他的父亲又有了3个子女，

实际上胡先生您的父母共同有7个孩子。如果您的父母没有立遗嘱,应当对涉案的房屋都有共同的继承权,都享有份额。

胡先生　**我的户口没在宅基地内,我是否就没有继承权?**

娄静律师　根据《国有土地上房屋征收与补偿条例》以及《土地管理法实施条例》规定,拆迁所针对的补偿被征收人应当是房屋的使用权人。如果是农村户口,涉及宅基地的使用权人。根据我国《物权法》及《土地管理法》的相关规定,宅基地是属于村民集体经济组织所有,也就是你们作为个人是无法对宅基地享有所有权,只享有使用权。宅基地的使用权人去世的情况下,被继承人如果将涉案房屋向下进行继承,作为继承人要看你们的户口是否在村民经济组织,或者说依然是本村经济组织成员。另外,对于宅基地上房屋所有权这一块,是可以享有继承权的。但是前提是你们要是地上房屋上所有权人的子女。针对房屋征收补偿协议,建议胡先生诉请合同无效,因为您作为该涉案房屋上的所有权的继承人,可以对这块拆迁安置补偿享有一定的份额。

胡先生　**现在征收协议已经签订了,我们还能改变协议吗?具体该如何做?**

娄静律师　首先确认一下涉案房屋的权属,您作为您父亲的儿子是否对这个涉案房屋的权属以及宅基的使用权,有可以分配以及继承的份额。《继承法》第5条有明确的规定,自继承开始后,按照法定继承办理,有遗嘱的按照遗嘱继承或者遗赠办理,有遗赠扶养协议的按照协议办理。所以胡先生您现在马上可以做的就是起诉房屋拆迁补偿协议无效。

(北京市盈科律师事务所　娄　静)

借岳父名购买宅基地，离婚后还能要回吗

房价一升再升，不少城市针对购房者出台限购令，使得很多人没有了购房资格。而农村房屋和城市房屋更是具有天壤之别，是两个完全不同的主体，国家明文规定，非农业户口是不允许在农村购买宅基地以及住房产权的。那么在政策出台后，很多自认为“聪明”的人，就想到了一个法子：借名买房。顾名思义，借名买房指的就是自己花钱，将房产证写成别人的名字。这么做到底违法吗？借名买房又存在哪些风险呢？

今天来到节目组寻求帮助的王先生，就是在自己与妻子结婚后，借岳父的名字购买了一套宅基地。如今夫妻离婚，这套宅基地的使用权成了困扰王先生的事情。

案例回顾

王先生与他前妻在 2001 年 10 月结婚，同年 12 月王先生的父亲帮两个人出资，在通州区路城镇南刘各庄村花费 3.5 万元购买了一处宅基地。2002 年，再次由王先生的父亲出资十多万元，将宅基地的地上建筑翻盖。

王先生是居民户口，是没有权利购买这套宅基地的，而王先生的岳父是宅基地所在村的村集体组织成员，这样一来王先生所购买的宅基地就落在了岳父的名下。如今，王先生经过法院判决已经离婚，当时法院在调解的时候，王先生曾经问过前妻，当年自己父亲出资，落在岳父名下的宅基地该如何分配。前妻的回答是，要说宅基地的问题必须跟自己的父亲来协商此事。等王先生再次找前妻聊宅基地事情的时候，前妻已经不承认了，一直处于躲避的态度。在王先生离婚的诉讼中，有涉及这块宅基地以及地上物的问题，法院建议就宅基地的问题另行起诉。

随着王先生父亲 2008 年去世，当年一些具体的直接相关证据没有保留，目前

来看没有直接的证据证明这个宅基地是王先生父亲出资并加盖的，作为王先生来说他还能拿回自己出资所购买的宅基地吗？面对比较被动的局面王先生又该如何维权呢？让我们看看崔爽律师如何支招。

律师支招

听完了王先生的叙述，崔爽律师表示，王先生或者说王先生的父亲与其前岳父之间，其实就是一个借名购买宅基地的问题。

借名购买的前提是存在的，以这个作为前提的话，可能有一个效力的问题。王先生这种借名购买宅基地的合同或者口头合同，肯定是无效的，因为宅基地只能销售给村集体组织成员。

在我们的现实生活当中，也有很多借名买房、借名买车的情况，这些借名购买的行为，首先它是不违背法律相关强制性规定或者政策性强制性规定的，这种借买的行为是有效的。如果我们的借买行为突破了相关规定的底线，那就可能是无效的，所以我们要知道，借名购买宅基地在法律上是不支持的。

在王先生借名购买宅基地的行为中，不但王先生和王先生的父亲有过错，被借名人也是有过错的，所以在宅基地归现在的登记人所有的情况下，会有一个补偿或者赔偿的方案。而这个最终的补偿或者赔偿的方案，需要王先生通过协商或者诉讼的方式来解决。

对于当时在翻盖地上物时所出资的费用，需要王先生收集相关的证据，可以找当时的基建队由他们来证明当时地上物的加盖是谁负责的，谁组织的，谁给的钱。其实想要证明这些，也并不是特别困难。法院会根据所提交的证据，进行一个评估，如果能够确定当时房子的翻盖确实是王先生父亲出资，而且是借用王先生前岳父的名义来购买的话，法院可能会判决借名行为无效，原来支出的基础款项以及地上物现状的价值，王先生可以在起诉的时候一并主张，法院会根据案件的实际审理情况作出相应的裁决。

嘉宾支招

听完了王先生的叙述，赵可老师表示，王先生在走诉讼程序之后，如果能够确定当时宅基地以及地上建筑是王先生父亲出资，在此基础之上王先生在日后的经营过程中还有其他的投资，包括王先生现在每个月固定的收益，这些都是需要王先生梳理证据向法院来举证。法院会在判决合同无效的情况下，根据王先生的实际损失情况再结合双方的过错程度给予一个判决。如果前岳父同意将房子收回，将由前岳父给予王先生一个赔偿，如果前岳父决定不收回房产，让王先生继续使用，均可以在庭审的时候双方达成调解协议。诉讼的过程是对房产的所有人界定清楚，而后续的关于使用、经营、收益等问题都是可以协商解决的。

（北京市盈科律师事务所　崔　爽）

两夫妻无家可归，明明有房却为何住不进去

一对夫妻经历了结婚、生育以及平平淡淡的生活后，总会发现对方或多或少的缺点，各种各样的问题都可能导致夫妻感情不再，这可能就是我们常说的婚姻中的七年之痒。离婚之后对谁的伤害最大呢？是男方还是女方呢？其实，伤敌一千自损八百，婚姻的破裂对于两个人来说，都有着不同程度的伤害。而在婚姻破裂之后，关于房产如何分割的问题就会成为两个人都关心的话题。夫妻离婚因房子而扯皮的，相比于商品房，比较复杂的是房改房和承租房，比如我们今天寻求帮助的王女士。

王女士的丈夫身体十分不好，已经住院 4 年之久，而王女士在这 4 年之中则形影不离地陪丈夫在医院度过。到底是什么原因使原本拥有一套公租房的丈夫却无家可归呢？

案例回顾

在这个十几平方米的病房里，住着这样一对夫妻，他们每天形影不离。4年前，丈夫因为肺炎住院，可谁能想到夫妻俩竟然在医院一住就是4年。

王女士和丈夫是二婚，两人在2012年结婚，王女士的丈夫患有先天性肌无力症。王女士的丈夫和前妻在离婚后，由于双方都没有其他的住房，使得已经离婚的三口人依旧居住在同一套公租房内。由于离婚后王女士的丈夫经常出现摔跤、自己站不起来等状况，王女士的婆婆担心儿子没人照顾，就将王女士的丈夫接回到婆婆自己住的房子内共同生活。而王女士丈夫名下的公租房则一直由前妻和孩子两人居住。

在王女士与丈夫结婚后，为了方便照顾体弱多病的丈夫和年事已高的婆婆，夫妻二人依然一直和婆婆一起居住。可让王女士万万没想到的是，在丈夫住院一年之后，突然发现婆婆的房子已经被丈夫的前妻出售了，而卖房子的钱则一直由前妻独自占有，婆婆也不知去向。王女士和丈夫则变成了今天无家可归的局面，这4年也只能住在医院中。

王女士和丈夫曾经要求前妻把她和孩子住的房子腾出来，但是前妻一直不同意腾房，一气之下王女士夫妻将前妻诉至法院，但是败诉。2018年5月，王女士丈夫的单位表示，可以将这套原本在丈夫名下的两居室承租房买下来，王女士和丈夫便将房产买了下来。如今王女士和丈夫名下有房却不能回去住，情急之下找到栏目组寻求帮助，让我们一起看看彭欣彤律师如何支招。

律师支招

在听完了王女士的叙述之后，彭欣彤律师建议：鉴于王女士丈夫的前妻，经过出售王女士丈夫母亲的房子，独自占有了房款，并非没有经济能力生活，在这样的基础上，王女士和丈夫有理由向法院重新起诉，要求其腾退现在属于王女士及丈夫名下的房产。起诉之后法官先会进行调解，调解过程中比如说王女士给前妻一定的经济补偿让对方腾退房产，还是很有可能的。

关于王女士婆婆的房产，作为儿子王女士的丈夫虽然曾经放弃了房子的继承权，但是如果王女士的婆婆，坚持卖房子的钱有儿子的份额，那么王女士的丈夫仍然可以获得母亲房子出售后的房款。如今王女士的婆婆被王女士丈夫的前妻藏了起来，针对这样的情况，王女士夫妻可以通过报警的方式尽快找到婆婆，以便解决后续的问题。

（北京市盈科律师事务所　彭欣彤）

拆迁协议中凭空多出来的妻儿，是否侵害了我的权益

社会在不断地发展，随之而来人们对生活品质的追求也越来越高，独门独院的小院被取而代之的，是一座座高楼大厦，所以如今又诞生了一个新名词：拆二代。众所周知，不管是国家拆迁还是企业拆迁，人们都可以得到一笔比较可观的赔偿款，但也在拆迁的过程中发生了一些令人匪夷所思的事情。

本篇当事人杨先生，最近因为自己的原因到建委调取当初自己的拆迁协议，结果发现当初的拆迁协议上，凭空多出来杨先生完全不知道的妻儿，这到底是怎么回事呢？杨先生的个人利益受到了侵害吗？

案例回顾

2002年，杨先生当时一直居住在父亲单位分配给父亲的宿舍中，是一间只有

大概20平方米的一间半房屋。

随着当年北京市政府修建五环的公告,杨先生接到了一份拆迁补偿协议。拆迁的时候是依照房本面积来进行补偿的,而自己加盖的并没有算在拆迁补偿中。拆迁办的工作人员,让杨先生在空白的协议上签了字之后,随即便将协商好的拆迁补偿款146,000元交给了杨先生,拿到补偿款后杨先生就搬离了自己的住处。

令杨先生没想到的是,最近由于自己家中的一些问题,他到有关部门查阅当时拆迁协议的档案时,却发现留档的拆迁协议中自己凭空多出来一妻一子,而在拆迁的时候杨先生并没有结婚,这让当时无儿无女无妻的杨先生对拆迁补偿产生了质疑,拆迁协议上有妻子和孩子的相关份额吗?凭空多出来的妻儿是否侵害了杨先生的权益呢?让我们来看看崔爽律师怎么说。

律师支招

在听完了杨先生的叙述后,崔爽律师觉得首先要跟大家解释一下关于拆迁的政策。我们在拆迁的过程中,具体按照什么比例来拿钱或者按照什么样的标准来给拆迁的回迁安置房,其实要看具体的拆迁情况以及拆迁政策。拆迁补偿安置协议主要内容包括:(1)拆迁补偿方式,货币补偿金额及其支付期限;(2)安置用房面积标准和地点;(3)产权调换房屋的差价支付方式和期限;(4)搬迁期限,搬迁过渡方式和过渡期限;(5)搬迁补偿费和临时安置补助费,或停产停业损失费发放标准和支付方式。至于每一个拆迁补偿安置协议具体包括哪些内容,还应视拆迁补偿方式不同而不同。对于实行货币补偿的,协议中应当载明补偿金额。

杨先生当年的拆迁安置,是属于没有回迁安置房子,所以原则上讲这次拆迁就只是货币补偿。那么补偿的是什么呢?肯定地上物是其中比较大的一部分,除此之外还会有提前搬迁奖励费、搬家费等费用。对于地上物的核算范围以及按照什么样的款项标准或者单价标准来进行核算,同样要看当时的拆迁政策。

时隔多年,杨先生在看到拆迁补偿协议中多出来的妻儿之后,开始怀疑拆迁协议是否对自己的拆迁补偿造成了侵害。

首先房屋拆迁的货币安置补偿协议,杨先生是已经签订确认的,其实事隔这么多年,杨先生称当年自己是在一张空白协议中签的字,确实已经无据可查,但是拆迁是一个事实。然后按照杨先生当时商谈的结果,拿到了相应的货币补偿款,这也是一个事实。对于杨先生来说,自己当年居住的是一间只有 18 平方米的,属于父亲单位分配给父亲的宿舍,杨先生既不是所有权人也不是承租人。而拆迁办当时给杨先生核定的补偿标准是 40.47 多平方米,咱们说拆迁协议上写得很清楚,在册的人口是一人,而实际居住的人口是 3 个人。另外两个人,就是杨先生的心结,也就是不认识的妻子和儿子。我们退一步讲,先不说这两个人的名字为什么会出现在这份补偿协议上,也许就是因为杨先生当时和拆迁办双方协商的金额和当时的拆迁政策相比,是高于当时的拆迁政策的,拆迁办见于杨先生的特殊性,在万般无奈之下才想了这么一个办法,多写了两个人之后能够满足补偿杨先生 146,000 元拆迁补偿。我们不管是这个原因还是其他的原因,从目前的情况来看,杨先生的拆迁利益并没有因为这两个人名的增加而受到侵害,所以崔爽律师觉得,事隔 16 年杨先生在拆迁安置环节上的心结,应该打开了。

(北京市盈科律师事务所　崔　爽)

如何拿回属于我的拆迁款

近年来,农村住宅拆迁引起了很多人的热议。随着新农村建设的加快,大部分地区的农村已经开始进行统一规划,基础设施建设在不断加强,为了统一规划和建设,农民的宅基地和房屋难免要被征用和拆迁。与此同时,城镇一体化建设也有可

能占用农民的宅基地。诸多情况下,农民的宅基地和房屋将要被拆迁。

本篇当事人刘女士在自己公公婆婆相继去世,家庭关系不太和睦的时候,恰巧遇到公公名下的宅基地进行拆迁,那么,刘女士家宅基地拆迁的过程中又遇到了哪些纠纷呢?

案例回顾

2009 年,北京兴展盛业投资有限公司将刘女士公公、婆婆生前居住的福宁巷幸福路南三条 3 号院的 9 间房屋拆除。如今 9 间祖屋被夷为平地,可是补偿款却一分钱也没有拿到。这到底是什么原因呢?

刘女士的丈夫有兄弟 4 人,他是排行老四,上面有 3 个哥哥。宅基地上的权利人是刘女士已经去世的公公。为了拿到应得的补偿款,刘女士几次找到拆迁公司进行协商,公司的相关负责人对于刘女士所涉及的房屋拆迁补偿款,一直表示会给,但是一直没有给。

迫于无奈的刘女士将北京兴展盛业投资有限公司,以财产损害赔偿为由诉至法院,结果竟然是被法院驳回了,这到底又是怎么回事呢?针对刘女士的困扰,请胡聿州律师为我们逐一解答。

律师支招

刘　女　士　我想问一下律师,我起诉被驳回了,到底是什么原因?

胡聿州律师　您在诉讼的时候,是民事诉讼,无论是从主体还是从您的诉由来看都不对,所以法院将您的起诉驳回。

刘　女　士　宅基地是不是可以由子女继承?其他的哥哥都放弃继承权,我是不是可以独自继承公公留下的宅基地?

胡聿州律师　这个房屋是落在公公名下的一个祖产。首先我们可以明确一点,这个房屋是在宅基地上面的建筑物。按照《土地管理法》的规定,宅基地的所有权是属于农民集体所有的,不是由我们公民个人所有的,这个村集体内的农民,所享有的是对宅基地的一个使用权。我们在有使用权的基础上，可以在自己的宅基地上出资建造房屋，那么由我们村民自己出资建造的房屋，这个房屋的所有权是由我们村民自己享有的，是可以自己继承的。所以在您公公去世后，您的丈夫和其他的兄弟姐妹是有权继承地面上面房屋的。如果其他兄弟放弃继承权，需要有一个书面的协议。

刘　女　士　那么在现在的情况下，我该如何才能得到属于我的拆迁安置款呢？

胡聿州律师　您目前无法拿到拆迁款的原因，可能是因为您丈夫与其他同样有继承权的另外3个兄弟，并没有一个书面的协议。如果您想要拿到拆迁款，需要和另外3个兄弟达成一致共同与拆迁公司商谈或者形成书面有效的法律文字，委托您一人找拆迁公司商谈，就可以拿回拆迁款。

（北京市盈科律师事务所　胡聿州）

翻盖后的宅基地，有姐妹的份额吗

宅基地是农民最重要的财产，作为子女，只能继承宅基地上的自建房，但不能翻盖更不能重建。如果老房已经变成危房或者面临倒塌，则需要分户的儿女户口还在本村，且没有宅基地。这样的情况才能向村委会申请，将老宅基地流转给自己使用。获准使用权之后，才可以翻盖宅基地的地上建筑。

今天来到我们节目中寻求帮助的刘女士，因为自己和爱人出资翻盖了自家的宅基地，结果宅基地在拆迁之后，被刘女士丈夫的两个姐妹告上法庭，面对一审判决刘女士觉得心里委屈，希望律师能给自己出出主意。

案例回顾

刘女士丈夫家中有兄弟姐妹8人，丈夫是家中最小的儿子。多年来，刘女士一直和丈夫与公公共同居住，尽到赡养老人的义务，为老人养老送终。

早在1995年的时候，老人已经去世。刘女士的丈夫继承了其父亲的宅基地以及地上的房屋。2000年，由于老人留下的房产年久失修，有坍塌的危险，刘女士和丈夫自己出资将房屋进行了翻盖。

2012年，家中的两位姐妹表示，刘女士和丈夫翻盖的房屋是父母的遗产，应该每个子女都有份额，而不是刘女士与丈夫一家独占。

2016年，该房屋进行了拆迁。面对拆迁巨额的利益，两位姐姐将刘女士和丈夫告上了法庭，要求对父母的遗产重新分配。2018年8月，法院进行了一审宣判。对于法院的判决刘女士表示有异议，随即咨询栏目组，让我们看看崔爽律师怎么说。

律师支招

在听完了刘女士的叙述，崔爽律师告诉刘女士，上诉是当事人对一审未生效的判决、裁定在法定期限内明示不服要求上一级人民法院对案件进行审理并撤销或变更原判决或裁定的诉讼行为。当时在出了判决书的情况下，刘女士在领取完判决书之后，15天之内是可以提起上诉的，如果没有提起上诉，那么就已经过了上诉的期限，那么一审判决书自然就生效了。

现在对于刘女士来说，只能进行申诉。申诉是指当事人及其法定代理人、近亲属对已经发生法律效力的判决、裁定不服向人民法院或者人民检察院提出重新审查的处理案件的一种诉讼请求。

两者的主要区别：首先，上诉必然引起二审程序；但申诉仅是提起审判监督程序的重要材料来源，是否能够引起审判监督程序必须由司法机关对申诉材料进行审查、确认生效裁判确有错误并符合法律规定的重新审判的条件，才能开始审判监督程序。其次，上诉的提起必然阻止一审判决、裁定发生法律效力；申诉则不相同，申诉的提出不能停止判决、裁定的执行。

（北京市盈科律师事务所　崔　爽）

凭空多出来的业主，居住多年的房子我还能否购买

房子在我们的生活中，从表面看只是一个居住之所，但是对于很多朋友来说，房子不仅仅是一个落脚的地方，更是一个家的基础。无论我们在哪里生活，首先就是需要有一个稳定的居所，由此可见，房子在人们生活中扮演的角色是何等重要。对于房子来说，有一个更为重要的东西，那就是房产证，房产证相当于一套房子的身份证。如果自己居住多年的房子，房产证却被登记在别人的名下，面对如此困扰又该如何解决呢？

今天来到我们节目中寻求帮助的郝女士，就遇到了自己居住多年的房子，房屋产权登记却是别人的名字。这一困扰她多年的问题如何才能解决呢？

案例回顾

2006 年，郝女士通过公租房置换与小区物业签订了一份房屋租赁合同。2017

年11月，根据房改房的政策，郝女士符合相关购买人的需求，和华润置地再次签订了一份房屋买卖合同。

如今一年时间已经过去了，郝女士购房这事，莫名其妙地就打了水漂。在2018年11月，华润置地给郝女士去电，明确告知郝女士，居住多年的房子目前不能买。原来，早在2002年，郝女士所居住的房子就已经出了产权证，房屋产权登记的是一位姓张的女士。经过多方询问，郝女士获知从2006年前任房主接这个房的时候，就不知道有张女士这么个人。一直到现在房主郝女士都没有跟张女士有过任何的交往，根本不认识这个人。

郝女士找到办理相关手续的物业公司，物业公司帮郝女士查询了房屋档案，其中没有查到任何有价值的信息。最后郝女士又联系了华润置地，华润置地对于郝女士房子的房产证也表示很质疑，不知道到底是怎么回事。面对如此困扰，郝女士的房子还能购买吗？到底该如何才能解决郝女士的困扰呢，让我们看看来自北京市盈科律师事务所的吕丛律师怎么说。

律师支招

听完了郝女士的叙述，吕丛律师认为，从现在郝女士提供的相关证据来看，郝女士与华润置地签订的购房合同真实有效。

在郝女士提供的资料中，有一个换房通知，也就是2006年通知到华润置地，来配合郝女士办理承租人变更手续。目前从郝女士提供的《北京市公有住宅租赁合同》来看，承租人是郝女士，她是符合承租人的相关条件的。而且郝女士也描述了自2006年8月入住以来，物业费以及租房的费用全部都交给了华润置地。2017年，华润置地跟郝女士又签订了《房屋买卖合同》，在这份合同中，折了郝女士和配偶的工龄，作为甲方的郝女士，她是有权利享有相关的购房资格，所以这个合同是成立的。

目前，困扰郝女士的一个关键问题就是，在2000年的时候，这套房已经登记在了第一任业主名下。通过目前的证据材料无法判断，第一任业主是通过什么方式取得的这套房，也就是说业主信息不明确，产权还需要确权。

目前来看,因为当时签订的《北京市公有住宅租赁合同》是跟华润置地的物业管理公司签订的,而房屋买卖合同又是跟华润置地北京股份有限公司签订的,虽然物业公司和华润置地之间是有关联的,但是,是不是在登记上有错误或者有过失,导致了华润置地股份有限公司以为郝女士是实际的承租人,直接签署了房屋买卖合同。即使是在这种情况下,这个合同也同样是成立并且生效的。

还有一种可能,吕丛律师一个大胆的推测,郝女士的房产,有可能只是挂名,登记在了另外一个公民的身上,实际上的产权还是属于华润置地,华润置地有完全的处分权。假设是挂名,那么我们可以要求华润置地继续履行合同,并且要求作为业主的第三人来配合办理相关的过户手续。但是假设 2000 年的时候,确实第三人存在事实购买房屋,而且办过正规的手续,符合法律流程,那这位姓张的女士,就是实际的产权人。那么华润置地是没有权利来再处分张女士的房屋的,在这种情况下也确实只能解除合同。但是解除合同的主要原因是华润置地给郝女士造成的损失,所以应该由华润置地来负责赔偿郝女士的损失。

(北京市盈科律师事务所　吕　丛)

天降房屋拍卖,这套房子能否保住

法律面前人人平等,对于法院作出的判决大多数人都能够自觉履行。但是,当我们的婚姻走到尽头,两个曾经的有情人,面对法院对于婚姻和财产进行裁决的时候,我们能否理智地对待呢。

今天来到栏目中寻求帮助的陈女士,在婚姻出现问题后,面对法院的财产判

决，自己没有及时处理，如今遭遇了法院的强制执行。陈女士的房子还能保住吗？

案例回顾

2018 年 12 月，陈女士突然接到通知，说自己的这套唯一的住房要被拍卖，这让陈女士一头雾水，完全不知道是怎么回事。

原来，在 2011 年，陈女士与前夫离婚。在办理离婚手续之前，陈女士与前夫之间签订了一份离婚协议书，在这份协议中，前夫表示愿意将房产给陈女士，而在签完这份协议之后，迟迟没有办理协议离婚的手续。之后，陈女士的前夫到法院起诉离婚，一审和二审的判决结果均是，男方同意离婚后，该房产的所有权和使用权归女方，男方自愿放弃对该房屋的任何权利，该房屋的房贷由女方偿还。女方在判决的 30 日内，付给男方包含装修费用 70 万元房款。

在陈女士的心里，对于这 70 万元的房款一直耿耿于怀，如今面对法院的强制执行，陈女士能保住自己的唯一住房吗？让我们听听胡聿州律师怎么说。

律师支招

陈　女　士　我想知道，我和前夫在起诉离婚之前签订的离婚协议是否有效？

胡聿州律师　在我们的生活当中，当一些家庭遇到离婚的时候，某一方为了能够快速地实现离婚的诉求，在夫妻双方财产分割、债务承担以及子女抚养问题等方面作出让步，签订了离婚协议书。这份协议实际上是一个附生效条件的协议，条件即是双方需到相关部门办理离婚手续，而在签订离婚协议书之后，不管因为哪一方的原因，没能及时到相关部门办理离婚手续，那么这份离婚协议书实际上是没有生效的，也不能作为日后通过诉讼途径解决离婚财产分割时的依据。

陈　女　士　那么如今法院已经走到拍卖程序，还可以终止吗？这次强制执行中，还需要我支付给前夫利息，这合理吗？

胡聿州律师　法律保护每个当事人的合法权益，现在法院的拍卖程序是可以终止的，只要您将钱付给您的前夫，法院就可以终止针对您房子的拍卖。对于您来说，从法院判决之日到现在，您获得了房屋升值所带来的利益，而您的前夫只能获得70万元以及相关的利息，而对于您前夫以及他家人给您的口头承诺，目前来看是没有证据的，没有形成书面的文字约定，所以说法院还是要求您支付给您的前夫70万元以及相关的利息。

陈女士 我现在一直在跟前夫沟通，目前我没有钱还给他，拍卖房子的事情能不能先停止？

胡聿州律师 如果您的前夫还能与您协商，并且可以作一些让步的话，可以和您的前夫一起到法院在执行的过程中，再重新达成一个执行和解的协议。之后您按照执行和解协议履行。

（北京市盈科律师事务所　胡聿州）

房屋买卖生纠纷，产权究竟该归谁

房屋所有权的最高效力来自房产登记，房子作为不动产物权，它的设立、变更、转让和消灭，需要经依法登记，才会发生效力；未经登记，不发生法律效力。在我们的生活中，如果得了房产却失了亲情，真的是情何以堪。房产固然重要，亲情更是我们生活中不可或缺的，为了房产与孝道背道而驰，为了房产手足亲情不在，房产难道真的成为撕裂亲情的“刀剑”？

今天走进栏目寻求帮助的陈女士一家，就是因为一套房产，先后两次走上法

庭。到底陈女士能不能拥有房子的居住权？陈女士母亲的赡养问题又能够得到合理的解决吗？

案例回顾

陈女士和母亲一直住在父亲单位分的房子内，房子是一套拆迁安置房。

1991年，陈女士父亲的单位实行房改政策，将公房向职工出售。陈女士的母亲多次找单位协商，单位都不同意将房子卖给陈女士的母亲。恰巧在这个时候，陈女士插队的哥哥回来了。按单位的政策，哥哥需要到1993年，也就是工作满两年之后，才能购买这套房产。经过陈女士的母亲与哥哥先后多次找到父亲的单位进行协商，最终单位还是答应将房子的产权卖给了哥哥。

就这样哥哥变成了这套房屋的所有人，但是陈女士的母亲在哥哥买房之前，跟哥哥有一个口头约定。房子是用哥哥的名字以成本价购买，但实际拥有者还是陈女士的母亲。让陈女士和母亲都没想到的是，哥哥在购买了房产之后，就不承认与母亲的约定了。

原本和睦的一家人为了这套房产，打了两次官司。第一次，陈女士和母亲针对房屋产权的问题进行起诉，结果败诉；第二次，陈女士和母亲针对房屋的居住权进行起诉，法院判决陈女士和母亲享有这套房产的居住权。

陈女士一家的事情，在经历了两次法院审理之后，陈女士的心里依然觉得不踏实，担心哥哥有朝一日又让自己和母亲搬离这个家。面对陈女士的担心，让我们听听彭欣彤律师和赵可老师怎么说。

律师支招

听完了陈女士的叙述，彭欣彤律师表示，针对公房购买，对于一个家庭而言还有一次机会。在当初购买这套房屋的时候，陈女士和陈女士的母亲以及哥哥都有居住权，后来是以陈女士哥哥的名义购买了这套房产。因为不动产是以登记为外观表现，所以说现在的产权的确是在陈女士哥哥的名下。作为陈女士的母亲，当时在购买这套房的时候，可能是自己作出了一个决定以陈女士哥哥的名义购买，然而对于单位来说，是陈女士一家人达成了一个协议，由陈女士的哥哥来购买这套房子。等于是陈女士和母亲共同作出的一个选择，那么在这样的情况下，如果希望通过诉讼的方式将产权要回到母亲的名下，基本上是不可能的。

陈女士在法院判决后，对于自己及家人的居住权依然有着隐隐的担忧。为此，彭欣彤律师表示，法院已经判决了陈女士及母亲还有陈女士的儿子，共同对这套房产有居住权，也就是说，陈女士等三人在没有其他房产的情况下，终生拥有该房产的居住权。所以针对居住的问题，陈女士是没有必要担心的。

如果有一天，哥哥不让陈女士居住了，法院针对居住权的判决书是有法律效力的，是可以保障陈女士的权益的。但是具体到生活中，到底谁应该居住在哪个房间，甚至在陈女士拥有居住权的情况下，哥哥为了生活上的方便，能否给陈女士及母亲在外面租房居住，都是需要一家人坐下来，通过协商解决的。

嘉宾支招

在听完了陈女士的叙述后，赵可老师表示很理解陈女士此刻的心情，包括陈女士母亲的心情。如今，为了房子一家人已经两次走上法庭，经过一审、二审和再审，法院其实已经对陈女士的诉讼请求，进行了一个最后的裁决。如果陈女士没有新的证据，或者说不足以推翻原判决已经认定的内容，是没有办法对已经生效的判决再去重新提起诉讼的。

陈女士一家人，因为房产的事情没有处理好，导致家庭中出现纠纷，陈女士与哥哥的关系也变得不是很理想，甚至因为家庭纠纷，给自己的身体和母亲的身体，都造成了一定的影响。

经过了两次诉讼，第一次是关于房屋的所有权，第二次是关于房屋的居住权，法院对陈女士一家关于房产的权益分配，已经有了很明确的界定。在这样的情况下，处理家庭纠纷，其实需要的是一家人的亲情。当然，如果在日后的生活中，哥哥确实因为家庭纠纷没有对母亲尽到赡养义务，陈女士的母亲也可以向法院提起关于赡养费的诉讼。

“冰冻三尺非一日之寒”，陈女士一家人的矛盾，需要双方都把原来的芥蒂放下，对后续居住的事情做一个更好的沟通。一家人在法院的判决下，基本上的权利

义务都已经确定，剩下的就只能是一家人通过亲情的沟通，去化解家庭中的矛盾。

（北京市盈科律师事务所 彭欣彤）

自家的房子要被分割，我该怎么办

提到房屋拆迁，尤其是宅基地拆迁，人们最关心的莫过于补偿。面对巨大的金钱及安置利益，让一些原本和睦的家庭骤然起了纷争。兄妹之间的感情是命中注定的，是难以割舍的。不要让拆迁的利益剪断我们的手足情深，割裂血脉相连。

今天来到节目中的李女士，就在自家宅基地拆迁安置的过程中，面临亲情的考验。

案例回顾

李女士的爱人家中有兄妹两人。公公在1993年去世，留下一套宅基地。公公去世后将宅基地给了李女士的爱人，李女士的小姑子后续在宅基地出资盖房。

2010年，李女士家的宅基地面临拆迁，在拆迁的过程中，李女士的爱人将宅基地变更到自己名下。房屋在被拆迁的时候，实际的居住人只有李女士一家三口，拆迁补偿分为两部分给付。一部分是拆迁安置房，一共3套；另一部分是90万元的拆迁补偿款。

面对拆迁利益，李女士的丈夫将拆迁补偿款中的40万元给了小姑子，但小姑子不仅想要拆迁补偿，还想享有拆迁分得房子的居住权。

李女士爱人的年龄比李女士大很多，再加上小姑子如今对居住权的要求，让李女士很是焦虑。万一丈夫百年之后，房子作为遗产该如何分配？房子在丈夫百年之后还能属于李女士吗？小姑子到底有没有居住权？面对李女士提出的问题，让我们来看看律师怎么说。

律师支招

根据李女士的讲述以及提供的拆迁补偿协议，崔爽律师表示，可以看到关于回迁房的补偿面积，是根据宅基地1∶1的比例进行置换的。作为李女士的小姑子到底有没有拆迁安置房的居住权呢？具体要看她和被拆迁的房屋以及宅基地，有没有直接的关系。依据拆迁协议，当时登记的宅基地的使用权人是李女士的爱人，而实际居住的人员是李女士一家三口，所以在拆迁时，被安置人就只有李女士的一家三口而没有其他人。而回迁房面积的由来，是跟宅基地相关而跟地上物并无关系，即便李女士的小姑子在宅基地上加盖了地上建筑物，也并不直接导致她享有回迁房的面积。

针对地上物建筑现金补偿这一块，李女士和丈夫已经给了李女士的小姑子40万元，这40万元是不是已经代表了李女士的小姑子在拆迁过程中应该所得的利益，这个要具体问题具体分析。拆迁的时候，关于地上物一共补偿多少钱和李女士的小姑子在宅基地上自建房屋所占宅基地地上建筑拆迁的比例，是决定李女士的小姑子应该获得多少拆迁补偿的主要因素。另外，地上物的价值补偿有所不同，不同的建筑物价值状态也不同，需要具体情况具体分析。针对李女士已经给付小姑子的40万元，建议保存好相关的银行流水凭证，万一李女士的小姑子不承认这笔费用，李女士可以主张维护自己的权益。对于李女士的小姑子希望获得拆迁安置房的使用权，崔爽律师认为，从目前的情况来看，如果小姑子主张回迁房的使用权，从法律上是有一些欠缺的。

对于李女士所担心的，万一丈夫先去世了，那么这3套安置房同样是李女士一家人的家庭共有财产。作为遗产来继承的情况，李女士和女儿是第一顺位继承人，并没有跟李女士的小姑子发生任何的权利义务关系。但这里面还有一个前提，就是李女士的丈夫在去世之前是没有留下遗嘱的。如果有留下遗嘱还是要遵遗嘱办理相关的财产继承。换位思考一下，即使李女士的丈夫留有遗嘱，也只能处分他自

己的那部分权益,对于属于李女士的权益丈夫是无权处分的。

嘉宾支招

听完李女士的叙述,赵可老师表示,根据协议被安置人和现金补偿利益的享有者都是李女士的丈夫,虽然协议中写的是李女士丈夫的名字,但是这并不意味着所有的安置利益和补偿利益是李女士丈夫一个人的,这些利益是属于李女士一家三口,是家庭的共有财产。

针对现金补偿,李女士和丈夫已经给付小姑子 40 万元,不管是出于亲戚关系给的,还是出于李女士的小姑子在地上也建有 3 间房,所以给的一定补偿,都不能直接导致李女士的小姑子享有安置房的居住权。

再来看看李女士现在最担心的问题,也就是万一李女士的丈夫去世了,3 套安置房能不能属于李女士。其实这是一个遗产继承问题,从继承的角度,李女士和女儿是第一顺位继承人,和小姑子之间没有发生权利义务关系。李女士的小姑子如果想获得拆迁安置房的权益,那么有可能她会提起一个诉讼来主张自己的权益,这与李女士的丈夫是否在世,其实没有任何关系。

（北京市盈科律师事务所　崔　爽）

新买的“危房”我该怎么办

对于很多家庭来说,买房子,可绝对是一件大事,很多人一辈子也就只买一次房。买到称心如意的房子,对一个家庭意味着是幸福的生活。实际上,对于绝大多数人来说,买房的主要目的还是居住,首先要考虑的一定是房屋的质量,房屋质量要过关,不能给日后的生活带来隐患,其次是设计合理,住起来比较舒适,然后就是相关配套齐全、生活方便。

今天来到栏目中寻求帮助的何女士,用自己多年的积蓄买了一套让自己闹心的房子,到底何女士能否拿起法律武器维护自己的权益呢?

案例回顾

何女士在2016年购买了一套坐落在北七家的房产。当时在购房的时候,合同写明在2018年12月1日收房,结果开放商逾期交房。如今,面对新房900多户业主都不敢入住,到底是什么原因让业主们对自己的新家望而却步呢?

2019年1月,何女士接到了收房通知。在收房现场,开发商没有对延迟交房作出解释,却要求业主在收房时缴纳水、电、供暖等各种费用。

何女士认为自己未收房,开发商要求缴纳费用是无理的,自己不能接受。何女士在收房的时候,看到自己多年积蓄买来的房屋,存在严重的质量问题无法居住。何女士要求开发商支付房屋延期收房的赔偿款,并且要求开发商给出明确态度,解决房屋的质量问题。

律师支招

何女士 我觉得自己的房屋有严重的质量问题,我现在该怎么办?到底收不收房?开发商要求我们收房的时候就要缴纳物业费、供暖费是否合理?

苏宝阳律师 在开发商没有出具验收报告的情况下,建议您不要收房。因为一旦收房就意味着业主已经同意了,愿意接受这个质量的房屋。对于您说的开发商要求缴纳的费用,水能和电能都是商品,使用了才应该交,如果还没有办理入户手续就收费,不太合理。

何女士 现在我们没有看到开发商的验收报告,万一要是开发商通过别的手段办理了验收报告,我们该怎么办?

苏宝阳律师　从目前的情况来看，如果开发商能够办理验收报告，那么一定存在虚假行为。建议您在提起诉讼之后，委托一家第三方鉴定评估机构对建筑物的质量进行评估和检验。

何　女　士　开发商一直说要整改，之前还承认有问题，现在开发商已经不承认了，我们该怎么办？

苏宝阳律师　积极地向有关部门反映和举报，首先到建委申请信息公开，万一对方取得了验收报告，那么可以质疑如此质量是如何通过的。另外，在业主多次找建委之后，建委是否出面对此事进行调解，有没有正式的会议记录，这些都很重要。因为在会议记录中会显示业主的诉求，以及开发商是如何回应这些诉求的。

（北京市盈科律师事务所　苏宝阳）

买房遇到麻烦事，我该怎么办

不少楼盘在开盘时，房子销售得十分火爆，但是在交房的时候却频频出问题，甚至会出现“交房即维权”“交房即退房”的情况。楼盘的延迟交房，这让原本已经开始计划着装修、入住的朋友愁坏了，表面上是开发商的延迟交房，实际上是打乱了整个家庭的生活规划。

今天来到节目中寻求帮助的王先生就是因为开发商延期交房，在收房时还发现房间中有安全隐患，使自己迟迟不能住进自己的新房里。

案例回顾

2012年11月,王先生与开发商签订了预售商品房买卖合同,合同约定于2014年12月31日前,开发商交房。可开发商却是在2015年1月6日交房,交房的日期与约定的时间,晚了7天。

在交房当天,王先生来到自己新买的房子内进行验收,发现房屋中当时没有水和电,这让王先生觉得设备设施没法验收,而更让王先生无法接受的是,在房子的三层,往外走通往露台的通道上有一个重大的安全隐患。在这里有一个大约宽3平方米,深四五米的坑洞,面对这个安全隐患,王先生当时就没同意收房。

2017年9月,王先生房间内的安全隐患,被开发商补上,开发商再次通知王先生收房。但此时,物业公司又要求王先生要先交一年的物业费才能办理房屋入住。为了物业费,王先生专门咨询了市建委的物业管理处,物业管理处给出的答复是,王先生家的这种情况不属于预交的情况,预交是指的物业公司还没有入驻这个小区之前,向开发商预交的物业费用,而不是向物业公司预交。结果,王先生为了物业费的事情,又耽误了自己的收房时间,然后又将近两年的时间没有收房。

2018年,王先生费尽周折将房屋收了,由于各种原因给王先生造成的损失,能要求开发商给一个合理的说法吗?对于业主来说,提前一年交物业费这是合理合法的吗?面对王先生的疑问和诉求,让我们一起来看看崔爽律师和赵可老师怎么说。

律师支招

听完了王先生的叙述,崔爽律师表示,买房对于每个家庭来说,都不是一件小事。如果遇到了类似王先生家这样的情况,通过协商来解决问题是更好的方法,避免硬碰硬的硬性对抗状态,毕竟像王先生这样硬性与开发商对抗,实际上自己这么长时间都不能住进新房,给自己的家庭造成了损失。对于王先生提到的安全隐患,实际上崔爽律师并不认为这个坑的存在会导致整体房屋的验收不能完成或者说这房屋是不符合合同约定的验收条件。对于王先生来说,无论最后是否选择另行起

诉，在收集相关的证据这一项，都是给自己制造了巨大的麻烦。

针对目前的情况，崔爽律师建议王先生，应该先去相关的市政部门或者以政府公开方式去进行申请，来最终确定一下，房屋在 2015 年 1 月 6 日开发商进行交房的时候，水、电、气、暖是不是已经正常开通，满足了房屋交付的基本条件，以及是否在那个时间点就已经取得了建委的验收备案表，可以正常完成房屋的交付。

如果在这些都符合的情况下，建议王先生一定要正常地去和物业公司签合同，因为房子在已经收了的情况下，涉及后续的正常居住，在生活中毕竟有事找物业还是方便很多。

崔爽律师提示各位买房的朋友们，在进行房屋购买的时候，首先要进行合同的签订，我们对于合同的签订一定要打起一百二十分的注意。其次就是在房屋验收的时候，如果开发商所交付的房屋并不符合房屋验收的条件，当时一定要留下相关的证据，哪些东西在后续需要开发商修理完成，也要签订书面的协议，约定好维修的时间。如果有一些确实是房屋本身的质量问题，导致房屋不能交付，同样还是这句话，要留有相关的证据，这样对于我们后续的维权，包括开发商逾期交房责任的主张，都是一种有利的方式。

嘉宾支招

听完了王先生的叙述，赵可老师认为，我们一直在强调，开发商交房之前，一定要有建委等相关部门允许交房的材料。然后才是王先生个人，对于房屋进行验收和办理相关的手续。

其实在王先生第一次验房之后，针对房屋出现的问题，可以跟开发商协商，比如，我们可以把问题记录下来，得到开发商或者物业的认可，并且要求开发商和物业给我们一个针对房屋问题的维修时间承诺。当我们做好约定的时候，其实交房还是可以继续完成的，最起码不至于导致现在无法使用房屋的问题出现。

对于加建给王先生家中造成安全隐患的问题，王先生在没签合同的情况下开发商已经完成了加建，这个属于开发商完成自己的承诺，也就是完成了赠送面积的承诺，但是进去安全不安全，那是两码事儿。在这种情况下完成收房，这也是王先生应尽的义务，至于说加盖部分的安全性，我个人认为和这个房屋本身是不是能正常收房,是要分开来看的。

那么如果我们认为加建部分的施工是不合格的,首先我们作为业主希望自己的增建部分是由有相应的施工文件和资质的公司来完成,在建完之后,需要加盖公章经过开发商的验收,这些材料是应该向业主公开的。如果开发商不能提供,作为业主的王先生不能据此不收房,这事本身就是两码事。如果后续您有证据证明,开发商给您加建的建筑物或者说加建的阳光房,是不符合质量要求的,那么王先生可以后续依据房屋的现实情况向开发商或者相关的加建单位去主张自己的权利,这也是法律上保护的。

(北京市盈科律师事务所　崔　爽)

房屋跑水的赔偿责任,我该承担吗

相信很多朋友对于“候鸟老人”这个词一点都不陌生,随着人们生活水平的不断提高,一些富裕起来的退休老人,尝试做起了“候鸟一族”。酷暑前,“候鸟一族”飞去哈尔滨、大连、青岛等北方城市。入冬后则迁徙到海南、广州等南方城市“取暖过冬”。这种候鸟式养老,颇受现代老年人的欢迎,不仅丰富了晚年的生活,也让自己的生活过得更惬意。

今天来到栏目中寻求帮助的温女士,在自己度假的时候借用了朋友在海南的房子,没想到的是自己走后朋友的房子竟然跑水了,面对这尴尬的情况温女士到底有没有责任?温女士能否拿起法律武器来维护自己的权益?

案例回顾

2018年7月，温女士和丈夫去海南旅游，海南是一个碧海蓝天、阳光沙滩的度假胜地，这里四季都比较潮湿，天天下雨。温女士的好朋友在海南帮别人管理两套房产，朋友希望温女士夫妇两人在海南度假期间，住在自己管理的房产内，帮忙给房子换气、通风，也就不收温女士的房钱了。

就这样朋友将两套房子中一套小房子的钥匙交给了温女士，在2018年7月温女士和丈夫就到达了海南，因为朋友说不跟自己要钱了，所以温女士就将水电和煤气的表数都记录了下来，在自己回到北京后看看使用了多少，按照实际使用的数量来付费。

就这样在7月27日的一早，温女士将房间收拾干净，然后确认了水阀门和电开关都已关闭好后，回到了北京。

2018年10月1日，朋友的孩子去海南办事，打开房门的瞬间就发现屋里跑水了，如今业主将温女士的朋友诉至法院，要求赔偿损失。面对这样的情况，温女士觉得很委屈，如何才能证明朋友的损失不是自己造成的呢？让我们看看律师怎么说。

律师支招

温　女　士　我在入住这套房子的时候，对水、电和煤气的表数都有拍照，这些可以作为证据吗？

苏宝阳律师　您在住进这套房屋的时候，通过拍照和抄录的形式，将水表、电表进行了一些消耗的记载。这样做既能澄清自己的用度，同时也能摆脱一些自己的法律责任。对于您现在的情况，这种拍照行为，在本案中是一种证据，而且是一种有力的证明您无责的证据。

温　女　士　现在业主起诉了我的朋友，要求我们赔偿，我们该怎么办？

苏宝阳律师　关于诉讼的问题，首先要看原告和被告他们是什么样的关系。

原告花钱雇用被告来照看管理自己的房产,那么照看管理在法律上的权利义务不能等同于租房上的权利义务关系。现在对方起诉赔偿额度的大小暂且不说,在法庭上“谁主张,谁举证”,如果说房屋有被淹的迹象,那么有没有造成实际的损失,是否给楼下造成实际的损失,这些都需要考虑。如果楼下没有损失,仅仅是房间内的发霉和潮湿现象,那么说穿了跑水并没有给业主造成多大的损失。

温　女　士　水管爆裂是在10月1日发现的,我如何才能证明这件事与我没有关系?需要我承担赔偿吗?业主的堂弟也住在同一小区,是不是他也该有责任?

苏宝阳律师　从目前的情况来看,根据您的描述,您朋友确定在7月的时候,房间内水和电的消耗都是正常的,是从8月开始出现上升的。也就是说从8月15日到10月1日一直在跑水。如果是水管压力大,自然爆裂而造成的跑水,那么责任应该是由物业来承担。根据您的情况,房间在您走后应该有人再次入住过。因为您这个事情属于侵权案件,谁侵权谁承担责任,那么现在我们还没有搞清楚谁是直接侵权人,所以最需要做的是先搞清楚谁是针对业主而言的直接侵权人。

（北京市盈科律师事务所　苏宝阳）

弟弟拿走了新房钥匙，我该如何保障权益

古人说得好：兄弟齐心，其利断金。一个家庭，只有兄弟姐妹齐心合力，劲往一处使，团结一致，都为这个家着想，这样家庭才会和睦，家业才会兴旺发达。可是在现实生活中，很多兄弟姐妹之间，为了个人的利益，忘记了骨肉亲情，出现了家庭分歧。如果在这个时候，每一位家庭成员都顾念一下骨肉亲情，冷静下来，一家人坐下来商量，那么很多问题就可以和平解决，这个家，依旧拥有一团和气的氛围。

今天来到栏目中寻求帮助的贾先生，就是因为自己家中的小弟弟，不愿意与其他兄弟姐妹坐下来，好好协商解决父母留下来的遗产，而让兄弟之间的感情陷入僵局，甚至将要走进法庭来解决家庭纠纷。

案例回顾

贾先生的母亲在去世之前，赶上朝阳区拆迁。当时贾先生的母亲认为自己年事已高，便在法院留下遗嘱，将回迁房和拆迁补偿款平均分配给 6 个子女。

拆迁后贾先生的母亲获得一套 50 平方米的房子，关于房子的相关手续，一直由贾先生家中最小的弟弟，六弟来联系办理。如今老人已经去世，可六弟却独自拿着钥匙，不同意哥哥们进入新房。

面对这套如今是小产权，5 年后才能转为大产权上市交易的拆迁安置房，兄弟之间对于房产的分割和使用产生了分歧。贾先生能够通过法律武器得到属于自己的 1/6 遗产吗？让我们听听黄兴国律师怎么说。

律师支招

贾　先　生　我有老人的遗嘱，请律师帮忙看一下，根据遗嘱我是不是可以拿到属于我的1/6。

黄兴国律师　按照您提供的遗嘱来看,母亲在离世前已经对这套房屋提出来分配意见,是由6个子女一人一份平均分配,所以产权就是每个人1/6。至于将来,您这边是通过继承的方式每个人拿一个1/6的产权证,还是说大家协商一下把房屋卖了,具体的处分权是需要一家六兄妹坐下来协商的。在没有分割之前,这套房屋实际上是处于一种共有状态,是你们6个子女共同拥有的。

贾　先　生　**我认为,父母活着的时候没有住过新房,我现在希望六弟能给我们每人一把房子的钥匙,我想把父母的遗像摆在新房里,可以不可以?**

黄兴国律师　在共有状态下对于房屋怎么使用,法律没有那么细致的规定。比如说,您要求把特定的物品放进房屋内,比如别的人不同意怎么办?其实在这个过程中,法律是规定不了这么细的,所以我认为,在有利于生产生活,有利于和谐社会的情况下,对于共同使用环节下,到底房屋怎么用,应该以你们协商的为准。从合法的角度来说,您可以拿着协议和身份证,只要别把这房拆了、别私自卖掉房产,找任何一个开锁公司都可以把这门打开。但是为什么派出所不建议您这么做,是因为您家有6个孩子,如果每人都找开锁公司来开锁,势必发生冲突,所以派出所的民警也是希望您一家人能够协商解决,如果实在协商不成,那么可以走诉讼程序来解决家庭内部的纠纷。

贾　先　生　**我已经多次找小弟弟协商关于房屋分配的问题,小弟弟现在是谁的电话都不接,也不见我们,那我是不是在协商不成的情况下,可以走诉讼程序来解决?**

黄兴国律师　正常来说你们6个子女,对这套房子都有相应的应用权利,目前虽然遗嘱中已经确定了每个人的份额,是可以享受1/6,但实际上还没有经过一个分割的过程。不管是履行继承手续也好,还是去公证处或者法院,还是协商一致兄妹几人全部到场,直接去

房屋登记大厅办理6个房产证，都需对房屋进行一个分割的过程。现在的阶段，就处于权利已经确定，但是还没有进行分割的状态。在这种共有状态下，6个人都有权利使用，也都可以使用，但实际情况中谁能使用、怎么使用就不是法律规定的问题了。最后如果说真的协商不成，那么您是可以和另外兄妹5人去法院起诉。但是建议您，顾念亲情，尽量一家人能坐下来好好协商，不建议把所有亲情关系上的问题全搬到法院解决。

（北京市盈科律师事务所　黄兴国）

楼号变更导致延期收房，我能要回违约金吗

在房产交易过程中，购房者最常遇到的问题就是开发商未按指定时间交房。事实上，楼市每天都上演着各种维权事件，延期交付的楼盘并不在少数。很多购房者买房就是为了更快住进新房，不少开发商以各种“不可抗拒”的理由延期交房，损失却只能由业主自己来承担。相对于房屋质量问题、服务问题等维权来说，逾期交房更令购房者头疼。买房之路虽艰辛，维权之路也甚是坎坷。众多在购房过程中“哑巴吃黄连，有苦说不出”的消费者，走进《律师帮帮忙》在律师的专业帮助下，拨开云雾，找到正确的维权之路。

今天来到节目中寻求帮助的王先生，几年前购买了新房，因为开发商的原因造

成逾期交房,王先生与开发商之间产生了纠纷,到底王先生该如何维护自己的权益呢?

案例回顾

2013 年 8 月,王先生与开发商签订了商品房预售合同,同时王先生交付了房屋的全款,一家人就等新房入住。

王先生与开发商签订的商品房预售合同中明确规定,开发商于 2015 年 12 月交房。王先生在约定的交房时间,到现场与开发商的工作人员一起,按照合同中的楼号查找自己的房子,可没想到的是,王先生连同工作人员一直没能查找到自己房子的门牌号。因为开发商改变了楼号,造成王先生在约定的时间没能办理收房手续。开发商称,曾经给王先生发过关于变更楼号的快递,而王先生并未收到相关的快递。王先生认为,房屋变更楼号,作为开发商应该是清楚的,如果业主没有收到快递,也应该采取相应的公示等方法,让业主可以查到自己的新楼号,以方便办理入住手续。

直到 2016 年 3 月,经过多方打听,王先生再次与开发商约定收房时间。2016 年 3 月王先生按照开发商的要求,办理完除暖气费以外的一切交费及手续,也交了相关的物业费,之后开发商让王先生到物业公司办理入住手续,领取自己房屋的钥匙。

王先生找到物业公司,本以为这回可以顺利地办理房屋入住手续,结果物业公司再次提出暖气费的问题。物业公司要求王先生缴纳 2015 年至 2016 年的供暖费,而这段时间王先生并未办理入住手续,无奈之下的王先生只得再次与开发商协商。开发商对王先生说,如果不交供暖费,就不能给王先生办理收房手续。开发商认为,从 2015 年约定的交房日期开始,取暖费就应该由王先生来负担。

王先生一气之下起诉开发商和物业,在法庭开庭的时候,王先生因为自己身体的原因没能到庭,开发商也没有到庭,法院最终按照王先生自动撤诉处理。直到 2017 年 4 月,在经历了种种波折之后,王先生终于收到了属于自己的房子。面对开发商的做法,王先生可以维护自己的合法权益吗?让我们一起看看崔爽律师怎

么说。

律师支招

在听完了王先生的叙述之后，崔爽律师认为，关于房屋的交付、使用，本身就是开发商的合同义务，如果是发生非主观过错原因导致这个时间段，王先生没有能够正常收房的情况，就应该计算开发商逾期交房的违约责任。那么依据王先生提供的合同条款第14条规定，开发商逾期违约交房的情况下，需要按日万分之一的标准承担违约金，这一点在合同中约定得很清楚。

所以现在王先生的主张是，要求开发商支付从2016年1月1日开始，一直到2017年4月实际收房为止，这段时间的逾期交房的违约金。王先生如果提起诉讼的话，同时还要看开发商在这个过程中，有没有相应的证据做支撑。本身关于房子是否能够交付使用，开发商在法律上是有举证责任的，他需要举证证明能满足交付条件，是业主不来收房而不是开发商不能交房。

对于之后王先生因为供暖费再次没能收房的问题，王先生在跟开发商沟通的过程当中，首先供暖费的交纳我们需要看王先生是应该交给供暖部门还是直接向开发商交纳。其次，如果王先生在2016年，确实非本人原因导致未能收房的情况下，供暖费不应该是王先生来承担，物业费其实也一样，即使王先生已经交付了也需要退还。但如果是开发商本身满足了交房的条件，是购房人迟迟不来收房，那么在这样的情况下即使没有收房，这些费用也应该由业主来承担。

帮忙团观点

在听完了王先生的遭遇之后，帮忙团观察员赵可老师也从诉讼中需要重视的可操作性上给予了王先生提示：您要尽快主张自己的权益。从开发商约定的交房日期2015年12月算起，到现在已经近3年多的时间，您的诉讼时效期是3年，如果您不能尽快起诉的话，会超过您的诉讼时效。因为您之前已经对开发商提起过诉讼，那么从法律的角度来说诉讼时效会发生一个中断，也就是从起诉之日起中断，从中断之日起重新计算诉讼时效期为3年。

另外，王先生所关心的诉讼费用的问题，实际上诉讼费用是一个预交的费用，在案件结束后,诉讼费用是由败诉方来承担的,这点王先生可以不必担心。

(北京市盈科律师事务所　崔　爽)

不识字签订协议,地上物所有权拱手相送

现在不管你是上班还是买房子或者做生意,都需要经常经历签订合同的过程。很多人在签订合同的问题上,都不能绕过一些文字游戏,往往掉入商家的陷阱里面。所以在我们签订合同的时候,一定要注意与自己利益相关的重点词汇,毕竟大多数人对法律知识不是很熟识,实在看不懂的合同可以来找《律师帮帮忙》,我们有专业、靠谱的律师来帮您,千万别马马虎虎就签下了自己的名字,最后肯定是您要面对得不偿失的局面。

今天来到节目中寻求帮助的丁先生,就是因为自己不识字,在还没有弄明白合约内容的情况下就已经签字,结果给自己惹来不小的麻烦。

案例回顾 »

2015 年 7 月,丁先生将自己的 11 亩土地承包给了一个年轻人。丁先生本人不识字,也不懂法,在与对方签订协议的时候,并未搞懂协议中的内容,就草率地签了字。

根据双方签订的协议,11 亩土地上包括了 3 个日光温室,8 个大棚等价值 50 多万元的地上物。

丁先生表示,自己在签订合约时因为不识字,需要对方将合约内容逐字逐句地

念给自己听，对方未将关于地上物约定的这一条读出来，这才导致已经70多岁的丁先生糊涂地签订了合约。结果原本应该为“使用权”的合约内容被换成了“所有权”，这一下丁先生地上物的所有权都归了承包土地的人。这让丁先生很是气愤，认为这份合同的签署具有隐瞒和欺骗性质，丁先生一怒之下便将对方起诉至法院，希望之前签订的协议不予成立。

如今，对方不愿归还地上物，并且丁先生很难联系到对方，面对这样的情况丁先生能够维护自己的权益吗？让我们看看苏宝阳律师和帮忙团成员赵可老师怎么说。

律师支招

听完了丁先生的叙述，苏宝阳律师认为，根据《合同法》的相关规定，双方在形成合同的时候如果存在重大误解，事后是可以协商签署补充协议，合同继续履行有效，如双方不能达成一致，不能签订补充协议的，作为发包方可以启动法律程序，将合同撤销。丁先生自签订合同以来，都承认自己的11个大棚是给承租方使用的，而不是将大棚的所有权交给对方，但合同中恰恰约定的是这些东西归乙方也就是承租方所有，在此约定上双方存在重大误解。

根据《物权法》第39条规定：所有权人对自己的不动产或者动产，依法享有占有、使用、收益和处分的权利。由此可以理解为，物的所有权是指所有人，有使用和处分的权利，物的使用权只有使用，不能处分，不能分配。

在丁先生所签订合同的第6条第3款中约定，此地如被占用，所有赔偿应归乙方也就是承租方所有。这条显然已经有失公平。因为集体土地使用权人是丁先生，而乙方只是租赁人，在遇到政府拆迁所得补偿的时候，地上物如果是承租方建设的，那么针对地上物的补偿是归承租人所有的，而对于土地面积使用权方面所得到的补偿，一定是丁先生本人。

苏宝阳律师建议丁先生，凭借自己身份证原件，到相关的法院调取之前的资料，我们会根据丁先生所提供的资料，帮助丁先生权衡利弊，选择合适的角度再次启动法律程序，帮助丁先生维护自己的权益。

帮忙团观点

在听完了丁先生的遭遇之后,帮忙团观察员赵可老师也从专业的角度给予了丁先生帮助:丁先生双方对于土地的租赁使用其实是没有争议的,但是关于合约中地上物的所有权是有争议的。

由于合同中约定,地上物的所有权为乙方也就是承租方所有,现在即便对方将温室大棚拆了或者改建了,给丁先生造成了损失,丁先生也没有办法向对方追究责任,要求赔偿。所以建议丁先生先把之前案件当中涉及的所有文书从法院中调取出来,这点是没有问题的,作为当事人,法院肯定会配合丁先生复印相关资料的。

如丁先生所说,自己年纪也大了,又不是很懂法律也不识字,所以在处理跟自己的生活、经济有重大影响的事项时,建议丁先生能请一个专业的律师来帮助丁先生办理,至少也一定要找一个识字的人,对事情有所了解,能理解丁先生意图的人来协助办理,避免以后再出现类似的情况。对于刚才说的,对方在合同中可能涉嫌欺诈,也可能涉嫌重大误解,这些怀疑是需要有证据来支持的。不能说因为自己不识字,不理解,就全否定原来签过的合同。合同对于双方当事人来说,就是双方的法律,只要是双方当事人就这份合同的相关事项,签署了相应的文字,那么在您签字的同时,就认可了对双方的约束效力。

(北京市盈科律师事务所　苏宝阳)

母亲去世我该如何拿回我的拆迁份额

汉字的“家”上半部分与房子有关,换句话说,没有房子就无以为家。然而,如今房子已经成为一些家庭纠纷的导火索,甚至有的家庭因为房子走向了破裂,甚至父子成仇,夫妻反目,兄弟阋墙。当房子遇到了亲情,是亲情重要还是房子重要?现实生活中,这样的考题恐怕难倒很多人,现实利益与亲人感情孰重孰轻,问题貌似简单,但在现实生活中却屡屡出现意想不到的答案。

今天来到节目中寻求帮助的郭先生,几年前家中拆迁,安置房却没有自己的份额,就连政府给自己的残疾人补助都没有得到,到底郭先生该如何维护自己的权益呢?

案例回顾

2005 年,郭先生母亲名下的公租房拆迁,母亲用拆迁款购买了一套房产,产权人是母亲,郭先生自己只有居住权。

由于拆迁款分配问题,郭先生和家人闹得很不愉快,如今已经过去十几年,郭先生试图通过诉讼的方式解决纠纷。

当时在拆迁安置的时候,政府针对郭先生是残疾人又是特困户指定给郭先生个人 10 万元困难补助,至今郭先生也没拿到手。法院经过审理,判决郭先生的母亲用拆迁安置款购买的房屋,郭先生具有居住权,同时明确了拆迁补偿款中 10 万元的困难补助系针对郭先生本人,应返还给郭先生。

现在郭先生身患癌症,需要用钱医治。房子是母亲的名字,母亲已经去世,原本在拆迁安置上就已经闹得不愉快的一家人,对于母亲房产的继承问题再起纠纷。郭先生自己在万般无奈之下,只能向栏目组寻求帮助。那么究竟郭先生能得到母亲的遗产吗？他应该怎么办才是对自己最有利的？

律师支招

依据郭先生所叙述的事实，黄兴国律师认为，郭先生的母亲留下了一套产权没有争议的房屋，老人去世之后在没有遗嘱的前提下，对于老人留下的财产应该按照法定继承的方式进行继承。继承人应该是配偶、父母、子女，原则上份额是均等的。也就是说当这个房子仍然在郭先生母亲名下的时候，我们是不能直接进行房屋交易的，必须先进行一次继承。而对于郭先生所要求的过户到他一个人名下，其实里边还含有另一层意思，就是其他的子女要么都放弃继承，房屋的产权由郭先生独自继承，要么就是大家确认份额之后，郭先生通过货币补偿或者其他协商的方式，把其他子女的份额买过来，这样才能将房屋的产权写成郭先生一个人的名字。然后郭先生再进行后续的相应处理。

我们再来看一下当年的一些情况，依据郭先生提供的资料，当年的拆迁协议是合法有效的，按照现行的有关规定，郭先生的母亲在取得相应的补偿之后，其他共同居住人有权利要求这个被拆迁人再进行安置，也就是说郭先生可以要求母亲对自己进行安置。郭先生的母亲在获得安置款之后，用 20 万元购买了一间房屋，产权人是郭先生的母亲，而房屋是供郭先生居住使用的，所以郭先生拥有房屋的居住权。郭先生在已经取得居住权的情况下，就视为取得了适当的安置，所以您再要求来分割拆迁补偿款，于法无据，因此法院不予支持。

同时，对于郭先生所提到的在拆迁时政府针对郭先生给予的困难补助 10 万元，明显针对郭先生个人的。所以在我们对母亲遗产进行分割之前，首先应当把其中的 10 万元扣掉，用来偿还给郭先生，然后剩下的钱按照法定继承的方式进行处置。

依据郭先生提供的拆迁档案，对于当时的拆迁补偿其实并没有按照郭先生认为的，家中有几口人的户籍，就按照人头来进行安置。所以郭先生其他兄弟姐妹拿走的 80 万元，实际上是对整个公租房的承租权，包括里边这么多安置人的一个总体的补偿。所以郭先生一再强调的拆迁中所获补偿款，有您个人多少多少钱，其实和拆迁政策是不完全相符的。拆迁中被安置人能主张两种权利，第一种就是对于

这个房屋的居住权,第二种就是拆迁安置中的补偿款。所以,在郭先生将此事诉至法院之后,法院也是按照北京市的相关政策,依法进行了判决。既然已经对郭先生的居住权进行了安置,那郭先生就不能再要安置补偿款。郭先生的母亲当时让郭先生拥有房屋的使用权,其实还是对郭先生比较负责任或者说对郭先生来说相对比较有利的一个处理结果。郭先生拥有房屋的使用权,到今天为止即使老人已经去世,兄弟姐妹之间对财产分割有争议,也不影响郭先生您的居住。

(北京市盈科律师事务所　黄兴国)

新房不能办理贷款我该怎么办

买房的朋友都知道,在买房之前一定要查看开发商的五证。但是在实际购房时,往往会因为开发商着力宣传楼盘的优势、优惠的政策,而忽略掉最重要却最不容易引起关注的问题。毕竟在购房者心中,最关心的永远是价钱。在这里小编不得不提醒广大购房者注意,买房时,一定要看清开发商的五证,万一购买了五证不全的房子,会给自己带来很多不必要的麻烦。

索女士一次偶然的机会,投资了北京周边的一套房产,没想到自己买的房子五证不全,导致迟迟不能办理贷款手续。如今房子的事情已经拖了两年还没有一个妥善的解决方案,索女士只得寻求栏目组的帮助。

案例回顾

2017 年,索女士在朋友的介绍下,打算在河北省唐山市购买一套住宅。这套房屋的总价款为84万元,自己从亲戚朋友手中借了30多万元用来交首付,剩下的房款索女士打算通过银行按揭来完成。可是由于当时开发商的五证不全,贷款迟迟未能审批下来,再加上索女士身体不好需要做手术,事情就这样被搁置了。

2017年下半年,当地政府出台关于房子的相关政策,房屋开始限购。虽然现在开发商的五证已经全了,但由于限购政策,索女士依然买不了这套房产。在几次与售楼处的负责人联系之后,房子依然没有退成。那么索女士究竟能否退房?律师又会给出怎样的解决方案呢?让我们看看黄兴国律师怎么说。

律师支招

索 女 士 我现在就想知道,在对方五证不全的情况下,贷款迟迟不能办理下来。他们与我签订的预售合同是不是无效?

黄兴国律师 依据您描述的情况,按照咱们关于商品房买卖的一系列的规定,在五证不全的情况下是不允许进行商品房预售的,这个预售合同是无效的。但是当时没有办理下五证的情况,其实您是知道的。您当时也想等等,等开发商补齐了五证,证明房子您还是想要的。在这种情况下如果将来又出现纠纷,我们起诉说当年他五证不全,法院同样要对情况进行审查。在一审诉讼的时候,对方是不是已经把五证办理下来了,就变得很重要。如果对方已经办理了五证,那么再说预售合同无效就不行了。

索 女 士 由于出台了限购政策,现在我属于没有资格购房的,我能否要求退房?

黄兴国律师 政策变化导致我们现在失去了购房资格,这个是可以退房的。我们认为政策的变化是双方都不可预见的,原则上双方应该进行相互返还。如果占用资金,我们再考虑是谁的原因,导致我们丧失购房资格,其实是对方的原因。如果当年在预售的时候,开发商手续齐全,签订合同之后就可以正常地办理后续的手续,这个房子就不存在退的问题。所以我觉得对于这个房子,索女士

要求退房，是有正当理由的。作为开发商是没有道理不给办理退房手续的。

（北京市盈科律师事务所 黄兴国）

拿我工龄买的房，为何没有我的份额

公租房、房改房作为房地产市场的重要补充，一直在我们的生活中占据着很重要的角色。房改房中以工龄抵扣购房款，是国家对工资中没有包含住房消费资金的职工给予的一种补偿，是住房制度向住房商品化过渡的一种特殊形式。有房改购房权利者，购房时可以依据政策使用本人以及配偶的工龄予以折扣冲抵房款。面对老人留下来的房产，夫妻双方享受优惠的购房政策，以工龄来抵扣的房款，能否作为确认房屋物权归属的依据？多子女家庭中，关于房产的分配应采取协商解决的方式，才是家庭和睦的根本。

今天来到节目中寻求帮助的李先生，最近遇到了很多的烦心事，而所有的烦心事都要从自己老岳父的公租房说起。

案例回顾

李先生的岳父在1992年去世，老人给家中的子女留下了一套公租房。2000年的时候，单位允许家属购买这套公租房，将房产变成个人产权，于是李先生就用妻子和自己两个人的工龄，从单位开出相关证明，房子剩余的差价部分，由妻子的姐姐出资补齐。购买了这套房产，将公租房变成了产权房。

出于各方面的考虑，房子最终落在了李先生妻子的名下。自此之后，妻子的家人不断强调，这套由公租房转换而来的产权房虽然登记在李先生妻子名下，但跟李先生夫妻俩没有任何关系。同时，这套房子一直由李先生妻子的姐姐和弟弟居住，房本也在他们姐弟二人的手中。李先生夫妻二人则由于李先生爱人身体和工作原因，一直住在妻子哥哥名下的公租房内。

在2010年的时候，李先生夫妻俩居住的妻子哥哥名下的房子拆迁，当时以货币补偿的形式，这套公租房的拆迁款共计获得125万元。承租人也就是李先生妻子的哥哥分得31万元。李先生夫妻二人，拿着剩余的94万元拆迁款，加上两人6万元的积蓄，以及李先生妻子弟弟的42万元，购买了另一处房产。这套房子最终落在了出资42万元的李先生妻子弟弟的名下。实际的居住人，则是李先生和妻子。

说起这套房子，李先生原本就满腹委屈，在住进这套以妻子弟弟名字购买的房产后，妻子提到的“房租”二字，让李先生的心里很不是滋味。为了避免矛盾，李先生决定，每月缴纳房租给妻子的家人。如此一来，李先生住在妻子弟弟名下的房子里，每月交着房租，而用自己和妻子工龄购买的、岳父留下的老宅，又一再地被强调与自己无关，由房子引发的矛盾日积月累，越来越多。

妻子的姐姐随后写下的两份声明，更是让李先生难以接受。一份声明表示，李先生自己单位分得的房子属于夫妻共同财产，对于这一点，李先生是认同的。但另外一份声明表示，岳父留下的老宅由公租房转换为产权房，自己和妻子明明都做了贡献，妻子的姐姐却要求他在“房子与自己夫妻二人无关”的声明上签字。妻子竟也站在了自己的对立面。

不快的情绪，在李先生的心里越积越多。而这套让一家人矛盾丛生、原本岳父留下落在李先生妻子名下的房子，在十余年后，又换了主人。房子在2016年年底被出售了，卖房所得一共是380万元，在出售这套房子之后，又以372万元的价格购买了一套房产，而这套房子落在了妻子侄女的名下。房子的全程手续都是妻子的弟弟来办理的，后来对于房子装修费用，也是妻子的弟弟出的。面对妻子家人的做事方式，李先生内心很是不满，从法律上来讲现在房子跟李先生夫妻已经没有任

何关系了，这让李先生觉得自己说不清道不明，夫妻二人都不愿意与家人争房产，但是李先生认为，需要一个说法，让自己的生活能明明白白的。

李先生家这错综复杂的事情中，涉及了房产的好几次变更，李先生能要来一个明白的说法吗？让我们来看看曹晓静律师怎么说。

律师支招

在听完李先生的叙述后，曹晓静律师认为，李先生家的事情相对比较复杂，需要剥丝抽茧来帮李先生逐一分析清楚。

先来说李先生岳父留下的这套房产，由于该房产在购买时，购买公租房的工龄是具有财产价值的，李先生夫妻二人可以认定为是这套房子的产权人。由于这套房产，李先生妻子姐姐的出资金额较小，可认定为借款。

我们再来看看李先生夫妇后来居住的属于妻子哥哥的房子。在拆迁之后购买这套房产的时候，李先生和爱人出资 6 万元，这 6 万元怎么算，需要看出资的时候是以资助的形式还是借款的形式，如果是资助的话，那就是赠与的行为。如果是借款的话，可以按照民间借贷由李先生向妻子的弟弟来主张本金和利息。如果什么协议都没签订，也没说清楚这笔钱到底是什么样的目的，可以将其视为是一种借款，李先生可以主张要求妻子的弟弟返还这 6 万元。我国实行的是房地产登记制度，房子登记在谁名下，房子权属就是谁的。不能说我在买房的时候向亲戚借了一些钱，或者在购买的时候向父母借了一部分钱，房子就跟亲戚或者父母有关系。除非事先有共同出资、按份共有这样的协议约定，否则，如果仅仅是借款或者是出资的情况，那么就只是一个债权关系，不能发生物权效力。

我们再来看一下最后这套原本在李先生妻子名下，后来由于卖房买新房变成侄女名字的房产，到底该怎么办。在北京市高级人民法院的指导意见里面，关于借名买房有相关的规定，能够证明出资但是没有协议的情况，李先生夫妻可以就出资以及相应的利息来主张返还。也就是说，在这套房子里李先生夫妻购买的时候有多少出资，是可以主张的。除非妻子的侄女或者说妻子的弟弟能够拿出，买房时你们就签订的赠与合同，否则的话关于这套房产的出资及利息李先生夫妻是可以要求返还的。但是，这个要求返还的行为，是需要李先生与爱人达成一致的意见。李先生也是可以主张自己的那一部分份额,因为夫妻共同财产里有一半是属于李先生的,在这么做之前,李先生要衡量好整个家庭的关系,需要慎重考虑。

鉴于李先生的事情,曹晓静律师建议,之前出售的房款是属于你们的夫妻共同财产,之后您婚后取得房子虽然登记在李先生名下,也属于夫妻共同财产。如果这两套房子价值相当的话,其实李先生可以跟妻子协商,比如签一个财产约定,之前出售的房款归她所有由其进行支配,跟李先生无关。那么婚后的在李先生名下的房子,归李先生个人所有,这样的话,李先生夫妻两人,可以对之前的事情既往不咎,不要再埋怨谁,之后重新来过。

(北京市盈科律师事务所　曹晓静)

二哥卖了父亲的房,我的份额该怎么要回

“本是同根生,相煎何太急”,兄弟之间为了一套父亲留下来的房产,亲情的小船难道说翻就翻!兄弟姐妹之间的相处,本就应该本着一颗宽容的心,相互之间团结友善,和睦相处,才会使大家庭更加幸福。但是在柴米油盐、粗茶淡饭的生活中,一家人难免会产生这样或那样的矛盾。当这些矛盾来临的时候又会引发怎样的家庭战争呢?

今天来到节目中寻求帮助的徐先生,其二哥未跟其他兄弟商量便私自卖掉父亲生前留下的房产,徐先生能否拿回属于自己的份额?在徐先生兄弟之间又发生了什么事情呢?

案例回顾

徐先生的父亲名下有一套国企分配的公房，在母亲去世之后，赶上国家房改房政策，将这套公房变更为可以上市交易的私有产权房。

2013 年 11 月，徐先生的父亲与徐先生的二哥签订了一份房屋产权变更协议，协议中约定父亲名下的房子变更给徐先生的二哥，二哥享有长期居住的权利，如果日后涉及出卖或者出租，别的子女享受相应的份额。协议签订之后，徐先生的父亲就将房屋的产权过户给徐先生的二哥。

2015 年，父亲生病，徐先生的二哥却对老父亲不闻不问，年迈的老父亲基本由徐先生一人照顾。在老父亲生病期间，徐先生的二哥一度让父亲签订另一份房产变更协议，将房屋的所有权全部都交给徐先生的二哥一个人。2015 年 10 月，徐先生的父亲去世，在老父亲住院期间，徐先生的二哥及其家人还有二哥的子女一天都没到医院照顾老人，甚至连老人的后事都没有处理。徐先生二哥的做法让徐先生很是气愤。

2018 年 12 月，徐先生的二哥将老父亲留下的房产以 590 万元的价格出售，对于售房所获得的财产，却一分钱都没有分给徐先生和大哥的孩子，并且失去联系。

如今，大哥也已经去世，面对二哥的做法徐先生无奈之下选择求助栏目组，希望律师帮忙支招，父亲当年写下的变更协议是否具有法律效力？徐先生和大哥的继承人是否可以分得房产变卖之后的财产？让我们看看曹晓静律师怎么说。

律师支招

听完了徐先生的叙述之后，曹晓静律师认为，父亲在世的时候所签订的房屋产权变更协议，属于一个附条件的赠与协议。

当年签订协议中明确表示，变更房产的条件就是除了二哥必须尽赡养义务之外，他不能随意处置这套房产。这份协议只保障了二哥的居住权，如果涉及房屋的出租或者出售，对于所得的钱款二哥是不能独自占有的。协议还明确规定了，一旦房屋出售兄弟三人的分割比例。所以曹晓静律师认为，房子既然已经被二哥出售，作为权利人的徐先生和大哥的继承人，可以依照当年的协议，要求按照协议中的约定份额分割所得房款。

如果徐先生与家人协商不成,需要就此财产问题起诉至法院的时候,需要注意的是,在徐先生向法院起诉的过程中有两种方式:第一种是徐先生自己作为原告,将大哥和二哥作为被告起诉,要回自己的份额。第二种是徐先生与大哥的直系亲属一起作为原告,起诉二哥私自占有房产,主张拿回自己的份额。

在起诉过程中,徐先生需要提供亲属关系证明,可以去派出所开具一个亲属关系证明,如果徐先生和父亲之前都在一个户口本上是不需要开具亲属关系证明的。这份产权变更协议,是具备立案条件的基本证据,后续的证据可以在立案之后申请法院调取或者委托专业的律师向法院申请调查函,拿着调查函再去房管部门调取。

(北京市盈科律师事务所　曹晓静)

错综复杂的二手房买卖纠纷

房屋是一种非常特殊的商品,它既是耐用消费品又是投资品。近年来,各地不断推出楼市的调控政策,限购令的出台可以说是抑制房价的一种退而求其次的办法,无论是房地产市场的新政出台还是限购令出台,其基本导向在于一方面通过政策调控,遏制不合理的购房需求;另一方面通过提高购房成本,改变公众的房价预期,从而遏制房价过快上涨。房地产新政是国家行政机关颁布的行政性决定,具有原则性、调控性、应时性、有限性等特征。

今天寻求帮助的王女士,就在自己卖房的过程中偏偏遇上了限购令,买家借政策为由想要退房。

案例回顾

2017年3月,王女士通过中介公司,将自己的房产卖给该中介公司的经理孙某。由于当时该房屋还没有办下来房产证,孙某在支付给王女士60万元首付款后,王女士便将房屋及相关的物业手续交付于购房人孙某。

2017年11月,房本下来以后王女士与孙某相约,共同去领房本。在领完房本回来的路上,孙某突然以廊坊限购政策为由,表示自己缴纳社保个税未到年限,不具备购房资格要求解除合同,同时要求王女士退还孙某之前支付的60万元房屋首付款。

此时,廊坊地区受限购政策影响,燕郊的房价整体下降,这套房屋当时跌了接近80万元。而在这期间,孙某对于自己使用居住王女士房产一年多的时间,却只字不提。并且直接将王女士起诉,关于诉讼的费用也要求由王女士来承担。这次诉讼中,王女士败诉。

随后,王女士找到三河社保及税务部门出具证明,证明孙某从2015年9月至2018年2月缴纳个税已经连续29个月,也就是说正常情况下在2018年9月孙某即具备购房资格,但是孙某自己中断了社保和个税的缴纳。在2018年5月王女士上诉廊坊市中级人民法院,最终案件被驳回三河市人民法院重审。在重审开庭前,买房人孙某又上演了戏剧性一幕,突然撤诉并于2019年2月发函给王女士,要求继续履行房屋买卖合同。

面对孙某的行为,王女士不愿意再跟他继续交易,在王女士的心中认为孙某已经有恶意违约之嫌,所以王女士希望跟孙某合同终止。那么,王女士的诉求能实现吗?到底这次二手房买卖纠纷该如何解决更妥当呢?让我们来看看黄兴国律师和赵可老师怎么说。

律师支招

王女士讲述完自己的遭遇后,黄兴国律师认为,在卖房前,首先就要审核买房人的资格,审核之后再看对方的付款能力,现在二手房买卖合同中经常有一条被我们忽视,就是办理贷款贷不下来怎么办。在王女士的二手房买卖合同中,签的就是贷不下来买房要一直贷,其实我们知道,在银行办理贷款,任何一家银行的征信都是一样的,这家贷不下来的情况换一家一样贷不下来。所以在贷款贷不下来的情况下,是不是可以约定由买方自行筹措差额或者其他资金。

针对王女士的事情,黄兴国律师认为应该分开两头来说比较好。第一是关于合同效力的问题,如果这个合同因为你们任何一方,比如说资质有问题或者其他原因可以解除的话,那当然就可以直接解除合同。然而如果因为政策原因解除合同,那么只是涉及相互返还,原则上都不用承担违约责任。第二种情况就是当年买方以自己不具备购房资格要求退房,而现在已经具备资格的情况。现在法院审核这种资格类的房屋交易,标准是一审判决结束之前已经具备条件,就不能再以自己不够资格来要求退房。按法律上来说,资格的问题是属于可以治愈的瑕疵。也就是说,王女士之前与孙某签订的购房合同应该说是成立而且是有效的状态。如果在这样的情况下,王女士觉得单方面不想跟孙某继续交易,那么实际上是需要王女士找出解除合同的理由。

现在,双方都在算的是经济账。对方之所以希望继续履行合同,也是考虑了自己的损失之后才做出的决定。整件事情中,王女士也有办的不到位的地方。比如说在合同没有解除之前,至少按照原合同的约定王女士应当将房屋交付给对方使用。而在这个过程中,王女士其实等于把房子给抢回来自己居住了,这件事实际上是有问题的。如果将来法院认为不可归责于双方,是政策变化导致的合同不能履行,法院判决解除合同。那么作为王女士来说是可以要求买房对于使用该房屋的时间和情况,进行相应的补偿。可王女士已经把房子抢回来的情况,实际上对人家也造成一定损失,后续可能就会出现一个相互有折抵。所以在合同这个事还没有完全说清楚的情况下,王女士将房子拿回来,对王女士来说可能是一个不利点。如果法院在审理的过程中,判判决继续履行合同,建议王女士还是继续配合,其实这样对于王女士来说,是一个很好的结果。

帮忙团支招

在听完王女士的叙述,赵可老师劝王女士,如果继续履行合同,等于还是按照房价下跌之前的价格成交,如果能够顺利的交接完房子手续,对王女士来说其实是

比较有利的一个结果。

在合同因为各种原因,没有履行完毕的情况下,确实会处于一个不确定状态。那么在这期间就可能会发生各种各样的变动,所以说这件事情,需要双方坐下来,真诚的来谈一下解决问题的方式,都别意气用事。为了一套房子,已经折腾了好几年的时间,双方都会有些斗气的成分,而我们需要的是理性的解决问题,这样才能对双方都更有利。

就王女士的事情,赵可老师表示,王女士是在房本还没有下来之前就把房卖出去了,在这样的情况下,首先就要等拿到房本才能办理过户手续。而等待的这个过程中,由于办理手续时间的延长,导致了政策变化,买受人的资格变化,包括买受人财产状况的变化,都变成了不确定的因素,才造成了今天的局面。

赵可老师建议:在卖房的时候还是尽量先拿到房本,即使房本没下来之前房价已将涨了,也不要盲目的进行房产交易。严格来说,这样的交易会导致交易实际上没法履行,在没有房本的情况下交易你认为自己可能将利益最大化,但实际上可能自己要面对损失。

（北京市盈科律师事务所　黄兴国）

父母离异我的户口并未迁出,安置房为何与我无缘

近年来城市房价迅猛上涨,房屋拆迁补偿款造就了很多富人,拆迁拆出千万富

翁已经不是什么新鲜事了。现实中拆迁除了给家庭带来财富之外,也引发了一些家庭的纷争。关于拆迁安置房所引发的家庭纠纷与日俱增,逐渐变成了时下热点和现实中的棘手问题。

寻求帮助的王女士,就遇到了自己户口在拆迁地,却迟迟没有得到拆迁安置的事情。王女士早年因为父母离异,只得跟随母亲搬离父亲的院子,但是户口一直没有迁出,前几年父亲的小院拆迁,王女士能获得拆迁安置补偿吗?

案例回顾

王女士从出生后户口就一直在父亲居住的村子里,1997年,在王女士初三毕业以后,父母选择离婚。父母离婚之后,王女士被判给了母亲抚养,当时父母离婚的时候,王女士的母亲没分割父亲的房产,直接带着年少的王女士离开了曾经生活的家。而王女士和妈妈的户口一直就没有迁出爸爸多年来一直居住的院子。

曾经自己的父母一砖一瓦盖起来的房子,如今面临拆迁,户口一直没有迁出的王女士和母亲,在拆迁中能享受到安置利益吗?让我们继续往下看。

由于一直没有得到拆迁安置,王女士与拆迁办协商,拆迁办给予王女士的答复是,像王女士这样的情况,需要等等政策,以后会有相应的政策。这一等就让王女士等了很多年,一次次地去问拆迁办,拆迁办则责怪王女士当时拆迁的时候怎么没来要房。总之,拆迁办认为王女士和母亲属于空挂户,是无法得到安置的。而王女士获取的消息是,自己和母亲的户口都在父亲的院子里,就应该有拆迁安置房。拆迁之前,王女士特意找父亲协商,能否搬回家来住,这样拆迁的时候也好有王女士自己的房子。父亲面对女儿的要求,满口答应。可让王女士没想到的是,时隔一天,第二天早上父亲就给王女士打电话,答应女儿回来居住的事情反悔了。后来王女士得知是因为继母不同意王女士搬回去居住,在拆迁安置的时候,由于继母不同意签字,原本应该得到的2+1拆迁安置房,只得到了两套,加的一套也就是本该属于王女士和母亲的房子拆迁办就没给。

本应该有一套属于自己和母亲的房屋,因为父亲和继母未签字,放弃了房屋的使用权。这让王女士很不情愿,明明自己的户口就在父亲的院子里,为什么就没有

自己的安置房呢？即使父母已经离婚，但房子也是自己父母一起盖的，即使当年母亲没要房子，难道王女士就不应该享受到居住的权利吗？王女士带着困惑走进栏目组，希望得到律师的帮助。到底王女士还能够分得一套房产吗？让我们看看黄兴国律师怎么说。

律师支招

听完了王女士的叙述，黄兴国律师表示，王女士的事情简单地说就是父母离婚后，母亲放弃房屋所有权并离开居住的房屋，但自己与母亲的户籍一直没迁出，拆迁时能否获得拆迁补偿的问题。

首先，我们来看一下王女士父母在当年离婚的时候对于财产是如何约定的。按照当年王女士提供的父母离婚时候的调解书，母亲当年已经对宅基地上的房屋进行过确认，母亲要的是折价款。王女士父母离婚后，母亲带着王女士向大队申请过宅基地，但是由于集体经济组织所拥有的地是有限的，申请的人又比较多，所以大队没有给王女士及母亲批宅基地。而王女士所说的这个情况，是比较普遍的一个情况。

我们再来看看王女士在拆迁时是否享有拆迁权利。享受拆迁利益，要符合以下条件：一是宅基地的使用权人是被拆迁人，享有拆迁的全部利益。二是是否长期居住符合拆迁安置政策，也就是说在这块宅基地被拆迁的时候，即使宅基地的使用权人不是您的名字，但是需要符合长期在此居住的条件。我们反复权衡王女士的情况，如果王女士想主张说作为被拆迁人，这种可能性是非常小的。也就是说在安置房里如果王女士希望拥有一套直接能写自己名字的安置房，可能性几乎是没有的。因为在拆迁的过程中，王女士的父亲是合法的被拆迁人，拆迁补偿要归宅基地的所有权人，而不是以户籍为依据进行补偿，所以王女士的请求很难得到支持。

王女士在这次拆迁过程当中能不能拿到自己应有的一些权益呢？我们需要帮王女士详细地解读一下当时的被安置政策，看一下王女士是否属于被安置范围内。在当时的安置政策中，专门有一条安置范围其中包括，本村有户籍，属于建房批示的人员及其家庭成员才能成为被安置人员。王女士是符合政策的，但是并不是批示的人员及其家庭成员，所以在安置的时候拆迁办就将王女士划归为所谓的空挂户。

如果在这样的情况下,王女士对拆迁依然有意见的话,黄兴国律师建议王女士可以去调一下当年的拆迁协议,具体地看一下当年的拆迁协议是怎么签的,如果拆迁协议里确实有王女士是被安置人,王女士就直接向父亲主张权利就可以了。如果按照刚才所说的情况,在拆迁的过程中,不管是父亲从中作梗也好还是怎么样,导致王女士不在拆迁范围内,拆迁的时候就放弃了王女士的份额,那么要向当时主导拆迁的拆迁公司或者拆迁办提出异议。对于王女士来说,父亲已经再婚,如果在父亲百年之后,在父亲没有留下遗嘱的情况下,作为有血缘关系的子女,是可以按照法定继承的方式得到父亲的遗产。

(北京市盈科律师事务所　黄兴国)

胜诉后,我依然无家可归

当我们经历过风雨之后,才会真正理解家庭的含义。亲兄弟明算账,确实不需要拐弯抹角,亲人之间需要的是互相关爱,恐惧的是尔虞我诈,只会站在自我的角度判断问题是非,亲人之间便会争执不断。为了一份家产搞得反目成仇甚至拳脚相加,真的有必要吗?

寻求帮助的李女士一家,不仅因为房产产生了不和睦的局面,更出现了拳脚相加的片段。李女士被迫将家人诉至法院,胜诉后却依然无家可归,李女士到底该如何维护自己的权益呢?

案例回顾

1988年,李女士家中私房拆迁,当时分了三套楼房和一套平房。平房一直是由李女士妹妹居住,而这三套楼房,父母当时安排李女士居住其中的一套楼房,就是4号房子。

2012年,家中发生房产纠纷,此时李女士才发现自己作为被拆迁人和被安置人,房产竟然都没有登记在自己名下。此后,妹妹和母亲先后诉李女士腾房,李女士一家到底发生了什么事情,为何李女士的妹妹和母亲都将李女士诉上法庭呢,让我们听李女士继续道来。

先是李女士的弟弟与家人闹矛盾,将李女士的妹妹告上法庭,要求腾房。随后李女士的妹妹向法院起诉李女士,欲将李女士赶出4号房屋,并要求李女士腾房。直到这个时候,李女士才知道,家中的三套楼房都不在自己名下。在法院判决之后,李女士并没有上诉,李女士认为,只要有自己居住的房屋就可以了。后经过法院执行,在2013年的时候李女士将4号房腾出搬到了20号房子居住。在李女士搬进20号房子居住了不到一年时间,李女士的弟弟又来找李女士要房。

这次李女士弟弟找李女士要房,进一步加深了家庭矛盾和纠纷。李女士的弟弟软禁了自己的母亲,使得李女士和母亲一直无法接触。与此同时,李女士的弟弟胁迫母亲起诉李女士腾房,面对这样的情况,李女士不断上诉,直到上诉到高级人民法院,法院认定李女士是被拆迁人和被安置人,有权居住使用该套房屋。

然而事情到此并没有结束,让李女士最无法接受的是,2013年,在诉讼期间弟弟和妹妹竟然雇人把李女士从居住的房间中给打了出来。手中持有胜诉的判决书,却依然无家可归的李女士,曾经一次又一次地报警,也没能解决自己的困扰,无奈之下寻求栏目组的帮助,希望律师能够帮李女士从专业的角度维护自己的权益,让我们看看黄兴国律师将给出什么样的专业意见。

律师支招

听完了李女士的叙述,黄兴国律师先从李女士到底对房产拥有什么样的权利进行分析。从李女士讲述的拆迁的情况以及后来高级人民法院认定的情况来看,李女士不仅应该享有房屋的居住权，还应该享有房屋的产权。被拆迁人一般享有安置房屋的相应权利，那么作为被拆迁人同时还是安置人的李女士，对于想在房子内居住的基本诉求是有依据的。

拆迁公房或者公租房的事情相对比较复杂，不能按照我们一般的自有产权房屋来考虑，所以实际上谁符合承租条件，人家产权单位把房子租给谁，这个事不是一个平等民事主体之间的关系。包括北京市先后出台了关于房屋租赁的规定，最后都有一句话，就是一种政策性房屋不适用普通的民事法律规定。所以对于当年，承租权写给谁对与不对，我们是很难通过现有的民事诉讼方式来解决。但是，对于李女士来说，至少在这三套房屋中无论是哪一套都应该享有居住的权利。

而对于李女士所说的，现在房屋已经出租的问题，实际上作为公租房原则上不应该出租，所以下一个问题就变成了李女士是不是要起诉腾房。作为有房屋使用权的李女士现在无法居住，而一些没有权利的人却住在房子里，李女士可以凭借法院的判决，理直气壮地住进房子内。如果因为李女士的进驻，发生了纠纷，那么李女士可以采取报警的做法。在这样的情况下警察出警虽然不能根本地解决李女士的问题，但是警察能见证房屋已经出租这个事实，这样一来李女士就已经获得了对方将房屋出租而导致自己无法居住的证据。

黄兴国律师认为，李女士目前遇到的困境，其实根源在于自己没有坚持在房子里持续地居住。如果李女士在房子里继续居住，现在又有法院的判决，其实任何人都没有权利让李女士搬出来。在拿着法院判决书的情况下，如何才能住进房子，目前是需要李女士付出一定努力才能实现的。

（北京市盈科律师事务所　黄兴国）

买了房，过了户，学区房为何还是无法入住

“学区房”，又被称为我国房地产发展过程中诞生的产物，是众多父母面对子女上学时无法绕开的一道大槛。只因其坐落在某个重点小学或初中的“学区”之内，瞬间在房产上凝聚万道光环。从孟母三迁到今天的学区房，哲学告诉我们，存在必有其道理。那么学区房除了帮我们解决子女教育的问题又给我们带来了什么样的困扰呢？

今天来到节目中寻求帮助的李先生，最近为自家的学区房而备受困扰，到底李先生家的学区房发生了什么事情呢？

案例回顾

2018 年 6 月，李先生和爱人通过中介公司，在东直门附近购买了一套学区房。

双方在签订买卖合同时，李先生就知道卖方与租客签订了 3 年的租赁协议，因此在合同中明确约定，在双方办理完房屋交付手续之后，卖方在收到公积金贷款的 3 日内将该房屋交付给李先生，同时每月房屋出租的租金，由卖方转到李先生名下。如果不履行买卖合同，卖方将以日为单位，支付给李先生房款万分之五的违约金。

2018 年 9 月 20 日，李先生购买房屋的最后一笔款，由公积金贷款中心支付给卖方。而当时卖方答应的将房屋出租的租金转给李先生，却一直都没能完成。李先生多次追要而没有结果，面对自己购买的房子存在 3 年租约，李先生的权益能得到保障吗？让我们看看郝律师如何支招。

律师支招

听完李先生的叙述,郝莉芬律师表示,事情的关键在于房屋买卖过程中,前期有一个房屋租赁的问题,根据房屋买卖的履行情况来看,作为购买人的李先生已经按照合同约定把房款全部交清,而卖方从事实履行情况来看,也已经将房屋过户到买方也就是李先生名下,出问题的结点在于房屋实际上还没有履行交付的手续。

李先生已经拿到房产证,实际上意味着房子已经是李先生拥有,产权证意味着法律的认可,房屋所有权已经归李先生所有,受物权法保护。现在我们就来看一下对于房屋具体算不算交付这个问题,是如何认定的。

根据合同,李先生支付的最后一笔款项,已经于 2018 年 9 月 20 日打到对方账户上,这个时间到之后的 3 日之内,是买卖双方应该办理一系列交付手续的时间,而李先生购买的房屋,交付本身就包含对房屋租赁合同主体的变更,还有对水电费数据的重新记载和物业交割手续。这些手续,目前李先生都没有完成,所以可以认定为交付没有完成。李先生在拥有房产证而实际没有交付的情况下,拥有合同当中约定的相应权利,而售房人则必须承担在合同中约定的违约责任。

出售方将房屋的产权证交给李先生之后,仍收取承租方的租金而没有将租金移交给李先生,实际上已经构成违约。作为出售方,应该完整地和李先生办完交付手续,这其中必然包含房屋租赁协议的转移。

郝莉芬律师建议,在李先生与卖方讲明违约所要承担的法律责任后,争取和对方协商解决此事,如协商不成,李先生应在固定证据后,向法院提起诉讼,李先生有权利就违约金和房租一并主张。

(北京市盈科律师事务所　郝莉芬)

好心塞！房子和口粮田拆迁，竟然都没我的份

对下面这句话大家一定不会陌生：一碗水端不平。生活中在多子女的家庭，这句话显得尤为常见。由于老人的偏心，无形中给多子女家庭亲人间的相处增加了一层隐患。漫长的家庭争执后，兄弟俩闹上法庭的现象屡见不鲜。经过法官几番调解，多方的劝谏下一家人勉强得到了一个彼此相对满意的结果，已经算是万幸。

今天来到节目中寻求帮助的陈女士，就因为自己家中一次不公平的分家，导致数年来家庭内部纠纷频发，这也让陈女士备受困扰。到底陈女士家发生了什么事情呢？

案例回顾

陈女士是北京市通州区永顺镇小圣庙村的村民。1999 年，陈女士一家对自家的宅基地以及地上房屋进行了分家。陈女士的公公让陈女士的爱人以 3000 元的价格，将本应属于陈女士一家的 5 间房卖给了陈女士爱人的弟弟。当时老人承诺将外院作为补偿分给陈女士一家。如今事情已经过去了 20 年，因为这个外院的事情，引起了一家人不少的纠纷。

2017 年，对小圣庙村进行了全方位的棚户区改造，改造包括宅基地和非宅基地这两块。原本陈女士和儿子在小圣庙村都有地而且也有房，但就因为 1999 年那次陈女士认为不公平的分家，导致陈女士在这次棚户区改造中没有得到一分钱的补偿。也正是这次不公平的分家，让陈女士在卖掉自己的房子之后，一家人一直住在爱人单位的职工宿舍里。

原来，陈女士的公公只是口头承诺将外院作为补偿分给陈女士的爱人。结果在2017年拆迁的时候,墙上公示出来的结果显示,外院依然是公公的名字而不是陈女士爱人的名字。直到这个时候,陈女士才意识到,外院其实也不属于她们一家人。

2017年,陈女士曾经起诉过一次,陈女士的公公将自己的3个院子1个分给老二,1个分给老三,自己还留有1个院子,只有陈女士的爱人,家中的老大没有份额。陈女士在诉讼中想继承婆婆的遗产,结果还是输了官司。

陈女士觉得很委屈,当初老人让陈女士的爱人卖房,要求写字据,可到了自己承诺的外院归陈女士一家所有的时候,又不给陈女士写字据了。本想着通过诉讼的手段可以得到婆婆的遗产,结果还败诉了。陈女士与儿子是农村户口,因此陈女士和儿子一共有一亩二分地的口粮田,陈女士称,在自己不知情的情况下被变更了承包人,口粮田的拆迁陈女士依旧没有得到相应的补偿。陈女士所经历的这些事,不由得让她感叹,一样都是老人的孩子,手心手背都是肉,何苦要采取两种不同的对待方式,这也是陈女士心中一直解不开的结。陈女士一家能够获得拆迁补偿吗?能够争取到属于婆婆的遗产吗?让我们听听崔爽律师怎么说。

律师支招

在听完了陈女士的叙述后,崔爽律师表示,在拆迁的时候我们一定要弄清楚被拆迁的房子和地,它的权属状态是谁的。另外,要看拆的到底是什么,给的都是哪方面的补偿款。

那么我们先从房子来说,陈女士提到曾经在分家的时候分得很不公平,但其实在农村一直延续着千百年来的风俗,原则上儿子都是均等分配的。依据相关的法律规定,财产必定是老人的,老人做出什么样的分配方案,作为老人是有自主选择权的。尽管不够公平,但并不是不合法也并不违法。所以陈女士虽然心里觉得很不公平,但是老人这么做并没有特别大的过错。对于老人让陈女士的爱人将房子卖给陈女士爱人的弟弟一事,买卖的行为即使是不情愿的,但最终这个行为还是完成了。那么这个买卖的行为,不管是基于当时的善良还是对老人的尊重,房子卖给了陈女士爱人的弟弟,那么陈女士一家在这块宅基地上已经没有任何权利了。同

样，对于陈女士提出的口粮田的拆迁补偿，实际上和房子的拆迁问题是一样的，对于口粮田的拆迁，关于种植物的补偿会给实际种植人，对于口粮田本身的拆迁补偿款会给到登记人，但是补偿应该遵照拆迁政策。

至于第三点，老人当时承诺外院会给陈女士一家，我们又回到了第一点的理论上。就是这个财产它依然是老人的，在没有履行相关手续的前提下，他可以随时改变主意。老人的改变主意，直接导致在地上物拆迁的时候，陈女士一家一点补偿都没有得到。

另外，陈女士一家其实一直没有在这些宅基地的房子上居住，而是一直居住在陈女士爱人的职工宿舍中，所以也牵扯不到流转或者搬迁的费用。因此，地上物也就是房屋的拆迁补偿，无论从哪个角度来讲，目前确实都跟陈女士一家没有特别大的关系。

对于陈女士在2017年提起的关于遗产继承的诉讼，房产的翻盖是属于原来继承物的消失，但是继承权依旧存在。继承的这个物不存在了，可能分两种情况：一种就是再次翻建的房屋，有没有利用原来旧的砖瓦或者木料，如果有的话应按照相应比例折算到新的房子当中。还有另外一种方式，就是说把原来的老房子推翻重新建了房子，比如说老房价值是2万元，而新盖的房子市值是20万元，那么法院也会根据老房子当时的价值评估出所占的比例，进行后续的继承。

在看过陈女士的起诉书后，崔爽律师表示，陈女士在2017年的诉讼中提的不是遗产继承而是所有权确认，所以法院最终驳回了陈女士的请求。建议陈女士直接以法定继承为案由提起诉讼。陈女士的婆婆在去世前没有留下遗嘱，陈女士的爱人作为陈女士婆婆的儿子，是有法定的继承权的。所以陈女士以法定继承纠纷去起诉，经过法院审理之后，会给陈女士一个确认的继承份额。

帮忙团支招

听完了陈女士的叙述，赵可老师从诉讼的角度给陈女士提出了相应的建议。如果陈女士家的财产没有履行过继承手续的话，实际上所要继承的财产，仍然处于一个未分割的状态。其实不管房子是否拆迁或者现在已经拆迁完，并且已经获得相应的拆迁利益，作为子女都拥有分割母亲遗产的权利。所以，陈女士为了维护自己的利益,还需要继续打官司,但是诉由不能是房子的确权,而应该直接以遗产继承为案由提起诉讼。

(北京市盈科律师事务所　崔　爽)

房子拆迁,承租人竟然变成妹妹,难道我吃了哑巴亏

近年来,随着房产的价值逐日升高,因为房子产生纠纷的家庭也是屡见不鲜。在我们身边,大多数家庭纠纷都源于对于法律知识的不了解。尤其是家产比较复杂的多子女家庭,在分配的时候一旦显失公平,必然会成为纠纷的导火索。所以无论是在继承老人遗产的时候,还是在处理家庭琐事上,相关的法律知识是避免出现纠纷的依据。血浓于水的亲情在任何时候都比财产重要。

今天来到节目中寻求帮助的王女士,家中房子要拆迁,突然发现原本母亲的承租房,承租人竟换成了自己的妹妹,这让王女士感到很意外。对于父母留下的两套承租房,王女士心中又有什么样的分配方案呢?在房子的拆迁过程中,王女士能够获得属于自己的拆迁利益吗?

案例回顾

近日,家住东城区的王女士,照例早上出门遛弯儿,在经过街道告示栏时,却无意间发现了自家的一个秘密。因为近期家中准备拆迁,王女士竟然在告示栏的拆

迁安置公告上，赫然发现了妹妹的名字。一头雾水的王女士急忙在家人的陪同下找到拆迁办求证。

原来，王女士家有两套承租房，一套是父亲的名字，一套是母亲的名字。母亲名下的承租房一直由妹妹一家三口以及父亲和侄子长期居住。另外一套父亲的承租房一直由王女士一家居住。2006年母亲过世，王女士一直认为母亲名下的承租房没有进行过变更。而在拆迁公告栏上看到妹妹的名字，让王女士很是意外。

现在两套房子都牵扯到可能要拆迁的问题，在王女士心中，认为合理的分配方案是家中的两套三间的承租房，三个子女一人一间，家里的兄弟姐妹平均分配。王女士的分配方案能得到相关法律的支持吗？让我们来看看崔爽律师怎么说。

律师支招

听完了王女士的叙述，崔爽律师认为，王女士家中的问题还是相对清晰的。

原本房子的承租人是父亲、母亲，如今其中一套已经变更为王女士的妹妹。父亲承租这套房，如果涉及拆迁的话，被拆迁安置人肯定是父亲。在签订拆迁协议的时候，如果说父亲没有实际在里面居住，一直是王女士在里面居住，王女士会作为父亲是承租人这套房子的被拆迁安置人。根据拆迁的相关政策，王女士享有相应的拆迁利益。而另外一套房子，在2018年已经变更了承租人，我们可以分两种情况进行解释。如果房子在没有变更承租人的情况下，相应的拆迁利益，除了里面被居住人以外，关于承租人获取的拆迁利益属于母亲的遗产。那么在这个时候，父亲还有三个子女将按照法定继承的方式来进行分配。如今这套房子的承租人，已经变更为王女士妹妹的名字，那么再进行拆迁的时候，虽然王女士的父亲和妹妹一起居住，原则上无论是跟父亲还是跟王女士以及王女士的弟弟，都没有什么太大的关系了。

对于王女士的妹妹在2018年变更承租人的事儿，土女士一直心存异议。崔爽律师告诉王女士，这是一套承租房并不是产权房，如果妹妹对于产权房屋进行变更则必须经过原权利人同意，才有可能过户到自己的名下。而承租房具备其特殊的性质。

这套承租房按照出租单位的相关政策以及国家的政策导向，在原承租人去世之后，首先是由原出租单位决定承租人而不是由家庭决定承租人。原出租单位一般会参考比如说谁的户口在这，谁与原承租人长期共同居住在这或者原承租人去世之后谁还长期居住在这里，这些人才符合相应的承租人变更条件，才有资格申请将自己变更为新的承租人。

因为在王女士的母亲去世之后，王女士的妹妹作为长期在这儿使用这套房子的人，向原单位进行申请，可能原单位经过相关审核又结合本身变更承租人的相关规定，就把您妹妹变更为承租人了。在这个过程中，其实无须征得王女士的意见。

（北京市盈科律师事务所　崔　爽）

购买回迁安置房，多年后我的房本该找谁要

回迁房是指国家征收被拆迁人的房屋及附随土地后，提供给被拆迁人的拆迁补偿安置用房。因被征收土地及房屋的性质不同，回迁房的性质差别也很大。而在我们所有的生活消费中，房子无疑是占比最大的一块，动辄几十万元、上百万元甚至几百万元。除了商品房的买卖纠纷，还有就是朋友从他人手中购买了回迁安置房，导致多年办不下来产权证的情况同样屡见不鲜，所以出手买房一定要慎之又慎。

今天来到节目中寻求帮助的杨女士，于2013年通过中介购买了一套拆迁安置

房,时隔5年时间依然没有拿到房本,这件事也一直困扰着杨女士。

案例回顾

2013年年底,杨女士通过中介购买了一套拆迁安置房,时隔5年的时间,杨女士依然没有拿到属于自己的房本。

当年在购买房产的时候,卖方孙某跟杨女士说,房产证大约在一年之后就能拿下来。2017年,其他的业主都已经开始陆续办理网签手续,杨女士再次找到孙某,希望弄明白,为什么自己的房产手续迟迟不能办理。卖给杨女士房产的孙某不是被拆迁人,而是被拆迁人的亲戚。在杨女士买房的时候,孙某出示了开发商开具的正规发票,房屋认购书上也有孙某的名字,同时孙某还提供了物业开出的房主居住证明。

然而,历经5年的等待,杨女士依然没有等到自己的房产证。如果真的不能办理房产证,那么开发商是否也有责任呢?杨女士能和孙某解除合同吗?杨女士能要求孙某给自己一定的补偿吗?面对杨女士的诉求,让我们看看曹晓静律师怎么说。

律师支招

听完了杨女士叙述,曹晓静律师表示,杨女士和开发商之间是没有直接的合同关系,所以杨女士是不能直接要求开发商给自己办理房产证的。而至于杨女士与孙某的这个房屋买卖合同是否有效,就要看孙某是不是这个房子的权利相关人。目前来看,孙某并没有取得房产证,也就是说他很有可能是借用了一个回迁房的指标,当时开发商不管基于什么样的原因跟孙某签订了协议,但如今不能办理网签手续,实际上是孙某与开发商之间的纠纷。孙某在无法取得房产证的情况下,是没有办法履行跟杨女士的合同约定。

从2013年至今,已经过去6年的时间,当时杨女士所交的房款是90万元。对于这个合同曹晓静律师认为,它应该是违反了政策性规定的合同,在效力上是有可能被认定为无效。根据《北京市高级人民法院关于审理房屋买卖合同纠纷案件适用法律若干问题的指导意见(试行)》第16条的规定,政策性保障住房包括经济适用住房、两限房等保障中低收入家庭住房困难的房屋。借名人要求办理房屋过户登记手续,经审查借名购买的经济适用住房的原购房合同系2008年4月11日(含)之前签订的,可以参照前述指导意见第6条第2款的规定处理。因此,杨女士依据合同可以要求对方返还房款并主张相应的经济损失,但是对于损失可能会存在争议。

(北京市盈科律师事务所　曹晓静)

当年借名买房,如今竟然要拆了"我的房"

当前,因借名行为引发的纠纷日渐突出。在我们栏目组接到的咨询案件中,涉及借名人提起的所有权确认之诉、被借名人提起的返还原物之诉,以及因执行引起的执行异议之诉等,一直都是困扰当事人生活的难题。若借名行为涉及违反法律的强制性规定等情形,原则上应当予以否定。

今天来到节目中寻求帮助的陈先生,多年前自己借名买房,并且没有签订任何的协议,如今利益面前与亲人产生纠纷。陈先生能够维护自己的权益吗?能证明房子是自己出资购买的吗?

案例回顾

1998年陈先生刚刚从国外回来,想在国内做点生意,想找一个合适的地方,盖一个小一点的厂房。就在这个时候,陈先生想起自己爱人有一个大舅在顺义的农

村居住，于是陈先生就打电话联系了大舅，想让大舅帮忙找找有没有合适的地，大舅满口答应了陈先生的请求。

很快，陈先生的大舅在自家村子里找到了一处两年多都没有卖出去的农家院。陈先生特意过去看了看这个农家院。院子大概是158平方米，有三间大北房，在院子里盖一个小厂房是绝对没有问题的。看好了房子之后，陈先生开始和大舅商量申请盖个小厂房村里能否批下来的问题。对于盖厂房的事情，大舅一口答应帮助陈先生办妥此事。于是，陈先生就将盖房、买农家院等一系列的事情委托给大舅办理。

为了证明这房子是陈先生出资购买的，陈先生一直希望跟大舅签订一份协议，而大舅却说："难道你连自己的亲大舅还信不过吗？这房子真要拆迁了，我一分钱都不要你的，将来都是你的"。就这样，陈先生没有跟大舅签订任何协议。

两年前，大舅过世了。大舅的儿子立刻对父亲当年的承诺进行了否认，并表示如果陈先生不退出该房产，他也会对房屋进行翻盖，翻盖之后的院子就跟陈先生没有任何关系了。

陈先生面对大舅儿子的这番话，产生了疑问与困惑。陈先生认为，这就是我的东西，当年我出资买的房，尽管大舅去世了，房子也应该属于我，怎么突然就不是我的了呢？大舅儿子的态度，让陈先生陷入困境，不知道怎么办才好，无奈之下求助栏目组的帮助，陈先生当年借名买的房子到底应该属于谁？让我们看看张雅琴律师怎么说。

律师支招

在听完了陈先生的叙述之后，张雅琴律师表示，可以明确陈先生的案件是涉及借名申请宅基地，并在宅基地上建房引起的纠纷。

由于陈先生不是宅基地所在地的村民，根据《土地管理法》的相关规定，此宅基地的使用权应为大舅所有。另外对于陈先生在宅基地上的建房行为，同样也是不符合法律规定的，因此陈先生与大舅之间的合同是无效的。在《合同法》中有相关的规定，合同有书面合同，还有口头合同。口头约定也视为是一种合同关系，但是本案当中由于陈先生损害了农村集体经济组织以及成员的利益，所以说陈先生与大舅的合同是无效合同。

那么陈先生真的就会一无所获吗？当年 18 万元的投资就打了水漂，张雅琴律师说，根据法律规定，陈先生依然可以得到经济补偿。对于本案来说，陈先生的大舅在借名的时候也是有过错的，那么像这样的情况，法律对于出卖人和借名人的过错责任还是会给予 70% 左右的一个认定比例，所以说法院会根据双方的举证、房屋现在的价值、双方的过错程度进行相应的裁决。目前，陈先生可就房屋的使用权限和大舅的儿子进行协商，若协商不成，可提起合同无效的诉讼，并要求相应的补偿。

由于大舅的儿子对陈先生的房子进行了强拆，导致租用陈先生房子的租客报警，在报警之后出具一份调解协议，在协议中明确写到房子是归陈先生所有，宅基地是大舅的名字。该份调解协议已确认了房屋为陈先生所建，具有法律效力。为了防止大舅的儿子擅自对房屋进行拆迁，张雅琴律师建议陈先生可以进行证据保全。

若法院确认合同无效，陈先生当初在建房时所花费的费用以及后期翻建和装修产生的费用，都可以要求大舅的儿子予以返还。建议陈先生去银行调取相关的流水记录，证明曾经为了买房的事宜，支付给大舅 18 万元。

（北京市盈科律师事务所　张雅琴）

买房容易退房难

买房是生活中的一件大事，毕竟买房不像买衣服，不合适可以换或者享受7天内无理由退货的权益。买房的手续也比较复杂，买房过程中还有可能遇到各种情况，导致我们的购房出现意外。对于开发商来说，购房者退房肯定会损失到自己的利益，因此在一般情况下都是不允许购房者退房的，相信很多遇到过这种事情的朋友，都能对"买房容易退房难"有深刻的体会。那么万一遇到了想退房的情况，要怎样才能保护自己的权益呢？怎么做才能顺利地办理退房手续呢？

今天来到节目中寻求帮助的陈女士，因政策原因与开发商商定解除买卖关系，然而却迟迟得不到开发商的退款。

案例回顾

2017年，陈女士在永清买了一套商品房，在自己购买这套房子的时候，开发商的五证不全，仅仅签订了一份协议。在陈女士付了首付款后没多久，政府出台限购政策，陈女士没有了购房资格，只得申请退房。

双方经过多次的协商，开发商承诺在2018年5月26日退款。收到了开发商出具的退款承诺书之后，陈女士原本以为开发商会履行自己的承诺，按时退款。可让陈女士意外的是从5月26日打电话催促开发商退款至今，都没有拿到说好的退房款。

陈女士多次催促开发商退款的相关事宜，开发商一直以合同上没有盖公章只有经办人捺手印为由，推诿退款的事情。情急之下不知如何是好的陈女士，找到栏目组，希望律师帮忙看一下自己手上的手续是否具有法律效力，能否要求开发商退款。面对陈女士的困扰我们一起看看杨武成律师如何支招。

律师支招

听完了陈女士的叙述,杨武成律师表示,可以主张解除合同,要求开发商退还陈女士购房款。

在陈女士提供的退房申请中,有陈女士的姓名同时也提到了退款的金额,包括20万元的首付款和4万元的电商费用。但是这个退房申请上虽然有经办人和项目负责人的签字,并且经办人和陈女士也都加盖了手印,却少了审核人和批准人的签字和手印,也没有填日期,而且没有加盖公章。所以仅凭这一项要求开发商退房,这个证据的证明力稍微弱一些。

陈女士在支付了首付款之后,政府出台了限购令,然后陈女士不符合购房资格。如果根据这点来要求退房是完全可以的。因为陈女士没有购房资格,所以即使完成购买也没法办理后续的过户手续,从这点来看是可以退房的,而且不用承担任何违约责任。因为陈女士在买房的时候并没有限购令,是在交付完首付之后出的限购令,陈女士在这个事件里面是没有过错的。

建议陈女士去法院提起诉讼,要求解除房屋买卖合同,要求开发商退还房款。根据《最高人民法院关于审理商品房买卖合同纠纷的司法解释》,像陈女士这种没有购房合同,但是已经签订购买协议拥有收据的,也就是确定已经支付了钱款的,可以认定合同是成立并且生效的。合同在解除的同时陈女士还可以主张自己的利息,利息是按照中国人民银行同期的贷款利率来主张。

(北京市盈科律师事务所　杨武成)

小儿子欲多占拆迁份额，母亲为大儿子争取权益

俗话说“打虎亲兄弟，上阵父子兵”，但是从古至今，亲兄弟为了利益上演你争我夺的闹剧还真不少。近年来，房产“争夺战”，特别是至亲之间的房产纠纷似乎已成家庭纠纷的主流。为了争一套房子，闹得亲兄弟姐妹相互不留任何情面，甚至将两代人、三代人卷入纷争中，更有甚者还大打出手闹上法庭。原本的血脉至亲，最终却落得水火不容，形同陌路。

来到节目中寻求帮助的刘女士，面对自己亲生的两个儿子，因房产而引发的纠纷束手无策。希望律师能帮自己出出主意，让两兄弟友好协商，能够公平地分配属于他们的利益。

案例回顾

刘女士多年前与前夫离婚，与前夫育有两个儿子。前几年，前夫的房子拆迁，回迁安置房还没有下来，前夫就患胰腺癌去世了，没有留下遗嘱，留下了两套拆迁安置房，一套一居室，一套两居室。

刘女士前夫留下的这两套房，两个儿子享有继承权。最开始，小儿子说将一居室这套房子给大哥，自己留了两居那套，也没承诺给大哥任何差价补偿。

2019 年 3 月二人开始分房子，拿钥匙。小儿子却推翻了之前的分配方案，一居室也不给大哥了，两套房子都想据为己有。在刘女士的前夫没有去世之前，小儿子已经将父亲的一套福利房变更到自己名下，现在又想将两套拆迁房霸占。

刘女士面对小儿子的自私和蛮横非常气愤，并且为自己的大儿子不平，刘女士希望替大儿子拿回属于他的份额，让兄弟二人相对公平地分配父亲留下的房产。

刘女士的诉求能实现吗？让我们看看周雷律师怎么说。

律师支招

听完了刘女士的叙述，周雷律师表示这个案件中的法律关系，其实还是比较清晰的。刘女士的前夫去世之后，只有两个儿子是合法继承人，他没有留下遗嘱，他名下的财产是应该由两个儿子来法定继承的。

现在，小儿子想将大部分财产据为己有，不管是从法律上还是从亲情上，都是不合情不合法的。对于刘女士前夫留下的遗产，两个儿子应该依照法定继承的程序一人一半，或是通过协商的方式来分割遗产份额。如果协商不成可以到法院起诉解决。法院会按照目前的市场价值，把两套房产的价值进行评估，然后平均分配给两个儿子。拿大房子的一方，理应给拿小房子的一方经济补偿，而对于评估的费用，会根据相应的判决结果来分担。如果双方可以对房屋价值进行协商，也可以在协商后直接到法院进行分割。

在法院判决之后，如果出现执行问题，法院会采取冻结刘女士小儿子的银行账户，如果再不行的话是可以拍卖房产来帮刘女士的两个儿子分配财产。当然法院也可以采取一些惩罚性的措施，包括限制高消费，将其列入失信人名单等措施，来让判决进行有效的执行。

周雷律师最后还是希望刘女士的小儿子能本着血浓于水的手足亲情，妥善解决好兄弟两人的遗产继承纠纷，回归亲情的本源。

嘉宾支招

根据刘女士提供的拆迁补偿协议，其中只有货币补偿协议和一套两居室的补偿协议，至于刘女士所提及的一居室的补偿协议还是需要刘女士再提供一下。刘女士的两个儿子作为继承人均有权继承父亲留下的遗产，如果在分割的过程中，刘女士的大儿子对分配有异议的话，是可以到法院，提起分家析产继承的诉讼来解决兄弟两人的纠纷。

（北京市盈科律师事务所　周　雷）

多子女家庭面对百万元拆迁利益该如何分配

有句话说的好“养儿防老”，在很多地方，依然存在男尊女卑的思想，只不过随着经济的发展，大多数地方都改变了这样的观念，但是仍有很多老人无法释怀自己的执念。对于多子女家庭来说，我们无法要求父母不偏心，父母也不能完美地做到不偏心，但是偏心太厉害真的很伤人心。

今天来到节目中寻求帮助的王先生，姥姥家中拆迁，舅舅拿走了全部的利益，索要利益的时候，姥姥却希望将所有财产都留给自己唯一的儿子，也就是王先生的舅舅。这让王先生一家感觉有失公平。

案例回顾

王先生的母亲这一辈是兄妹5人，只有1个舅舅，另外4个孩子都是女孩。如今老宅拆迁，姥姥的房子拆迁之后，一共分了4套房子，其中2套落在王先生的舅舅名下，另外2套落在王先生舅舅女儿的名下，另外还有130多万元的拆迁补偿款也被舅舅拿走了。而舅舅的做法，没经过其他子女的同意。

王先生的姥姥，有点重男轻女的思想，希望女儿不要跟儿子争财产。当时在签订拆迁补偿协议的时候，由于王先生的姥姥年事已高，全都是王先生的舅舅出面办理的相关手续，但是被拆迁人应该还是王先生的姥姥。姥姥的想法让王先生的母亲和几个姨妈有所不满，想咨询律师，几个女儿能不能继承王先生姥爷的份额。

律师支招

王先生　舅舅拿走了所有的拆迁利益，王先生的姥姥又不愿意配合平分拆迁利益,王先生的母亲和几个姨妈有权利继承吗?

崔爽律师 新机场拆迁有两种拆迁政策,一是依据地上物的面积折算出一个细数获得拆迁房,二是依据房中的实际居住人来分得拆迁利益。姥姥选择的是哪一种方式,目前我们不清楚,要看具体的拆迁协议是怎么签订的。

王先生 因为姥姥不配合,我们无法调取拆迁协议,目前我们该怎么办?

崔爽律师 若当事人姥姥选择的是第一种拆迁方式,地上物含有姥爷的遗产,子女可以要求继承分割。因为地上物在能够确定是姥姥和姥爷的夫妻共同财产的情况下,姥爷去世的时候没有留下遗嘱,那么依据法定继承分割遗产。属于遗产的部分占整体回迁房比例,其他子女可以要求进行继承和分割。若选择的是第二种拆迁方式,则只能要求分得地上物拆迁所得的房屋重置成新价。也就是说拆迁补偿款里边的一部分可以要求分割,但具体是哪一种,具体是多少,需要看拆迁协议。

嘉宾支招

听完王先生的叙述,姥爷去世以后,由于家中没有进行继承,也就是没有进行分家析产,那么属于姥姥和姥爷的共同财产,其中一半是姥姥的,另一半就是姥爷的。按照《继承法》的相关规定,男女都有继承权,所获得的拆迁利益应该由5位子女共同继承。所以,拆迁利益中肯定有一部分是属于遗产的,那么这部分姥爷的遗产应该由姥姥和5个子女共同继承。至于说姥姥的那部分财产,因为姥姥目前还在世,她自己如何处理属于自己的财产,是我们没有办法介入的,但至少其他子女是可以向法院提出要求来分割属于姥爷的那部分遗产。

(北京市盈科律师事务所　崔　爽)

三、劳动维权

超市工作中猝死谁来负责

为了给您更好的服务，为了让律师通过“以案释法”给您最有用的法律帮助，现开展案例征集活动。本次征集的案例主要以遗产继承类、房产纠纷类为主，对于征集来的案例，我们会为您提供专业律师免费咨询的机会，为您实实在在地解决困扰。

俗话说：“世界上最悲哀的事就是眼见至亲与我们生死相隔。”现在在我们的生活中，通过电视或手机都会看到许多工作中突然猝死的情况。“猝死”顾名思义就是突然死亡。在工作时猝死，听起来似乎不可思议，可是这样的事情就真实的发生在我们身边，让我们一起回顾一下案件的经过。

案例回顾

杨女士的母亲任女士今年47岁，一向身体健康，在离家不远的超市负责卖场里面包摊位的导购和销售工作，已有三个多月了，但一直没有签订劳动合同。

2018年3月23日早上，任女士因冠状动脉周样硬化突发心梗离开了人世。发病时正在上班，超市距离医院只有不到一公里的距离，平时走路只需5分钟，如果当时有人能及时拨打急救电话，可能任女士就不会出事了。

在任女士晕倒后是母亲的同事给杨女士打电话，杨女士父亲再赶到超市接母亲，送医的路上母亲已经停止心跳，经抢救无效去世。

这事放在谁身上谁在心理上都会过不去这个坎，那么自然都会发问，大家都是一个单位的同事，难道没有人伸出援手？难道说超市方或者说面包房方就没有义务对我们这些员工进行急救吗？整个经过让任女士的家人非常愤怒！

杨先生说，妻子任女士虽然在超市工作三个多月了，但却并没有签订劳动合同。现超市不承认任女士的员工身份，私自偷偷摘除母亲工装上的员工编号标牌，拒绝提供入职培训时的花名册等证据。任女士的工资单是由超市的承租方之一——面包房的主管，以个人名义打给任女士的，事件发展到此，很明显就是超市在推卸责任。

随后，杨先生提起了劳动仲裁，可仲裁结果并没能认定任女士和超市之间的劳动关系。2018 年 5 月 31 日，杨先生不服仲裁判决，一纸诉状将超市告上了法院。

2018 年 8 月 17 日，北京市石景山区人民法院对此案作出了一审判决，驳回了杨先生提出的确认任女士与超市存在劳动关系的诉讼请求。

拿到这份判决，杨女士和父亲究竟该怎样继续为自己的亲人讨回公道呢？

让我们看看律师如何支招。

律师支招

本案的关键点在于在工作过程当中因病突然死亡，任女士是否应当享受工伤待遇，这个是肯定的，但是具体由谁来承担责任？是超市还是面包房？还是面包房承包人，需要根据具体的相关证据，由法院或者仲裁委来做一个衡量。

01

正常的女职工的退休年龄是 55 周岁，而意外发生时任女士只有 47 岁，完全符合劳动者的条件，受《劳动法》保护。

02

任女士是由于冠状动脉硬化，即我们俗称的“冠心病”，导致的意外发生，《工伤保险条例》有一个特别的规定，这种意外情况是视同工伤的一种情况。

北京市石景山区人民法院对此案作出了一审判决，驳回了杨先生提出的确认任女士与超市存在劳动关系的诉讼请求。从这个判决来看对当事人不大有利，但是综合整个判决来讲，我认为对当事人也不是没有任何价值。在判决里，超市、面

包房、承包人都认可了相互的关系。

超市与欣荣公司也就是面包房签订了一个供零合作合同，也就是它们之间存在一定的合同关系，面包房和承包人余某是承包关系，他们之间签订了承包合同，这一点已经在判决书中确认。

综合以上情况，我们就可以依据我们的法律规定来主张谁应该承担任女士猝死的责任。关于这一点法律上有相关的明确规定。

第一，依法与劳动者签订书面的劳动合同是用人单位的法定职责，按照法律的规定用人单位自实际用工之日起一个月之内应该与员工签订书面的劳动合同，用人单位没有签订的，劳动者可以要求单位自第二个月起至一年内支付双倍工资。用人单位自用工之日起超过一个月不满一年未与劳动者订立书面劳动合同的，视为自用工之日起满一年的当日已经与劳动者订立无固定期限劳动合同。

第二，关于工伤，法律规定在工作时间和工作岗位，突发疾病死亡或者在48小时之内经抢救无效死亡的，才有可能被认定为工伤。就程序上而言，所有的工伤都需要由劳动者或者其家属在事故发生后一年内向社保部门提出工伤认定申请，社保部门在调查之后会出具相关的结论，以认定是否构成工伤。

第三，一旦被认定为工伤，可以按照工伤的待遇获得赔偿。职工因工死亡，其近亲属按照规定从工伤保险基金领取丧葬补助金、供养亲属抚恤金和一次性工亡补助金。

如果我们选择上诉的话，我们最终的目标应该锁定在面包房而不是超市。因为根据本案的证据，还有判决书所认定的证据来讲，如果想主张任女士和超市的劳动关系，困难会比较大，但是根据面包房、承包人余某自认的一些情况，我们认为依据法律规定面包房承担责任的可能会更大一些。

（北京市盈科律师事务所　张运玲）

没签劳动合同,配送员辛苦三个月,工资找谁要

网络时代,网络购物渐成人们的消费主渠道之一,快递行业也因此变得异常火热。在中国快递业快速发展中,也产生了一些行业性问题,比如服务质量良莠不齐、客户投诉时有发生、行业加盟混乱和拖欠工资等。

今天我们讲述的就是一个关于快递小哥讨薪的事情,让我们来看看到底是怎么回事。

案例回顾

宋先生是一名来自河南的配送员,公司在北京有200多个站点,每个站点有一个站长,每个月15日站长负责给每一位快递员发工资。

对于宋先生来说,配送完最后一单经常是快到半夜凌晨一点才结束,面对如此辛苦宋先生只为能够按时拿到属于自己的报酬。

在2019年的6月15日本应是发放5月工资的日子,可是宋先生却没有拿到工资,自己的站长说公司还没将大家的工资发下来。就这样,站长以这个理由一直拖欠着配送员的工资,一直到7月15日,已经拖欠了3个月的工资,依然没有发到配送员的手中,而站长却失联了。这样的情况使得这些艰难维持生计的配送员犯了难。

这些都是靠自己的双手赚辛苦钱的配送员,内心中唯一的诉求就是能拿回自己的工资。目前已经拖欠11个人,数额达14万元。

辛辛苦苦干了三个月,一分钱也没得到的配送员到底该怎么办?他们能通过法律维权拿回自己的辛苦钱吗?让我们看看律师怎么说。

律师支招

实际上不管如何领取工资，配送员和公司之间存在直接的劳动关系。索要工资首先要和公司对接，至于公司将拖欠的工资发放之后如何向站长追偿是另外一件事，所以说根据目前的情况，公司追偿站长的事情不应该优先于给付配送员所拖欠三个月的工资这件事情。

作为一天要工作 17 小时以上的配送员，首先要申请劳动仲裁，因为作为劳动者，当我们发生劳动争议后，不能直接诉讼，一定要有一个仲裁前置，如果您对裁决不满意可以进行诉讼。

这件事不仅仅可以针对已经拖欠的工资，还可以申请补偿。因为宋先生并没有和公司签订劳动合同，那么根据《劳动合同法》的规定，员工在与公司建立事实劳动关系一个月以内，应该签订书面的劳动合同。公司违反了《合同法》的规定，应该承担双倍工资赔偿，也就是说公司应当双倍给付工资。

现在的快递员工非常多，那怎样防患于未然呢？又如何保证自己的权益呢？

首先，我们一定要知道，《劳动合同法》规定了用人单位和员工之间一定要签订劳动合同，这是对于工作者最大的保障，也是证明劳动关系的一个最直接的证据。

《劳动合同法》第 82 条规定，用人单位自用工之日起超过一个月不满一年未与劳动者签订书面劳动合同的，应当向劳动者每月支付二倍的工资。用人单位违反本法规定不与劳动者订立无固定期限劳动合同的，自应当订立无固定期限劳动合同之日起向劳动者每月支付二倍的工资。

其次，就是依据《工伤保险条例》。目前，普遍存在用人单位不给员工缴纳社保的情况，对于不缴社保，我们是不能通过申请仲裁解决的，但我们可以到社保部门去请求社保部门出面，督促用人单位给员工补缴社保。但是补交社保的前提是在你离职以前，如果说你已经解除劳动合同或者说已经申请仲裁来解除这个劳动合同关系了，那么就不能直接找社保部门要求补缴社保了。这种情况下，只能要求单位来支付我们交保险应该交的金额，也就是说，比如我们每个月要花 1000 元钱来交保险，那么单位就应该给我们承担这 1000 元钱的损失，但是补缴是不可能的。

《社会保险费征缴暂行条例》第13条规定,缴费单位未按规定缴纳和代扣代缴社会保险费的,由劳动保障行政部门或者税务机关责令限期缴纳;逾期仍不缴纳的,除补缴欠缴数额外,从欠缴之日起,按日加收2‰的滞纳金。滞纳金并入社会保险基金。第26条规定,缴费单位逾期拒不缴纳社会保险费、滞纳金的,由劳动保障行政部门或者税务机关申请人民法院依法强制征缴。员工主张用人单位为其补缴各项社会保险费,是具有强制性的,不应受到时效的限制,主张这项权利不仅是劳动者的私权同样也是国家的公权。

(北京市盈科律师事务所　张运玲)

不愿追随公司搬迁,能否获得合理赔偿

企业基于生产经营的需要,难免会发生搬迁、合并、分立等情况。对员工而言搬迁可不是那么简单的事,毕竟自己的住处不能随便搬来搬去,涉及自己生活的方方面面,很多时候甚至因为公司地址的变更而不得不离开自己熟悉的工作环境,这样的情况可以获得赔偿吗?有法律依据吗?

案例回顾

张先生是北京某仪表有限公司的一名普通员工,并且已经在这家公司工作了长达15年之久。原公司的地址一直在三元桥附近,但是2019年8月突然被告知公司要搬迁,强制张先生到平谷区的马坊上班。

与张先生有类似情况的一共有五六个人,都是因为各种原因不能去马坊上班,

公司临时将他们安排在销售部，位于原地址的三元桥附近，最终的情况要等候通知。一干人等一直做到了8月底，在这中间有一些同事，比如财务经理、财务等员工由公司直接安排转岗，转岗后还在三元桥这边原址上班。还有同事由之前的生产部转成销售部，也留在三元桥上班，最后就剩下张先生跟另外一个同事，公司没有解决。

家住石景山的张先生到三元桥上班就有将近25公里的距离，公司规定工作日8点半之前上班打卡，张先生平日都是7点出发上班，需要一个多小时的车程才能到达公司。8月20几日的一纸通知，使得张先生必须去马坊厂区去按指纹打卡上班，如果不到，就算旷工。

可是如果张先生去平谷的马坊上班，每天上班的距离长达72公里，需要三个小时的车程，这个距离已经远远超出在外省市两个小城之间的距离。这上班的路程对于张先生来说，实在是太远了，根本没法接受。

面对这样的囧境，张先生该何去何从呢？能否拿起法律的武器来保护自己呢？

律师支招

张先生说自己家住石景山，每天到三元桥上班，这个路途本就已经很远，如果公司搬迁到平谷，上班路上所有的时间成本其实是根本负担不起的。

《劳动合同法》第17条规定："劳动合同应当具备以下条款：

（一）用人单位的名称、住所和法定代表人或者主要负责人；

（二）劳动者的姓名、住址和居民身份证或者其他有效身份证件号码；

（三）劳动合同期限；

（四）工作内容和工作地点；

（五）工作时间和休息休假；

（六）劳动报酬；

（七）社会保险；

（八）劳动保护、劳动条件和职业危害防护；

（九）法律、法规规定应当纳入劳动合同的其他事项。

劳动合同除前款规定的必备条款外，用人单位与劳动者可以约定试用期、培训、保守秘密、补充保险和福利待遇等其他事项。"

第 40 条规定:"有下列情形之一的,用人单位提前三十日以书面形式通知劳动者本人或者额外支付劳动者一个月工资后,可以解除劳动合同:……(三)劳动合同订立时所依据的客观情况发生重大变化,致使劳动合同无法履行,经用人单位与劳动者协商,未能就变更劳动合同内容达成协议的。"

由上可见,公司的住所地和员工工作地点的变化属于对劳动合同必备条款的变更。一般而言,变更劳动合同的必备条款,公司需要得到员工的事先书面同意。在北京,地方性法规对此问题没有明确规定。如果公司解除劳动合同没有提前 30 天通知劳动者应再支付 1 个月工资的代通知金。

《劳动合同法》第 87 条规定:"用人单位违反本法规定解除或者终止劳动合同的,应当依照本法第四十七条规定的经济补偿标准的二倍向劳动者支付赔偿金。"

(北京市盈科律师事务所　娄　静)

假破产还是真裁员,老板这是要唱哪出

在大众创业、万众创新的网络时代,每天都有大量的新企业诞生。据统计,中国私营企业的平均寿命只有 2.9 年,大型企业集团的平均寿命也只有 7.8 年。中国每年约有 100 万家私营企业倒闭,能够生存 3 年以上的企业只有 10% 。对于这些公司来说,破产可能是老板最不愿意面对的事情,然而有些"破产"则是另有目的。破产距离我们普通百姓的生活是不是很遥远呢?其实不然,破产就发生在我们每个人的身边。

案例回顾

李女士是北京某网络科技有限公司2018年3月19日入职的员工,而在2018年6月26日公司法人却口头通知员工说公司破产需要清算,让员工签订劳动解除协议。至于员工最关心的工资必须等到清算以后才结算,而关于补偿的事情老板只字未提。对于公司的这些决定,严重地影响了李女士的生活,丧失经济来源的不仅仅是李女士一个人,涉及公司员工总共55人,共计160万元左右的工资。

6月26日法人宣布公司停止运营后,其实就是裁员,目前公司还在运营,其中有部分员工仍在工作,目前我们无法联系到股东、法人,股东代表各种推脱其实就是不愿意还工资。公司已经将1月至6月的社保及公积金的钱正常扣除,然而却没有给员工缴纳公积金,还拖欠员工一些报销款没有报。

为了维护自己的权益,李女士等人来到劳动仲裁部门进行仲裁。劳动仲裁部门支持李女士等人的维权,然而这份裁决书目前处于没有送达、没有生效的法律状态。

李女士还能对自己的遭遇进行维权吗?公司是不是真的破产了?让我们看看律师怎么说。

律师支招

首先我们说一下关于劳动仲裁裁决书无法送达的问题。裁决书至最后一方收到裁决书15日内没有向人民法院起诉则生效,未送达的裁决书则无法生效。我国仲裁文书的送达方式,分为直接送达、委托送达、邮寄送达、公告送达以及留置送达。送达仲裁文书必须有送达回证,由受送达人在送达回证上注明收到日期,并签名或盖章,受送达人在送达回证上注明的签收日期为送达日期。

因受送达人的原因,不能直接送达的交由同住成年家属签收或者负责收发信件的部门签收,受送达人已向仲裁委员会指定代收人的交由代收人签收。受送达人拒绝签收仲裁文书的由两名送达人在送达回证上注明拒收事由和日期并签名或盖章,把仲裁文书留在受送达人的住处即视为送达。

按照我国《企业破产法》关于破产清算顺序的规定,第一个顺序就是破产的费用,另外就是公司债务。关于拖欠员工的工资这一块是紧跟着以上两项赔偿之后的。还有就是李女士提到的除了拖欠的工资,还有拖欠的缴纳款项问题,这个属于个人所缴纳的应缴的社会保险,也要进行支付。其次就是经济补偿金,如果真的破产了劳动者的工资也应该是在前三项之内要给付给劳动者的。

一、破产裁员时公司应该履行的义务

二、破产清算法律顺序

1. 裁减人员20人以上或者裁减不足20人但占企业职工总数10%以上的,用人单位提前30日向工会或者全体职工说明情况,听取工会或者职工的意见后,裁减人员方案经向劳动行政部门报告,可以裁减人员:

(1)依照《企业破产法》规定进行重整的;

(2)生产经营发生严重困难的;

(3)企业转产、重大技术革新或者经营方式调整,经变更劳动合同后,仍需裁减人员的;

(4)其他因劳动合同订立时所依据的客观经济情况发生重大变化,致使劳动合同无法履行的。

2. 根据《企业破产法》第113条规定,破产财产在优先清偿破产费用和共益债务后,依照下列顺序清偿:

(1)破产人所欠职工的工资和医疗、伤残补助、抚恤费用,所欠的应当划入职工个人账户的基本养老保险、基本医疗保险费用,以及法律、行政法规规定应当支付给职工的补偿金;

(2)破产人欠缴的除前项规定以外的社会保险费用和破产人所欠税款;

(3)普通破产债权。

3. 根据《企业破产法》第11条规定,人民法院受理破产申请的,应当自裁定作出之日起五日内送达申请人。

(北京市盈科律师事务所　娄　静)

工人猝死谁来负责

我们在网上经常能看到猝死的消息，我国每年有180万人死于猝死，平均每分钟有3～4人因猝死而死亡。所谓猝死就是突然死亡，就是始料不及的死亡，没有预期的死亡，但属于因病死亡，意外死亡不属于猝死。一旦在上班时间发生猝死，作为家属除了悲痛之外还要明白自己该如何维权。

案例回顾

2018年9月5日中午12时左右，刘先生被告知自己的父亲刘某某在工地死亡。这突如其来的噩耗，让刘先生好一阵都没回过神来。

刘先生的父亲在8月29日通过姓杨的小包工头来到中铁十二局大兴魏善庄镇东造林工地工作，刘先生的父亲在这里做了一名泵工。9月5日，一个活生生的人走到工地之后就再也没有回来。当家属获知消息的时候，刘某某已经被送到医院，然而到医院的时候就已经没有呼吸，没有心跳，没有生命特征了，已经死亡。

据工地的负责人反馈，中午在工地宿舍的时候，刘先生的父亲刘某某突然就倒在了床上。刘先生及其他家属去处理的时候，一位姓张的经理告诉他们这事跟公司完全没有关系。后来在家属的强烈要求下，公司才允许到事发现场看一下，至于监控什么的都没有给家属。随后公司就给了刘先生法医鉴定的结果，结果显示就是猝死，非刑事案件猝死。

家人在失去亲人的悲痛中并没有感觉到相关公司的关心与慰问，目前单位没有给出明确的说法和处理办法，相关领导对责任推诿扯皮。

面对这样的局面，家属该如何为死者维权呢？

律师支招

《工伤保险条例》是为保障因工作遭受事故伤害或者患职业病的职工获得医疗救治和经济补偿,促进工伤预防和职业康复,分散用人单位的工伤风险而制定。由国务院于2003年4月27日发布,自2004年1月1日起施行。

根据《工伤保险条例》第14条规定,职工有下列情形之一的,应当认定为工伤:

(1)在工作时间和工作场所内,因工作原因受到事故伤害的;

(2)工作时间前后在工作场所内,从事与工作有关的预备性或者收尾性工作受到事故伤害的;

(3)在工作时间和工作场所内,因履行工作职责受到暴力等意外伤害的;

(4)患职业病的;

(5)因工外出期间,由于工作原因受到伤害或者发生事故下落不明的;

(6)在上下班途中,受到非本人主要责任的交通事故或者城市轨道交通、客运轮渡、火车事故伤害的;

(7)法律、行政法规规定应当认定为工伤的其他情形。

工伤赔偿标准,又称工伤保险待遇标准,是指工伤职工、工亡职工亲属依法应当享受的赔偿项目和标准。未参加工伤保险期间用人单位职工发生工伤的,由该用人单位按照《工伤保险条例》规定的工伤保险待遇项目和标准支付费用。

《工伤保险条例》第39条规定:“职工因工死亡,其近亲属按照下列规定从工伤保险基金领取丧葬补助金、供养亲属抚恤金和一次性工亡补助金:

(一)丧葬补助金:为6个月的统筹地区上年度职工月平均工资。

(二)供养亲属抚恤金:按照职工本人工资的一定比例发给由因工死亡职工生前提供主要生活来源、无劳动能力的亲属。标准为:配偶每月40%,其他亲属每人每月30%,孤寡老人或者孤儿每人每月在上述标准的基础上增加10%。核定的各供养亲属的抚恤金之和不应高于因工死亡职工生前的工资。供养亲属的具体范围由国务院社会保险行政部门规定。

(三)一次性工亡补助金:标准为上一年度全国城镇居民人均可支配收入的20倍。”(2010年全国城镇居民人均可支配收入19,109元,2009年全国城镇居民人均

可支配收入为17, 175 元)

（北京市盈科律师事务所　张运玲）

两年欠薪100多万元，是谁给公司的勇气

企业竞争，归根结底是人才的竞争。乔布斯曾经说他花了半辈子时间才充分意识到人才的价值，办公司就是办人，人才是公司利润最高的商品，而面对人才某些公司又会以什么样的形式来挽留呢？作为企业的经营者与管理者能否实现与自己的优秀员工双赢呢？

案例回顾

王先生于2013年7月入职北京某保险评估有限公司，与北京总公司签订有固定期限的劳动同，同时还与公司签了一份公司聘请协议，于2015年9月担任廊坊事业部负责人。王先生于2018年9月12日个人提出离职，因为当时总公司对王先生的薪资进行了强制扣款，这点令王先生不能接受。

王先生认为公司的这种行为属于违约在先并私自扣款，除此之外王先生身为廊坊的负责人手底下还有四名员工，如今总公司让王先生来解决这四个人的劳动纠纷问题。这四个人和王先生都与总公司签有劳动合同，如果说这四名员工的费用都由王先生一人来承担，这对于王先生来说很不公平。

公司给出的答复是王先生如果不解决员工薪资纠纷的话也不给王先生解决工资问题，现在王先生算来算去从2015年到廊坊至今，在2015～2017年三年中总公司大概欠王先生100万元的薪资。在廊坊工作期间,公司要求王先生前后共缴纳了8万元的保证金。

面对高额的薪资拖欠以及前后缴纳的保证金,王先生可以拿回属于自己的薪资吗?公司要求王先生缴纳保证金合法吗?

律师支招

这个案子有点特别,一般的公司和劳动者签订劳动合同即可,但是这个公司在签订了劳动合同的同时又签订了一份聘请协议,这样我们的劳动者就有点不懂了,到底和单位是什么关系,两个合同有没有冲突呢?

一般来讲,单位与员工签订了劳动合同基本就确立了相互之间的雇佣关系,但是也不排除有时单位与员工签订的合同名称是《劳动合同》但实际是劳务关系的情况。劳社部《关于确立劳动关系有关事项的通知》第1条规定:"用人单位招用劳动者未订立书面劳动合同,但同时具备下列情形的,劳动关系成立。(一)用人单位和劳动者符合法律、法规规定的主体资格;(二)用人单位依法制定的各项劳动规章制度适用于劳动者,劳动者受用人单位的劳动管理,从事用人单位安排的有报酬的劳动;(三)劳动者提供的劳动是用人单位业务的组成部分。"根据该通知规定,我们很容易判断出王先生是与单位建立了合法的劳动关系。

劳动合同法律关系的当事人双方具备隶属关系,即管理与被管理的关系,劳动者接受单位的管理,完成单位指派的工作内容,单位给劳动者支付报酬。而委托代理关系是建立在平等的民事主体之间,双方没有隶属关系,双方互相信赖从而建立委托代理关系,委托人对受托人没有管理的权利和义务,只接受受托人提供的结果。

本案中,单位和王先生签订有《劳动合同》,那么劳动合同法律关系已然在双方之间建立,单位认为《劳动合同》不足以满足双方权利义务的体现,另签有《聘请协议》,那么该协议应当认定为对《劳动合同》的补充,但是不能改变单位与王先生存在劳动合同法律关系的本质。

那么这样问题就来了,两份合同有优先级吗?王先生应该按照与保险公司签

订的《劳动合同》履行还是按照《聘请协议》履行？

其实在履行合同的层面上，只要内容不违反法律的规定，应当在《劳动合同》的基础之上履行《聘请协议》，这样才能对王先生有最大限度的保护。

至于王先生所交的8万元保证金，是不符合法律规定的。根据《劳动合同法》的规定，用人单位不得要求劳动者提供担保或者以其他名义向劳动者收取财物。用人单位无论是在《劳动合同》还是《聘请协议》中约定保证金，均是不合法的。

王先生完全可以依据《劳动合同》和《聘请协议》的约定，获得属于自己的收益，其中包括公司单方解除合同的经济补偿金和事先约定好的以2∶8比例分成的利润部分。

（北京市盈科律师事务所　张运玲）

用自己信用卡帮老板周转，50多万元借款谁来还

刷信用卡在我们日常生活中已经司空见惯，为了快捷支付，一些朋友甚至还开通了小额免密支付功能。随着信用卡的广泛使用给大家带来了很多便利之外，也给很多心存歪心思的人制造了机会。虽然银行一直都有明文规定用信用卡套现是违规的，但是这个规定并不能阻止大家用信用卡去套现的行为，自己手头紧而套现顶多后面的几个月自己还债，要是公司老板以公司资金周转困难为由，想借你的信用卡刷一刷，你会借吗？如果借了所欠的大额银行债务该怎么办？

案例回顾

李先生,年初3月的时候来到以前工作的一个单位,这个公司的老板也是李先生的一位老师。这位老师给李先生介绍自己目前合伙的另一位老板,听到这个老板的信息时,李先生很激动,因为自己在这个老板的手下也工作了有三四年的时间。基于这种信任,在自己公司的老板徐先生说出公司发展需要资金周转的时候,李先生将自己名下的信用卡借给徐先生,以用于公司的资金周转。徐先生向李先生借用5张信用卡刷卡,先后借款50多万元。双方签有协议,但是徐先生在还款几个月后就不再还款,人也联系不上了。

李先生无奈之下只得自己先还款5万多元,后经过多方打听联系到徐先生的家人,而家人的说法让李先生更加无法接受,徐先生的家人表示:事不关己,不管此事。

如今李先生已经不知道该如何解决问题,自己与徐先生所签订的协议还有效吗?面对高额的信用卡还款该怎么办?让我们听听来自北京市盈科律师事务所的苏宝阳律师如何支招。

律师支招

根据本案的情况,这个借贷行为从民事角度分析来说存在违约和欺诈行为,如果说现在联系不到徐先生这个人,又有其他的消息说可能已经被海淀经侦带走调查,那么徐先生可能牵扯到其他案件,可能是债务纠纷也可能涉及刑事案件,如果要是这样的情况那么这个案子就有了新情况,案情就变得比较复杂,在法律界这叫作刑民交叉案件。

作为债权人的李先生可以将公司和徐某作为共同被告进行诉讼主张权利。

根据《民法总则》第61条的规定:“依照法律或者法人章程的规定,代表法人从事民事活动的负责人,为法人的法定代表人。法定代表人以法人名义从事的民事活动,其法律后果由法人承受。”

第62条规定:“法定代表人因执行职务造成他人损害的,由法人承担民事责任。”

《最高人民法院关于适用〈中华人民共和国民事诉讼法〉若干问题的意见》第42条规定："法人或者其他组织的工作人员因职务行为或者授权行为发生的诉讼，该法人或其他组织为当事人。"

2015年最高人民法院出台了《最高人民法院关于审理民间借贷案件适用法律若干问题的规定》，第23条第2款规定："企业法定代表人或负责人以个人名义与出借人签订民间借贷合同，所借款项用于企业生产经营，出借人请求企业与个人共同承担责任的，人民法院应予支持。"

本案中比较复杂的问题是，就银行方面来说，李先生是债务人，李先生必须按着银行规定的时间如数还款，否则可能会引发刑事责任。

李先生可以一边清偿银行债务，一边启动法律程序以公司和徐某个人为被告，主张自己的权利。

（北京市盈科律师事务所　苏宝阳）

返聘人员工作中受伤，到底该找谁来索赔

很多劳动者在工作中或多或少都会出现不同程度受伤的情况，然而这样的受伤都算工伤吗？一旦遇到上班时间的伤害该找谁来维权？我们需要保存什么样的证据呢？

案例回顾

我是在9月4日下午1点半和我们的师傅一起上A楼27层给租户装投影仪。

我和我们的师傅上货梯准备上去干活，在电梯走廊的时候当时人挺多的，后来有一送货的也来到电梯间，在走廊的位置卸货，当时卸的是纸就是相当粗重的卷纸，这个时候我们另一位师傅告诉我说电梯来了，我就走了过去。

结果一卷这么粗的卷纸在卸货的时候就砸到了我的脚。砸完之后我的脚钻心的疼，这个疼的状态让我知道肯定这脚出事了。我当时只是说了送货的，你看着点呀，他说：我不是成心的，随后我们俩在电梯走廊的位置就掰扯起来了。后来觉得那太窄了，人又多我们就来到大堂门口，刚走到门口那儿他骑着电动车就跑了，看见他跑了我就报案了。

派出所联系到了送货的商家，到下午4点多的时候来了一个女的，她带我去了医院。经过医院的诊断，我的脚骨折了，在家开始休病假。9月发工资的时候，我发现单位扣了我800多元钱，也就是给了我70%的工资，是按病假给我开的工资。11月的时候工资还没给我开，现在我想用法律手段来维护我自己的权益。

律师支招

听完陈先生的叙述，我觉得里边可能有几个核心问题：

第一，陈先生的受伤是不是涉及工伤。

第二，送纸的送货方与楼上的客户之间是合同关系，还是雇佣关系。

第三，送货的人和送纸的厂家他们双方之间又是一个什么样的关系。

第四，咱们当事人在这个过程中到底都存在哪些损失，比如看病的医疗费用、误工费用。

陈先生在2005年已经退休，属于返聘的员工，因为我们《劳动合同法》适用的对象是处于正常工作年龄状态的人，如果是已经达到退休年龄的话，那么我们就开始领取养老金了，那么这个伤害跟工伤是没有关系的。

在整件事情中，陈先生所在单位承担的责任没有那么多，关键是要找到肇事方。那么送纸的单位还有个人现在已经不接电话，那么可以按照当时登记的客户信息直接起诉，在诉讼的过程中他一定会把和第三方是什么关系、和谁发生的关系在法庭上举证。

再有就是，如果您现在确实已经好了，您可以正常回到工作岗位了，因为劳务

关系和劳动关系还不太一样，劳动关系中用人单位不得随意解除合同，但是如果双方是劳务关系的情况下任何一方提前通知都是可以解除劳务合同。

（北京市盈科律师事务所 崔 爽）

工作中重伤至今未愈，我该找谁维权

我们常说工欲善其事，必先利其器。就是说工人想要把他的工作做好，一定要有好的工具来帮衬，其实这一点不假，然而就算自己非常熟识的工具也会因为一些意外而发生伤害事件。

来到节目的马先生就是因为在给雇主工作过程中，由于意外而受到了伤害，现在马先生急需治疗费用，可是雇主方却迟迟不肯露面，那么到底谁该为这次意外事故负责呢？

案例回顾

马先生是一名装修工人，2018 年 5 月 28 日中午经朋友介绍，在北京市大兴区黄村镇芦城西边金顺峰大酒店二楼，按照老板的要求对酒店二楼的门进行由小改大的操作，在工作之前约定了本次操作的工资为 100 元。

马先生按照以往的经验进行操作，在作业时发生角磨机人身意外伤害事故，事故造成马先生右侧手臂开放性损伤，肌腱撕裂，神经断裂缺损至今未愈。

事故发生后雇用方霍先生，只替马先生缴纳了 1000 元住院费，后续治疗费用未支付。由于经济问题，本来就孤身一人在京打工的马先生只能选择出院，目前马先生身体状况和精神状况都很差，感觉生活似乎已经陷入了绝境，不知道该如何面对未来的生活。

马先生伤后的费用能够得到解决吗？原雇主应当承担责任吗？

律师支招

首先，我们来分析一下马先生的受伤是不是属于工伤。工伤是以劳动合同关系作为前提，因工作原因所受到的伤害叫工伤。根据马先生的叙述，马先生与雇主霍先生没有签订劳动合同，他们之间是一个雇佣关系，所以马先生的受伤不能称为工伤，而是在雇佣情况下雇员发生了自身的伤害。

接下来，我们要来分析一下作为雇主的霍先生，在马先生受伤的这件事情中到底是不是存在过错。根据相关的法律规定，如果在雇佣关系过程中雇员造成第三方的人身或者财产损失，那是由雇主先行承担责任。如果在雇佣关系过程中是雇员造成自身伤害的，那么最终责任的承担要根据双方的过错比例来确定。也就是说在本案中作为马先生的雇主，霍先生到底应该承担多大的责任则要看在整个案件中他占了多大的过错比例，事后要依据这个过错比例来判定责任的承担。所以到底作为雇主的霍先生有没有责任，有多大的责任，作为雇员的马先生有没有责任，在操作过程中有没有不当操作，还是要通过具体的取证、举证来完成。建议马先生先进行证据收集，同时充分考虑双方过错比例，与雇主继续进行协商，若最终依旧无法达成一致的赔偿合意，则应当及时通过诉讼途径维护自己的合法权益。

（北京市盈科律师事务所　崔　爽）

无故解除劳动合同，作为员工如何维权

对于劳动者来说，公司解除劳动合同本就是一件不好的事，但是，如果说公司无缘无故解除劳动合同，还不给一定的经济赔偿，作为员工该如何维护自己的权益呢？

来到节目中的张先生在“宅急送”已经工作了两年，在今年的8月突然接到了公司解除劳动合同的通知，同时跟张先生一起被解雇的还有七八个员工。面对突如其来的解除劳动合同，张先生该如何维护自己的权益呢？

案例回顾

张先生已经在北京宅急送沙河营业厅工作了两年多的时间，今年8月的时候，莫名其妙地收到公司解除劳动合同的通知，被无端辞退的还有七八个同事。

张先生和他的同事们认为这件事非常不公平，在签订劳动合同的时候，与张先生等人签订劳动合同的公司并不是北京宅急送，而是一家深圳的第三方派遣公司。除此之外，公司还不给张先生等人签订好的劳动合同。

张先生除了莫名的被解雇外，回忆起自己在宅急送工作的时间中还经历了很多不公平的待遇。公司最后一个月工资没有发放，工作期间高温补贴也没有按时发放，在两年多的时间里，公司还每个月扣除张先生安全基金100元，其他各种的加班费就更是从未见过。同时，每个月公司还会莫名其妙地罚款，罚款之后也从未给过相关的单据。

如今，张先生决定拿起法律武器，为自己争取应得的权益。张先生能够实现他的诉求吗？让我们看看律师和嘉宾怎么说。

律师支招

张先生讲述完自己的经历后，高红律师认为，现在从证据层面上，需要张先生继续收集一些关于自己确定与宅急送形成劳动关系的证据。从诉讼的角度上，可以先将宅急送列为被申请人，向它的注册地也就是顺义区劳动争议仲裁委员会提起仲裁。在随后审理的过程中，会收到宅急送公司提供的证据，之后可以将劳务派遣合同拿出来，申请追加劳务派遣公司为第三人或者被申请人，这样有利于还原案件的事实真相。

另外就张先生所说的高温补偿，国家有法律规定，在2012年6月29日颁布的《防暑降温措施管理办法》第17条规定：劳动者从事高温作业的依法享受岗位津贴，用人单位在安排劳动者35℃以上高温天气从事室外露天工作以及不能取得有效措施，将工作场所温度降低到33℃以下的，应当向劳动者发放高温津贴，并纳入工资总额。北京室外高温作业人员，每月不低于180元；室内高温作业人员，每月不低于120元；发放时间是每年的6月、7月、8月。

嘉宾观点

嘉宾赵可老师听完了张先生的叙述，希望能够看一下当时公司发给张先生的解除劳动合同通知书，张先生表示当时自己并未收取通知书。由于张先生在获知公司给自己下达了解除劳动合同通知后，一直心里觉得很不平衡，认为自己没有过错，公司不应该无故解除劳动合同，同时从8月至今张先生也一直没有上班。赵可老师认为张先生这样做，很难清晰地界定是公司解除了劳动合同还是张先生自行离开了劳动岗位，这给张先生日后的维权增加了难度。

赵可老师建议张先生可以到劳动争议部门提起仲裁。毕竟在事件过程中，张先生曾收到快递给他打的电话，称公司与张先生解除劳动合同的快递需要他签收。张先生可以将用工单位及用人单位同时作为被告，向劳动争议部门提起仲裁，在劳动争议的审理过程中确定今天现场无法了解到的事实情况。

（北京市盈科律师事务所　高　红）

工作16年，换来无故解雇，我该如何讨回公道

如今的社会，想找一份工作并不难，难的是找到一份满意的工作，而事实上在我们工作过程中，一不留神，照样会被公司各种陷阱给套路到，可谓防不胜防。就算入职并且安稳下来，我们的劳动就能得到相应的报酬和福利待遇吗？好像还是有很多公司做的不尽如人意，张先生就遭遇了在公司工作16年突然接到公司解除劳动合同的境遇。

案例回顾

张先生自2002年在这家公司上班至今已有16个年头，辛苦工作了16年换来的却是突然被解雇，这让张先生无法接受。

张先生从2002年被公司派到位于姚家园附近一栋办公大楼上班，当时他负责大楼的出租和设备管理，一直到2006年原单位将大楼售出以后，张先生才又被公司调到另外一个分公司工作。

由于工作性质、地点变动，张先生与公司签订的劳动合同也有好几份。如今公司不仅仅要解雇张先生，在劳动时间上也只承认2008年之后签订的劳动合同，之前张先生与公司断断续续签订的劳动合同，公司根本不承认。

在给张先生下发解除劳动合同通知时，仅限于口头通知，公司虽扣除了张先生工资个人应承担的社保部分，但自张先生入职至今都没有给他缴纳过社保，面对如此的遭遇,张先生决定拿起法律武器来维护自己的权益。

律师支招

听完了张先生的叙述,高红律师表示,劳动关系具有唯一性,当张先生与一家公司签订了劳动合同与其他公司就不可能建立劳动关系,所以明确劳动关系的时间,是首要解决的问题。

张先生在 2007 年之前是农村户口,之后转为城市户口。根据《社会保险法》规定,农村户口在 2011 年 7 月 1 日以后才可以补缴保险,所以张先生主张的公司补缴保险的时间只能是 2007 年到 2018 年,并不能进行 2007 年以前的保险补缴行为。虽然这段时间的保险不能补缴,但是可以要求公司给予一定数额的赔偿。

至于张先生如今面临的公司解除劳动合同的状况,实际上是非法解除劳动关系的问题。我国劳动法对于违法解除劳动关系应支付赔偿金有明确的规定,《劳动合同法》第 48 条规定,用人单位违反本法规定解除或者终止劳动合同,劳动者要求继续履行劳动合同的用人单位应当继续履行,劳动者不要求继续履行劳动合同或者劳动合同已经不能继续履行的,用人单位应当按照本法第 87 条的规定支付赔偿金。《劳动合同法》第 47 条明确规定,经济补偿按劳动者在本单位工作的年限,每满 1 年支付 1 个月工资标准向劳动者支付,6 个月以上不满 1 年的按 1 年计算,不满 6 个月的向劳动者支付半个月工资的经济补偿。《劳动合同法》第 87 条规定,用人单位违反本法规定解除或者终止劳动合同的,应当依照本法第 47 条规定的经济补偿标准的 2 倍,向劳动者支付赔偿金。

嘉宾支招

听完张先生的叙述,张先生与公司之间没有清晰的证据证明劳动关系存续的时间,需要先进行劳动争议仲裁。确定公司是否属于违法解除劳动合同,同时确定与公司劳动关系的时间,再要求公司给予保险的补缴和申请双倍的劳动补偿。

针对公司一直没有给张先生缴纳社保的事情,赵可老师建议张先生在劳动争议仲裁确定劳动关系存续时间后,向劳动监察部门申请,要求公司补缴这些年来的

劳动保险。至于补缴的时间，需要根据核查之后确定的劳动时间来进行补缴。

（北京市盈科律师事务所 高 红）

谁来拯救我的工作

在这个对效率要求越来越高的社会里，感到压力并顶着压力生活，似乎已经变成了我们生活中的常态。当我们感觉到疲惫时，经常认为是因为最近工作得比较辛苦，并不会特别在意。而这样的疲惫其实是我们身体发出的警告信号。经常性的疲惫预示着身体在某一方面出现了问题，不加以重视的话，会在未来的某一时刻领教疾病的突然袭击，不仅会影响你的身体健康，更涉及你生活来源的工作。

案例回顾

2013年8月，纪先生到一家合资企业工作，纪先生出色的表现得到公司充分认可，很快公司就与纪先生签订了无固定期限的劳动合同。

纪先生从事的是设计师的工作，凭借自己出色的能力很快成为公司中资深设计师。而设计师的工作特点决定了纪先生经常工作时间过长，作息时间不规律，频繁熬夜更是成了家常便饭。业绩突出的背后换来的是一身的病痛。常年的作息不规律，在工作几年后，纪先生查出自己患有糖尿病，紧跟着就出现了眼睛模糊的情况，开始纪先生以为自己是糖尿病的并发症于是紧急就医，没想到又检查出自己脊柱侧弯，万般无奈之下只得放下工作选择休假。

在纪先生休假结束回到公司开始上班后，却遭到了比病痛更伤人的残酷现实。先是自己的名片，从资深设计师降为基础设计师；工位也从显著位置调换到角落；找公司相关部门反映情况，公司直接就让自己回家休假；经过纪先生与公司的不断交涉，现在公司让纪先生回家休年假。这样一来工资就只有基本工资，没有效益工资，纪先生的收入大幅减少。公司的种种做法，让纪先生心寒，感觉公司在变相要求自己辞职，纪先生认为公司这么对待自己已经严重侵害了他的劳动权，纪先生想拿起法律武器维护自己的权益。

律师支招

听完了纪先生的叙述，崔爽律师表示，根据相关的法律规定，对于劳动者有着非常良好的保护。其中《工伤保险条例》第 33 条明确规定，职工因工作遭受事故伤害或者患职业病需要暂停工作接受工伤医疗的，在停工留薪期内，原工资福利待遇不变，由所在单位按月支付。

对于纪先生认为公司将自己的资深设计师降为普通设计师就是对自己的侮辱，对自身能力的不认可，这点需要纪先生自身调整心态。从法律的角度来看，公司只是调整了纪先生的工作定位，并没有在不跟纪先生协商的情况下调整薪资，这样的情况公司没有违反《劳动法》。

由于纪先生刚刚回到工作岗位，公司没有安排之前的工作，如果纪先生身体相对稳定，能够每天按照公司的规定上下班，并可以承受之前的劳动强度，而公司依然不给予安排工作，在这样的情况下公司可能构成变相地降低劳动者的劳动报酬。对于纪先生之前在公司的加班情况，按照国家规定的相应标准，公司应该支付纪先生的加班费。

（北京市盈科律师事务所　崔　爽）

单位不跟我续签合同，我该如何维权

员工到公司进行劳动，公司需要与其签订劳动合同，这已经是社会中的一个人人知晓的规章制度。大多数的劳动合同都是有期限的，合同到期之后，双方之间的劳动关系便自然终止。但是，由于员工在公司劳动时间较长，工作表现良好，很多公司都会选择继续与劳动者续签劳动合同。在我们签订劳动合同的过程中，有这么一种情况，员工如果要求与公司续签劳动合同，公司是不能拒绝的。

案例回顾

王女士于2013年10月入职双井家乐福，2014年王女士在工作中货架倒塌，将自己砸伤一直在家休息。此时王女士与双井家乐福所签订的劳动合同已经到期，公司则拒绝再与王女士签订劳动合同。

随后，王女士通过劳动仲裁维护自己的权益，公司不服将王女士诉至法院。经过法院的判决，最后强制执行双井家乐福与王女士续签劳动合同。而在诉讼的3年时间，家乐福没有支付王女士因公受伤的医药费和工资。

2018年10月王女士的合同到期，公司以王女士违纪为理由，要辞退王女士。而当时王女士因为自己工伤犯病，已经向自己的主管领导及店长请假。原本应该续签无固定期限劳动合同的王女士，如今却面临公司的解雇，这让王女士很是委屈。到底公司能不能与王女士解除劳动关系呢？王女士可以合法地维护自己的权益吗？让我们看看律师怎么说。

律师支招

王女士　这是我跟家乐福第三次签订劳动合同，本应该续签无固定期限的劳动合同,单位可以解雇我吗?

高红律师 根据《劳动合同法》的相关规定,如果合同到期不续签,是应该给予经济补偿金。如果续签了第二次合同到第三次签订合同的时候,如果在劳动者没有过错的情况下,劳动者有权要求签订无固定期限劳动合同,单位必须签订,如果不签订那就是公司违法。无固定期限劳动合同,是指用人单位与劳动者约定无确定终止时间的劳动合同,用人单位与劳动者协商一致,可以订立无固定期限劳动合同。有下列情形之一的劳动者提出或者同意续签劳动合同的,除劳动者提出订立固定期限劳动合同外应当订立无固定期限劳动合同:(1)劳动者在该用人单位连续工作满10年的;(2)用人单位初次实施劳动合同制度或者国有企业改制重新订立劳动合同时,劳动者在该用人单位连续工作满10年且距法定退休年龄不足10年的;(3)连续订立二次固定期限劳动合同且劳动者没有违反本法第39条和第40条第1项、第2项规定的情形,续订劳动合同的。用人单位自用工之日起,满一年不与劳动者订立书面劳动合同的,视为用人单位与劳动者已经订立了无固定期限劳动合同。

王女士 之前诉讼的3年时间,家乐福没有支付我因公受伤的医药费和工资,这个费用我可以要回来吗?

高红律师 关于您诉讼期间的医药费和工资,您可以先跟公司进行协商,如果在协商无果的情况下再选择起诉进行维权。我们已经看到,您之前是作了工伤认定的,是十级伤残。关于后续的复发情况,同样需要一个认定,如果能够鉴定出来您现在的头晕、恶心等症状是与之前的脑部受伤有关系,那么根据相关的法律规定,您是应该享受工伤医疗期的待遇。

王女士 2018年10月16日,公司说我违纪,其实我是工伤犯病,在这样的情况下公司是不是应该与我续签劳动合同?

高红律师 关于违纪的情况,现在不好认定。如果您确实存在违纪,那么续签合同确实有困难,如果您能证明当时您没有旷工,不存在违纪,那

么公司是必须跟您签订劳动合同的。

（北京市盈科律师事务所　高　红）

领导的烦恼之员工的诉求合法吗

说到劳动法，很多人会第一时间想到劳动仲裁、赔偿金、合同法规等专业名词。在职场中，要想保护自身合法权益，作为企业，不仅要努力顺应市场经济发展的需要，更要懂得完善公司的用工制度和薪酬体系；而作为员工则需要加强自身学习，提高职业素养，恪守职业道德。劳动者在工作的过程中，与聘用自己的企业发生争议后，劳动者与用人单位均应本着友好协商的原则，妥善处理争议事项，在协商不成的情况下再进行依法维权。

今天来到节目中寻求帮助的并不是一位在工作中遭遇挫折的员工，而是一位企业的负责人。前段时间，张先生的企业接到劳动仲裁通知，到底企业与员工之间发生了什么？

案例回顾 >>

2018年年底，张先生所在企业接到北京市西城劳动仲裁委员会的通知，原来是张先生所在企业的一位在职员工到仲裁委把企业告了。

这位在职员工，是在2014年与企业签订的劳动合同，合同有效期为3年。合同到期以后，因企业人力资源部门员工的失职，导致这位员工的劳动合同在到期后忘记与其续签。

因为企业的疏忽,没有跟员工续签劳动合同,现在员工要求,在没签合同期间的工资双倍赔偿。加在一起大概标的是93,000多元,这事让张先生等企业的管理人员感到很吃惊。

这名员工一直在正常上班,一直到企业接到仲裁通知,员工都依然还在上班。自己的劳动合同已经在一年前到期,也没有跟任何人反映过这个事。张先生认为,整件事情是由于企业的人事行政部门工作失误造成的,但是作为企业,一直在正常给员工发工资、奖金等待遇。仅仅因为工作人员的工作疏忽,没有完成续签劳动合同,就要求企业赔偿这么多钱,这让张先生很不理解,觉得自己的企业很冤,很委屈。

作为企业到底应不应该拿出这笔9万元的赔偿呢?

律师支招

听完了张先生的描述,赵恒律师对员工的几项诉求逐一分析。

我们先来说说什么是综合计算工时,综合计算工时是以周月季度或者年度为周期。举例来说比如做饭店、餐饮行业,可能是某几个月特别的忙,员工需要集中的加班、加点才能完成工作,可能某几个月是比较清闲的可以安排员工集中休息,像这样的企业可以申请以年度为周期的综合计算工时。但是有一个原则,就是即使用人单位和员工在劳动合同中约定了综合计算工时,企业并没有向劳动行政部门去审批的话,是属于无效的。一旦发生争议,员工证明有加班存在的情况,用人单位仍然需要按照标准工时计算加班费的方法,向员工支付加班工资。

我们再来看一下,关于未签劳动合同双倍工资的赔偿。就这名员工来讲,她的书面劳动合同是2017年9月30日到期,按照目前法律规定,员工在劳动合同到期的第二天就可以主张双倍工资,最多可以主张一年。因为按照目前《劳动合同法》的相关规定,如用人单位超过一年没与员工签订书面劳动合同,在法律上已经视为签订了无固定期限劳动合同,也就是说在2018年10月1日,法律上已经视为企业与员工双方,存在书面劳动合同关系。那么在此之后的双倍工资,就不再被法律所支持。

另外一点是，根据目前《劳动争议调解仲裁法》的规定，劳动争议有一年的时效。这位员工申请仲裁的时间是 2018 年 12 月 18 日，而员工主张未签劳动合同双倍工资是从 2017 年 10 月 1 日开始主张的。也就是说按照一年的时效期，从 2017 年 10 月 1 日到 2017 年 12 月 17 日这段时间的双倍工资也是得不到法律支持的。如此看来，一头一尾的双倍工资都是不能得到支持的。因此，我们如果细算起来，作为企业要赔偿的金额是远远低于员工诉求的金额。

在这里必须要说一点，因为我们企业已经出错了，而且可以说是低级错误。个人认为作为企业的管理者，目前能做的就是将损失降到最低，也就是我们要用相关的法律法规来和自己的员工算一笔细账，从法律层面尽力保护公司的合法权益。

（北京市盈科律师事务所　赵　恒）

员工的烦恼之我的工资该找谁要

对于拖欠工资，用人单位总是有各种各样的理由，有的可能确实是单位经营状况不佳，发放工资的确困难；有的是因为用人单位被别人拖欠了货款等，资金周转不开；有的纯粹是耍赖，利用劳动者的工资用于其他用途，这种拖欠工资的行为是最可恨，但在实务中却大量存在。不管是什么样的原因，拖欠劳动者工资不按时发放的就属于违法行为，要依法承担相应的法律责任。

王先生因为自己就职的企业出现经营问题，与企业解除劳动合同并签订了赔偿协议，然而签订赔偿协议之后，企业人去楼空。王先生被逼无奈之下寻求栏目组的帮助。王先生能要回属于自己的工资吗？

案例回顾

王先生在2015年4月1日,入职中麦科技股份有限公司北京分公司,在2015年4月1日双方签订一份劳动变更协议,由中麦科技股份有限公司北京分公司签到巴士在线科技有限公司北京分公司。在这期间王先生从2014年12月到2017年12月,已经工作满3年,之后与巴士在线科技有限公司进行续约,再次续约为期3年的劳动合同。

2017年年底,王先生得到消息称,公司的CEO还有法人处于一个失联状态。在此期间,公司就开始陆续出现拖欠工资的现象。2018年1月24日,王先生与巴士在线科技有限公司北京分公司签署了解除劳动合同协议。在协议书中根据法律规定,明确签订了解除劳动合同的相关赔偿金,是以N+1的方式赔付给王先生共4.5个月的工资。

如今公司已经人去楼空,处于失联的状态。王先生的同事,通过法院的方式申请了强制执行。但是,目前反馈的结果是,法院已经联系不上公司的相关负责人,王先生的工资还能拿回来吗?王先生现在应该如何做才能维护自己的权益呢?让我们来听听赵恒律师怎么说。

律师支招

王 先 生 目前已经联系不到法人,我只想要回公司承诺的补偿和工资,您看我现在应该怎么办?

赵恒律师 建议您尽早到法院申请强制执行,目前法院可以通过人民银行统一系统,查询公司账户以及账户的资产情况。另外,也可以申请法院核查公司名下是否有固定资产。如果您有一些企业的财产线索,例如知道公司在某处有一个办公楼,您也可以主动去向执行的法官提供信息。

王 先 生 现在北京分公司已经没人了,只有后勤人员,我可以找总公司要工资吗?

赵恒律师　您是北京分公司员工,在当初签订劳动合同和最后调解的时候,都是由分公司来出面,而目前分公司已经处于失联的状态,但是总公司还在。依据目前的法律规定,建议您主动在执行的过程中,申请追加总公司为被执行人。目前最高人民法院有非常明确的规定,如果分支机构没有资产可以执行,可以追加总公司,同时还可以追加总公司的其他分支机构。也就是说,如果总公司财产也不够,但是他除了北京分公司之外在上海、重庆还有其他分公司,那么这些分公司如果有资产,法院同样可以执行。因此我建议您尽早启动执行的程序,如果后期需要追加总公司的话,同样还是需要一定时间并且同样要有一个程序。

王先生　我通过走强制执行步骤的同事了解到,法院一开始让提供一下对应公司的联系人以及联系方式,但是我们已经没有了。最后一个负责人现在已经离职,所以说没有任何人能联系上公司了,我想知道在这样的情况下,我该怎么办?

赵恒律师　就是我们首先需要启动一个强制执行的程序,启动之后法院会分一个执行的法官,也就是经办我们案件的法官。这时候我们主动向承办法官提供公司的财产线索,再提供一下分公司的开办人信息,也就是总公司的信息,这时候我们向承办法官交一份追加总公司为被执行人的申请。承办法官在接到申请之后,会移送到另外一个专门审理执行异议的法庭去。在开庭审理的时候,承办法官很可能会要求我们提供北京分公司的工商档案以及总公司的工商档案,证明他们两家的关系。至于相关的资料,您可以委托律师去调取工商档案,因为以个人的方式是没办法拿到相关资料的,工商局一般不受理,除非您是公司的一个股东或者与公司有相关的关系才可以。建议通过聘请律师的方式由律师去发起,从相关部门调取公司相关资料。

(北京市盈科律师事务所　赵　恒)

公司无故将我辞退，属于我的权益如何保障

在职场，劳动者和用人单位签订劳动合同，建立了劳动关系后，由于种种原因，不管哪一方提出提前解除劳动合同的情况也算是职场中的游戏规则。对于劳动者来说，辞职是法律赋予劳动者绝对的择业权，不需要单位认可的理由，只需要按照合同提前30天以书面形式通知用人单位，方可解除。那么，对于用人单位来说，若想与劳动者提前解除劳动合同，则必须满足法定理由，否则可能会对劳动者的权益构成侵犯。

今天来到节目中寻求帮助的陈女士，在一家美国上市公司已经连续工作了12年多，突然面临调岗降薪，陈女士没有接受公司的安排，结果公司将自己辞退。陈女士能凭借法律武器维护自己的权益吗？

案例回顾

陈女士于2007年1月，入职一家外商独资的IT教育公司，从事教学部的讲师工作。目前陈女士46岁，已经和公司签订了无固定期限劳动合同，并持有公司在美国上市的股票。

一年前，公司突然停止陈女士讲课，也不再给陈女士安排其他工作内容，让陈女士拿了半年的底薪。2019年2月14日在未与陈女士协商同意的情况下，公司直接把陈女士调到从事软件测试的部门，并且伴随调动出现大幅度降薪。陈女士立即以邮件形式回复公司，明确表示自己拒绝调岗、降薪，要求公司继续履行原劳动

合同，随后继续在公司 HR 部门打卡上班。

3 月 8 日，公司正式给陈女士发来解除劳动合同的通知书，以《劳动合同法》第 40 条第 3 款“签订劳动合同时的客观情况发生重大变化”为由，终止了当事人的劳动合同，并关闭了期权股票行权的功能，致使陈女士所持有的公司的股票无法交易完成公司回购。

对此，陈女士与公司反复沟通，公司的答复却让陈女士伤透了心。公司要求陈女士先同意接受 N＋1 的经济补偿后，再与公司谈所持有股票回购的事情。陈女士认为，公司在做出辞退自己的程序上及辞退理由上，存在违法行为，属于违法解除劳动合同，迟迟没有同意公司的条件。

公司与陈女士解除劳动合同后，取消了陈女士持有公司股票的操作权限，如果陈女士不同意公司的要求，就有可能剥夺陈女士所持有的股票，公司这样的做法合法吗？陈女士能拿起法律武器维护自己的权益吗？

律师支招

听完了陈女士的叙述，崔爽律师表示，作为劳动者来讲，每一个劳动者都是戴着镣铐的舞者。虽然企业给你一个平台，让你展示自己的才能，提供相应的劳动，获取相应的报酬，但同时也要遵守公司所有的规章制度以及法律对于劳动者的一些约束。所以在与企业签订合同的时候，自己一定要有明确的意识，认真地阅读合同中的条款，因为签订劳动合同之后，就等于你接受了公司的条款，事先做好功课，才能有效地避免就业风险和损失。

就我们陈女士的案件，公司以《劳动合同法》第 40 条第 3 款的相关规定，因为重大的客观情况发生变化，导致原劳动合同无法继续履行，如果真的如公司给陈女士的解除劳动合同的通知上所说的情况，按照《劳动合同法》的相关规定，提前一个月通知员工是可以终止劳动合同的。依据陈女士所说的情况，陈女士所在的部门并没有取消，公司在和陈女士协商的过程中，原则上是应该调岗不调薪。所以在关于劳动关系的解除上以及使用的解除劳动合同的理由上，公司的做法还是有失妥当的。

陈女士拥有继续履行劳动合同的基础，可以到劳动仲裁委去提出劳动仲裁请求，继续履行劳动合同。如果确定与公司解除合同后，公司应按照每满一年，支付两个月工资的标准进行补偿金的支付。赔偿金支付以离职前 12 个月的平均工资为基准。

针对陈女士所说的公司限制了自己的股票交易权限，那么陈女士可以在 90 日之内在原系统中进行回购权限的操作，也可以以正常书面的形式送达给公司，要求进行股票的回购，这里的书面送达一定是以邮政快递的形式进行送达。同时在书面要求公司回购股票的申请中，列明自己不能在原系统中进行回购操作的原因，要把这个主张提出来，否则按照公司的规定超过 90 日之后，陈女士可能就真的丧失了这个权利。

（北京市盈科律师事务所　崔　爽）

四、旅游、消费维权

玛莎拉蒂跑车怎么了

新买的豪车出了问题，消费者维权四处碰壁，白色车漆底下还有一层珍珠釉色！一辆车两层漆，到底该找谁？哑巴吃黄连，有苦说不出来，让律师帮您拿起法律的武器，有理有据，为自己维护权益！

案例回顾 >>

2017 年 10 月底，郑女士花了近 150 万元人民币，在北京金宝街骏东汽车销售有限公司给儿子购买了一辆玛莎拉蒂轿跑车。2018 年 3 月底，车子出现了意想不到的问题，前杠中链条脱落车标一碰就掉。发现问题后的第一时间郑女士和儿子就去了 4S 店。经 4S 店师傅检查后断定"车曾被拆装过"，4S 店答应给予修理。

郑女士十分懊恼，心想这么贵重的豪车，怎么能跟纸糊的似的，开着开着，隔扇的金属条就掉了。当事人有苦难言，就自行委托专业鉴定部门进行了鉴定。鉴定结果更是让人大吃一惊。鉴定机构依据该车"四个车门的车漆厚度和原车不符，且底漆颜色为珠光色，车表颜色却为白色"的现状，进行了鉴定，鉴定结果为：(1)左后翼子板漆膜进行过修复处理；(2)右后门不能排除进行过二次喷漆。针对这个鉴定结论，当事人要讨个说法。

她先给 4S 店写了一份《协商函》，一周后他收到了北京骏东汽车销售服务有限公司的《回复函》。

《回复函》答复了三条：(1)该车辆自意大利工厂生产完毕，直到新车交付前，车辆没有进行过任何的漆面修复。(2)该车在意大利工厂生产完毕后的漆面厚度符合意大利工厂的生产标准。(3)我司接收车辆到付给您之前没有进行过任何漆面修复工作。

郑女士见到答复后，更是十分气愤，再次找到4S店要求退车、退全部车款，并要求三倍赔偿，其要求遭到了4S店的拒绝。那么当事人能不能够取得三倍的赔偿呢？

律师支招

1. 律师认为这个案子的争议焦点是这辆新车有没有瑕疵？

2. 围绕这个争议焦点，还涉及两个问题；第一是举证责任如何分配？第二是商家是否构成欺诈？

解决问题的思路

1. 确认合同主体。律师经过了解得知，郑女士是与北京骏东汽车销售服务有限公司签订的《汽车买卖合同》，买方是郑女士的儿子，卖方是玛莎拉蒂中国销售公司，注册经营地在上海，代理商是北京骏东汽车销售服务有限公司。也就是说，消费者在买车后遇到麻烦，既可以告商家，也可以告厂家。

2. 买卖合同。买卖合同是出卖人转移标的物的所有权于买受人，买受人支付价款的凭证。当事人采用书面形式订立合同的，自双方当事人签字或者盖章时合同成立。确认合同的主体，不应只看合同上签字、盖章的主体，也不能只看合同上列明的当事人，要从合同权利的实际享有者、义务的实际履行者来判断合同的当事人。

3. 购买时间。本案新车购买的时间是2017年10月底，发现问题的时间是2018年3月底，问题发生在6个月内，6个月的时间，涉及了一个重要的问题就是举证责任倒置。

4. 本案的举证责任如何分配。

案件事实告诉我们，4S店虽然有个《答复函》看似4S店很有道理，其实不然；因为《民法通则》对民事责任规定的原则是“谁主张，谁举证”，但《消费者权益保护法》恰恰不是这样规定的。2014年3月新修改实施的《消费者权益保护法》第23条规定：“经营者提供的机动车、计算机、电视机、电冰箱、空调器、洗衣机等耐用商

品或者装饰装修等服务，消费者自接受商品或者服务之日起六个月内发现瑕疵，发生争议的，由经营者承担有关瑕疵的举证责任。”根据该规定，纠纷如果诉到法院或仲裁机构，举证责任还是在商家或厂家。也就是说，这辆车在交付之前漆面有没有修补，并且是否符合工艺要求的举证责任在商家或者厂家。

另外“证据”内容要符合三性，即客观性、关联性、合法性。

本案在证据上，还涉及一个“鉴定报告”的效力问题。鉴定报告是一方当事人单方做的，虽然出自于专业部门，但这个“鉴定报告”在法庭上使用，它的证明力是欠缺的或者说是不符合客观性的要求。因为按照证据规则公平、公正性的要求，鉴定机构需要由买卖双方共同去委托，而不是单方委托。当事人出于个人维权的需要，先单方做了鉴定，并以此为依据。但如果起诉到法院，人民法院还是需要当事人提出申请，然后共同指定一个机构重新作出鉴定，其结论才有效。

在这里也顺便说一下，司法鉴定的流程，是在主审法官的主持下，双方当事人从高院认定的具备司法鉴定资质的鉴定机构中选择，无法达成一致意见的，法院会通过摇号选择。鉴定期间，诉讼时效中止。

5. 购车合同中约定了争议解决办法是否有效。

当事人向律师咨询中还提出一个问题，关于争议解决条款约定是否有效。买卖合同中，对争议的解决约定了采用仲裁方式解决，而且指定了仲裁机构是上海中国国际经济贸易仲裁委员会上海分会，还约定了仲裁员为一名，仲裁裁决是终局性。

如何看待这个条款，条款是否有效？应该说是有效的，因为遇到纠纷，当事人可以采取诉讼方式解决，也可以采用仲裁方式解决。

首先，什么是仲裁，是指由双方当事人协议将争议提交具有公认地位的第三者，由第三者对争议的是非曲直进行评判，并且作出裁决的一种解决争议的方法。仲裁需要双方自愿，一般是由当事人根据他们之间订立的仲裁协议，自愿地将其争议提交由非司法机构的仲裁员组成的仲裁庭进行裁判，并且受该裁判约束。仲裁活动和法院的审判活动一样，关乎当事人的实体利益，是解决民事争议的方式之一。我国《仲裁法》第9条规定，仲裁实行一裁终局的制度，也就是说裁决作出后，当事人就同一纠纷再申请仲裁或者向人民法院起诉的，仲裁委员会或者人民法院将不予受理。

其次,当事人约定一个仲裁员是否合法?根据民法中关于尊重当事人意思自治的原则,可以约定一个仲裁员。但是一个仲裁员需要双方共同指定,如果双方在选择仲裁员时不能达成一致意见,就要由仲裁委员会指定一个仲裁员。

最后,为什么在北京买车,合同约定要到上海仲裁?因为玛莎拉蒂中国销售公司总部注册地在上海,所以合同约定了上海,这个约定也不违法。但是郑女士忽视了这个条款,所以对当事人十分不利,因为加大了当事人的诉讼成本,即增加来回的交通费、住宿费。但是律师可以告诉你,无论是诉讼还是仲裁,应该由败诉方承担诉讼费用。

6. 如果当事人提起仲裁,还需要准备什么材料和证据。当事人需要准备《汽车销售合同》《车辆入库、出库交接单》、提车过程、买卖发票;问题发现的证据、维修点的证明、鉴定结论,等等。

7. 买卖合同中是否构成欺诈。这个问题还是要等鉴定结论出来后,才能得出结论。

8. 如何赔偿损失。

消费者根据《消费者权益保护法》第 55 条有权提出三倍索赔。依据《消费者权益保护法》第 23 条的规定,举证责任在经营者。经营者要举证所售的汽车应当是全新车辆。未能举证证明其销售的是全新汽车,应当承担举证不能的责任。《产品质量法》第 33 条规定:“销售者应当建立并执行进货检查验收制度,验明产品合格证明和其他标识。”第 34 条规定:“销售者应当采取措施,保持销售产品的质量。”因此,可依据上述规定来认定和赔偿。

通过今天这个案例,我们看到了关于汽车纠纷的法律知识、解决问题的思路和办法,更重要的是我们还看到了在新消法背景下,消费者权益也在更大范围内得到保护。

(北京市盈科律师事务所　郝惠珍)

旅行途中遭遇强制消费，生气搓火不如学会维权

世界那么大，我想去看看，这句话已经成为现在的至理名言。一次说走就走的旅行成为了很多朋友任性的小快乐。考虑到经济实惠和只身在外的不熟悉，一般游客都会选择报一个旅行社跟团旅游。毕竟旅行社一般都会包往返车票，安排好住宿，有固定的旅行计划，还有专业的导游讲解。

可是就是这样一次原本应该开心的旅行，却因为一个行业老话题"强制消费"而变得了然无趣，甚至还增添了不少烦恼。

到底发生了什么？遇到了什么事情呢？让我们一起看个究竟。

案例回顾

王阿姨2017年正式退休，工作了几十年，终于可以享受自由自在的休闲时光了。王阿姨在2018年7月9日参加了北京一家国际旅行社组织的新疆旅行团，去新疆旅游。7天的行程，从启程到第五天王阿姨一直心情不错，没想到在最后两天，发生了一件让人心情一落千丈的事……地接的导游陈某和司机韦某在一个叫盛世玉都的地方，要求旅游的乘客买玉，每组家庭要求消费2000～10,000元。

王阿姨等几名游客，表达不要这些东西，不愿意购买时，司机和导游便进行言语讽刺，司机和导游在约定的集合地点明确表示：不购物不许他们上车，甚至连最基本的礼仪都没有了。王阿姨回忆说，面对导游的讽刺，一位在玉器店没买玉的阿姨竟然流下了委屈的泪水……司机和导游不敢公然违抗规定，他们在约定的上车地点一直跟游客说,直到消费才可以上车离去,这简直就是赤裸裸的强制消费。

王阿姨气愤地说:导游讽刺不买东西的游客,那么穷,就不要出来玩!他们这样的态度确实激怒了同行的游客,自然发生了激烈的争执。后来围观的人太多了,导游觉得事情要闹大了,这才赶紧让大家上车,继续前行。

原本一场旅途是用来放松心情的,可经过这么一场闹剧,吃了一肚子的气,各位游客哪还能有什么好心情呢!王阿姨和吴女士等4名团员联名签字证实旅行中发生强制消费的事件,要求旅行社对此事向当事人道歉,并要求旅行社进行赔偿,赔偿金额为每人1万元。

旅行中的强制消费自然可恶,而且也确实是行业中的恶习,那么王阿姨他们能得到赔偿吗?王阿姨她们要求旅行社道歉合理吗?我们看看律师如何支招。

律师支招

根据我国《旅游法》第35条规定,旅行社不得以不合理的低价组织旅游活动,诱骗旅游者,并通过安排购物或者另行付费旅游项目获取回扣等不正当利益。

同时,臧律师表示,《旅游法》中明确规定,旅行社在组织、接待旅游者的过程中不得指定具体购物场所,不得安排另行付费旅游项目。

一旦发生强制消费的情况,游客可以直接向消费者协会投诉。投诉受理机构和有关调解组织在双方自愿的基础上,依法对旅游者与旅游经营者之间的纠纷进行调解。

如果被强制购物的游客较多,并有共同请求的,可以推选代表人参加协商、调解、仲裁、诉讼活动。

游客有权在旅游行程结束后30日内,要求旅行社为其办理退货并先行垫付退货货款,或者退还另行付费旅游项目的费用。

(北京市盈科律师事务所　臧梵清)

离职销售竟然可以开走4S店维修的奥迪，车辆受损我该找谁说理

奥迪S3，作为德系精致小车，一直深受国内爱车一族的追捧，因为它长得好看，配置也不俗。然而就是这样人见人爱的车，遭遇了送去维修却被4S店已经离职的员工私自开车外出，发生意外导致车辆严重受损的局面。

敢问车送进4S店维修难倒可以被任意开走吗？开着别人车肇事的朋友，你真的觉得自己可以逃过承担责任吗？

本篇将为您详细解读奥迪S3的车主该如何维权。

案例回顾

2018年5月，张女士如愿拥有了自己的新车奥迪S3，可是由于自己技术不佳刚刚开了一个月的新车就发生了事故，只得送往4S店进行维修。在得知车辆发生事故的时候，当时卖车的袁先生也赶来帮忙，把车拖到4S店进行维修。可就在车辆修好之后，车，在4S店找不到了……

张女士得知，是销售袁先生把已经修好的车私自开出了4S店，心中很是不快。但是，事已至此，就希望袁先生尽快将车开回来。可谁知，从7月27日得知车被开走到8月3日夜里，这辆车从昌平一家修理厂被开回来，已经变得面目全非了。除了车辆被撞，车辆的公里数也出现了问题。

而在此前出于对车辆销售人员袁先生的信任，张女士除了委托袁先生帮助办理修车事宜之外，还让他帮忙打听奥迪S3的二手车价格，提出要重新购买一辆奥迪 S4 轿车，并通过手机微信的方式向袁先生转账车辆预付款 25,000 元，而此时袁先生已经从奥迪 4S 店离职，对于这些张女士全然不知。

面对已经面目全非的奥迪轿车，以及与自己转账完全不符的订车款，张女士简直欲哭无泪。让我们看看来自盈科的崔爽律师如何支招，帮助张女士维护自己的权益。

律师支招

4S 店与车主实际已经构成了承揽合同的法律关系，根据《合同法》第 15 章第 251 条第 1 款规定，对承揽合同所下定义为：

承揽合同是承揽人按照定作人的要求完成一定的工作，并将工作成果交付给定作人，定作人接受该工作成果并按照约定向承揽人给付报酬的合同。承揽合同的主体是承揽人和定作人。承揽人就是按照定作人指示完成特定工作并向定作人交付该工作成果的人。定作人是要求承揽人完成承揽工作并接受承揽工作成果、支付报酬的人。承揽人和定作人可以是法人或者其他组织，也可以是自然人。

承揽人应承担取得工作成果的风险，对工作成果的完成负全部责任。也就是说，在交付工作成果之前，对标的物意外灭失或工作条件意外恶化风险，所造成的损失承担责任。

承揽人一般必须以自己的设备、技术、劳力等完成工作并对工作成果的完成承担风险。承揽人不得擅自将承揽的工作交给第三人完成，且对完成工作过程中遭受的意外风险负责。

（北京市盈科律师事务所　崔　爽）

优信失信？二手车变身事故车

网络可以拉近人与人的关系，其实也让我们接触到了很多过去只能靠溜达、靠口耳相传才能获取的信息，但是小编建议您在购买像二手车或者二手房这种相对复杂的大件商品的时候，尤其是在从线上到线下、从网络到现实办理交钱过户的时候，最好找一个明白人，现场帮您把关，因为有些事一旦付完了钱，一旦过完了户，你再去维权，那可能会受损失，就像本篇这位先生，还得请律师事务所的律师来帮忙。

案例回顾 ≫

2018年8月27日，王先生通过优款（上海）二手车经营有限公司开设的“优信二手车”网络平台，以139,500元的价格，购买了一辆别克GL8二手车。

在“优信二手车”网上平台上对于该车辆检测结果的描述是：“该车无重大事故、无水泡火烧情况，车辆外观内饰均无改装，车身骨架件完好，整车外观无瑕疵，内饰干净整洁无磨损，发动机变速箱无拆卸渗漏痕迹，车辆灯光及功能配置完好……”基于对相关承诺和宣传的信任，王先生签订合同购买了该车，并支付定金13,950元。

2018年9月13日，车辆交接后，王先生按照合同约定，与凯枫融资租赁（杭州）有限公司签订了《融资租赁套系合同》，办理了融资租赁手续，并支付了首付款33,855元。但在车辆交接后不久，王先生便发现车辆存在后车窗无法关严、汽车电路受损等一系列问题。

这下，王先生着急了。

面对状况频出的这辆车，王先生也很无奈。为了进一步找到根源，他聘请了第三方检测机构对这辆车进行检测。

2018年9月19日和21日，分别由第三方机构“检车无忧”和北京坚实旧机动车鉴定评估有限公司对该车辆进行检测评估，评估结果认定这辆二手车是严重的事故车，存在严重的涉水、事故异常，车身骨架存在明显修复异常等重大问题。

2018年9月25日，王先生又前往优款（上海）二手车经营有限公司、位于北京丰台区的售后服务中心进行了车辆复检，工作人员承诺会将复检结果上报，并在一周后联系王先生给予反馈。但直到一个月后，王先生仍未收到任何反馈。

律师支招

我国《消费者权益保护法》第20条第1款规定：“经营者向消费者提供有关商品或者服务的质量、性能、用途、有效期限等信息，应当真实、全面，不得作虚假或者引人误解的宣传。”

《消费者权益保护法》第55条规定：“经营者提供商品或者服务有欺诈行为的，应当按照消费者的要求增加赔偿其受到的损失，增加赔偿的金额为消费者购买商品的价款或者接受服务的费用的三倍。”鉴于被投诉方的行为已经构成欺诈，投诉方有权要求被投诉方按照案涉车辆售卖价的3倍另行予以赔偿。

《合同法》第54条规定，一方以欺诈、胁迫的手段或者乘人之危，使对方在违背真实意思的情况下订立的合同，受损害方有权请求人民法院或者仲裁机构变更或者撤销。

（北京市盈科律师事务所　崔　爽）

突然取消的邮轮游，消费者可以获得两倍赔付吗

案例回顾

家里老人希望全家能够走一次邮轮游，于女士了解到邮轮旅游需要考虑海上的气候条件，最佳出行时间是6月和9月，当时于女士看团期的时候，发现6月的团已经满了，所以于女士一家最终选择了陪老人在9月邮轮游。

全家人都满心期待着能一起出行，然而在8月31日的下午3点，于女士收到来自旅行社旅游顾问的微信，告知于女士邮轮游取消了。旅行社方面给于女士的这一纸邮件通告，就是简单地说报的邮轮游出行取消，不光于女士一家人报的9月21日的邮轮游取消了，还有一个9月26日和27日的两班邮轮游全都取消了。

随后旅行社方面给出了一个关于补偿的方案，旅行社提出两种补偿方案，一种是下一次出行可以使用的代金券，另一种是补偿。于女士在看到方案之后，又研究了一下出行的时间，下一次邮轮出行的时间是在九个月之后，由于老人身体不是很好，如果现在就决定九个月之后的行程这让于女士很难作出决定。旅行社方面很快就给出了明确的答复，如果不能够接受游轮方提供的赔偿方案，那么只能按照当初签订的旅游合同条款进行赔偿。于女士在第一时间联系了旅游委，旅游委通过调解的方式对于女士和旅行社进行了调解，也没有调解成功。

律师支招

我国《旅游法》第9条规定："旅游者有权自主选择旅游产品和服务，有权拒绝旅游经营者的强制交易行为。旅游者有权知悉其购买的旅游产品和服务的真实情况。旅游者有权要求旅游经营者按照约定提供产品和服务。”

《最高人民法院关于审理旅游纠纷案件适用法律若干问题的规定》第13条规定：“因不可抗力等不可归责于旅游经营者、旅游辅助服务者的客观原因导致旅游合同无法履行，旅游经营者、旅游者请求解除旅游合同的，人民法院应予支持。旅游经营者、旅游者请求对方承担违约责任的，人民法院不予支持。旅游者请求旅游经营者退还尚未实际发生的费用的，人民法院应予支持。因不可抗力等不可归责于旅游经营者、旅游辅助服务者的客观原因变更旅游行程，在征得旅游者同意后，旅游经营者请求旅游者分担因此增加的旅游费用或旅游者请求旅游经营者退还因此减少的旅游费用的，人民法院应予支持。”

第12条规定：“旅游行程开始前或者进行中，因旅游者单方解除合同，旅游者请求旅游经营者退还尚未实际发生的费用，或者旅游经营者请求旅游者支付合理费用的，人民法院应予支持。”

（北京市盈科律师事务所　刘妙勤）

人在囧途那些事儿

——旅途中飞来横祸，旅行社推诿扯皮

出门在外，我们最常见的交通工具就是大巴车。不管是外出旅行还是回家探亲，乘坐大巴车的时候，都应注意安全，系上安全带。在车辆高速行驶的过程中，一旦有一些小意外发生，安全带可以保证我们不受伤害。但往往我们在乘坐大巴车出行的时候，会忽略掉安全的保障，尤其是大巴车。

案例回顾

张先生于 4 月 7 日参加了旅行社组织的福建旅游，交了 2800 元的团费。原本愉快的旅行终止在福州到厦门这三个半小时的大巴车上。

当时张先生乘坐的是一个 58 人座的旅行大巴车，由于本次同行的朋友中没有那么多人，所以车上也就比较空。在车辆行驶到高速路上的时候，导游觉得张先生坐在后面的位置不是很舒服，安排换位置，可谁想到司机一个急刹车张先生就从车中间的座位摔到了挡风玻璃上。

当时起来的时候张先生并没觉得有什么事，可是下面的景点他就没法参观了。当天晚上张先生就被腰部出现的疼痛折腾得无法入睡，第二日到当地的医院做了核磁和 CT 检查，结果腰椎两截移位，当时医生说半个月就可以复位。旅行社就安排张先生回到北京再进行治疗，旅行社表示参加旅行的每个人都有保险，发生意外可以报销医药费用。

回到北京后，张先生再次来到医院检查，确定这种损伤无法复位只能慢慢调养。张先生在北京进行了相关的治疗，这期间旅游公司给报销了 900 元的医药费用，但 3 个月后旅游公司突然改变了态度，不再给予任何报销。现在 65 岁的张先生走起路来有些蹒跚，走不了多久就需要停下来歇一歇，这与旅游之前判若两人，因此张先生找到栏目组，希望栏目组帮助他通过法律途径找旅行社索赔医药费用。

律师支招

听了张先生的叙述崔爽律师认为，这是一起旅途中由于大巴车急刹车导致张先生受伤，之后与旅行社关于赔偿方面的问题产生的纠纷。

张先生在旅行之前与旅行社双方之间，已经形成了旅游合同关系，然后成团外出旅行。在旅行的过程中张先生在车辆上发生了伤害，张先生希望旅行社赔偿其在旅行途中受伤所产生的各项费用，这个要求合不合理呢？依据《合同法》第 107 条规定，当事人一方不履行合同义务或者履行合同义务不符合约定的，应当承担继续履行、采取补救措施或者赔偿损失等违约责任。而按照《旅游法》第 12 条规定，旅游者在人身财产安全遇有危险时，有请求救助和保护的权利，旅游者人身、财产受到侵害的，有依法获得赔偿的权利。

双方对于伤害发生的原因各执一词，张先生讲是应导游的要求才在大巴车上进行了移动，然后司机急刹车导致的受伤，而导游的说法是，张先生自行在车内移动发生了受伤。其实两种情况我们现在不去具体分析到底哪一种是真实的，如果是依据张先生说的，那么对于这个伤害的发生张先生从主观上讲是没有责任的，所产生的医药费和其他的相关损失，旅游公司应该承担全部责任。如果是依据旅行社讲的，是张先生主动进行的行走，导游和车内其他的服务人员没有进行及时的制止或者是阻拦，对于造成的伤害，张先生自己要承担一部分责任。

无论依据哪一种情况来判定，旅行社都应承担责任，这个是毋庸置疑的，至于具体发生的金额是多少要以实际为准，而具体旅行社承担多少最终要看双方的过错比例，双方过错比例是要通过举证来进行确定的。

（北京市盈科律师事务所　崔　爽）

老年旅游遭遇合同纠纷，我能拿回我的钱款吗

近年来，有关老年人出游遭受骗局事件频频见诸媒体。随着生活条件的改善，辛苦了大半辈子的老人希望多走走、多看看，在旅游中丰富自己的晚年生活，已经成为不少老年人享受晚年时光的方式之一。但老年人容易相信他人、防范意识低，

也给了很多意图不轨的人可乘之机。一些不良商家把目标瞄准了防范意识较差和维权手段单一的老年人群体，利用旅游套餐形式，设置消费陷阱，让老年朋友的权益受到侵害。

今天来到栏目中寻求帮助的立女士，就在自己晚年生活中遭遇了一次旅游合同纠纷，在立女士发现自己合同签订的有问题之后，能全额拿回自己的款项吗？

案例回顾

立女士和老伴在一次偶然的机会，接到了低价旅游的广告。一位自称是北京中旅的工作人员，邀请立女士和老伴参加旅行社线路展示会。为了丰富晚年生活，立女士和老伴不仅参加了这次展示会，还在会上以66,800元的价格加入了这家公司的会员，并签订了会员合同。

满心期待享受会员权益的立女士，回到家中再次翻阅合同的时候却发现，合同并不是和中旅签的，而是和一家叫作“北京悦途国际环球国际咨询有限服务公司”签订的合同，跟旅行社完全不是一回事儿。并且发现合同内容与事实不符。随即，立女士找到工商所进行调解，旅行社退还了部分款项，若立女士还想要拿回剩余的款项，就需支付总款项30%的违约金。

面对这种情况，立女士觉得自己遭遇了低价旅游的圈套，要求退款却要面临高额的违约金，立女士能否免责退款呢？她应该怎么办呢？

律师支招

立女士 我是在2017年7月首先签了一份咨询服务合同，有效期是10年，费用是66,800元，里面是两个人一些旅游的优惠。后来我觉得有问题，找到工商调节，同年9月我又签了一个和解协议，协议中我同意了他们说的将我老伴的费用退还，剩下的款项只针对我一个人，原合同继续履行。现在我能要求撤销合同吗？

崔爽律师 根据您提供的调解协议，看到协议中约定，如果并不是因为乙方的原因，也就是服务提供方的原因导致立女士不能正常出行的情况下,那么服务的提供方是要收取整体费用66,800元的30%作为违约金的。这个内容在协议中写得很清楚,而且也有双方的签字盖章,所以我们说这份协议本身在效力上,是没有任何问题的。至于您刚才提到的,他们前期做的一些陈述宣传,都是不真实的,和合同的情况都是不相符的,如果我们要以此为由去撤销这份合同的话,首先合同撤销的期间法律是有规定的,也就是我们知道或者应当知道之日起算一年的时间,现在看来已经超过了一年的时间,还有一个问题就是您要有充分的证据证明这些口头的东西是存在的。现在看来,这些证据也是不充足的,在这样的情况下,我们单纯地要去解除这份合同,可能在法律上还是有一定障碍的。而根据和解协议中的约定,如果您再次提出解除合同,他们是要收取30%的违约金,这是有法律效力的。

立女士 我觉得这个30%的违约金是不合理的,为什么要由我来承担?

崔爽律师 在法律上如果您提出解除合同,这个诉求是可以的,但能不能支持您免责退款,目前来看是不确定的。因为确实是您现在再次违约,要求解除合同。无非就是咱们解除合同可能没有给对方带来那么大的损失,而具体的情况要看对方在损失方面怎么举证,如果确实没有更多的证据,法院在违约金的比例上确实会给予适当的调整,但如果您想要全额退款,这个诉求较难实现。

立女士 我现在应该怎么办才能减少我的损失?

崔爽律师 您可以根据协议,他们承诺的是美国全境游,那么您也可以考虑看一下他们的行程规划,如果可以不妨让自己去美国玩一次。毕竟市面上一次美国全境游也要3万元左右,如果您觉得划算还是去玩一次,可能您真的体验了一把美国游之后,心情就好多了。如果觉得真的就想退了,您就去法院起诉打官司,但是您得有一个心理预期,可能自己真的需要赔付一些违约金。您现在更多的应考虑如何将损失降到最低,而不是争取最大利益将费用全部给要回来,事实上全部要回来是不可能的。您可以再看看合同中有没有其他

的能给您的权益，我们再仔细研究一下合同，把能自己享受到的权益都尽量地去享受一下。

律师温馨提示：老年人在消费的时候，绝不能盲目消费，一定要对自己的消费行为负责。不要轻信推销人员的话，在合同签订的时候，要对其中的内容反复进行审读，理解清楚其中的意思而且在自己能够接受的情况下，再签订合同。如果遇到看不懂的合同，可以寻求《律师帮帮忙》的帮助。

（北京市盈科律师事务所　崔　爽）

旅行噩梦，谁来赔偿我的损失

旅游本是一场美好的体验，可是有时候选择不好，旅游就变成了生活中的噩梦。我们从平凡朴实的生活中解脱出来，为的就是出去走一走，让旅游使我们的生活更幸福。可有的时候，旅游带给我们的已经不再是幸福而是我们生活中挥之不去的噩梦。跟团游被导游安排购物行程，甚至强制购物的情况，估计是很多人都经历过的。当你被强制购物，逼你去听那些浪费时间的讲座时，是否感叹旅途的水真的是很深。

前段时间，李女士和多位伙伴一起，经历了一次为期 6 天的低价旅游出行噩梦。身体和心灵在这次旅途中都遭受了折磨，面对自己的遭遇又该如何维护自己的权益呢？

案例回顾

前段时间,李女士和24位姐妹,被门头沟一家保险公司的业务员以公司内部福利为由,拉去云南旅游。在出行之前,保险公司的业务员王某跟李女士等24位同行的朋友承诺,本次旅游全程零购物。在王某的全程陪伴下,李女士和24位伙伴快乐的踏上了充满期待的旅程。

行程的第一天是自由活动,李女士和伙伴们都特别高兴,又是拍照,又是一起吃饭,很愉快地度过了旅程的第一天。让所有人意外的是,在行程的第三天依然安排了购物的内容,在购物的过程中,只要谁不买,保险公司的业务员王某就跟谁过不去。

从这天开始,噩梦就持续上演了。车上随时都会爆发不愉快,只要不购物就会遭遇王某的言语侮辱甚至是人身攻击。几天下来,所有的团员身心倍感疲惫。

到今天为止,李女士等出行的伙伴们都不知道王某安排的是哪家旅游公司,打电话也不接,当时到达云南机场的时候有一位接机的导游,如今也不接电话。李女士等24位伙伴,如今不知道该如何维护自己的权利,让我们看看崔爽律师和赵可老师怎么说。

律师支招

倾听完李女士的叙述,崔爽律师表示,这应该是保险业务员自掏腰包带客旅游的事情,而并非保险公司的福利。

李女士和她的这些姐妹们在出行之前并没有签订书面的旅游合同,也没有接触任何一家旅行社,连旅行的费用都是通过微信或者现金的形式缴纳的。可能在出行之前,保险公司的业务员王某跟当地的旅行社或者一些购物景点已经联系妥当,带客户过去消费,可能会在购物以后给什么样的返点,而李女士等一行人最终购买的金额没有达到王某的理想效果,所以她才作出了比较激愤的言语和行为。

若有确实的证据证明王某的行为,对当事人的身体造成了伤害,当事人可以向法院起诉获得赔偿。因为王某是整个事情的组织者,那么在整个旅游的活动中,如

果因为王某的行为对出行人员的人身或者精神层面造成一定程度的损害，王某都应该是侵权主体。如果李女士想要维权，可以去法院起诉王某本人，但王某的行为并不直接导致李女士等当事人后续慢性疾病的产生，不能获得这部分的赔偿。

在整个旅游活动的过程中，如果说保险公司有组织这样的活动，但是业务人员传达给投保客户以后，在服务的过程中出现了问题，那么保险公司可能作为用人单位，要先行承担一定的责任。但如果保险公司压根就没有组织过这样的活动，而是第三方谎称所在单位组织的回馈客户活动，那么因此而产生的无论是民事还是刑事责任，还是其他层面侵权方面的法律后果，崔爽律师个人认为，可能保险公司承担责任的依据都会很弱。

对于李女士等人在云南被强制购物的翡翠等产品，崔爽律师建议李女士等朋友，对玉石进行专业鉴定，若存在消费欺诈的行为，可凭购买凭证要求退款。

嘉宾观点

在听完了李女士的叙述后，虽然李女士与王某，没有签订旅游合同，但是当地旅行社确实有接待而且也有行程单，同时可以核实到导游的身份，并且李女士也表示在当地旅行期间，当地导游同样对李女士等朋友在不购物的时候，也表示了不满的情绪。

那么我们可以分两个层面来解决李女士的困扰。

赵可老师表示，云南地接的旅行社是有服务合同在的，有违反行程也好或者导游有不当行为也好，李女士等朋友对这些行为的不满是可以向当地的旅行社投诉、举报的。

对王某个人来说，她是否是保险公司的业务员，身份还需要进一步的核实，那么她组织一些客户到云南去旅行，但是她跟当地旅行社是有利益分配的约定，所以赵可老师认为，王某与李女士等人无法形成旅行服务的关系，但如果她对个人有什么侵害，李女士等朋友可以从侵权的角度追究王某的责任。

（北京市盈科律师事务所　崔　爽）

五、其他

电瓶车电池还会爆炸，危险就在你身边！吓死宝宝了

随着汽车数量的逐年增多，道路拥堵已经成为一个困扰人们出行的老大难问题。电瓶车以其节能环保的理念应运而生。其小小的车身在大街小巷左拐右拐，可以不受单双号的限制，有效躲避道路拥堵，可以说电瓶车已经成为物流配送人员和家庭生活近距离出行的首选交通工具。

随着电瓶车的广泛使用，不可避免地要在室内对电池进行充电，而现在行业内产品质量参差不齐，导致意外频出。在这里小编不仅要提醒各位朋友一定要注意安全，同时也要分享给大家一个关于电瓶车电池爆炸维权的案例。

到底是什么情况呢？电池又怎么会突然爆炸呢？当事人又是如何维权的呢？当然律师又是怎么支招的呢？

案例回顾 ≫

8 月 12 日早晨 6 点左右，很多人还在熟睡中。忽然，从东城区和平里某小区三层的窗户里传来一声闷响，当事人被这声闷响惊醒后，紧忙睁开眼睛寻找闷响的来源。这个时候正好看到了自己使用的电动自行车的电池充电器正在往外冒着白烟。第一时间拔掉电线的同时，第二声爆炸在当事人的脚跟边上发生了。随后人们闻到一股烤糊的味道，住在此楼 324 室的居民明显感到了晃动，整栋楼的人都惊醒了！

随着消防、救护、警车的接踵而至，惊魂未定的居民们才得以了解，刚才是这栋楼 323 室的居民家发生了爆炸！而爆炸物，竟然是一块电动车的充电电池。

当事人李女士是一名配送行业的从业人员，所以平时这个电动自行车使用的频率非常高。但是，据她向我们介绍，在自己的同事使用电动车过程当中经常会发生电动车电池被盗的情况。所以为了避免被盗，她的电动车是专门租用的一种电池，这个电池不仅可以进行更换，同时后台还有 GPS 来定位，一旦发生失窃的情况，可以迅速地找回电池。提供电池租赁的北京汇达兴电子科技有限公司，还提供安全、预警监测服务，使得李女士非常信任地租用了电动车的电池。

如今，事故已经发生，当时的消防笔录里面特别明确地指出：之所以引起爆炸是因为充电器和电池不匹配，充电器是 72 伏的，电池是 60 伏的。事故对李女士一家及周围住户的人身安全造成极大的威胁，也造成了一定的经济损失。

在 8 月 12 日事件发生之后，李女士立即联系了当时租用这个电池站点的负责人。一位韩姓的男士接待了李女士。开始他非常积极地配合解决问题，而在 8 月 14 日洽谈关于赔偿的事宜时这位韩先生的态度急转直下，面对这样的情况我们的当事人该如何继续维权呢？让我们看看律师如何支招。

律师支招

目前根据案件的回顾，产生所有损失的原因都是因为电池爆炸而引发的火灾造成的，这点已经很明确了。

首先，火灾事故发生原因的根本在谁，谁就是对李女士一家房屋进行损失赔偿的责任主体。根据《消费者权益保护法》第 40 条规定：消费者在购买、使用商品时，其合法权益受到损害的，可以向销售者要求赔偿。消费者或其他受害人因商品缺陷造成人身、财产损害的，可以向销售者要求赔偿，也可以向生产者要求赔偿。

消防笔录里面特别明确地指出：之所以引起爆炸是因为充电器和电池不匹配，充电器是 72 伏的，电池是 60 伏的。这说明是充电站的工作人员在服务当中配错了电池，所以这家公司要求全部的损失由这位韩姓的负责人所在站点的负责人全部承担。

当事人和租赁电池的公司已经签订了合同，合同是有相对方的，在法律维权的过程中，我们只针对和我们签订合同的相对方。至于这个公司调配哪个站点的哪一个服务人员或者是区域的负责人提供服务,那是公司内部协调的事情也是公司内部的一个安排和派遣,对于我们来讲只针对责任的主体进行维权。

《产品质量法》第44条规定:因产品存在缺陷造成受害人财产损失的,侵害人应当恢复原状或者折价赔偿受害人。

其实案件中出现的这个情况在法律上叫竞合,是违约与侵权的一个竞合。对于李女士姐弟两个人来讲,他们可以通过两种方式进行维权。可以依据刚才一直提到的合同,依照合同去找合同的签订主体,依据合同去主张违约责任。同时也可以依据其他的法律规定比如《侵权责任法》《产品质量法》去主张侵权责任,但如果是侵权责任的话,那么责任的承担主体就不限于合同的签订主体,它还包含厂家也就是生产商、销售商、服务商或者是仓储方、运输方,如果存在平台的话还可能会有平台方。至于平台方承不承担责任,要看平台方在事情出现之后,有没有尽到一定的义务。比如说作为平台方,给双方当事人提供了对应的匹配的主体信息,如果他履行完这些义务就不必然对事故承担责任。

(北京市盈科律师事务所　崔　爽)

《法医秦明Ⅱ清道夫》惊爆编剧维权

最近几年网剧越来越流行,也越来越得到观众朋友的认可,就在今年的暑期,有一部叫作《法医秦明Ⅱ清道夫》的剧上了热搜的排行榜,在口碑和点击量爆棚的同时,这部剧也遇到了一些其他影视作品频频出现的麻烦。

案例回顾

随着《法医秦明白夜追凶》《香蜜沉沉烬如霜》等各类影视剧的热播，这些热播电视剧的编剧维权也逐渐被人们所关注。参与《法医秦明Ⅱ清道夫》创作的张灿灿小姐，也来到了我们《律师帮帮忙》的栏目现场，希望通过法律手段要回本该属于自己的署名权。

张小姐是一名编剧，入行四年，工作虽苦，她却一直乐在其中。2018 年 5 月，张小姐接到了博集天卷公司的邀约，分集创作《法医秦明Ⅱ清道夫》的剧本。双方前期合作得还算愉快，虽然自己曾经为该剧本带病工作，但是想到自己的作品能够依托大火的 IP 呈现给观众，苦也甘愿。就这样，张小姐和博集天卷公司合作了五集博集天卷公司剧本的创作，并且多次得到公司负责人的认可，剧本创作结束后张小姐却只收到了三集稿费。

然而就在张小姐满心欢喜地期待着另外两集稿费以及《法医秦明Ⅱ清道夫》上映时，却发现一切都事与愿违。

在《法医秦明Ⅱ清道夫》这部剧播出的时候，张小姐发现没有自己的署名，而当时的总制片人郭林源却成为总编剧，负责收稿件的张曼露却成为这部剧的编剧。呕心沥血写下剧本的张小姐至今也没有收到最后两集的尾款，所以她对这部剧的署名包括稿费都心存质疑。

在这部剧拍摄完播出之后，张小姐又去询问了公司关于自己的署名和稿费的问题，但是公司并没有给出任何的回应。于是在 2019 年 6 月张小姐给影视公司发出了律师函，他们收到律师函之后也没有给任何的回应，在最后实在无奈的情况下，张小姐先是在微博上实名发声，讲述这件事情，随后来到节目组寻求律师的帮助。

律师支招

根据《著作权法》的规定，编剧享有报酬权，如果我们自己不争取维护自己的权利，等于在纵容、放纵一种不好的圈内风气。剧本是一部影视作品的根本，编剧作为影视产业生态链的源头，他们的利益应该得到合法的保护。

编剧维权难，根源并不在于行业的潜规则，而在于侵权成本太低、维权成本太高。现行《著作权法》，遵循的是补偿性原则，也就是说，权利人得到应得而没有得到的利益，侵权人不付出不是侵权行为产生的利益。再加上举证的艰难，就会让很多编剧在维权的时候很被动。

至于后两集编剧的尾款费用，根据《合同法》及《著作权法》的相关解释和规定，张小姐可以通过司法程序获得。虽然张小姐已经给影视公司发过律师函，对方没有回应，更应该勇敢地站出来，来捍卫自己的权利。

这里也要提醒各位编剧，在签订合同的时候应该注意维护自己的权益，在创作之前要签订公平的合同，在写作中注意保存底稿，保证一旦出现法律纠纷能够有力地保护自己依法享有的相关权益。

盘点同类案例

2002 年，电视剧《盖世太保枪口下的中国女人》，原编剧张雅文因署名权发起维权诉讼，维权成功。

2006 年，编剧李树型对于电影《墨攻》因署名权发起维权，2009 年维权成功。

2007 年，电视剧《金婚》编剧之一李东东因署名权维权，2009 年维权成功。

2007 年，《暗算》编剧麦家因署名权和稿酬发起维权诉讼，2008 年胜诉。

2008 年，电视剧《牟氏庄园》编剧王伊因稿酬发起维权，2009 年胜诉。

2009 年，《北京爱情故事》编剧李亚玲因剧本著作权发起维权，2014 年经调解后撤诉。

2011 年，电视剧《十指连心》编剧之一吴迎盈因稿酬和署名权发起维权，2014 年胜诉。

2012 年，《芈月传》编剧之一蒋胜男以涉嫌虚假宣传及侵权发起诉讼被判败诉。

2014 年，编剧胡强及编剧刘桉因署名权纠纷起诉《北平无战事》编剧刘和平引发关注。

2015 年，电视剧《邮递员》编剧界愚因稿酬发起维权诉讼。

2017 年，曾参与《路从今夜白》剧本创作的编剧王黎与张柳因署名权发起

诉讼。

2018 年，编剧陈琼琼起诉《白夜追凶》编剧韩冰，要求韩冰公开道歉和优速追加编剧署名。

（北京市盈科律师事务所　臧梵清）

外教涉嫌殴打儿童，家长欲诉幼儿园

幼儿园本该是充满欢乐和爱的温馨场所，可近年来频频曝出幼儿园个别素质不高的老师虐待小朋友的事件，让家长痛心至极。这样的事情不仅发生在不合规的幼儿园，竟然品牌幼儿园甚至高端外教幼儿园也出现了这样的情况。

案例回顾

每个家长都希望自己的孩子在幼儿园可以开心、快乐、安全地度过每一天。但是孩子在幼儿园期间受到了侵害，受到了老师的恐吓，而且园内老师们还互相包庇，欺骗家长。来到节目的王先生和他爱人非常气愤地讲述着自己孩子的经历。

王先生和杨女士是一个 5 岁孩子的爸爸妈妈，只要谈到孩子在幼儿园的经历心里依旧非常难受。“您说，那么小一个孩子，才 5 岁。外教怎么就下得去手呢？一个私立幼儿园，学费那么贵，但是连孩子最基本的安全都保证不了，这事儿太气人了，必须给我们家长一个说法，给孩子一个说法！”

今年 6 月，王先生的爱人接孩子从幼儿园回家后，觉得孩子不对劲儿，在洗澡的时候发现孩子满身都是青一块紫一块的。当时家长就产生了怀疑，马上问孩子身上的伤是怎么回事儿。孩子开始不愿意说,后来慢慢地才说,老师用手掐住他的脖子,脚都离开地面了,当时都喘不上气儿。听到孩子的复述,作为家长在情绪上很激动,难以接受这样的事实。不理解幼儿园的老师居然可以对一个孩子下如此的狠手!作为孩子的父母没有犹豫,当晚直接报警。第二天也就是6月28日孩子的父母和民警去幼儿园查看监控。监控上除了孩子说的被掐脖子,外教老师(Daninl)还拿书在他脸上扇了两下。外教打孩子的过程中班主任老师一直抱着孩子,这个外教就当着班主任老师的面这么肆无忌惮地对孩子进行殴打!

当时并没有给孩子做伤情检测报告,只是拍了几张照片,由于在一个死角,再加上外教背对着监控把孩子全部挡住了,并没有全程记录外教对孩子的殴打。作为家长,王先生和其爱人并不知道外教和第三方公司以及幼儿园和第三方公司有没有签订合同,也不清楚外教有没有资质,唯一的诉求就是希望通过法律手段为孩子讨一个公道!

律师支招

首先,外教(Daninl)的签证是旅游签证;其次,其并没有资质,因此属于非法员工,按照法律应该拘留20天,罚款10,000元。

要成为一名外教,除了需持有当地公安局出入境签发的就业类居留许可,以及当地人力资源社会保障部门或者外国专家主管部门出具的《外国人工作许可证》(原《外国专家证》和《外国人就业证》)等允许工作的证明外,还需要做到不超出限定的工作范围、不超出限定的工作时间,否则均构成非法就业。

按照规定,外国人如想在中国幼儿园任英语外教,需要国家母语为英语或具备本科英语专业学历。并且对外教招聘学校有资质要求,只有获得国家外国专家局颁发的"聘请外国文教专家资格"证书的学校,才可以聘请外教。具有外教聘请资质的学校才可以给外教办理《外国专家证》和工作类居留证件,合法使用外教。

1.《侵权责任法》

第38条规定:"无民事行为能力人在幼儿园、学校或者其他教育机构学习、生活期间受到人身损害的,幼儿园、学校或者其他教育机构应当承担责任,但能够证明尽到教育、管理职责的,不承担责任。"

2.《最高人民法院关于审理人身损害赔偿案件适用法律若干问题的解释》

第7条规定:“对未成年人依法负有教育、管理、保护义务的学校、幼儿园或者其他教育机构,未尽职责范围内的相关义务致使未成年人遭受人身损害,或者未成年人致他人人身损害的,应当承担与其过错相应的赔偿责任。

第三人侵权致未成年人遭受人身损害的,应当承担赔偿责任。学校、幼儿园等教育机构有过错的,应当承担相应的补充赔偿责任。”

3. 如何辨别外教的资质

(1)三证:《外国专家证》《合法居留证》《教师资格证》。

(2)背景:除了以上列出的证件要求外,家长们还应该了解国际学校里外教的背景情况,查看他们是否有违法犯罪的前科,这可是非常重要的、需要核查的内容。

(3)网站:外专局官网可查聘外资质名单。

(北京市盈科律师事务所　臧梵清)

老外撞人不想担责,《律师帮帮忙》支招当事人合法维权

随着越来越多的外国人来到北京旅游,生活、工作中,我们身边遇到涉及外国人的纠纷和案件也越来越多,在面对肇事方是外国人的时候,我们能说明白吗?万一老外要回国了,我们还能维权吗?

案例回顾

9 月 17 日下午李女士像往常一样骑车下班回家，在路口红绿灯准备变灯通行的时候，突然间一辆速度特别快的逆行自行车向自己冲了过来。这对于李女士来说，当时已经懵了，完全没有意料到会出现这样的状况。对方快速逆行的自行车一下就把李女士给撞飞了，李女士的身体直接从车座的位置上摔倒了地上，当时就动不了了。李女士还没顾上生气，抬头一看，原来是一个外国人。老外听不懂中国话，李女士只好用英语跟对方进行简单的交流，老外总是希望李女士能站起来，可这对于李女士来说已经是力所不能及的事情了。

之后李女士连忙报警，交警判定美国人全责，后到海淀医院进一步治疗、确诊。等到 CT 结果出来以后，老外就显得特别着急。医生当时就确诊为尾椎骨骨折，建议 1 ~3 个月卧床休息。尾椎骨折与其他位置的骨折不太一样，第一做不了手术，第二是没有什么太好的方式来固定骨折的位置，在这样的情况下只能是靠自己静养。医生当时已经说的很清楚，一个多月才开始愈合，完全恢复需要三个月的时间。

李女士面对自己这样的遭遇只能是无奈的接受，心想让这两个老外赔偿两个月的误工费也就算了，至于别的费用李女士也就不再追究了，于是当时就给两个老外拿出了自己的电子工资单，这下撞人的美国人可不认账了。他们当即表示自己是来中国旅游的，不认可交警的判定，同时拒绝赔偿。

此刻的李女士特别的无助，面对身体上的痛苦不说还要面对一个撞人又拒不赔偿的外国人，这让李女士完全不知道该如何是好，李女士的家人来到《律师帮帮忙》的现场，求助律师，希望通过律师支招解决自己的困扰。

律师支招

首先，如果涉案的老外对交警开具的认定书产生质疑，外国人可以在 15 日内提出疑义。

在处理涉外交通事故时，公安机关交通管理部门应当根据收集的证据，出具交

通事故认定书并送达当事人，当事人拒收的，可以通过外交途径转交给其所在机构。

涉外交通事故中的当事人为享有外交特权和豁免权的外国人时，交警据调查认为其行为适用暂扣或吊销其机动车驾驶证处罚的，可以扣留其驾驶证。

车辆需检验、鉴定的，检验、鉴定完毕后应当立即返还；其不同意检验、鉴定的，不得强行进行，将情况如实记录在案。

需要对其进行调查的，可以约谈；但其不接受调查的，不适用强制措施，将情况如实记录在案。享有外交特权和豁免权的外国人发生交通事故身亡的，公安机关交通管理部门应当将其身份、证件、事故发生的经过及造成的损害后果等情况记录在案，并将相关情况及时逐级层报至省级人民政府外事部门及国务院公安、外交部门。

我国《道路交通事故处理程序规定》第 69 条规定，外国人在中国境内发生交通事故，且在事故未处理完之前，公安机关依法可以不准该外国人出境，直到交通事故处理完毕为止。

外国人在中国境内"居住"具有不稳定性、临时性，且一般在中国境内的财产有限，若不及时申请财产保全，可能导致后期判决难执行的问题。因此，第 70 条规定，受害赔偿权利人可以向法院采取诉前财产保全措施。

（北京市盈科律师事务所　崔　爽）

顶级敞篷跑车，开出“摩的”感觉，这是谁的错

买车是一件高兴事，甚至是圆梦的经历。作为消费者最怕买到有问题的车，更怕的是发现了问题以后4S店推卸责任让消费者寒心。试问一下，消费者买你牌子的车肯定是精挑细选过的，是对品牌的信任，你们就拿着这份信任来搪塞吗？

本篇讲述一位车主买的定制款宝马轿跑，结果发现自己根本不敢开快，在购买时定制的设备没有装，喜欢轿跑的朋友可以一起来看看律师如何为消费者支招。

案例回顾

乔先生，在2018年年初，购买了一辆外观非常漂亮的宝马4系两门敞篷轿跑车。然而，价格不菲的进口车带给他的并不是舒适，而是层出不穷的问题。

乔先生是2018年1月2日走进北京望京宝马4S店盈之宝汽车销售服务有限公司，导购当时告诉乔先生他看的这款轿跑车在店里首先是没有样品展车的，其次是不能提供试驾服务，但是可能恰恰是因为这个车在店里头没有样品展车，所以乔先生也产生了很多的个人想象，他认为宝马的这款敞篷轿跑就是自己想要的，于是毫不犹豫地定制了这款自己心仪的轿车。

经历几个月的等待，5月1日乔先生到店去看自己的车，走进店里车静止在那的时候，乔先生的心就凉了半截，只因乔先生在合同中订了一个颈部暖风的一个系统而且是加价购买的，拿到车以后这个系统没有装，乔先生当时知道这个东西是不可能在国内再去改装的。大家可以试想一下，在冬天的时候开一下敞篷车，把这敞篷开开再去开车，一定会发现就是上半截特别的冷，毕竟寒风刺骨。所以厂家特别是高端品牌的敞篷车在靠背上端在后脖子处有一个暖风出口，这样吹你的后脖子

浑身就不会有特别凉的感觉。这是一个补偿性的措施，主要解决气温偏低的时候敞篷状态下高速行驶带来的身体不适。

问题总要解决，车还是要开走的，毕竟也是自己心仪很久的一辆敞篷跑车。乔先生在回去的路上，就把这辆车敞开篷开，准备到北京的环线上去试一把，结果在这车辆开到70迈的时候，跟乔先生想象的就不太一样了……首先一个是风噪的声音越来越大，随着车速的提升耳边伴随的就是呼呼的风声，再稍微快一点的时候就感觉这车里面空气运动的方向你也搞不清楚它是从哪个方向来的，总之就是吹得人肩膀还有头很不舒服。

原来是车上少了一个叫作挡风装置的配件，这个挡风装置的书面描述是这样的：它可以减小敞篷车在行驶过程中车厢内的空气运动，后座的四个孔洞实际上就是安装它用的，它是一个水平的东西，相当于封死了第二排座舱，也相当于一个盖，这样就不会出现前面我们说的这种气流了。别小看这个盖，一来减少气流造成的往前吹东西，二来就是有效地降低行驶过程中的噪声。

像现在这样没有这个装置的话，除了体验感不好之外就是后排一定不要放东西。

特别提醒咱们很多观众朋友，尤其是喜欢敞篷车的朋友，当你觉得微风吹过我的长发……那么告诉你，这想法是好的，仅仅是想法。

律师支招

根据乔先生的情况，我们来分析一下它的法律点或者问题在哪。

首先作为商家，他侵犯了消费者的知情权，没有能够让我们所有买车的人作为消费者在购买的时候是明明白白的购买。

消费者的知情权，是指消费者享有知悉其购买、使用的商品或者接受的服务的真实情况的权利。根据《消费者权益保护法》第 8 条的规定，“消费者有权根据商品或者服务的不同情况，要求经营者提供商品的价格、产地、生产者、用途、性能、规格、等级、主要成份、生产日期、有效期限、检验合格证明、使用方法说明书、售后服务，或者服务的内容、规格、费用等有关情况。”消费者的知情权相对应的是经营者的告知义务。

在购买大件商品的时候,还要关注合约是不是公平,是不是责任对等,所以在这些问题上我们希望大家以后再签合同时要注意合同的主体,这点十分重要,因为牵扯到你后面维权的时候告谁的问题。

最后一点就是合同当中的定金,这个定金/订金,我们说都叫定金/订金,但两个字一个是言字旁的订,一个是宝盖旁的定,如果我们用言字旁的订,你是可以折抵成货款,不牵扯到更多的责任。如果是定金,实际对双方都有责任。比如到期不来交款,那么交定金者要承担违约责任,要双倍赔付接受定金的一方,你不能够给我提车,实际也要双倍赔付。

(北京市盈科律师事务所　郝惠珍)

手机爆炸引发火灾,苹果公司难辞其咎

如今智能手机更替的速度越来越快,功能也是越来越强大,而我们的生活也与手机密不可分,几乎是手里一部手机,就能走遍天下。虽说手机发展的越来越高级,但是安全性却还是有待提高,相信很多朋友对于之前已经发生的知名品牌手机爆炸事件依旧记忆犹新。

案例回顾

2018 年 10 月 25 日随着砰的一声巨响,打破了杨先生和王女士一家人原本宁静的夜晚。杨先生在网上买了一部苹果 XS MAX 手机,没想到刚刚购买的苹果

XS MAX 正常在屋内充电却突然引发爆炸，点燃了室内的被褥，继而引发了火灾，屋内被烧得面目全非。

火灾不仅将屋子烧得面目全非，王女士的男朋友还在这次火灾中受了伤，两条腿均有烧伤的情况，右腿有一大块面积的烧伤，左腿是星星点点的烧烫伤，所幸王女士在这次事故中没有受伤。

所谓城门失火殃及池鱼，一点不假，王女士家的火灾也给邻居造成了不同程度的损失。王女士家的房子是401 室，501 室的护栏和空调都烧坏了，而且火灾当天的烟已经进到其他邻居的屋子里，自己所住单元从四楼到六楼，整个楼道都是黑的。

面对眼前的这一切，王女士显得既无奈又无助。仅仅统计自己的经济损失就已经达到 10 万元，而这 10 万元还不包括房东、邻居还有公共设施的赔偿。到底是什么原因导致新买的手机在充电时发生爆炸呢？

事发当晚，杨先生和王女士紧急联系苹果公司，对方一直称上报公司，交给相关负责人来处理，这样的等待一直持续至今，消防人员也给苹果公司打过电话也要求派人来配合调查，得到的答复依然是等待，至今无果。

王女士现在借住在朋友家，面对这个局面王女士该如何拿起法律武器维护自己的权益呢？让我们一起看看来自北京市盈科律师事务所的崔爽律师如何解答。

律师支招

首先，我们要确定这款手机的购买渠道，确定它是不是正版的手机，也就是它是不是原厂原装正品手机。因为这个事情的确定，是我们确定责任主体的基础，只有确定了责任主体，我们才知道到底要找谁。如果说是原厂原装的手机，那当然我们可以找它的生产厂商可能是苹果中国，但万一这个机器是一款翻新机、回购机或者二手机，根本不是人家官方卖出的那我们可能要找它实际的生产商以及相关的销售商。

其次，我们要看消防大队能不能出具火灾认定书。目前据消防大队的说法，仅仅找到烧焦的手机金属后壳，对于这个残存情况，可以说 95% 的可能性是做不出任何鉴定结论的，当然如果消防大队能够出具相应责任认定书的话是最好的。

在我们主张权利的时候，对于这种侵权情况我们是可以把生产者、销售者作为侵权主体起诉到法院的。如果手机生产商说这个手机不是我的正品手机，那是需要他去举证的，现在手机在我们手里已经没有了，我们有的只是这张发票和相关的购买记录，所以我们没有办法直接证明这个手机是不是原装的，我们只能再进行进一步的举证。我们要以这个为前提先去提请一个诉讼。

最后，就是关于自己的直接经济损失大概 10 万元，除此之外还有楼上楼下可能未来也会涉及相关的赔偿问题，还有男朋友在事故中受伤的医药费等问题，是一个侵权关系存在的情况下，因为侵权事件的发生所产生的。一切直接经济损失我们都可以向侵权主体主张。

（北京市盈科律师事务所　崔　爽）

丢失身份证被迫成为老赖，如何维权来找《律师帮帮忙》

身份证我们人人都有，在日常生活中，乘坐飞机、高铁、酒店住宿、办理相关证件等许多方面，都会用到居民身份证，身份证对于个人具有非常重要的作用和意义。那么，如果身份证丢失该怎么办呢？如果因为身份证的丢失被冒用注册公司又该怎么办呢？

本篇律师告诉大家如何规避身份证丢失所造成的风险。

案例回顾

李先生于2009年从老家来北京务工，一晃已经将近10年的时间了。刚来北京的时候他做过一段时间保安，2010年的时候应聘到了小肥羊，后来两年也就是2012年小肥羊被百盛收购以后李先生就辞职了。李先生告诉我们辞职以后，他又去了一家直销公司跑销售，还在中国大饭店做小时工，可就在这份兼职中李先生遇到了一件至今困扰他的麻烦事。

李先生在做小时工的时候，身份证丢失了，因为当时还不可以异地办理身份证，李先生平时又不怎么用身份证，所以就拖到了2014年年底才回老家办理了身份证。之后的这几年似乎也没发生什么事，可这一切就在2018年8月，让李先生意想不到的事情发生了……

2018年7月回家的时候，李先生还可以顺利的买火车票，到了8月底9月初的时候，自己突然间就不能买票了，李先生纳闷自己也没发生什么事，于是就拨打"12306"电话进行了查询，这一查让李先生更懵了，原来自己已经被法院列为失信被执行人。

面对这样的情况李先生一脸茫然，这给自己的生活增添了无数的烦恼。李先生的问题能解决吗？让我们看看崔爽律师怎么说。

律师支招

由于李先生在丢失身份证之后，没有及时地挂失，导致长时间内自己丢失的身份证处于一个可以正常使用的状态，那么不免会被其他人捡到之后去做其他用途。如今对于李先生来说自己莫名其妙成为了一家公司的法人，如果身份证被拿去贷款或者从事一些其他的非法交易，这其实是有很大风险的，所以一旦我们有效的这些证件，无论是身份证、社保卡、驾驶证丢失了以后一定要及时挂失，至于补办您可以择日再去办理。

对于李先生被人冒用身份证注册公司，需要李先生证实几点：

1. 营业执照上登记的高级股东与李先生没有来往，彼此都不认识。

2. 李先生从未去过新疆,也就是公司的注册地。

3. 自己从没有委托任何人到新疆办理公司的相关手续。

李先生在收集好自己身份证丢失的相关证据后可以到企业注册地工商局的企业管理科进行投诉。

调取相关材料签字的笔记或者委托手续材料,通过笔迹鉴定或者委托手续查询由工商部门进行材料核实,撤销法定代表人身份。

向法院提起诉讼,要求撤销公司登记。

(北京市盈科律师事务所　崔　爽)

意外导致瘫痪在床,保险理赔难在哪里

对于保险相信大家都不陌生,如今的保险可以说进入我们千家万户,是市场经济条件下风险管理的基本手段,是金融体系和社会保障体系的重要支柱。在经历了人生的风雨之后,越来越多的人意识到保险给自己带来的保障,然而今天我们节目中的许女士,却在给家人保险理赔的时候,遇到了一些麻烦,到底是怎么回事呢?

案例回顾

2016 年,许女士的爱人给全家买了一份保险,但谁知仅一年后就发生了意外,这份保险居然不那么保险了。

许女士的爱人突然有一天脑干出血,在疾病之后为了能够顺利地获得保险公司的理赔,在第 227 天李女士的丈夫作了伤残鉴定,鉴定结果属于重疾。她及时向

保险公司报了案，并在第一时间将鉴定结果快递给保险公司。

当时许女士的爱人在买这份保险的时候，重疾的保额是35万元，轻疾的保额是7万元。保险公司在收到许女士的鉴定结果后，对鉴定结果产生了质疑，他们觉得应该达不到重症，按轻症7万元钱进行了赔偿。

许女士的爱人在出险之后被检测为脑干出血属于重疾，理当获得保险公司35万元的理赔款，但是保险公司却按照轻疾赔付了7万元，许女士对于理赔金额同样提出质疑。

面对这样对理赔金额不认可的情况，许女士找到了栏目组希望通过法律武器维护自己的权益，更希望得到律师的专业指导。

下面我们一起看看北京市盈科律师事务所的崔爽律师怎么说。

律师支招

其实面对许女士的遭遇，我也深有感触。作为老百姓来说，居家过日子为什么要买保险，其实就是希望在万一遇见突发情况的时候，能够拥有一个稳定的保障。保险保险如果保险公司都让我们放心不下，如果保险公司都不保险的话，那我们还能找谁去保险。

根据许女士的叙述，现在就是许女士和保险公司因为赔偿金额没有达成一致而产生争议。目前保险公司已经按照轻疾标准进行了赔付，而根据许女士的描述，当时给她爱人做鉴定的机构是北京市的某一鉴定机构，而该机构是许女士从保险公司提供的名单中筛选的。当保险公司的业务员收到鉴定结果在办理理赔的过程中，保险公司对这个鉴定结果提出质疑，这让许女士无法理解。

从目前来看，双方唯一的解决途径就是提起诉讼。许女士可以直接去海淀区人民法院提起诉讼，因为当时许女士的爱人是在人保北京分公司上的保险，而保险公司的地址就在海淀区。

在诉讼过程中，咱们鉴定意见书上签字的鉴定人员可以出庭进行情况说明，当然如果说明了情况之后也没有任何其他的信息能够显示这个鉴定意见是有问题的，法院也不是必然会接受，进行重新鉴定的可能性依然是存在的。那么鉴定机构是从在高院备案的有资质的鉴定机构中通过摇号形式进行选择，当然也可以由双方协商选择一家备案的鉴定机构，如果协商不成那就以摇号的方式来确定鉴定机构，在新的鉴定意见出具之后，这个鉴定意见就是法院裁判非常重要的一个证据。

（北京市盈科律师事务所　崔　爽）

收藏品市场成骗子的乐园，多少人赔了夫人又折兵

随着艺术品市场蓬勃发展，收藏品成了诈骗集团的“掘金场”。岁尾年终，不少打着限量版“贺岁币”“纪念币”等旗号的收藏品频繁出现在老年朋友的眼前。“只售1000套”“2016年绝版”“升值空间巨大”等宣传语极具诱惑力，不少人花费巨大金额购买此类收藏品。部分收藏品实际价值与售价严重不符，消费者不要盲目跟风，防止上当受骗。

本篇中王女士，就是被不法分子打着“高价回购”的幌子，被诱骗上当。

案例回顾 »

年前王女士在一个收藏品公司，经收藏品公司的销售人员告诉王女士，现在人民币第四套要退市了，如果这个时候买入第四套人民币也就是我们说的大炮筒，是最合适的一个投资机会。王女士也觉得非常的合适，现在购买一个18万元人民币，如果买上十个就是180万元到春节之后，可以上市交易能达到320万元到350万

元的价值。为此,王女士还特意在网上查了一下,人民币大炮筒能卖到60万元左右。

可是这个时候,王女士手上没有那么多钱,向王女士介绍收藏品的人告诉王女士可以贷款。王女士当时顾虑贷款有利息,这个时候他们告诉王女士贷款180万元,贷款利息大约是80万元,加在一起大约是280万元。王女士的习惯是不喜欢欠别人的,所以王女士拿出了自己的房子,想做抵押贷款,由于王女士年龄已经超过70岁,不能再以自己的名义做贷款,所以收藏品公司的人出主意说是先把房子过户给一个人,再由那个人去做抵押贷款,等节后藏品可以交易了就可以还上了。

王女士按照他们出的主意,把手续办好了,房子过户到一个自己完全不认识的人名下,280万元的钱也到了王女士的账上,钱刚一到账,收藏品公司第二天就来了工作人员,卷了一卷大炮筒封得特别严。工作人员拉着王女士去银行取钱,当时,王女士本想要公司的账号给他们汇款转账,然而工作人员不同意,执意要让王女士取现金。

王女士出于对工作人员的信任,直接去银行帮他们取了钱,在银行外将现金交给了收藏品公司的人员。回到家,连打开看都没看自己的大炮筒,就赶紧把它们放好了。

一直到今年的9月二十几日,买王女士房子的人,也就是拿王女士房子做抵押贷款的人说出事了,贷款公司问王女士要贷款,说贷款到期了,连本金带利息一共是400多万元。当时王女士还说,这是不可能的事情,他们都跟我说好的,而且也没有这么多呀。又过了两天,贷款公司的人直接找到了王女士,详细询问了王女士的情况,告知王女士,这房子一共贷了390万元,给王女士打了280万元,给一个姓薛的女士110万元,现在他们追要这些钱,要由王女士来承担,如果王女士不还,立马就把这个房子给贷款公司。贷款公司说可以马上去网上对房产进行交易买卖。

王女士听到这,已经懵了,这个时候她才意识到自己上当了。自己一直揣着的一个美梦,原来全部都是一场空。回到家赶紧打开自己的藏品,封存非常严实的根本就不是第四套人民币大炮筒,而是中乌建交20周年纪念钞,是六十头的,现在经过收藏品公司鉴定,市场价是一筒只有1万元的价值,十筒加起来也就10万元左右。

王女士的困扰到底该如何解决呢？怎么做才能让王女士将损失降到最低呢？让我们一起看看胡律师怎么说。

律师支招

听完王女士的叙述，觉得这是一个涉及诈骗的刑事案件。现在很多诈骗手段是针对老年人设计的，一个是以收藏品为主，另一就是这种套路贷，今天来到现场的王女士属于两个全碰上了。

王女士的情况，首先有可能涉及刑事诈骗犯罪的法律关系。如果不涉及刑事法律关系，那就是民事方面的关系，民事方面就相对复杂一些，这里面应该会涉及三个关系：

第一，是王女士购买收藏品的买卖合同关系；

第二，是王女士办理贷款的贷款合同关系；

第三，王女士将自己的房屋出售过户，这种行为实际上已经是房屋的买卖合同关系。

其实，建议王女士应该聘请一位专业的律师，帮她重新形成一份更加详细的报案材料，协助王女士到公安机关重新去报案，案件应属于刑事诈骗。

根据后期相关证据的收集情况，王女士可以以房屋共有权人无权处分或者恶意串通为由，向法院主张合同无效返还财产；也可以尝试以在签订合同时存在欺诈行为导致了重大误解、显失公平为由向法院申请撤销合同，返还财产。

我国《合同法》第51条规定：无处分权的人处分他人财产，经权利人追认或者无处分权的人订立合同后取得处分权的该合同有效。

《合同法》第54条规定：因重大误解订立的合同或在订立合同时显失公平的，当事人一方有权请求人民法院或者仲裁机构变更或者撤销；一方以欺诈、胁迫的手段或者乘人之危使对方在违背真实意思的情况下订立的合同，受损害方有权请求人民法院或者仲裁机构变更或者撤销，当事人请求变更的，人民法院或者仲裁机构不得撤销。

在这里要提醒所有的朋友们：

第一，天上从来不会掉馅饼，一个项目特别挣钱的时候没人会告诉你，一旦告

诉你的时候就可能有问题；

第二，做任何事情的时候，千万别自己做决策，多跟家人沟通，也许就能商量出一个最理智的办法；

第三，无论做任何决策之前，如果遇到自己不懂的问题，那么请找专业的人士，比如找我们北京市盈科律师事务所的律师来协助办理，这样才能最有利地保护我们的权益。

（北京市盈科律师事务所　胡聿州）

为整栋楼义务排气放水20年，损失向谁索要

日历又一次撕得还剩一张纸了，眼看着2018年就要和我们告别了，接下来日子的天气是一眼望穿的冷，且越来越冷！随着11月陆陆续续的供暖，温暖的房间成为很多人寒冷冬季的避风港。然而这幸福而温暖的小家对于王女士来说可就不是那么惬意了，在王女士眼中，供暖季的开始就是她噩梦的开始。

来到节目现场的王女士，在寒冷的冬季为整栋楼的居民义务排气放水长达20年，这合理吗？是否侵犯了王女士个人的权益？

案例回顾

1996年单位最后一次福利分房，王女士的单位分了一套位于顶层的住宅给王

女士。这是一套老楼,每到供暖季的时候整栋楼的排气、放水都是在王女士的这套房间内。每到冬天,王女士为了整栋楼居民的供暖就要在自己家里进行排气放水。供暖期间,每隔几天或者遇到阴天下雪就要排气放水,否则整栋楼的暖气就不热,从住到这套房子里到今天,王女士已经为大家义务排气放水长达 20 年之久,这给王女士的正常生活带来了不少的困扰。

王女士认为,在给暖气排气放水的过程中有毒有害物质释放到自己的房间中,给自己的身体健康造成了隐患。在与热力公司协商之后,热力公司将暖气的管道改在了卫生间,这样一来王女士家中的厕所、洗衣机和热水器以及两条热力管线都使用家中同一地漏,在改管道的时候由于工作人员经验不足,将王女士家的电线打断了,而维修人员因为不是电工所以接线的方法存在安全隐患,这已经影响了王女士的正常生活。

2017 年,热力公司派人来疏通管道,本应用工具将管道插入下水道进行清理,结果误放进了家中的马桶里,导致坐便器底部炸裂。王女士只得向热力公司反映情况,公司也承诺将在 2017 年 1 月对王女士家的马桶折旧赔偿,但至今未赔偿。

面对如此的冬季生活模式,王女士简直苦不堪言,她有义务为整栋楼排气放水吗?王女士的生活可以通过法律途径改变吗?我们一起来听听来自北京市盈科律师事务所的胡英杰律师如何为王女士支招。

律师支招

面对王女士的情况,首先胡律师认为,这是单位分的福利住房,王女士在签订《购房合同》的时候并不知道整栋楼的排气和放水在自己的这间房屋内,王女士是可以与单位协商的。如果单位存在刻意隐瞒房屋现状的情况,那么单位是要承担一定责任的,如果王女士当时已经知晓了房间的情况还购买了,那么双方就买卖房屋合同达成合意,合同生效后果自担。

王女士所居住的是一栋老楼,当时的设计和设施设备的建造受技术和时代的影响并不是非常的健全,然而当时在建楼的时候是通过建委批准审核的,所以热力

公司不承担责任。

面对王女士的困扰，胡律师认为主要应该找单位来协商解决而不是找热力公司要求赔偿。热力公司正常地派人来维修，在维修王女士的房间时产生了安全隐患，是应该恢复原状的。在维修过程中，导致的坐便器炸裂已经影响到正常使用，建议王女士以和热力公司协商的方式解决。

（北京市盈科律师事务所　胡英杰）

轻信朋友投资理财，谁知今日债台高筑

一个好汉三个帮，如今的社会，我们做很多事情都需要朋友的帮助，没有朋友是万万不行的，一个优质的朋友可以让你的事业更上一层楼。在我们的生活中，如果你想登上人生巅峰，那你真的需要一个良师益友的帮助和提点，但是如果你遇到了一个劣质的朋友，你的人生也许会跌到谷底！

案例回顾

崔女士本人并不懂投资和理财，她通过朋友介绍认识了张先生，大概30多岁的样子很快他们就成了好朋友。

这位张先生开始给崔女士介绍理财和投资项目，很快崔女士就动心了。听了他的建议，崔女士到平安普惠把自己的房子抵押了，贷出来500万元。崔女士就把这笔钱全权委托给了张先生来帮自己投资，将自己的钱投给了张先生名下的河北一家企业。如今，张先生因为各种原因已经还不上崔女士的钱，为了自己的征信不

受影响，崔女士再次通过张先生的介绍又借了100多万元的信用贷款。除了信用贷款之外，崔女士还借了两家小高息的贷款，如今也还不上本金和利息了。这些贷款给崔女士的公司，由于崔女士还不上款他们已经将崔女士起诉了。

如今的崔女士面临很多的麻烦，第一步是要应诉，看看如何面对这高筑的债台，第二步则是需要找到帮崔女士投资的人。

那么我们就来看看北京市盈科律师事务所的胡英杰律师和帮帮忙团队的帮忙团观察员赵可老师如何帮崔女士维权。

律师支招

听完了崔女士的叙述，胡律师认为如今的崔女士很无辜，也很无奈，但是实际上，崔女士已经需要承担相关的法律责任了。

崔女士手上有一份张先生和她签订的协议，协议中强调如果出现问题，签订协议的公司将现有土地和设备卖出，可以还崔女士的欠款。胡律师建议崔女士应向张先生索要赔偿，两份协议中均约定了双方的义务而张先生没有履约，从这点上讲，张先生作为这家公司的法定代表人，是有义务来赔偿崔女士的损失的。所以现在崔女士要做的就是尽快起诉张先生，争取更大的利益以减少自己的损失。崔女士已经得知这位张先生目前被其他债权人起诉了，甚至已经在拍卖名下的财产偿还欠款，在这样的情况下崔女士唯有尽快起诉才有可能获得赔偿。

接下来我们再来看看崔女士所借的这些高利贷如何处理，根据崔女士借款的经过来判断这些借款，包括已经还的和将要还的利息，是否都受到法律保护。我首先去了防护网，这是一家帮人垫资的企业，在办好手续后，垫资给崔女士480万元，利息是一星期1%，4月到5月8日崔女士已经相继还了197,000元依然解决不了眼前的危机，如此高额的利息是受法律保护的吗？根据《最高人民法院关于审理民间借贷案件适用法律若干问题的规定》第26条之规定，借贷双方约定的利率未超过年利率24%，出借人请求借款人按照约定的利率支付利息的，人民法院应予支持。借贷双方约定的利率超过年利率36%，超过部分的利息约定无效。借款人请求出借人返还已支付的超过年利率36%部分的利息的，人民法院

应予支持。

根据以上的分析，崔女士目前的当务之急是起诉这位张先生，虽然在彼此所签订的合同中没有约定违约条款，但是在诉讼中是可以提出的。

嘉宾观点

从现有的证据来看很难证明张先生存在诈骗行为，崔女士更不要觉得起诉会徒劳无功，如果在经济上确实有困难可以向法院申请减免诉讼费。

张先生在借款的时候也向崔女士讲过是什么样的经营状况，包括未来有一个什么样的预期，那么这些事情是不是张先生虚构的事实，如果是，那么张先生所涉及的就不仅仅是民事的赔偿和纠纷，如果对方有非法占有的目的可能会涉及刑事犯罪，但是如果对方说的是事实，就不涉及刑事犯罪。

（北京市盈科律师事务所　胡英杰）

家人车祸身亡，车辆报废8年后惊现街头，是谁一直开着我家的车

俗话说："车祸猛于虎，生死一瞬间。"一场车祸，轻则外伤，重则危及生命，会给一个甚至多个幸福的家庭带来灭顶之灾。

王女士原本拥有一个美满幸福的家庭，2010年2月13日这个除夕夜的一场车祸，让她痛失爱子。然而当年发生车祸后申请报废的车辆，如今却依旧行驶在路

上,这让王女士再次陷入了8年前的悲痛之中。无奈之下寻求栏目组的帮助,希望找到当年儿子开过的车,拿回属于去世儿子的车。

王女士的诉求能实现吗?有没有办法可以帮助到王女士一家呢?

案例回顾

2010年2月13日一个阖家团圆的除夕夜,家住在顺义区牡丹苑小区的王女士一家却因为一场车祸沉浸在无比的悲痛之中。

当年发生事故之后,王女士家人去保险公司对车辆进行理赔的时间是在2010年6月3日。在保险公司工作人员的指引下,办理了关于处理事故车辆的相关手续,由于时间已经过去8年,再加上当时只希望尽快解决的心情,具体签了什么王女士一家人已经记不清楚了。

直到今年5月,王女士一家人在朋友的提醒下,才想起那辆儿子曾经开过的车。时隔8年,车主信息已经注销,汽车当年也已经申请报废,然而令王女士没有想到的是,8年前自己儿子开的车,却一直被一名陌生人使用。经过几次和保险公司工作人员交涉,最后王女士终于拿到一张保险单,显示该车辆的投保信息在2016年1月12日0时起至2017年1月11日24时止。紧跟着王女士及家人又去交管局查询了车辆信息,确实发现,这辆车一直有违章记录,依旧使用着王女士故去儿子的信息。

该车辆还在正常运行,究竟是谁开走了本属于王女士儿子的并且已经报废了的车?王女士该如何拿回属于去世儿子的车?如果出了交通事故王女士及家人有没有连带责任?

律师支招

了解了王女士一家人的遭遇,法律上应该从以下几点来分析这件事。

第一,我们应该先考虑车辆报废的情况,车辆报废并不等于车牌就没有了,车牌的资质还在。对于北京来说还涉及车牌指标的问题,也就是说这辆车的车牌和指标还是存在的。如果车辆的主人过世之后,他的车辆以及车牌是可以继承的,尽

管已经时隔8年,这部分迟迟没有做分割的遗产,依旧是可以通过合法的继承程序履行车辆的相关继承手续。

第二,王女士提到说,在发生交通事故后跟保险公司强调的是报废没有说希望维修,那么针对这一点来看,现在是没有证据的,而从目前的现状来分析,车辆当时就是进行了维修,而我们现在需要去解决的是为什么车辆在维修完之后,没有交还到车主的继承人手里。

第三,就是寻找这辆消失的车辆。由于当时车辆的行驶证和相关手续都在车上,所以这辆车依旧可以正常地年检、使用。对于王女士一家人来说,现在能做的就是采取报警处理,以车辆丢失的方式报警,警察会根据车辆实际使用的情况,交管系统的网站和相关的联网程序,调查出这辆车到底在哪?

(北京市盈科律师事务所　崔　爽)

妻子名下凭空多了个公司导致低保停发,他们该如何维权

近几年,低保一直在不断地完善,不断地改革,在精准扶贫政策出台后,更是展开了低保整治清理等工作,可以说这样的政策是想让更多真正贫困的人,得到生活上面的救济,为贫困家庭送去福音,而不是扶助不贫困的人。然而今天来到节目求助的就是一家需要帮助的家庭,他们原本享受低保待遇,却因为一些本不属于自己的责任而在2018年年初的时候被取消了,到底他们家发生了什么事呢?律师能给

予他们帮助吗？

案例回顾

王先生今年67岁，因先天患有脊髓空洞症也就是我们所称的肌无力的疾病，如今生活早已无法自理，被鉴定为肢体二级残疾。由于身体原因，王先生只能委托自己的侄女代替自己来到节目中，讲述自己的遭遇。

2018年1月26日，王先生突然接到了民政局发来的一份停发低保的决定书，理由是自己妻子名下有一家公司，并且妻子担任了这家公司的经理和执行董事。拿到民政局的决定书，王先生和妻子都十分诧异，两人从来没注册过公司，更是根本不知道这家公司的存在。而低保对于王先生一家人来说是非常重要的，因常年患病，王先生左边的身体已经完全没有知觉，先天性的疾病造成他根本没有办法工作，更别提退休工资了，生活完全依靠每个月国家给的最低的生活补助。如今，低保被取消了，家中的日常开销已经不堪重负。

王先生的妻子在2013年的时候曾经遗失了身份证，而注册在王先生妻子名下的这家公司，注册时间是2014年年底。王家人怀疑，是有人拿着婶婶遗失的身份证，冒名注册的这家公司。在拿到取消低保的通知函之后，通过查询企业的工商登记信息，王先生发现这家名叫北京山水时尚酒店管理有限公司的企业，注册资本为500万元，注册时间是2014年12月18日。王先生的妻子是公司的大股东和执行董事，持股比例占60%，还有一位齐女士则是持股40%的股东，并任职监事一职。王家人随后又通过企业工商信息，联系到了这家公司的另一位股东齐女士。齐女士说，她也是因为丢失了身份证，对于注册公司的事情同样完全不知情。

随后，王先生一家人，马上去了这家公司注册地的工商局，要求注销公司，通州工商局明确表示不能注销公司，需要走法律手续。王先生的妻子以姓名权纠纷为由，将工商局起诉到法院，要求工商局将自己名下的公司注销，停止侵害自己的姓名权，同时承担丈夫低保被停而产生的经济损失，并给付补偿。

那么究竟这家公司是怎么来的？王女士的诉求能否被支持？他们又是否能通

过起诉工商局注销公司，来恢复王先生的社保呢？让我们一起看看律师怎么说。

律师支招

通过王先生侄女的陈述，崔爽律师认为：本案中，王先生的妻子可通过提起诉讼或向工商局企业管理科投诉的方式来申请撤销企业的工商登记。由于公司登记机关或者其工作人员的过失导致登记不当的，应依照《行政许可法》第69条第1款的规定撤销公司登记相应的行政许可事项，公司登记相对人的合法权益受到损害的，公司登记机关应当依法给予赔偿。另外，公司登记相对人以欺骗、贿赂等不当手段取得公司登记的，应依照《行政许可法》第69条第2款的规定以及《公司法》第199条的相关规定，撤销该公司的登记事项。公司登记相对人，基于公司登记取得的利益不受法律保护，所产生的纠纷和后果由公司登记相对人自行负责。

嘉宾提出，有没有一种可能，既然说王先生的妻子是股东，在工商登记信息中显示当时还出资，那可不可以把在王先生妻子名下的出资比例给撤回来？如果可以也解决了王先生一家人很实际的问题。崔律师表示：《公司法》上很关键的一个问题就是认缴和实缴的关系。在2015年修改《公司法》后，允许公司的注册资本金以认缴的方式存在。也就是说公司注册的时候，你可以注册一个亿，拥有一个亿的注册资本金的公司，但是当时你可以一分钱都不交，我认缴的意思就是我承认我需要交一个亿或其中的一部分，因为注册资本是按照股权比例划分的，具体的缴纳时间则由公司章程来确定，现在的公司注册一般都写公司营业期限届满前交纳。也就是王先生妻子名下的公司可能原则上一分钱都没交。而在注册公司的实际流程中，并不要求比如说股东或者是被登记为法定代表人以及监事、执行董事这些高管本人亲自到场的，但是必须有身份证原件。

王先生的妻子应将股东齐女士追加为案件当事人之一，以便法庭更好地查明该公司是否符合法定的撤销公司工商登记的条件。可向法院申请调取股东齐女士在公安机关所做的身份证被盗用的相关笔录作为证据。

若公司符合法定的撤销工商登记的条件，在公司撤销后，王先生可向民政局申请继续发放残疾人低保，并申请补发之前被停掉的部分。而因此事产生的其他损失，追缴的主体不应是工商局，而应该是冒用王先生妻子身份信息注册公司的自然人或公司。

（北京市盈科律师事务所　崔　爽）

单位倒闭，曾经的宿舍房如今能否落户

买了房子入住之后可以办理房产证，相信大家都会觉得这是一件很正常的事情吧，毕竟只有真正地办理了房产证之后这套房子才是属于自己的，而且这套房子才能具备一些法律上的效力，如上户口、学区房等与生活息息相关的事情。可是近日栏目组接到3户人家的求助，说他们已经租住了16年的房子，如今却连个门牌号都没有，严重影响了3户居民的生活。这究竟是怎么一回事呢？

案例回顾

李女士爱人的所在单位在2002年时，分了一套职工宿舍房，与单位签了《租赁协议》每年按时交房租，一直交到2008年单位倒闭。这套平房属于单位分的集体宿舍，如今只有3户人家还一直在这居住，大概已经住了16年多的时间，这3户人家都是原单位的职工，户口还依然是集体户口，现在单位已经倒闭了，他们一直居住的房子到底归属谁，成了这几家人的心病。

2008年单位破产，职工买断工龄，而这几套集体宿舍的居住者一直居住到现在。他们手中有一份租期是2002～2003年的《租赁合同》，2003年之后单位领导曾经表示，就按照以前住着就行不用再续签合同，这3家人也就没再签过合同。由

于单位的领导一直在变，一直也没有人说清楚如何处理这3套集体宿舍的问题。目前周围的地方都已经盖成了楼房，只有这几家如同城中村一般依旧在这里生活，居住的房子连门牌号都没有。而在李女士爱人之前分到宿舍的同事，都享受了房改房的待遇，将自己的房子改为了产权房。到了爱人这一批该房改房的时候，单位已经濒临倒闭就没有人管这件事了。

这样的遭遇导致李女士一家无法落户在自己的房子内，李女士的爱人和儿子依然是集体户口，在结婚、生孩子方面都已经给自己的儿子造成了不小的麻烦。

李女士爱人的父辈就一直是集体户口，到李女士的爱人和儿子这辈也依然是集体户口，现在单位倒闭不会再有集体户口，所以李女士的儿子如果要有孩子的话，已经面临无法落户的困难，李女士一家希望自己居住这么久的房子能有一个房本，以方便一家人落户。另外，房屋没有门牌号的问题也希望随着房产证的办理可以得到解决，方便一家人正常地生活。

律师支招

听完了李女士的叙述，崔爽律师认为，可以持《租赁合同》到房屋所在地的房管局进行查询，当然查询结果最终是什么样还需要看房子的具体情况。毕竟李女士等承租人的手上《租赁合同》已经是过期的状态。如果房子是正常的产权房的话，一定在房管局也就是现在的住建委有登记备案，李女士去住建委查询后，知道房屋的基本情况后可能会出现4种结果：

一是产权人有可能是原单位，如果是原单位的产权房，现在原单位依然是出租方，作为李女士等承租人还在实际占有和使用着房子，那么原单位有权向李女士等人收取租金。

二是房子的产权人不再收租金，要求收回房子，因为你已经不是原单位的员工了，当初房子是给职工的福利住房，既然已经不是职工所以承租关系就不再产生。

三是房子是产权房但产权人并不是原单位，同样这个权利人也有权作出继续出租或者不出租以及出租的情况下租金是多少，这样重新的约定和分配。

四是这套房子压根连产权都没有,就是当年单位建的房子,也就是我们现在说的违建。在这样的情况下,可以继续住也没有人管,但一旦被设定或者确定为违建之后,也有一个被拆除的风险。

李女士等人在这个房子中已经居住了这么多年,肯定各方面也有如修缮或者电路老化等一系列的问题需要解决,我个人认为还是尽自己全力将房子的属性和归属搞明白比较好。一是保证将来可以安全地居住,二是我们搞明白房子的归属之后,李女士等人的诉求也就能解决了。如果真想将房子变成产权房,可以和产权单位协商办理相关的购买手续,这样一来很多事情也就可以顺理成章地推进下去了。如果稀里糊涂、不明不白地就这样住着,那么李女士她们的诉求现在肯定是没有办法得到解决的。

关于李女士所提出的集体户口的问题,其实家人的户口能不能落原则上应该是自己去解决的问题,如果咱们有私有住房的话,你落在自己的私有住房就可以了,如果没有,其实原单位只是去解决他的职工户口的问题,是没有义务为职工的家属以及下一代甚至再下一代来解决户口问题的。况且现在原单位已经不存在了,是不可能为李女士的儿子的儿子出具证明,保证一定能让孩子上户口,或者说一定能把户口落到北京市。政策不可能因为现在生活中的困难去倾斜,这也是一个不争的事实。

(北京市盈科律师事务所　崔　爽)

借钱 70 万元赖账不还，官司胜诉无处要钱

——律师支招如何破解执行难

俗话说得好，远亲不如近邻，邻居之间的相互帮助是社会的一道独特风景线。如今的大都市生活，人们迫于生计，早出晚归，邻里关系似乎也越来越疏远了，远不如以前亲密。一扇扇冰冷的铁门隔着你和我，他与她。而今天找到我们栏目组寻求帮助的张先生却在自己邻居困难的时候，率先伸出援手帮忙渡过难关，而邻居竟然在拿了张先生的钱之后人间蒸发了，这让张先生十分气愤。张先生还能追回欠款吗？

案例回顾

张先生与邻居肖某两家的邻里关系一直相处得非常融洽。肖某由于做生意资金周转不过来向邻居张先生求助，希望能借 70 万元人民币临时周转一下，好心的张先生面对邻居的求助，让肖某写了借条，注明还款的时间，就将自家的 70 万元借给了邻居肖某。可万万没想到的是，到了约定的还款时间，肖某非但没有还款，还消失了。

非常失望和痛苦的张先生迫于无奈在 2017 年将肖某告上法庭，2017 年 8 月 20 日法院对张先生的诉讼进行了判决，张先生胜诉但肖某仍拒绝还钱，无奈之下张先生又向法院申请强制执行。2017 年 12 月 6 日法院开始执行，本以为能用肖某名下的房产来还清自己的欠款，可没想到在 2018 年 1 月 3 日，肖某将房产转移到他儿子名下。执行法官告诉张先生，被告名下没有财产无法执行。张先生申请撤销房产登记之诉，丰台法院于 2018 年 12 月 4 日出具判决书，张先生立刻在 15 日上诉期内向法院提起上诉，却被告知被告的房子已被轮候查封。

面对人间蒸发的欠款人、存疑的判决书、转移的房产，张先生应该如何主张自己的权益呢？应该如何拿起法律武器帮助自己追回欠款呢？让我们看看崔爽律师怎么说。

律师支招

在听完了张先生的叙述后，崔律师表示，这是一个民间借贷纠纷。民间借贷对方没有及时地归还借款，当事人起诉到法院，胜诉以后涉及执行的问题，但是在执行过程中发现目前肖某名下已经没有财产可供执行，而且在执行之前登记在当事人名下的房产进行了转移，那么这样的转移是否涉及恶意转移财产的问题。下面，我们来逐个分析解答。

2003 年肖某因拆迁获得了一套安置房，也就是跟张先生成为邻居的这套房产。据张先生所说，在申请强制执行的前 3 天，房产被过户到肖某儿子名下。在看了法院的判决后，实际上房子至今是没有取得产权证的，在没有取得产权证的情况下是不可能完成法律上的赠与或者是过户登记的，对于张先生所说的授权，只是在办理房产证的过程中授权他儿子去签合同而已，房产依然要办理到肖某名下。

第二点，在法院判决书出具的本院认为部分，也清晰地写明了，欠款人授权他的儿子与相关的部门签订房屋的使用合同，并不等于欠款人放弃了其对这套房子的权利。也就是说这套房子的权利现在还在欠款人名下，只不过是因为没有把房本办理下来，这样的房子在实际的执行过程中是没有办法作为被执行人的财产进行拍卖执行的。因为房产证没办下来所以您不能申请强制执行。

这套房子如果确实在债务人名下，即使没有办理相关的产权登记，在房管部门已经有登记的情况下，是可以进行查封的，崔律师认为这点是毋庸置疑的。法院之所以能够下发查封的裁定，也是因为这套房子是可以查询到是肖某的财产，才会下发相关的裁定书。丰台法院的判决书已经判决了这套房子的权利依然在肖某的名下，而不是在他儿子的名下。

崔律师建议张先生：持丰台法院在 2018 年 12 月 4 日所出具的这份判决书，再去找张先生的执行法官，告知法官这是最新的判决书。因为执行法官之前已经给张先生明示，让张先生去办理撤销登记，撤销的结果现在已经出来了，没有支持您

撤销的理由，并不是说肖某与儿子之间所谓的赠与是有效的，而是法院认为根本就没发生赠与。如果您对于这份判决书仍然有异议，那么您应该及时地在有效期15日内提起上诉，看一看二审的结果如何。如果您没有异议应该及时把判决书递交到案件的执行法官手里，由执行法官完成后续的执行工作。

（北京市盈科律师事务所　崔　爽）

一次担保惹来的麻烦

中国人都是好面子，很多时候为了面子，往往把自己搞得狼狈不堪。还记得曾经有句俗话，借钱毁一生，担保穷三代。虽然是夸张的玩笑话，但也是有一定道理的。近几年出现的很多担保案件都是很好的例子，很多人都是不好意思对亲戚朋友说个“不”字，结果为他们签订了担保协议，最后却搞得自己倾家荡产，更有甚者妻离子散。

今晚寻求帮助的柳先生就遭遇了替人担保，结果对方无法还钱，自己面临房产被拍卖的事情。

案例回顾

这是发生在6年前的事情，当时的村委会李书记以村委会的名义恳求柳先生，希望柳先生能帮忙把房证拿出来给村委会和罗老板的借款做担保。

在多年好友村委会李书记的多次恳求下，柳先生当时还是和罗老板还有李书记分别签订了非常别扭的借款合同。一方面是柳先生向罗老板用房子作为抵押借出120万元，另一方面则是村委会李书记向柳先生借房子抵押出来的这120万元。

之前村委会李书记约定是两个月还钱，现在两个月已经过去了，不但没还钱人也找不到了。罗老板见没有人还钱，先是带着好多人到柳先生家要求还钱，后来直接凭借公证处的公证书，要求强制执行拍卖柳先生在借款时已经抵押的房产。

如今柳先生被逼无奈求助栏目组，希望能通过律师的支招想出解决问题的办法，如果房产真的被执行了柳先生将面临无家可归的境地。

律师支招

柳　先　生　我想问一下，罗老板是不是凭借手上的公证书可以不需要经过起诉就强制执行？

刘妙勤律师　是的，确实可以申请执行。因为这是一份强制执行的公证书，可以拿这个执行公证书直接向法院提起申请执行，就是说不用走前期的起诉程序。

柳　先　生　我也是实在没办法了，2017年11月6日立案的，2018年3月12日开庭。我告的是村委会和公司，希望他们按照借款合同还钱。当时村委会一个人都没来，最后法院办了一个公示。

刘妙勤律师　关于公告的问题，如果说被告下落不明，或者原告提供的通信方法没有办法联系到被告，那么法院法官会为了保证审判没有剥夺被告的申辩权利，所以会发公告。在公告里通知被告什么时候过来开庭，会有一个具体的时间，如果说这时候不来，那么我们就可以不出席庭审，就可以缺席判决。关于当年您做的担保，那么我们需要清楚的是，担保责任分为一般保证和连带责任保证，您这种属于连带责任保证，在这种情况下如果说借款人还不上钱，出借人可以向借款人要求还款，也可以向担保人要求还款。这也是您当年在签订合同的时候自己的选择。但如果说担保人承担了还款责任之后，是可以向借款人再要求追偿。

柳　先　生　在这样的情况下，我该怎么办能够减少损失？

刘妙勤律师　现在国家对于执行难出台了一系列指导意见,所以现在各个法院对于执行案件都是非常重视。您如果真是还不上钱,极大可能房子是要被拍卖的。我认为如果您的房子被拍卖的话,价值是会有损失的,市场价和拍卖价会有个差额,而且拍卖价一般来说都会比市场价低。如果是这种情况,我觉得您保住房子可能更合适。您可以跟当事人达成和解,跟罗老板达成分期还款或者拟定一个还款计划,这样让法院不去执行您这个房子。再有就是为避免房子被拍卖,您需要自己筹款还给出借人,先保住自己的房子再想办法追究借款人的责任。

（北京市盈科律师事务所　刘妙勤）

面对互联网的海量信息我们如何擦亮双眼

随着广告自主式投放需求的增加,为传统企业联入互联网的广告公司也越来越多,互联网IP端和手机端广告的投放已然成为网络广告产业链中的重要一环。作为发布平台原本是联结千万商户与客户的桥梁,如果审查不严,出现纰漏则很容易成为商家虚假宣传、谋取利益的渠道。互联网安全,不仅限于用户信息数据的不泄露,互联网经济更不该是投机取巧人的机遇。通过诱人的字眼吸引流量,放任虚假广告肆意传播,这更是巨大的安全隐患。

今天来到节目中寻求帮助的张先生就是在APP网站推广广告页中看到一则广告,轻易相信了广告中的虚假宣传给自己造成了不必要的损失。

案例回顾 >>

2017 年 5 月一次偶然机会，张先生在今日头条 APP 网站推广的广告页上看到一则北京一线锦程国际教育咨询有限公司的广告信息。

张先生经过网页端的信息登记，随后便接到了一线锦程国际教育咨询有限公司销售人员的电话。电话中表示，如果张先生可以考试通过，不用上班就能获得年收入 5 万～15 万元的薪资，并承诺张先生在今日头条广告推广页上所看到的信息，都是真实有效的，他们机构敢于跟学员签订退费协议，一旦考试没能通过可免费重修或退款。

鉴于北京一线锦程国际教育咨询有限公司销售人员的反复承诺，张先生相信了这家培训机构。先后分两次缴纳了学费。第一次交了 6600 多元，第二次交了 12, 800 元，两次共交将近 2 万元。整体的教学都是在一线锦程的官方学习网站上完成的，张先生也一直积极参与学习过程。

张先生并不知道报考职业资格考试需要什么样的条件，也不清楚自己是否符合报名条件，只知道北京一线锦程国际教育咨询有限公司全程帮张先生办理了报名手续，并且代开了工资证明，这让张先生可以成功地参加考试。可是事情并不像张先生想象的那么顺利，由于各种原因，张先生并未通过职业资格考试，依据报名时机构承诺的“考不过全额退费”，张先生多次找到教育培训机构要求退费，而这个时候北京一线锦程国际教育咨询有限公司拒不退费。陷入僵局的张先生，无奈之下将教育机构诉至法院。张先生能通过法律武器维护自己的权益吗？让我们一起看看来自北京市盈科律师事务所的黄兴国律师怎么说。

律师支招

听完了张先生的叙述，黄兴国律师表示：张先生本人其实是不符合考试的报名条件，当时在不符合报考条件的情况下，通过这家机构不管是培训也好还是报名也罢，参加了国家职业资格认证的考试。这件事本身是存在违规违法的情况，所以在此基础上，是不可能产生合法权利的。

由此可以推断，这份合同本身在建立之初就存在违反法律规定的情况。即北京一线锦程国际教育咨询有限公司给不符合报名条件的张先生提供了报名渠道，所以在这个基础上形成不了合法权利，也就是认定当初培训机构与张先生签订的包过协议是一个无效的合同。根据《合同法》第52条规定，有下列情形之一的合同无效：(1)一方以欺诈、胁迫的手段订立合同，损害国家利益；(2)恶意串通，损害国家、集体或者第三人利益；(3)以合法形式掩盖非法目的；(4)损害社会公共利益；(5)违反法律、行政法规的强制性规定。

张先生报考的是，国家职业资格中消防的注册证，这件事和普通的一般的服务消费是不同的。从根本上讲，在报名之初，张先生就已经存在违法的行为，所以在张先生主张自己是普通消费者，要求按照《消费者权益保护法》来保护自己的时候，也是不可能被支持的。

张先生将教育机构诉至法院后，目前我们可以从判决书里看到最关键的内容实际上是，对于张先生与培训机构之间的合同效力作了一个认定。按照《合同法》的相关规定，法院又结合了双方的过错，酌定扣掉一部分费用之后，培训机构将张先生缴纳的剩余部分学费进行返还。所以说，张先生要付出6000多元为自己的错误埋单，同样作为教育机构也要为自己的错误埋单，需要返还张先生13,916元。如果培训机构在判决书生效之后，在判决书确定的债务履行期间内依然坚持不返还的情况下，张先生可以通过向法院申请强制执行的方式，要求对方支付费用，同时要求培训机构加倍支付迟延履行期间的债务利息。

（北京市盈科律师事务所　黄兴国）

朋友当初资金困难,借出136万元,如今寻求律师帮助,支招如何追欠

我们生活在这个社会中,几乎每天都要接触形形色色的人,从事各种各样的社交活动,其中不仅有真诚相待的正人君子,也不乏一些见利忘义的势利小人。所以,在人与人交往的过程中,我们付出真诚与信任的时候更应该学会擦亮自己的双眼,仔细辨别哪些是真正的朋友,认真思考什么是自己该做的。

今天来到我们节目中寻求帮助的高先生,就是因为缺乏经验,轻信朋友,将自己的100多万元分几次借给他人周转,如今高先生接二连三地受到侵害,甚至有苦难言。

案例回顾 ≫

2013年的时候,高先生通过朋友介绍认识了范先生。范先生开了一家公司,由于资金紧张向高先生借款66万元,承诺连同利息和报酬一共还高先生136万元,借款周期一年,还款日期为2014年10月。

出于对朋友的信任,高先生最开始借给范先生钱的时候,都没有要欠条。时隔一年就是2014年,高先生开始对范先生产生怀疑,然后急忙与范先生补了一个借款合同。即使补了借款合同,范先生依旧没有还钱,而且还一度在高先生面前消失了。面对全家消失的范先生,高先生选择报警,但是由于各方面的原因,高先生的事情在长达4年的报案过程中都没有被立案。

除了范先生之外,2016年的时候,一位姓张的朋友自己开了一家金融公司。开始的时候是以个人名义向高先生借款7万元,之后又以公司理财产收益高有保

障的名义,劝说高先生买了自己公司15万元的理财产品。如今早已过了约定的还款日期,高先生也没有收到张先生的还款。目前两笔无法收回的借款已经成为高先生的心病,究竟高先生能不能拿起法律武器维护自己的权益呢?两笔资金还能追回吗?让我们听听崔爽律师怎么说。

律师支招

听完了高先生的叙述,崔律师告诉高先生,他遇到问题为债务纠纷问题。依照《合同法》第196条的规定,借款合同,是借款人向贷款人借款,到期返还借款并支付利息的合同。同时第197条规定,借款合同采用书面形式,但自然人之间借款另有约定的除外,贷款人未按照约定的日期、数额提供借款,造成借款人损失的应当赔偿损失,借款人未按照约定的日期数额收取借款的,应当按照约定的日期数额支付利息。

高先生的债务纠纷中有一个挺关键的问题,就是诉讼时效。高先生和范先生的两份借款合同中,都约定了款项的归还时间,都是在2014年10月。在我国新的《民事诉讼法》修改之前,对于合同纠纷的诉讼时效是2年,也就是说从义务人应当履行义务之日起,开始算时间,2年内作为权利人应该有相关的催促证据或者高先生应该直接到法院提起诉讼。因为从高先生主张的这一个时间点开始,诉讼时效会重新起算2年。

目前,高先生与范先生的债务纠纷诉讼时效已经过了,但是高先生与张先生的债务纠纷诉讼时效还没过,崔爽律师建议高先生尽快到法院,以借贷纠纷为由进行民事诉讼。

高先生的案件,在经过法院的判决以及判决书生效之后,如果义务人仍然不履行义务的情况下,可以到执行厅,立一个强制执行的案件。在强制执行阶段,因为已经有了合法并生效的文书,确认了相关义务人应该还高先生的钱,在强制执行启动的时候,相关的被执行人的财产情况就不由高先生提供了,而是由法院的执行厅利用最高人民法院的指挥平台,来查询被执行人名下所有的财产,包括动产、不动产以及其他财产状况。当然经查询之后无非两个结果,一是有财产可供执行,二是没有财产可供执行。如果有财产的情况下,就可以直接往后推进,正常地履行拍卖、扣划的程序。如果暂时没有财产可供执行的话,法院可能会终结本次执行,因为义务人的信息会不断地更新,当义务人有财产之后,随时都是可以向法院申请恢复执行的。

对于被执行人,如果没有财产可以执行,将把他列到失信黑名单中,通过限制他的出行、高消费以及出入境等措施和手段,严重影响被执行人的生活。

(北京市盈科律师事务所　崔　爽)

多年理财竟被骗,钱款该向谁讨要

随着人们收入水平的不断提高,很多朋友选择把钱存到一些理财机构,毕竟银行现在利息非常的低,理财机构的高利息吸引了不少朋友的眼光。再加上有些人在理财产品上尝到了甜头,于是就有更多的人愿意把钱用于投资购买理财产品。

本篇当事人袁女士在多年理财的过程中,自己竟然被业务员骗了。袁女士的钱款还能要回吗?袁女士又该如何维权呢?

案例回顾

袁女士在2018年9月,跟一家理财公司的业务员签订了一份投资理财合同。由于自己和这家公司已经合作了3年,所以对这家公司的业务员比较信任,袁女士在签订完投资理财合同之后,并没有多想,还像以往一样等待着属于自己的收益能够安全落袋。

然而,前段时间理财公司通知袁女士,与她签订合同的业务员是自己私刻的假

公章，公司账上压根就没有收到这笔钱。并告知袁女士，这个业务员已经在派出所投案自首，如果袁女士想讨要自己的钱款，还是赶紧报警。听到这个消息的袁女士有点懵，已经合作3年的公司，每次到期之前都是这个业务员提前一个月给袁女士打电话，告知如何办理相关的手续，钱都是在2～5个工作日就打回到袁女士的账上了，让袁女士怎么也想不到，自己竟然被骗了。

袁女士的遭遇又该如何维权呢？钱款又该找谁讨要呢？让我们看看黄兴国律师怎么说。

律师支招

袁　女　士　我想问一下律师，当时我在刷卡的时候，POS机会打出一个条，这个条上面显示的依然是这家理财公司，我能不能让公司承担责任？

黄兴国律师　如果您想让公司来承担这一笔账的话，那么这个业务员必须构成一个表见代理。表见代理的意思就是说，他明明是无权代理，但是他以他的行为和他出示给您这些东西，让您误以为他是有代理权的，如果达到这个程度的话，同时您个人在其中又无过错的情况下，可以构成表见代理。在这样的情况下，他所代理的这家公司，也就是这个理财公司是应该承担责任的。所以，在这个过程当中，我觉得关键之关键，在于您这边有没有过错。也就是说，这笔钱的去向是谁，您是不是清楚。

袁　女　士　我现在需要做什么？您看我的证据该如何收集？

黄兴国律师　这笔钱到底被刷到哪去了，这个事很关键。如果说这个钱进了对方公司，那毫无疑问，业务员是当时的在职人员，用过去曾经成功交易过的方式上门给您办理业务，那对方公司就不能抵赖，不能说这是个人行为，跟公司没关系。但如果证明了，公章确实是伪造的而且这笔钱又没有到公司的账面上，那您这个事能不能让对方公司承担责任，这个难度就非常大了。当务之急是您要去查自己的银行流水，跟银行营业员说清楚，查明自己钱的去向。

袁女士 现在业务员已经被抓起来了，我该怎么要钱？

黄兴国律师 您首先需要对比之前的收款方是否是公司账户，若收款方是公司则公司应当承担一部分的连带责任。如果是业务员自己将钱转到个人账户上，那么业务员就侵吞了您的财产，确实就构成刑事犯罪了。首先您还是应该报案，无论怎样，这个业务员都应该受到法律的严惩，而且在受到刑事处罚之后紧接着就会启动一个追讨损失的程序，对于业务员的犯罪所得是应该追回进行发还的。实践当中，确实也给您打个预防针，就是骗子会将他的非法所得消费掉。他能去自首，应该就是已经消费掉了骗来的钱款。如果出现这种局面，那实际上我们追回犯罪所得的难度也是比较大的，很有可能最终就是实际上的损失了。

（北京市盈科律师事务所　黄兴国）

一次双眼皮整形手术惹来的烦恼

各位朋友可还记得白百何主演的《整容日记》，影片讲述了一个通过整容来改变自己生活工作的故事。在我们的生活中，外貌的出众确实可以给我们带来更好的机遇，一些女孩子就选择了整容这条路。

身体发肤，受之于父母，自然在整容的过程中有成功就必然有失败或者说不尽

人意。今天来到节目中寻求帮助的年轻的张女士，就在自己追求美的道路上遇到了困扰，张女士又该如何维护自己的权益呢？

案例回顾

对于张女士来说，这本应是自己一段美丽的日记，但是整件事情的过程，让张女士的心情并不那么美丽。

去年，爱美的张女士通过网上的各种宣传，找到了丽星整形机构。经过两次到三次的面诊，根据张女士的需求，整形机构完成双眼皮手术报价3万元，如果张女士愿意签署肖像权协议，也就是给整形机构当模特，就可以享受优惠的手术价格。面对宣传中靠谱的医生和优惠的价格，张女士当即便与整形机构签了肖像授权书。

在手术完成之后，最开始的恢复期由于没有完全消肿，还是无法判断手术是否成功。随着时间的推移，如今距离手术时间已经一年过去了。张女士左眼的眼尾处，可以清晰地看出两条痕迹，一条是正常向下的，另一条则是与眼平行的。右眼的眼尾处则由于处理得不恰当出现了肉条。

面对不满意的双眼皮手术效果，张女士提出不想再与机构合作，不愿意给机构当模特。让张女士意外的是，2019年1月朋友在网上，看到了张女士整形的照片还有美容日记。而这些照片都是整形机构，从张女士平时私生活的朋友圈里面私自保存的，所谓的美容日记，也是机构以张女士的口吻编写的，所写内容并不是张女士的本意。

面对这样的遭遇，张女士能通过法律的手段，就并不满意的双眼皮手术，追究整形机构责任吗？可以告整形机构侵犯自己的肖像权吗？对于张女士的两点诉求，让我们来看看崔爽律师怎么说。

律师支招

在听完了张女士的叙述后，崔爽律师告诉张女士在整个事情的发展过程中，自己有两个重要的权益是可以主张的。

对于整形手术效果的不满意，张女士可以到专业的鉴定机构进行鉴定。如果鉴定结果显示,这次微整手术确实做的有问题,是不符合相关规范的,那么因此给张女士所带来的损失,张女士是可以主张赔偿的,也会得到法律上的保护。

另外,对于肖像权的使用,崔爽律师在仔细阅读了张女士提供的肖像授权书后表示,这份授权书约定了诊所对于张女士的肖像使用权为术前及术后半年恢复期过程中眼部照片的有限使用,已经明确约定了肖像使用形式和使用时间的范围。如果整形机构确实侵犯了张女士的权利,我们可以进行维权,维权的方式有两种。首先,张女士可以要求整形机构删除网站上的不实信息和照片。如果对方坚持不删,我们是可以主张删除的,这个是可以做到的。其次,如果因为侵犯张女士的肖像权,而给张女士造成其他的损失,也可以诉到法院要求对方进行赔偿。

我们的肖像权虽然授予整形机构使用,但是如果整形者本人因为各方面原因想撤销委托,法律上是支持的,因为我们有单方解除权。然而需要注意的是,如果因为单方面地撤销授权,而给整形机构造成损失的,整形机构也会追究整形者的相关责任。

对于张女士所提及的精神损失费,如果轻易主张可能成功率不高。遇到医美纠纷的案例,因为具备一定的特殊性,如我们的当事人遇到什么事情都觉得心灵受到伤害,都要去主张赔偿,法律上可能是不支持的。但法律上同样有支持的标准,比如具体到张女士的这个案例中,如果说经过鉴定,确实手术失败了,确实是有问题,不符合技术规范,然后又构成了相应的伤残标准,那在法律上就可以支持精神损害抚慰金。

(北京市盈科律师事务所　崔　爽)

投保人成了营业员，我该如何维护权益

中国保险业成长性良好，保险消费者日趋走向成熟。随着经济的高速发展，养老、医疗等社会热门话题越演越烈，民众也日益强烈地意识到，保险已渐渐成为家庭和民众的生活必备品。有保险需求，但不知道如何选择适合自己的保险产品，不知道该如何在线上购买保险产品，这正是大多数朋友正在面临的问题。

今天来到节目中寻求帮助的张女士，就在自己购买保险的时候，因为自己不愿意下载 APP，投保人的姓名竟然变成了营业员，张女士的权益被侵犯了吗？

案例回顾

2019 年 1 月，张女士在平安保险购买了一份意外伤害险。由于张女士年岁大了，又经常乘坐飞机往返于各地，所以张女士多年来一直有给自己购买保险的习惯。今年，正好赶上平安公司搞优惠活动，100 万的意外保险仅收取不到 20 元的保费，张女士毫不犹豫地决定购买。

张女士要购买的保险，需要在手机上下载安装一个 APP，因为自己不愿意在手机上下载这些内容，张女士便开始询问能不能通过其他的方式购买，营销人员表示，如果张女士不下载安装这个 APP 是不能购买的，同时表示愿意用自己的手机帮助张女士完成购买保险的意愿。

张女士觉得若是能在营销人员的手机上完成购买，也是可以的，所以就在营销人员的手机上操作并完成购买保险。张女士用自己的微信将保费直接转给了保险营销人员，在完成购买之后，保险公司只是给了张女士一个保单号并没有出具纸质的保单。

过了一个星期以后，经过张女士几次强烈的要求，保险公司的营销人员将保单以快递的形式寄给了张女士。张女士拿到快递，打开查看保单时发现，自己这份保单的交通意外险投保人并不是自己的名字，而是保险公司营销人员的名字，被保险人写的是张女士自己，受益人写的是法定。这一下就让张女士紧张了起来，赶紧与保险公司的营销人员取得联系。营销人员告诉张女士，投保人就是出钱的人，投保人是谁并不影响日后的理赔。张女士一听，这投保人就是出钱的人，觉得这份保单的问题就更为严重了，担心自己如果真的发生意外，那么保险公司给自己的赔付又属于谁呢？难道投资出钱的人和理赔完全没有关系吗？带着这些疑问，张女士联系了保险公司的售后服务部门，希望保险公司能为自己的这份保单进行投保人更名。

到底保险公司能否给张女士完成投保人的更名？保险公司的营销人员是否在张女士投保的过程中侵犯了张女士的权益？让我们一起看看黄兴国律师怎么说。

律师支招

黄兴国律师在听完了张女士的叙述后表示，保险其实是四方合同。第一方是保险公司。第二方就是投保人，投保人就是我们说的出钱购买这份保险的人，也就是与保险公司订立保险合同的人，并按照保险合同负有支付保险费义务的人。那么投保人是享有现金价值处置权，和合同被解除受领退保金权利的人。第三方就是被保险人，也就是说以被保险人的人身健康，作为一个保险标的。第四方则是受益人，作为受益人，就是当保险事故发生之后，谁去领取这个保险金，谁就是这份保险的受益人。

我国的《保险法》明确规定了，被保险人只是保险合同中的相对人，所以作为当事人的张女士，存在某种担心不是没有道理的。假使说这是一份金额很高的保险，那么在这种情况下，如果投保人出现问题的话，就意味着上边载明的投保人是有权利向保险公司要求退保的，所以说这份保险合同，确实存在一定的问题。

同样，国家有明确规定，在人身保险中，投保人与对方具有保险利益的，投保人才可以为其投保。《保险法》第 31 条规定，投保人对下列人员具有保险利益：(1)本人；(2)配偶、子女、父母；(3)前项以外与投保人有抚养、赡养或者扶养关系的家庭其他成员、近亲属；(4)与投保人有劳动关系的劳动者。

只有符合上述的关系，才有保险利益，才能为其他人购买保险。显然张女士和

营业员之间是不具备保险利益的，那么保险公司营业员的操作是违规的。作为张女士是可以向保险公司进行投诉，如果保险公司内部不能解决这件事，张女士还可以向中国保险监督管理委员会投诉。

（北京市盈科律师事务所　黄兴国）

低保资格被取消，只因出借过它

残疾人是一个特殊困难的群体，需要社会给予格外的关心和关注。国家也有相关的政策，对于身体残缺人士给予一定的生活补助，低保就是这个困难人群最基本的生活保障。作为生活困难的残疾人，在生活中一定要注意对自己证件的保管，不要轻易地相信他人出借自己的证件，以免影响自己日后的生活。

今天来到节目中寻求帮助的侯女士，为了智力重度残疾的弟弟能够正常生活，帮助弟弟申请了低保，结果却要承担骗保的后果。到底侯女士的弟弟，是否符合低保的资格？在侯女士弟弟身上又发生了什么事情呢？

案例回顾

2018 年 10 月，侯女士通过公租房摇号，帮助智力三级重度残疾的弟弟，获得了一套小户型的公租房。由于公租房的房租超过了弟弟的月收入，因此弟弟依然负担不起公租房的房租。在这样的情况下，侯女士在 2018 年 10 月下旬再次帮弟弟申请了低保，希望弟弟能享受国家的房租补助待遇，住进自己的房子中。

2018 年 11 月，在侯女士帮助弟弟递交了申请低保的材料后，民政部门的两位工作人员，前去侯女士弟弟家进行入户调查。对侯女士弟弟名下的财产进行了登记核查，其中有一项，就是侯女士弟弟名下有没有车辆。

2019 年 1 月，令侯女士一家意想不到的是，红庙社区的工作人员打来电话，告知侯女士，自己弟弟名下竟然登记有一辆汽车，这辆车是在 2016 年 1 月登记的。就因为这辆凭空出现的车辆，民政部门认为侯女士一家提供了虚假信息，因此侯女士的弟弟不能享受低保待遇。

侯女士当时毫不犹豫地认为，自己的弟弟一定是被什么人利用了，便立刻采取了报案的举措。在侯女士报案之后，民警建议侯女士先去车管所去查一下车辆的相关信息，再做下一步的打算。于是侯女士带着弟弟，拿着他的身份证到了王四营车管所，专程核查弟弟名下车辆的事情。

果不其然，在侯女士弟弟的名下，有一辆汽车。所有登记的信息都是侯女士弟弟的，只是一个联系号码却是别人的。于是，侯女士根据车管所的车辆信息，很快便联系到了车辆的真正主人。侯女士对于他人侵犯弟弟权益的行为很是愤怒，认为这不仅给一家人平添了很多麻烦，还直接给侯女士弟弟的信誉造成了极大伤害，甚至影响了弟弟正常的生活，侯女士希望律师能帮助弟弟维护自己的权益，能让弟弟过上正常的生活。

律师支招

在听完了侯女士的表述后，苏宝阳律师认为，这不是一个简单的车辆信息空挂，原则上说叫作乘人之危，在排除刑事犯罪的情况下，可以认为是一种民事侵权行为。

首先，建议侯女士要去派出所报案，目前依然需要通过公安侦查的方式，来把事情的经过弄清楚。其次，就是关于侯女士弟弟如何才能获得低保待遇，保证自己的正常生活。如果对方可以通过协商的方式将车移走，并且留下一个文字的经过说明，那么侯女士也可以向审批部门提交新的证据，证明车虽然挂在侯女士弟弟的名下，实际上并不是他所有的车辆，我们事实是有资格享受低保待遇的。

如果对方执意不同意移车，侯女士可以根据车管所的公示行为，将对方起诉至法院，确认车辆及相关手续的权属。由于车辆毕竟是对方花钱购买的，在案件诉讼

的过程中，对方也会提交相应的证据。我们也可以通过这种方式，澄清车辆不属于侯女士弟弟的经过，获取间接地法律依据，交给行政审批部门，以实现获得低保待遇的诉求。

而对于整件事情，给侯女士弟弟所造成的损失，侯女士可以通过诉讼的形式，要求侵权人进行赔偿。

（北京市盈科律师事务所　苏宝阳）

没借钱却要还债，原来只因干了这件事

在我们生活中或者生意上都会赶上需要资金周转的时候，如果当下资金不足，首先想到的就是找朋友亲戚凑一凑，但是朋友亲戚能力毕竟有限，有时候难免要找银行或者贷款公司来完成借贷。在这个时候，光凭自己的信用条件想要贷笔理想的额度还是有点困难的，此时，就会去找朋友、亲戚来给自己做担保。而面对这样的担保，请您慎重！担保有风险，签字需谨慎。

王先生的亲戚就是在帮借款人担保一笔90万元的借款时，险些连自己的房子都保不住了。

案例回顾

王先生的亲戚用自己的房子来为别人做担保，在借款合同中作为保证人签字，担保的金额是90万元。当时，出借人把所有能够办抵押权登记的原始资料都拿走了，可就在王先生亲戚在借款合同上签字的第十天，出借人竟然在一个房屋中介公司,对王先生亲戚作为担保的房子进行了网签,准备卖房。

因为王先生亲戚的房子过去是对外出租的,幸亏另一家房地产公司发现了该房子已经被网签了,就赶紧给王先生的亲戚打电话确认,是不是房屋不再出租,要卖掉。通过中介的提示,才让王先生的亲戚保住了自己的房子,没想到对方竟然将王先生的亲戚起诉至法院,要求王先生的亲戚还款。

在这样的情况下,王先生求助律师,希望律师能帮助自己的亲戚保住房子,维护自己的权益。

律师支招

王 先 生 对方已经将我亲戚起诉到法院,要求我的亲戚还款,我想问一下律师,我的亲戚该怎么做?

崔爽律师 我们说担保的方式有两种,人保还有就是物保。人保就是我用我个人所有的财产做一个担保,我作为保证人,在出借人与借款人的相应的借款合同上,作为保证人进行签字。那么在这种情况下,一旦借款人不还款了,作为保证人来讲就有和借款人同等的还款责任。还有一种就是出借人和借款人签了一个借款合同,那么我以我的物品,比如说我把我的房子抵押给你作为担保,一旦不还款了,你可以优先处置我的房产,这也是一种担保方式。

王 先 生 因为没能办理完成抵押登记,是不是我亲戚就可以不承担还款的责任?

崔爽律师 据您所讲述,您的亲戚与他们约定,是以您亲戚的房子抵押的方式作为担保,但是这个抵押并没有办理登记,而是出借人拿着所有的手续要去卖这套房子。按照我国的相应法律规定,抵押权成立的前提条件是到房产部门办理相应的抵押登记,如果抵押登记没有办理,那这个抵押权就是不成立的,也就是说作为您亲戚来讲他以他的房子作为担保的这种方式是不成立的。自然,他就没有承担还款义务这样的责任。

王先生　假如说有一些情况，自己确实拿自己的房子来做担保，而且已经抵押成功了，但是借款人他自己有能力偿还，但是他不还钱，然后人家就要让我把我的房子给卖掉，这样是合理的吗？究竟是应该用他的资产来优先还钱，还是拿我帮他抵押的房子来还钱？

崔爽律师　您的问题就是我们说的一般保证还是连带保证。当时你作为保证人的时候，有没有在保证合同中，明确自己的担保责任是一般保证责任还是连带保证责任，如果明确了自己是一般保证责任，那就是作为出借人来讲，借款人不还款的时候先要去起诉出借人，然后进入强制执行程序，实在是没有钱可供执行的时候，再由一般保证人来承担责任。如果没有明确约定自己是一般保证责任，我们在法律上默认为连带保证责任。就是借款人和保证人是同一个身份，当借款人不还款的时候，作为出借人来讲就有权选择由谁来还款，既可以选择向借款人主张还款，也可以向保证人主张，同时也可以向借款人和保证人俩人一起主张还款。

（北京市盈科律师事务所　崔　爽）

你理财，财就理你了？NO！理不好血本无归

投资有风险，入场需谨慎。这句话恐怕大家耳熟能详。老百姓对于投资的选

择,基本取决于“风险”两个字,只要看见这两个字基本就只想躲得远远的,唯恐惹祸上身。所以对于金融知识并不是十分专业的老百姓来说,安全、稳定的投资产品,看得见摸得着的实体投资往往受到大众的欢迎。可是,投资实体就等于降低风险吗?投资自己看得见的产业就能够躺挣了吗?

今天来到节目中寻求帮助的于女士,就因为选择投资看得见摸得着的实体企业,给自己惹来了不小的困扰。

案例回顾 »

于女士无意中看到自家附近超市发布的投资收益广告,在对超市不了解的情况下,盲目相信广告内容,误认为选择了一个比较好的投资项目。于是从2016年的元月开始至2016年7月,对自家小区附近的这家超市先后分6次进行投资,共投资33万元人民币。

于女士与超市的所有投资行为,均签有书面协议,该超市在协议中承诺,每月返还一定面值的购物卡,可用于在超市消费。鉴于前几次超市都按照协议的约定如数返还购物卡,这让于女士放松了警惕,觉得自己选择的投资还是比较靠谱,随后陆续将自己多年的积蓄投给了超市。

原本合同中约定,一年后将投资本金及相应购物卡的余额,一并返还给于女士。结果合同履行至2016年8月,据超市的负责人解释,因超市与物业发生纠纷,超市被迫停业。自此之后,就不再发放购物卡,而是开始以汇款的形式兑现利息。

然而好景不长,自2016年11月起,超市开始不能正常地履行合同,每月支付利息均有拖欠的情况,更甚至自2017年12月开始到今天为止,已经一分钱都没有再还过了。

于女士历经16次登门讨要自己的投资款,也没能要回自己的本金。超市的法人潘某,从起初承认资金链断链,并一再保证还款时间,到现在完全置之不理,这让于女士不知所措,于女士还能要回自己的投资本金吗?让我们看看刘妙勤律师怎么说。

律师支招

在听完了于女士的叙述之后，刘妙勤律师表示，我们看一个协议书，要先看它的本质，在协议书中具体表现的是什么法律关系，而不是去关注协议书叫什么名称。在于女士提供的这个协议书中，其名义上是一个入会协议书，而在协议中所约定的权利、义务，实际上更接近借贷关系。因为在协议中约定每月赠送200元的购物经费，这个购物经费等于是一个固定利率，所以说这份协议书性质上更偏向借贷，而不是简单的投资。

根据合同相对性，我们看到于女士提供的协议中，是一家名为“北京鸿业荣兴连锁超市有限公司”盖的公章，而且在协议中甲方位置上，写的也是这家公司，所以借款人就是这个超市。出借人就是我们的于女士，于女士在合同当中属于出借人的地位。

既然可以确定为借贷关系，那么对方应该按照本金和约定的利息进行还款。国家支持借贷关系的年利率是24%，于女士所签合同的年利率已经高于24%，那么高出24%的部分，如果借款人不愿意支付，利息将按照年利率24%计算。

我们还看到协议中约定，成为钻石卡需要缴纳3万元的会费，其实这个条款应该也算是一种预付卡。早在2011年，七大部门联合制定的《关于规范商业预付卡管理的意见》明确，一次性购买1万元及以上不记名商业预付卡（购物卡）的单位或个人应进行实名登记，且记名商业预付卡面值不超过5000元。于女士单笔存入的这个金额，显然是违反了商务部的相关规定。除此之外，于女士在半年时间内，跟超市签订了6份合同，一共是33万元。而于女士自己并不了解钱的用途，也不清楚对方在给付回报利息的资金来源。

现在对于于女士来说，当务之急是应该将超市的公司和这家公司的法人一并起诉。如果公司没有钱偿还，那么法人要承担连带清偿责任。根据于女士提供的6份合同，其中前2份协议并没有约定管辖，我们可以去法院起诉。而后面的4份协议中，约定的是北京仲裁委管辖，那么于女士只能去仲裁委提出仲裁。提起诉讼的过程是非常重要的，我们可以通过诉讼把债权固定下来，至少明确了对方欠于女士多少钱，至于对方是否有钱来还清债务，我们拿到胜诉的判决或者胜诉的裁决之后,就可以申请强制执行。这样就等于说不管是公司还是法人,只要名下有钱,我们的钱就可以执行回来。

刘妙勤律师提示广大朋友,在投资或者理财之前,可以先到国家工商企业网查看企业的信用信息,在投资之前一定要充分了解被投资企业的经营状况和资金链,了解之后再慎重地作出投资决定。

(北京市盈科律师事务所　刘妙勤)

寄养期间宠物受伤,我该如何索赔

相信只要是养过宠物的朋友们,应该都会有一些这样的瞬间。某一天自己拖着疲惫的身体回到家中,家里那个聪明可爱的小家伙,如同自己的孩子一样,向自己飞奔过来的时候,那种幸福与快乐可以抚平心灵上的疲惫。自己家养的小宠物,不仅是拥有灵性的小生灵,更像是家庭中的一员,会给我们的生活带来很多非常温暖的举动,也许就是因为这些瞬间的发生,在我们的心里种下了一颗爱的种子。

今天来到节目中寻求帮助的高女士,春节期间把自己可爱的小泰迪“花卷”,寄养在家附近的宠物店。可让高女士怎么也没有想到,自己在离开“花卷”短短几天的时间,就接到了宠物店老板的电话,说“花卷”摔了,伤的很严重需要安乐死。高女士到底会如何选择呢?她能为宠物狗“花卷”讨一个说法吗?

案例回顾

球球、花卷是两只可爱的小泰迪,是高女士的心头肉。2019 年春节前夕,因为

有事要回老家,高女士便开始寻找宠物寄养的地方。正好小区附近有一家宠物店,经过高女士的实地考察,感觉条件还不错,这才决定将球球和花卷临时寄养到宠物店。

想着大年三十就能返京,就可以第一时间把球球和花卷接回家一起过年,高女士怀着复杂的亲情,在 2019 年 1 月 30 日将两只小泰迪交给了宠物店的老板后,踏上了回老家的行程。

就在球球和花卷被寄养的第三天中午,宠物店的一通电话让远在老家的高女士瞬间崩溃。原来是花卷摔伤了,店老板建议给花卷安乐死。对高女士来说,球球和花卷,这两只可爱的小泰迪,就像是自己的家人一样。一场短暂的分别过后,原本活泼可爱的花卷竟然遭受如此伤害,这让高女士心如刀绞。而更蹊跷的是高女士根本无法获知花卷是怎么受伤的。

没有同意给花卷安乐死的高女士,尽快赶回了北京,在宠物店老板的陪同下带花卷去另一家宠物医院救治。花卷的伤势是颅骨骨折,眼眶碎,眼球掉出,就连诊治的医生也说,摔的这么严重比较奇怪。后来高女士到店里调取花卷摔伤时的监控,店家一句"监控坏了"就把高女士给打发了。

如今,在高女士的精心救治下,花卷已经出院了,除了两只眼睛完全看不见之外,其他的身体体征还是很好的。情绪状态也慢慢从刚开始住院时候的害怕、胆小中慢慢恢复。

花卷是在被寄养期间遭遇了这样的状况,高女士希望通过法律的途径,能够为花卷讨回一个说法。让我们来看看张雅琴律师将如何帮助高女士。

律师支招

在听完了高女士的叙述后,张雅琴律师表示,高女士的事情是店主对寄养在店内的宠物未尽妥善看护义务,在宠物受伤送医的过程中,未采取积极有效的治疗手段,导致宠物伤情加重的事件。

那么根据《合同法》的相关规定,在保管期间保管人应该尽到他的保管义务。其间因为保管人保管不善,造成保管物的毁损灭失的,保管人应当承担赔偿责任。

但如果保管是无偿的话,保管人在能够证明自己没有重大过失的情况下,是可以不承担损害赔偿责任的。

那么本案当中,根据高女士提供的一份简单的合同,我们看到在合同中确实约定了双方的权利和义务,但是双方的责任、费用的承担是里面没有约定的,同时在合同中也没有违约责任和违约金的约定。而高女士已经支付了寄养费用,所以是属于有偿保管合同。那么保管人在保管期间没有尽到谨慎的保管义务,造成了保管物的损失或者它的灭失,无论是什么原因造成的,这个保管人都要承担违约责任。

据高女士所说,花卷从受伤以后到现在出院,已花费了 21,750 元的费用。在高女士提供的简单的合同中,由于没有约定违约金,那么保管人所要承担的赔偿责任,就要根据高女士的实际损失来主张,也就是说可以要求赔偿花卷治疗的医药费、诊治费以及它的辅助用具的费用。另外,需要提示高女士的是,在给花卷治疗期间,合理的误工费和交通费都是可以主张的。

对于花卷后续的治疗费用,高女士可以在发生以后的 3 年之内,要求宠物店赔偿。如果花卷日后涉及终生用药的情况,那就需要高女士花费一笔,然后主张一笔,这是法院赋予高女士的权利。而对于高女士所说的宠物店并没有寄养资质的问题,可以向消费者协会投诉举报。

(北京市盈科律师事务所　张雅琴)

借钱不还，我该如何拿回房子和钱

在生活中，我们都会有遇到困难、暂时缺钱的时候。亲戚朋友之间，互相借钱帮助对方渡过难关，也是很正常的事。俗话说："好借好还，再借不难。"如果因为朋友急需用钱，而将不动产转化成现金流，帮助朋友填补资金缺口，这样的方式还是非常危险的。如果对方还不上钱该怎么办？用别人的不动产申请抵押贷款，就可以免责了吗？

今天来到节目中寻求帮助的3位当事人，都是在高息的诱惑下，慷慨出借数百万元。如今借款人不再还款，3位当事人能够通过法律武器维护自己的权益吗？还能保住自己的房子，要回自己的钱吗？

案例回顾

2013年，郭女士的亲戚称自己的朋友孟女士做生意需要资金，并承诺如果出借资金将支付给郭女士高息。出于对亲戚的信任加上高息的诱惑，郭女士先后将自家及父母的积蓄借给孟女士，先后出借现金400万元左右。

然而，借款之路并非如郭女士想的那般顺畅。孟女士承诺的利息，从一个月8个点到后来的6个点，甚至是4个点，最终降到3个点。虽然利息一降再降，但尝到了甜头的郭女士，凭借自己对亲戚的信任，放松了警惕，完全没有对孟女士产生过怀疑。2014年，孟女士又称资金周转困难，需要再借钱。郭女士便将自己的房子典押给了典当行，典押所得钱款直接打到了孟女士账户。算上房子和现金，郭女士前前后后出借了七八百万元给孟女士。

让郭女士没想到的是，房子典当出去没几年，自己竟被典当行告了。原来自从2017年年初，孟女士就已经不再支付典当行的利息，并且一直隐瞒郭女士，直到典当行找到郭女士，将郭女士起诉至法院，郭女士才刚刚意识到，可能出事了。

孟女士不知所踪,自己在典当行的房子也快保不住了,郭女士陷入困境,一筹莫展。

案例回顾

郭女士与丈夫田先生,是再婚夫妻,两人再婚前名下各有一套房产。2015 年 4 月,在妻子将房产抵押给典当行一年后,田先生也将自己名下的房产抵押给了典当行,所得钱款同样都直接打进了孟女士的账户。如今,孟女士不还典当行利息后,田先生同样被典当行告上了法庭。后经协调,与典当行签订了民事调解书。

案例回顾

李女士也是在朋友的介绍下,多次以现金或转账方式借款给孟女士,每次从 20 万元到 70 万元、80 万元不等,前后共借出七八百万元左右。孟女士给李女士写过借条,在借条上有孟女士借款的数额和身份信息。2018 年前孟女士都会按时还利息,后逐渐不再偿还。李女士的钱还能要回来吗?

律师支招

我们先来看一下郭女士的案子,这个案件涉及的法律关系,一个是郭女士和孟女士之间的借款合同关系,另外一个是郭女士和典当行之间的典当合同关系,也就是抵押借款合同关系。郭女士与典当行之间的典当借款合同,关系的主体很清楚一个是典当行,一个是郭女士。郭女士作为还款义务人,把典当出来的钱款借给了孟女士,现在孟女士不还钱的情况下,郭女士可以向她追偿。如果协商不成的话,可以起诉到法院。在郭女士与孟女士的借款合同中约定了还款期限,郭女士要在还款到期之日起 3 年之内起诉,这个是诉讼时效。

需要提醒郭女士的是,在借款合同中还款日期是 2017 年 6 月 30 日,郭女士要在 3 年之内来主张自己的权利。

关于郭女士的丈夫田先生问题,在正常情况下是田先生和典当行签的典当合同,典当行应该把钱款支付给田先生,除非田先生指定支付给第三人,典当行才可以支付给第三人,否则的话手续上面可能会存在一些欠缺,典当行肯定是存在违规

的行为。但是，因为田先生又和典当行签订了一份调解书，在调解书中田先生又确认了自己与典当行之间的典当关系，这个是比较致命的。

目前，因为典当合同确实是郭女士和田先生签的字，就会认为这是真实意思表示，如果郭女士和田先生想保住自己的房子，需要偿还典当行支付的借款，至于抵押的钱借给孟女士的情况，郭女士和田先生只能再通过诉讼的方式向孟女士追偿。

李女士的情况与郭女士和田先生的情况比较相似，李蕾律师建议李女士尽快提起诉讼，要求赔偿。

李蕾律师建议三位当事人，出借钱款时要了解实际用款人的基本情况、资金用途，必要时请借款人提供担保。提醒三位当事人，在诉讼时效期内尽快对孟女士提起诉讼，尽量了解孟女士的财产情况，申请财产保全。

（北京市盈科律师事务所　李　蕾）

车祸引发的法律纠纷

在我们的生活中，到了退休年龄还在发挥余热的职工真的不少。这类领了退休金还在劳动的职工，享受国家法律的保护吗？我国《劳动法》第16条规定：劳动合同是劳动者与用人单位确立劳动关系、明确双方权利和义务的协议。劳务合同是当事人各方在平等协商的情况下达成的，就某一项劳务以及劳动成果所达成的协议。在实际工作中，很多人会认为劳务合同就是劳动合同，事实上，这两个合同是存在区别的！

艾女士已经过了退休年龄，依旧工作在一线。2019年的一次意外事故给艾女士造成了不小的困扰，到底在艾女士的身上发生了什么呢？

案例回顾

艾女士是一名出租司机，工作了18年。在今年2月发生了一起交通事故，交警认定事故为对方全责。因为这起交通事故，艾女士住进了医院。在艾女士出院不久，分别于2019年3月18日和28日两次到公司开具收入证明，并想了解一下相关医药费的报销流程。让艾女士很意外的是，不仅仅自己公司的经理，就连其他公司知道这件事的经理都劝艾女士自己与公司解除劳动合同。

关于公司与艾女士所签订的合同，艾女士自己一直不是很清楚。原来，艾女士在2017年10月25日就已经年满50岁，在艾女士年满50岁之后，公司与艾女士签订的到底是劳动合同还是劳务合同呢？另外，艾女士在从事出租司机的工作时，有2万元的抵押金押在公司，如今车已经在公司停放，艾女士的交通事故并未对公司造成任何影响的情况下，家庭生活确实有困难的艾女士，能要求公司先返还抵押金吗？

公司为此一直在跟艾女士交涉。公司表示，如果艾女士想要回2万元的抵押金，需要现在就跟公司解除合同，解除合同之后，就可以将抵押金返还给艾女士，但是在返还的时候需要扣除艾女士住院期间的车份儿。公司的态度让艾女士有很多不解之处，公司能在艾女士受伤的时候，就不再与艾女士续签合同吗？艾女士住院期间的车份儿还需要艾女士缴纳吗？面对艾女士的诸多疑问，让我们来看看来自北京市盈科律师事务所的吕荣武律师怎么说。

律师支招

听完了艾女士的叙述之后，我们需要逐一针对每个问题来帮艾女士分析。首先，我们来说一下关于退休年龄的问题。咱们国家相关法律规定，女职工的退休年龄是50周岁。出租车这个行业，艾女士属于女职工的范畴，那么在艾女士已经达到退休年龄之后，公司与自己签订的是劳动合同还是劳务合同，因为艾女士没有提

供纸质的合同,我们没法进一步去核实,只能对两种情况进行推测。如果双方签订的是劳务合同,由于出租车行业的特殊性,肯定会签订一个承包运营合同,在这份合同中对于出现交通事故之后,艾女士与公司之间的法律关系,会有一个具体的约定。如果艾女士与公司之间是劳动关系,那么艾女士因为发生交通事故,而且是在工作过程中发生的,那么有可能会产生一系列的问题,比如说在这起事故中是否对艾女士构成工伤,艾女士该享受什么样的工伤待遇等。如果艾女士签订的是劳务合同,就不存在认定工伤以及工伤待遇的问题。

对于艾女士提出的,与公司签订的到底是什么合同自己也不是很清楚的问题,可以向劳动仲裁部门提起争议仲裁。在搞清楚自己的合同性质后,其中关于双方之间权利义务的约定也就更加清晰。

艾女士在住院期间,车已经交回公司,不管艾女士与公司之间签订的是劳动合同还是劳务合同,公司还继续扣份儿钱的行为,主要要看他们之间的承包运营合同是如何约定的。作为这起事故的肇事方,按照《侵权责任法》的规定,他肯定是需要履行赔偿义务的。如果肇事方不赔偿或者消极对待,艾女士完全可以通过法院起诉的方式,把肇事方及车辆的保险公司和交强险的保险公司一起起诉到法院,要求赔偿医疗费、住院费、误工费和这期间产生的一些必要费用,也就是我们刚刚提到的出租公司要收取的相应的份钱。这些费用其实都是应该由肇事方来承担的。所以建议艾女士,先跟对方的保险公司联系,因为保险公司在面对这样的情况,也有自己的处理流程,保险公司可能会给艾女士核算一个赔偿的金额,如果这个时候艾女士能接受并且没有异议,那么跟肇事方的问题就可能很快能够解决,如果艾女士对保险公司核算的赔偿有异议,可能还需要跟肇事方和保险公司通过诉讼的方式来争取自己的权益。

嘉宾观点

听完了艾女士的叙述,赵可老师建议,先到仲裁部门提起一个劳动仲裁,搞清楚现在公司跟艾女士之间到底签订的是什么合同,先把事实理清楚,然后再根据相关的合同条款看艾女士到底有什么样的权利和义务。也就是说,在没有搞清楚公司与艾女士签订的是什么合同的情况下,不管公司作出什么样的决定和建议,是解除合同也好,要求您辞职也罢,或者要求您变更合同关系,艾女士都不要进行,就维持现在的一个状态,尽快申请劳动仲裁。因为劳动仲裁和艾女士要求肇事方赔偿是不冲突的,这些都是艾女士的合法权益,可以同时进行。

（北京市盈科律师事务所　吕荣武）

第二部分

律师问答

为避税借名买房，离婚时遇到困惑，律师帮帮忙

李女士和先生结婚之后，赶上拆迁买房子，从一开始买了一套，后来把那套卖了，买了第二套、第三套房子。为了第二套能够避一下税，当时就写了李女士婆婆的名字，钱是李女士夫妇出的，随后又买了第三套房子。

如今李女士夫妇正在闹离婚，李女士遇到很多的困惑，今天晚上 BTV 科教频道《律师帮帮忙》邀请到北京市盈科律师事务所的崔爽律师来回答关于"借名买房的那些困扰"。

律师支招

李 女 士　夫妻俩婚后出钱买的房，写了婆婆的名字，这个属于夫妻共同财产吗？

崔爽律师　夫妻双方出的钱，但是登记在了第三方名下，这里边可能有几种情况：一是赠与，二是借款，三是借名买房。由于当时是您和您先生的账户出的钱，当时没有签订借名买房的协议，可以通过离婚协议或者沟通来确定这套房子的性质是借名买房。按照《北京市高级人民法院关于审理房屋买卖合同纠纷案件若干疑难问题的会议纪要》精神第 10 条的规定：借名买房的认定要按照以下原则处理，借名人以出名人也就是实际的登记人为被告提起诉讼，要求确认房屋归其所有的，法院应当向其示明告知其可以提起合同之诉要求出名人为其办理房屋过户的登记手续。

李 女 士　我和我先生有一个 17 岁的女儿，我们离婚了能不能要求继续管孩子？

崔爽律师 18岁之前如果他不支付抚养费,法院是可以强制执行支付的,所以关于孩子的相关问题,尽量在离婚之前讨论清楚。

李 女 士 如果我们协商之后,可以将我女儿的名字加在房产证上吗?毕竟我不是北京户口。

崔爽律师 您女儿年满18周岁之后,可以在房子上加上女儿的名字,这是一个房产加名的程序。您问的下一个问题就是您不是北京户口的事情,如果您是在婚内完成过户的话,是没有购房指标限制障碍的。从目前您的情况来看,过户给自己是成本最低的,而且是最高效的一种方式,如果给子女的话,又牵扯到赠与的问题,况且她现在没有满18周岁,所以最好的途径是您和您先生先交完30万元贷款余额,然后把房子过户到您名下。

(北京市盈科律师事务所 崔 爽)

老人再婚能否如愿获得婚前承诺的房产

2007年通过朋友介绍,两位年近花甲的老人走到一起,因为男方年龄大,女方显示出自己的犹豫,但是男方很有诚意地表示自己很喜欢女方,并且口头承诺如果女方能陪伴到老将把北京的房产给女方,存款也都归女方所有。

婚后男方产生性情变化,经常提一些让郭女士完全不能接受的要求,这让郭女士对自己的再婚家庭完全丧失了安全感。

律师支招

郭　女　士　房子是婚前丈夫买的，当初他承诺的如果我能陪伴他到老会把房子给我，这点可以实现吗？

胡英杰律师　房屋的性质属于先生的婚前个人财产，他享有完整的所有权。关于先生百年之后，法律规定有遗嘱遵循遗嘱，前提是遗嘱必须是合法有效的，那么没有遗嘱则按照法定顺序来继承。

郭　女　士　万一丈夫立了遗嘱，没有我的份额了，我能怎么办？

胡英杰律师　法律规定，遗嘱是以最后一份遗嘱为准，如果进行公证的话，公证遗嘱的效力要大于其他遗嘱的效力。

郭　女　士　公证遗嘱如何订立？

胡英杰律师　公证遗嘱需要携带个人身份证原件、财产的相关手续原件，如果立遗嘱人年龄比较大，则需要到医院开具相关的健康证明，证明他是在清醒的意识下立的遗嘱，才是有效遗嘱。

郭　女　士　如果我依旧如常地陪伴他、照顾他，能不能保证他不能随意撤销遗嘱？

胡英杰律师　《继承法》规定，公民是可以处理自己生前的财产的，他有完全的处分权，其他人是不能干涉的。

郭　女　士　对方能不能考虑一下我的感受，比如能不能签订赠与协议，保障我的生活？

胡英杰律师　这个是可以的，在先生在世的时候，双方可以签订赠与协议，可以把房产的全部份额或者部分份额来赠与给您，在房本上可以添上您的名字，具体的份额可以双方协商来解决。

（北京市盈科律师事务所　胡英杰）

几十年工龄无法退休，看律师如何支招补缴社保

赵先生，1976 年就到了北京，一直自主择业，如今算起来也有几十年的工龄，应该是从《劳动合同法》出台之后，单位就一直没给上保险。赵先生也曾以法律手段维权，单位也给赵先生上了保险，可是刚刚上保险 3 年零 3 个月又该退休了。

赵先生应该是 2013 年退休，2012 年又找到单位，哪怕自己补办都愿意，当时政策说得很清楚是可以补办的，结果原单位又将赵先生的事情交给了第三方公司来处理。赵先生从 2012 年 10 月开始，就把自己的档案和医保手续还有证明材料都交给了第三方公司，可结果确实到现在都没能办成。

如今的赵先生虽然已经到了退休的年龄，但是依然不能享受医疗和养老，更别提退休金。这给赵先生的生活带来了很多的困扰。

今天赵先生来到我们的节目，希望能够得到北京市盈科律师事务所崔爽律师的帮助，主要是希望自己能把养老和社保、医保这些东西给补上，能让赵先生在老年享受到自己应该享受的养老待遇，如果第三方公司不能帮自己完成，那么是不是可以得到赔偿。

律师支招

赵先生　我在这个单位已经工作了几十年，现在单位这边给我的说法就是该交的钱反正已经委托第三方已经交完了，剩下的工作就该由他们来做了，当时的手续，包括交费凭证都有保留，之前每次问第三方公司都说可以办，到最后说不能办是在 2018 年 8 月，到 7 月底才告诉我说办不了，我还能找原单位吗？

崔爽律师　作为您的聘用单位来讲，无论是您在职期间的相关劳动保障，还是您退休以后相关退休手续的办理以及养老金的领取，原单位都是有义务配合您来完成的，或者说主要由原单位来完成的。

赵先生　如今我这个情况，我可以找劳动仲裁部门或者法院起诉的方式来解决吗？

崔爽律师　关于社保补交的问题，现在仲裁以及法院都是不受理的，所以您只能再想其他的方式解决。

赵先生　崔律师，我已经等了这么久了，都没有享受到退休的待遇，我个人以及原单位都是愿意配合补缴和手续的办理，您看我该如何做才能享受到医保以及退休的待遇呢？

崔爽律师　很理解您的心情，目前对于您来说唯一有效的途径只能是投诉到当地的劳动监察大队，当地的劳动监察大队对于其辖区内的企业是否给员工正常缴纳社保或者按照正常的基数缴纳社保，是有监察义务的。那么您的用人单位没有在他应该履行的范围内履行给您缴纳社保的义务，那么补缴就是他应该去完成的工作。目前来看，对于您来说这也是唯一的解决办法。

（北京市盈科律师事务所　崔　爽）

哥哥私签拆迁协议，难道我没有继承权

王先生今年60岁，还有一位哥哥，兄弟二人的父母留下两套房产，在父母过世后,王先生将其中一套房产给了哥哥,并做了公证,另一套房产因为当时开发商给的拆迁款过低,就一直没有拆。

可是在今年10月,王先生发现这处房子已经被拆了,原来是哥哥私自签下了拆迁协议,拆迁后补给了哥哥两套住房,那么在这样的情况下王先生有没有权利分得这其中的一套房子呢?

律师支招

王 先 生 父母生前没有留下遗嘱,已经给了哥哥一套房产,我们兄弟曾经签订了一个协议,关于该房的拆迁补偿有关的一切事宜都必须由双方共同协商达成一致后才能处理,任何第三人无权决定或处理与该房屋拆迁有关的任何事项。这个协议具备法律效力吗?

胡聿州律师 从这份协议看,王先生和他的哥哥约定关于这套房屋的拆迁事宜,由他们二人来共同决定,这是符合我们相关法律规定的。在拆迁过程中,哥哥自己未经王先生的同意,就签订了拆迁补偿协议,这种行为实际上是违反了他们兄弟二人的协议。

王 先 生 目前父母的两套房产,全部已经拆迁,而拆迁后的房产现在全部在哥哥名下,难道我没有权利继承父母的房产吗?

胡聿州律师 王先生考虑到哥哥的家庭情况和困难,主动将一套房产让给了哥哥,但是这并不表示王先生将第二套没有分割的财产也放弃了他的继承权。现在由于拆迁第二套没有分割的房产,从一套变成了两套,这仍然是王先生父母为其兄弟二人留下的遗产,也就是说王先生仍然是有继承权。

王 先 生 我如何才能讨回应该我所得的财产?如果我想要回属于我的房子,我应该怎么做?

胡聿州律师 建议王先生首先同自己的哥哥继续协商,通过沟通的方式要回属于自己的那一部分房产。如果协商不成的话,再去法院提起诉讼,向法院主张自己的继承权,同时请求法院对哥哥因为拆迁

所得的两套房产进行分家析产。

（北京市盈科律师事务所　胡聿州）

十年无法办理房本，难道一直住在消防中控室

2008年7月，杨女士在昌平区购买了一套二手房。由于当时房子还没有办下房产证，当时杨女士只拿到了房主和开发商签订的《购房合同》以及自己与房主签订的《房屋买卖协议》，当时杨女士拿着这份协议去了房子的开发商金兰房地产开发有限公司办理了相关的手续，当时开发商承诺在2010年年底之前办完房本。

在买房的时候，房子写的是杨女士丈夫的名字，可是2009年杨女士的丈夫就去世了，现在杨女士觉得这套房子给杨女士和她的儿子带来很大的麻烦。在这10年的生活当中，当时开发商及房主承诺的移出房间的高压箱，由于整栋楼的消防预警也一直未能移出，高压箱的位置占用了杨女士家卫生间的位置，给杨女士的生活带来很多的不便。这套房子不管是高压箱，还是水电的购买，都一直困扰杨女士的家人。如今又听说开发商由于欠银行的钱，已经是失信被执行人，另外杨女士还获知自己买的房子原来是消防中控室，所以房间内的高压箱不能移走，这对于本就焦虑的杨女士来说简直就是雪上加霜。

杨女士的房子可以办理房产证吗？如果不能办理房产证，杨女士可以要求把房子退掉吗？这么多年来，房屋上涨的损失又该找谁追要呢？

律师支招

杨女士 我带来了当时买房时候的协议和合同,还有当时交定金的收条,这些可以证明当时是我买的房子吗?我所签订的《二手房买卖协议》有效吗?

胡英杰律师 根据您的合同来看,在您的买卖合同中没有具体体现门牌号,需要提供当时房地产公司与原房主签订的买卖合同,以及当时开发商收您定金时候所标注的具体的所购房屋的坐落位置,组成一个证据链,证明确实是杨女士您买了这套房屋。

杨女士 我买完这套房子,当时说是可以把房间内的变电箱移出去的,后来我跟村书记去商量,村书记说不能移,说我买的房子是商住两用的房子,这个房间是消防中控室,是不允许出售的,出售是违法的行为,我买的这套房,是不是存在违法?如果违法我该怎么办?

胡英杰律师 如果您的房子是整个小区的配套公建,它也不是完全地不能出售或者不能买卖,但是一定会卖给具有相关资质的人。如果这套房子是作为整栋楼的消防来使用,它也是可以出售,也可以有房本。首先要看这套房屋在当初规划的时候是如何规划的,如果它规划的时候已经规划了功能性,并且可以作为住宅来使用,那么这个行为是没有问题的。这个大厦是商住两用房,那么它在报审批的时候是住建委核准和批准这个房屋结构的,一定是有图纸进行备案的。您可以通过公民申请信息公开,拿着您个人的身份证,到当地的住建委申请要求调取大厦的所有的结构图和位置图来看清楚自己家当初的规划是什么,是可以给您复印的,这就是您的证据。

杨女士 当时房主在介绍这个房子的时候表示是完全没有问题的,是可以正常居住的,当时说那个变电箱是临时放在屋里边,开发商同意把这个变电箱移出,针对这个变电箱当时还书面签写了一份补充协议,这是不是开发商包括当时卖房的女士都有违约的情况呢?

胡英杰律师　如果当时您在买房的时候确实不知情,以为自己买的是一个商品房,这个时候开发商可能就涉及欺诈的行为。您与他们签订的房屋买卖合同,其实是可以撤销的,撤销之后如果开发商有违约行为或者购房人有实际损失的话,这部分损失也是可以主张回来的。如果当时是在知情的情况下购买的房屋,那么明知这是消防中控室不能作为住宅使用,显然双方都知道这是一个不能作为住宅使用的房屋,那么这个合同就是一个无效的合同。合同无效之后,需要双方履行返还的义务,如果房屋有差价损失,那么也是可以主张回来的。

杨　女　士　目前,我们已经无法联系到开发商,当时卖房的房主也不接电话,我们该怎么办?如果起诉到法院,我们能要回我们的损失吗?

胡英杰律师　一旦走上诉讼程序,您到法院起诉后,至于到执行阶段,您可以提供您知道的线索,告诉执行法院。开发商是不是有新的财产可以执行,如果有的话法院会去执行他的财产,然后来弥补您的损失。

(北京市盈科律师事务所　胡英杰)

婚纱店转让涉及欺诈,15万元转让金能否拿回

面对一对对即将步入婚姻殿堂的新人们,镜头可以记录下他们幸福美好的瞬

间,定格属于他们的幸福也是一件开心甜蜜的小事业。然而一提到经营,很多事情就变得不那么美好了。

2018 年张女士接手一家婚纱店,在接手前原店主和她说店内的经营业绩每月能达到五六万元,根据自己的经验张女士认为这样的婚纱店接手之后,自己是有能力把它运营好的。

在接手之后,张女士翻到之前的销售单据,发现营业额并不像前店主所说的那样,每个月也就只有 3 万元的营业额,这让张女士觉得很气愤。

张女士找到栏目组,认为前店主的行为已经构成了欺诈,希望在律师的帮助下可以解除合同,拿回之前已经给前店主的转让费 15 万元。

张女士的诉求可以达成吗?这样做合理吗?能够得到法律的支持吗?我们来看看来自北京市盈科律师事务所的苏宝阳律师怎么说。

律师支招

张　女　士　原店主在我接手的时候承诺,目前经营情况非常好,他是因为自己家里的情况想把店转出来,目前每月平均营业额能达到五六万元。然而我接手后发现了以前的销售单据,发现销售情况并非如他所说的那么好,每个月平均下来只有 3.5 万元左右,这样的情况是根本不盈利的,那么是不是原店主存在欺诈?

苏宝阳律师　您在接手这家婚纱店的时候有没有签订书面的合同?

张　女　士　在接手的时候是签订了一份店铺转让合同和营业执照转让合同。

苏宝阳律师　您在签订合同之前都了解您所签订的这两份合同约束了甲、乙双方什么样的责任吗?这个甲方的签字是甲方本人签字吗?

张　女　士　乙方的签字都是我本人签的,转让方跟店铺转让者不是同一个人,也不是营业执照所有者签字,在合同中的签字是目前的经营者签的,合同中的手印也是之前的经营者捺的。

另外我们当时在协商的时候,我跟原经营者基本上达成协议的时候,我也跟他约定了要求把合作方还有厂商都做一个清单,作为合同一部分列进合同当中,当时原店主是同意的,可是在签合

同当天,这些内容都没有体现在合同上。

苏宝阳律师 您刚才提到的这些情况您有保留相关的证据吗?在签订合同的时候,您有交定金吗?

张女士 我和原店主的聊天记录是有备份的,对于他之前承诺的营业额可以达到五六万元,也有微信的聊天记录保留。在签订合同的时候,我交了5万元的定金。

苏宝阳律师 第一,根据我们国家法律规定,您当天交的定金是高于法律规定的定金部分,原则上是不支持的。

第二,我们的合同属于不是真正的转让人和受让方形成的合同。从合同上看合同真正权利所有人应该是刘某某,但是签字转让的是另外一个人,那么这里涉及这两个人之间是什么关系,在形成合同的时候有没有相关的授权手续,有没有委托书,如果没有那么这个行为应该是无效的,视为无效合同。

(北京市盈科律师事务所 苏宝阳)

上班突发脑出血,《律师帮帮忙》来帮忙

关于工伤认定这个问题,其实是每一个在职人员都应该关心的问题。社会中关于工伤认定的纠纷很多,职工在工作中受了伤到底算不算工伤?在工作中病倒算不算工伤?这些也是公司和职工争执的核心问题,这些问题关系着双方的切身利益。

最近吴先生的家中就发生了一件关于工伤的事情,来自北京市盈科律师事务

所的胡聿州律师来和您聊聊关于工伤的那些事。

案例回顾

为了补贴家用,小吴先生年迈的老父亲在劳务派遣公司的安排下成了一家医院的保洁员。2018年8月初,老父亲在工作期间突发脑出血,虽得到及时的医治,出院后老父亲依然半身瘫痪需要长期卧床,后续还需要进行漫长的康复治疗。

吴先生在北京华宇恒基保洁有限公司已经工作了有一年多的时间,由于公司一直没有给吴先生的父亲缴纳社保,所以也一直没有为父亲申请工伤认定。如今家人面对突如其来的变故,让本就不富裕的家庭难堪重负。

吴先生找到栏目组,希望年迈的父亲可以享受到应该享受的福利待遇,希望用工单位能够为父亲的事情承担责任。吴先生的诉求可以达成吗?能够得到法律的支持吗?我们来看看来自北京市盈科律师事务所的胡聿州律师怎么说。

律师支招

吴 先 生 关于我父亲的劳动合同,我已经要过了,现在公司的说法是:如果后期你们要是走诉讼的话,我可以给你们提供一套完善的劳动合同。

胡聿州律师 如果没有劳动合同,但是有劳动事实,比如说可以通过工资的银行流水、员工卡或者员工工牌,甚至一些同事的证明,都可以认定劳动关系。

吴 先 生 我父亲在这家公司已经工作了一年多的时间,公司一直没有给我父亲上社保,这是不是属于逃避义务?我父亲在工作中生病,我们该找谁承担责任?是派遣公司还是甲方?

胡聿州律师 用人单位是有责任为职工缴纳社保的,如果用人单位没有为职工缴纳社保,一旦发生了工伤事故的话,所有的工伤保险待遇是由用人单位来承担的。

按照劳动法的相关规定,吴先生的父亲是通过一家劳务派遣公司到现在的医院工作的,所以派遣公司是有责任的,当时工作的医院也需要承担连带责任。

吴　先　生　我父亲在工作期间突发疾病，是该由公司申请工伤认定还是我们自己申请工伤认定？我父亲的情况是否属于工伤？

胡聿州律师　关于工伤的认定，应该在事故发生的30天内由企业向相关的部门申请。如果30天内企业没有去尽到这个责任的话，劳动者个人也可以在事故发生的一年之内申请工伤认定。吴先生父亲的这种情况目前在一年之内，还在有效期，如果认定为工伤，就可以享受工伤的保险待遇。

依据《工伤保险条例》第14条规定，应当认定为工伤的法定情形有七种：

1. 在工作时间和工作场所内，因工作原因受到事故伤害的；
2. 工作时间前后在工作场所内，从事与工作有关的预备性或者收尾性工作受到事故伤害的；
3. 在工作时间和工作场所内，因履行工作职责受到暴力等意外伤害的；
4. 患职业病的；
5. 因工外出期间，由于工作原因受到伤害或者发生事故下落不明的；
6. 在上下班途中，受到非本人主要责任的交通事故或者城市轨道交通、客运轮渡、火车事故伤害的；
7. 法律、行政法规规定应当认定为工伤的其他情形。

另外还有三种特殊情况也视同为工伤：

1. 在工作时间和工作岗位突发疾病死亡或者在48小时之内经抢救无效死亡的；
2. 在抢险救灾等维护国家利益、公共利益活动中受到伤害的；
3. 职工原在军队服役，因战因公负伤致残已取得革命伤残军人证，到用人单位后旧伤复发的。

（北京市盈科律师事务所　胡聿州）

婚姻存续期内给她人买房，到底算不算夫妻共同财产

人这一生，有了亲情、友情之后，最重要的是需要一份爱情，找到一个不合适的人或者脾气暴躁的人，双方会由于一些原因而产生争吵，进而决裂，老死不相往来，最后彼此都走上了婚姻的陌路。这一生很漫长，需要有一个合适的人，所以再次走入婚姻在所难免，再婚的生活中一样会有很多的困扰，面对这样的困扰该如何解决呢？

王女士就是这样的再婚家庭，到底是什么一直困扰着自己呢？来自北京市盈科律师事务所的胡聿州律师来和您聊聊关于再婚家庭财产分割的那些事。

案例回顾

王女士现在居住的房子是现在的爱人在2005年给她买的房，而这套房子是现在的爱人和他前妻没离婚之前给王女士购买的。当时是爱人出全款，以转账的方式将房产证写在王女士一人名下买的这套房子。

丈夫和前妻是在2010年离婚的，同时王女士和爱人也是在2010年结婚的。在丈夫与前妻离婚的时候，两人没有签署过财产分配协议，如今前妻已经去世6年，丈夫和前妻有一个儿子，爱人的前妻当时是否知道关于这套房产的赠与或者对这个赠与有什么样的意见，可能都难以再表达了。

面对这样的一套房产，王女士一直担心在自己爱人百年之后会出现房产分割的纠纷，希望律师给自己一个专业的答复，到底如何做才能避免日后的纠纷？对于

王女士的诉求我们来看看来自北京市盈科律师事务所的胡聿州律师怎么说。

律师支招

王　女　士　关于我这套房子，如果我爱人百年之后，是不是还有他和前妻所生儿子的一部分？

胡聿州律师　我认为王女士您的房子是在2005年的时候购买的，在购买这套房子的时候是由您爱人全款出资并通过汇款的形式来付的购房款。在付款的时候您爱人和前妻实际上他们还没有离婚，属于夫妻关系，婚姻关系合法的存续期间，所购买的这套房产应当属于夫妻共同财产。

王　女　士　如今他前妻已经去世，并且没有留下遗嘱，如果有他和他前妻所生孩子的份额，那么应该是多少？

胡聿州律师　您丈夫和前妻所生的孩子，在他前妻去世后是可以对他母亲的财产享有继承权利。这套房产属于您爱人和前妻的夫妻共同财产，现在前妻已经去世，继承人实际上是有两个人，一个是您爱人和他前妻所生的孩子，另一个就是您的爱人。对于前妻在这套房产中所拥有的1/2房产，孩子和丈夫再各分一半，所以说现在这套房产，实际上有前妻孩子的1/4的份额，剩下的3/4的份额是由您爱人所有。

王　女　士　如果我爱人已经立有遗嘱，这套房子能完全属于我吗？我和我爱人名下还有一些存款，在我爱人百年之后，他的孩子有权利来分吗？

胡聿州律师　您爱人的那一份额是可以通过遗嘱来明确是赠与给您，也就是这套房子的3/4份额已经是赠与给您了，您实际上已经拥有这套房子的绝大部分。对于您考虑的关于您和您爱人现在的存款，首先您和您爱人已经正式登记结婚，这些存款属于您夫妻共同合法的经济收入，如果在没有遗嘱的情况下，您丈夫的孩子是有权利继承您丈夫的那一份额，也就是您爱人的孩子是可以继承属于您爱人自己的那一部分份额的。但是,如果您爱人给您留遗嘱,将所有的财产、所有的存款都归您或者您的孩子所有的话,那么您丈夫前妻的孩子是没有资格继承的。

(北京市盈科律师事务所　胡聿州)

离婚后无房居住,父亲的房子是否有我一份

房子越来越贵和离婚率居高不下,已经是社会中一个不争的事实。对于多数家庭纠纷而言,离婚时候的财产分割、老人去世后的遗产继承已经成为大众最为关注的问题。

李阿姨如今离婚后无房居住,曾经自己居住多年的父亲名下的房子是否有自己一份呢?今晚BTV科教频道《律师帮帮忙》,来自北京市盈科律师事务所的崔爽律师和资深的媒体人王军华老师,共同来帮李阿姨支招。

案例回顾

李阿姨从1987年就一直住在自己父亲名下的单位的自管房,一直到2000年自己结婚才搬离那里,但是自己的户口一直没有迁出。

2001年房屋拆迁,李阿姨的户口依然在当时要拆迁的房屋内,但是并没有享受到拆迁利益。当时拆迁的安置人是李阿姨的弟弟,如今李阿姨一直没有房子居住。

事情已经过去十几年了,李阿姨现在生活中遇到了实际困难,自己离婚了没有

房子居住，认为当时拆迁的房子是父母的遗产，所以想问一下律师，这套房子有没有李阿姨的一份？

面对李阿姨的遭遇，到底如何做才能解决李阿姨的困境呢？我们来看看来自北京市盈科律师事务所的崔爽律师和资深的媒体人王军华老师怎么说。

律师支招

李 阿 姨 我一直居住在那，当时拆迁的时候我户口在房屋内没有迁出，安置人是弟弟的名字，安置的房子是不是应该有我一份？

崔爽律师 我们先看一下当时的拆迁政策，什么人可以作为被拆迁的安置对象。首先，户口在拆迁地，承租正式房屋且长期居住的居民为拆迁安置补偿对象。这套承租房的承租人之前是您父亲，在您父亲还没去世的时候承租人就已经变成了您的弟弟，那么这样的情况就是说经过家庭成员协商您父亲把承租人已经变更为您弟弟了，这是单位的房子吗？那您弟弟是单位的职工吗？

李 阿 姨 是的，这套房子是单位的自管房，我弟弟是单位的职工，我不是单位的职工。

崔爽律师 我们说无论他是承租房还是产权房，那么被拆迁的时候肯定都有当时的拆迁政策。拆迁政策并不是说你户口在这，你就一定是被拆迁安置人，首先要看你对这个房子享有的权利，权利指的是所有权、租权或者法定的居住权。如果享有权利则有可能被作为拆迁的被安置人。从李阿姨的情况来看，在被拆迁的时候李阿姨既不是承租权人也不是所有权人，虽然户口在那但是也没有在那居住，只有一个落户的关系，也不是单位的职工，弟弟户口虽然没在但弟弟既是承租权人也是单位的职工，所以这套安置房与李阿姨没有关系。

李 阿 姨 如果这套安置房没有我的份额，我该如何解决我的困境？

崔爽律师 从法律的途径来解决您的现实困难确实有难度，我们的帮忙团成员资深的媒体人王军华老师和我建议您，看您有没有资格去申请公租房,像您这样的情况肯定是有资格而且很快能申请到公租房,这样可以解决您现在的困境。至于您和您弟弟之间,我们特别希望您能从亲情角度再跟兄弟姐妹们沟通一下。

(北京市盈科律师事务所　崔　爽)

横跨半个世纪的遗产继承,何时才能落实

在中国继承父母的财产是一个非常传统的过程,不管是权贵还是老百姓,都希望把自己家族的钱财、房产,包括物品能够传承下去。我们所说的继承基本上是指孩子继承父母的房子、财产以及一些产物。随着经济条件的逐渐宽裕,现在社会上出现了越来越多的财产继承纠纷,来到节目的陈先生和王女士就在自家的遗产继承中陷入了困境,到底是什么情况让长达半个世纪的遗产至今都没能分割?

今晚 BTV 科教频道《律师帮帮忙》,来自北京市盈科律师事务所的胡英杰律师和人民调解员闫煜华老师,将对陈先生和王女士家庭中的遗产继承纠纷支招。

案例回顾

在北京有一个 4 间房的院子,王女士是这套院子原主人的外孙女。这套房子最早是王女士姥姥的姨妈送给姥姥的,姥姥在 1970 年去世后房子就落到了姥爷的名下。姥姥、姥爷共育有 7 个子女,1944 年的时候,大舅下落不明,一直都没能找到。所以从解放以后,在户籍登记的时候,姥姥、姥爷名下实际上登记为 6 个孩子。

如今姥爷留下的这套房产，由3个儿子居住。在2012年的时候，居住在这套房屋内的四舅、五舅和六舅，为了房子能够过户在他们的名下，起诉了其他继承人。在诉讼的过程中3位舅舅拿出了一份自称是姥爷的自书遗嘱，遗嘱中表示将房子留给3个在翻盖时出资的孩子。

而作为三舅的陈先生，在翻盖房子的过程中一直是出力的一方，房子翻盖的全程陈先生都不分白天、黑夜地一直盯在施工现场，作为出力的一方也应该享有继承的权利。然而不知什么原因，居住在房屋内的3位舅舅又突然撤诉了，这让陈先生和王女士都心存质疑，到底这套房子有没有其他儿女的份额呢？如果有，到底应该怎么分配呢？

面对半个世纪的遗产纠纷到底应该如何分配呢？我们来看看胡英杰律师怎么说。

律师支招

王　女　士　多年前失踪的大舅，还有继承权吗？在继承份额的分配上，需要考虑大舅吗？

胡英杰律师　解放后在登记户籍的时候，就已经没有失踪的大舅了，所以等同于人的自然死亡，是可以按照正常的继承顺序来继承，可以不考虑大舅的份额。

王　女　士　舅舅们出示的，所谓姥爷的遗嘱有法律效力吗？

胡英杰律师　看到这份所谓的遗嘱，首先这份遗嘱不一定是您姥爷本人亲自书写的，另外在遗嘱中也没有您姥爷本人的亲笔签名，也就是说这份文件在法律效力上它是无效的，即使是作为遗嘱也是无效的。再有，这份遗嘱其实看起来也不像是遗嘱，像是一个分家析产的协议，如果是分家析产的协议也需要有房屋产权人的签字，而在这份协议中同样没有您姥爷的亲笔签字，其实也是没有法律效力的。如果是代书遗嘱的话，也就是其他人替姥爷写的也需要姥爷的亲笔签名或者捺手印，同时需要代书人和两个以上的见证人签字，才是具备法律效力的代书遗嘱。

王 女 士 如果遗嘱不具备法律效力，是不是这套房产可以按法律规定的顺位继承？王女士的母亲已经去世，自己可以代位继承吗？

胡英杰律师 从目前的情况来看，这套房产的遗产继承应该是按照顺位进行继承。王女士作为原房主的外孙女是可以代位继承的。希望他们能尽快解决好这套房产的继承分割问题。

（北京市盈科律师事务所　胡英杰）

工作中发生车祸，如何找单位赔偿

在工作中受伤，理应被认定为工伤。来到我们节目的当事人王先生在工作中突发意外，在要求公司赔偿和申请工伤认定时，公司却以“未签劳动合同”为由拒绝配合。

来自北京市盈科律师事务所的崔爽律师和人民调解员闫煜华老师，将为王先生和他的家人提供帮助。

案例回顾 »

今年8月，王先生在为公司开车送工人上下班。车辆行驶在山道上，送完工人之后在王先生自己倒车的过程中车辆翻到了山沟里，造成了车损人伤的事故。

车祸发生以后王先生紧急被送往当地医院做了CT检查，检查结果显示有肋骨骨裂的情况，医院建议回家静养。在家静养期间王先生产生了嗜睡，记忆力减退，还有就是健忘甚至还出现了短暂性失忆。9月8日在王先生起床以后，发现下

肢不能动弹，话也不会说了，被家人送到北京中日友好医院，检查结果显示，肋骨骨裂，同时还检查出多发性脑梗。

如今，王先生依然住在医院，已经无法说话。王先生一家面对高昂的住院费用，已经无力支付，而由于王先生供职的公司，并没有跟王先生签订劳动合同，所以一家人现在不知如何找这家公司要求赔偿……

由于王先生伤势原因，不能来到我们的现场，来到现场代为陈述的是王先生的女婿刘先生。面对王先生一家的困惑，我们来看看崔爽律师怎么说。

律师支招

王先生　到这家公司上班已经有一年半的时间了，一直没有签订劳动合同，受伤之后与公司有关系吗？

崔爽律师　单位没有和您签订劳动合同，这是不合法的。我国《劳动合同法》要求，用人单位必须在用工之日起一个月内与劳动者签订劳动合同，如自用工之日起超过一个月不满一年未与劳动者订立书面劳动合同的，应当向劳动者每月支付2倍的工资。此外，用人单位存在未给予职工社会保险问题，依照《社会保险法》第41条规定：职工所在用人单位，未依法缴纳工伤保险费发生工伤事故的，由用人单位支付工伤保险待遇，用人单位不支付的，从工伤保险基金中先行支付。纠纷中存在劳动争议的，目前可以适用《劳动法》第79条：劳动争议发生后当事人可以向本单位劳动争议调解委员会申请调解，调解不成，当事人一方要求仲裁的可以向劳动争议仲裁委员会申请仲裁。当事人一方也可以直接向劳动争议仲裁委员会申请仲裁，对仲裁裁决不服的可以向人民法院提起诉讼。公司在发生事故后，也没有给您去作伤残鉴定，您本人有没有想过要作伤残鉴定？从出事到现在公司有支付费用吗？

王先生　想到了要去作鉴定，一直想等出院就去作鉴定。从出事到现在，公司仅仅支付了将近8万元的费用，其中包括今年上班的工资，大概是3万多元，也就是说受伤之后公司只支付了5万多元。

崔爽律师 在这次翻车的事故中，交通部门的认定是需要王先生承担什么样的责任呢？

王 先 生 当时交通队认定的是我们全责。在这样的情况下，我们下一步需要做什么？怎么做才能维护自己的权益？

崔爽律师 对于交通队的事故认定，您清楚就好，在未来不管是协商解决还是通过法律诉讼的途径解决，您自身确实也存在很大的问题，这点也是一个客观事实。

您现在需要做的就是保留好相关治疗的票据以及相关的花费证据。在后续向公司进行主张的过程中，这是您非常有力的一个依据，当然与此同时您也要积极地去申请认定工伤，只能在认定完工伤之后，确认了他是工伤，公司才会进行有关方面的赔偿。至于劳动能力的鉴定和伤残的鉴定以及这次事故的发生与现在的病情之间的因果关系鉴定，这些如果双方达不成一致，都需要在诉讼过程中一一去专业的机构进行鉴定。

（北京市盈科律师事务所　崔　爽）

维修记录出现从未修过的故障，我该找谁说理

汽车的使用和置换是现在市场上经常会发生的事情，而在车辆置换的时候莫

名其妙地出现了之前没有过的维修项目，并给车辆的交易造成了不必要的麻烦。胡先生在4S店遭遇了什么？买卖二手车又都需要注意些什么呢？

案例回顾

胡先生于2017年2月在奔驰4S店花费60多万元购入一辆E300的奔驰汽车。当时买车的时候胡先生是贷款买的车，一共算下来需要60多万元，因为还贷款经济压力大，今年5月胡先生想把车卖掉。

但是，在胡先生卖车的过程中，发现自己的车在4S店维修保养记录里有里程数异常、车辆进水检查等情况，这些自己车辆没有的问题，直接影响了车辆二次销售的情况和价格。最开始胡先生怀疑此车在购买的时候是否为新车，与实际不符的检修记录也让许多买家望而却步或者借此压价。4S店是否存在欺诈行为？胡先生的损失该如何讨回？

律师支招

胡 先 生　在卖车的过程中，几次在与买家谈妥价格后出现买主反悔的情况，中介告诉我说是因为买主花钱查了车辆的维修记录，有里程数异常和检查车进水的记录，但我从来没有进行过这些维修项目。

崔爽律师　看到您的维修记录，7月13日至23日这中间公里数一模一样是26,612公里，中间7月19日看到您还去了一趟店里，但是7月19日就变成了26,608公里了，对于这样的情况我们一般认为是4S店在维修的时候写错了。关于您并没有要求4S店检查汽车内部空间是否进水，而在维修记录上有显示，您是可以找当时维修的天竺之星给您一个说法。

胡 先 生　我找过4S店了，4S店也承认这是他们的责任，是他们4S店造成的，如果价格合适的情况下，他们可以将车给收了，当时市场价是40万元左右，在店里经过他们鉴定师鉴定，给出价钱是30万元，我没有同意，后续我该如何解决？

崔爽律师　您这部车，最早一次进店是2017年4月1日，您是2017年2月24

日购买的车辆,从维修记录中我们看到在2月24日之前查不出这台车任何维修记录,这就证明在奔驰店最起码没录入过。当然如果说确实不存在是误写这样的情况,而确实本身这个车在销售给您之前就存在相关的问题,比如说调过表或者进过水或者是事故车或者被剐蹭过。您可以维护自己相应的权利,起诉到法院。我们建议您,先行去作一个鉴定,来确定一下这辆车是否曾经进过水,如果鉴定报告都显示没有,4S店也出了证明,相信对于您后续车辆的销售的影响也就不存在了。

胡先生 **像现在4S店导致了我的车辆二次销售的困难,那这个4S店需要承担责任吗?**

崔爽律师 4S店是否要承担责任,要看4S店在整个销售和维修的过程中是否存在问题或者过错,如果说本身销售的车辆就是问题车辆,那当然要承担责任。但如果说销售的车辆没有问题,就是一个崭新的新车,而是在后续维修保养过程中,出现了工作的失误导致目前的困境,在这种情况下4S店应该做后续的弥补工作,以减少或者免除当事人的损失。如果拒绝做相关工作因此给当事人造成损失的话,肯定也是要有相应的承担赔偿义务的。

节目录制后的第四天,节目组再次联系到了胡先生,胡先生按照崔爽律师的说法再次与4S店交涉,4S店最终以40万元的价格回收了该车。

(北京市盈科律师事务所　崔　爽)

给准儿媳送的家传首饰，婚没结成东西还能要回吗

在中国的婚嫁习俗中，女方对于男方的聘礼是非常看重的，因此男方对于聘礼可以说是非常上心，不仅要有寓意，在价值方面自然也不能低了。给了聘礼就等于双方这门婚事已经定了，可是万一婚结不成了，这聘礼还能退吗？

案例回顾

来到节目的是辛女士，她儿子今年找了一个女朋友，原本两个人商量好在今年领证结婚，这让辛女士很开心。在今年9月初的时候，辛女士按照传统的风俗准备了自家传家的金饰到女方家中正式下聘礼。

可没想到的是，刚刚下完聘礼女方就不愿意了。这突然的变故让辛女士很难接受。面对女方的态度，辛女士只能劝慰儿子让他自己想好。国庆节小长假过后，辛女士在微信上和儿子的前女友联系，希望两个人做不成夫妻做朋友，好和好散。只不过当时给女方的聘礼是辛女士家祖传的金银首饰，希望女方能够理解，将这套祖传的金银首饰还给辛女士。

谁知女方在听到辛女士的要求后，直接就把辛女士的微信拉黑了，电话也不接了，发信息也不回，从此以后音信全无。这让辛女士很生气，希望《律师帮帮忙》栏目组从法律的角度给自己一个说法，辛女士送出去的聘礼还能不能要回。

律师支招

辛　女　士　我们很重视孩子的婚事，我认为只有我的儿媳妇才能拥有这套祖传的饰品，既然不同意结婚，我是不是有权利将我送的这套祖传的饰品要回来？

苏宝阳律师 首先，您跟您儿子详细沟通过是吗？确定在最近没有发生什么您不知道的事情，因为毕竟两个人还是谈了半年的恋爱。

辛 女 士 我儿子没有做什么对不起她的事，两个人就是突然间分手了，我在找女方的时候就已经不理我了。

苏宝阳律师 辛女士您这件事，从法律层面上叫作赠与行为，但是赠与行为有个条件就是女孩必须成为您未来的儿媳，这叫附条件赠与。在这我跟您多说一句，假如说结完婚之后两个人再离婚，您这个送出去的祖传金银首饰就没法要回了。在《合同法》第192条中明确规定：在赠与财产权利转移后，赠与人有权撤销赠与，如赠与合同约定男女双方互赠对方财物是为了结婚，该条款是附条件的赠与。赠与人在目的不能实现时，可请求受赠方返还其给付的财产。从法律层面来说，您肯定可以要回您赠与的祖传饰品，但是我们更建议您让您的儿子出面与女方好好沟通，这样可能更快、更有效地解决您的问题。

辛 女 士 孩子现在不愿意见女方，他希望我不要再要这套饰品了，算了。但是我心里这个结过不去，我父母传给我的东西，我不可能送到跟我没关系的人手上，我必须要回来。

苏宝阳律师 您可以跟您儿子再好好地商量一下，你们两个人推心置腹地交换一下意见。我觉得您要想达到您真正的目的，把祖传的首饰要回来，除了法律的手段，我们一定可以通过沟通和协商来解决，最终达到咱们叫作两全其美的办法。

在节目录制结束的第三天，辛女士给我们栏目组打来了电话，高兴地告诉我们在节目录制之后，自己还是听从了律师和嘉宾的建议，让儿子和对方进行了见面沟通交流，现在女孩已经把她赠送的祖传首饰和现金归还给了她。

（北京市盈科律师事务所 苏宝阳）

合同玩文字游戏，购房多年依然没有房本，如何维权

买房的时候人们会考虑很多因素，毕竟买房对于一个家庭来说不是小事。不仅仅需要考虑价格是不是自己能负担的起，地段也是生活中必要的条件，小区配套是否完善，孩子上学是不是可以解决这些都是买房的时候所必须要面对的。然而让众多业主万万没有想到的就是房子购买多年，依然没有房产证。到底是什么情况让业主们拿不到房产证呢？业主们有办法通过法律的途径维护自己的权益吗？

案例回顾

赵女士作为江南山水小区1号楼、2号楼的业主代表，来到节目中寻求律师的帮助。

1号楼、2号楼的业主是从2009年陆续和江南集团签了购房合同，在2014年陆续入住小区。入住以后大家发现在开发商与我们签订的合同中，承诺的交付房本的时间至今没有兑现，也就是1号楼、2号楼的众多业主至今都没有办理产权证。

我们集体去找过开发商，最开始的时候开发商给业主的答复是在我们1号楼、2号楼片区旁边，建了小红门乡的社区服务中心，由于这个服务中心属于违建，所以影响了我们整个地块拿房本。在今年12月4日的时候，我们再次找到江南集团，交涉众多业主拿房产证的事宜。他们答复是，目前这个地块的问题可能已经解决了，但是给业主的承诺依然是等，我们完全不知道什么时候拿房本，现在心情特别焦虑。当初很多人是为了孩子上学,才购买这的房子,但是房本一直拿不到的话直接影响到了孩子的上学,由于房产证迟迟没能办理,也给众多业主的生活带来影响。

律师支招

赵 女 士 我是2015年购买的房子,当时和开发商签订购房合同的时候一共一式4份,开放商在我们签完字之后,将合同都收回了。当时开发商承诺帮助办理房产证。

胡聿州律师 合同中表示在2017年9月30日之前,如果开发商没有取得关于这栋楼的大的房本,买受人不会以此为由提出退房或者要求出卖人承担违约责任,也就是说就算他没有给您房本,那是因为他没拿到大本,所以他没有责任。对方约定要在交付后的3年内帮您办理房本,那现在这个合同确实您也签字了,而且可以说是您真实的意思表示。如果开发商逾期没有办理大房本的话,在合同中他的违约责任是没有约定的。目前按照合同约定时间,还不能主张开发商的违约责任。

赵 女 士 因为我们也不是专业的人士,在买房的时候根本没仔细研究购房合同,现在看来开发商的条款都是对他有利的,那么我们除了等之外还有别的办法吗?

胡聿州律师 关于买房后开发商一直延迟没有及时办理房产证,最高人民法院是有相关规定的。如果当时在房屋的购买协议里面,约定了相关的事项的话,那是要按照约定的期限来办理。如果您买的是期房,应当是在房屋交付使用的90天内协助您办理完成,如果买的是现房的话,那应当是在合同签订之日的90天内办理完成。建议您现在去规土局申请信息公开,确认无法办理房本原因。如果是开发商原因导致房本无法办理,可以起诉主张合同无效。您现在需要明确地知道,开发商到底拿不到这个大证的根本原因是什么,假如是开发商在没有取得预售许可证的情况

下就将商品房签订了预售合同而且出售给了您的话，那依据我们最高人民法院的司法解释，您是可以向法院起诉开发商主张合同无效的。那合同无效的后果就是，基于合同获得的财产应当互相返还。也就是说您要把您的房子退给开发商，然后开发商把您的购房款也相应地退给您，同时因为开发商的原因导致了合同无效这种情况的发生，开发商是有一定过错的，应当承担相应的赔偿责任。

赵　女　士　如果我们选择起诉开发商，也要等到3年以后吗？我们能主张什么权利，我们需要收集什么样的证据？

胡聿州律师　起诉的理由不是基于合同3年的约定，而是基于开发商在销售房屋的时候违规销售。在起诉过程中，如果可以举证开发商预售证等证件不齐全，可以主张已付房款一倍的损失。

（北京市盈科律师事务所　胡聿州）

注意啦，离婚后这些共同财产容易被忽视

俗话说：一日夫妻百日恩，只要经过合法登记的婚姻都是受法律保护的，即使婚姻关系存续的时间并不长，但是在离婚时夫妻之间的财产也要通过协商或者按照法律规定的方式来分割。王女士来到节目中就替她已经离婚的女儿，咨询一下离婚时是否忽略了本该属于自己女儿的夫妻共同财产的分割问题。到底是什么样的夫妻共同财产被忽略了呢？

案例回顾

节目中的王女士,是来替女儿咨询一些法律问题。王女士的女儿在4月离婚,在离婚的时候她前夫公司有90台左右的电脑没做夫妻共同财产分割。还有就是她前夫有十几个知识产权的专利也没作为夫妻共同财产分割。公司的股权在2009年的时候,股东和法人都是她前夫一个人,到2014年左右的时候,她前夫卖了36%的股份,自己剩60%左右。面对女儿和她前夫离婚,王女士想找专业的律师来帮自己判断一下这些到底算不算夫妻共同财产,离婚后是不是应该有自己女儿一部分。

律师支招

王女士 我女儿前夫公司内的90多台电脑,还有他的知识产权,是不是也应该算作夫妻共同财产?

胡英杰律师 如果当时是以夫妻共同财产购买的,那么就应该是夫妻共同财产。由于电脑是公司的设备,一般都是用于公司经营使用,如果是公司出资购买电脑它的权属就属于公司,跟王女士的前夫就没有什么直接的关系,就不能算作夫妻共同财产。

王女士 那他拥有的12个知识产权的专利应该算作夫妻共同财产吗?我们2016年在工商网上查询的时候,这些知识产权都是我女儿前夫的名字。后来到2018年再查的时候,就有一部分改成权属在他公司名下,在这样一个过程当中专利权可能进行一部分变更,但是时间是在我女儿和他婚内,我女儿有权利来分割吗?

胡英杰律师 《最高人民法院关于适用〈中华人民共和国婚姻法〉若干问题的解释(二)》第6条规定,执行本单位的任务或者主要是利用本单位的物质技术条件所完成的发明创造,为职务发明创造。职务发明创造申请专利的权利属于该单位,申请被批准后该单位为专利权人。非职务发明创造,申请专利的权利属于发明人或者设计人,申请被批准后,该发明人或者设计人为专利权人,利

用本单位的物质技术条件所完成的发明创造,单位与发明人或者设计人订有合同,对申请专利的权利和专利权的归属作出约定的从其约定。

知识产权首先它是无形资产,《婚姻法》当中规定的夫妻可以分割的是知识产权的收益,王女士需要明确的是这12个专利权,目前是不是有收益。表面上我们可能看到专利权确实是这位先生署名,但其实他没有所有权也没有收益权,如果是这种情况的话,是没有办法通过夫妻共同财产去分割这部分利益的。如果专利权确实是属于这位先生所有,企业享有收益权,如果现在已经有收益的话他也可以要求分割收益,这部分收益是可以作为夫妻共同财产来分割,但是如果没有收益,目前还是暂时不能分割的。如果是婚内取得的专利权而当时没有收益,在离婚之后产生了收益的话,也可以重新提起诉讼,来分割这部分收益。

王 女 士 如果这么说,我想知道什么才算是夫妻共同财产?

胡英杰律师 《婚姻法》第17条规定:"夫妻在婚姻关系存续期间所得的下列财产,归夫妻共同所有:

(一)工资、奖金;

(二)生产、经营的收益;

(三)知识产权的收益;

(四)继承或赠与所得的财产,但本法第十八条第三项规定的除外;

(五)其他应当归共同所有的财产。

夫妻对共同所有的财产有平等的处理权。"

(北京市盈科律师事务所 胡英杰)

借名买房，房产究竟属于谁

近年来，随着房地产调控力度的不断加大，“借名买房”的现象频频发生，由此引发的纠纷也屡见不鲜。本期节目的李先生就是在借名买房的过程中，遇到了麻烦事。借名买房到底是否存在巨大的风险，迫不得已需要借名买房的时候，又该如何做好事前法律风险的防范呢？

案例回顾

2006 年李先生家中拆迁，李先生家分得一套经济适用房的购房指标，由于李先生当时自己名下已经有了一套房产，不符合购买经济适用房的要求，就和已经于 2005 年离婚的前妻协商，以前妻的名义用该指标购买一套经济适用房。此房屋由李先生的母亲全额出资，并和前妻签有一份协议，写明“房子的实际控制人是交款人也就是李先生的母亲，等李先生的儿子成年后改为儿子的名字”。现在李先生的儿子从国外归来已经到了谈婚论嫁的年龄，李先生和母亲都希望尽快把当初的这套房产过户给李先生的儿子，但让李先生万万没有想到的是前妻不配合了。

这让李先生和母亲感到非常焦虑，本以为协议签订得非常明确，是自己留给孩子的房子，结果现在却成了别人的嫁衣。李先生他们可以成功地要回自己的房屋吗？让我们看看律师怎么说。

律师支招

李 先 生 我们当初算不算借名买房，是否可以根据当时签订的协议要回我

们的房子？

崔爽律师 对于李先生来说，现在主要面对两个问题：一是借名买房；二是经济适用房是否允许借名买房。借名买房其实是指，当事人约定一方以他人的名义购买房产，同时将房产登记在他人名下，那么由实际的出资人享有权利。这种情况一般双方都会约定，在什么条件下由登记人把房子以过户转移登记的方式再转移给出资人，这就是我们通常意义上所说的借名买房。

李 先 生 **当初的协议是我和前妻签订的，而房子的房款是我母亲全额出资的，这份协议是否有效？**

崔爽律师 这份协议上面虽然没有您母亲的签字，但是您母亲是知晓这份协议并且对于里边的内容是认可的。也就是借名买房的事实是存在的，证据是充分的，发生的时间也是客观的，所以在这种情况下您是可以主张您相关的权利，在法律上还是可以得到支持的。借名买房在我们国家的相关规定中是被保护的。但借名购买经济适用房并不是必然受到保护的，因为经济适用房是一种特殊的政策房，为了满足某一些中低收入家庭，而按照特殊的标准价格去给特殊人群制定的相关房子。而且它也有相关的管理规定，根据北京市高级人民法院出台的关于审理房屋买卖合同的相关问题的解释里面就借名买房的问题是有规定的，《北京市高级人民法院关于审理房屋买卖合同纠纷案件适用法律若干问题的指导意见(试行)》第16条规定，借名人违反相关政策法规的规定，借名购买经济适用住房等政策性保障住房并登记在他人名下，借名人主张确认房屋归其所有或者依据双方之间的约定，要求登记人办理房屋所有权转移登记的，一般不予支持。如果经审查借名购买经济适用住房的，原购房合同是在2008年4月11日之前签订的，当事人又在转让该已购房屋的合同中约定在限制上市交易期限届满后，再办理房屋所有权转移登记或在一审法院辩论终结前该房屋已经具备上市交易条件的，可以参照第6条第2款的规定处理，认定合同有效。如果原购房合同是在2008年4月11日之前签订,那么合同的效力原则上是被认定为有效的,但如果在那之后借名购买经济适用房的话肯定是无效的。

李先生 前妻签订合同的时间也就是原合同的签订时间是在2006年,确实是在2008年4月11日之前,是不是我们可以主张要回我们的房子?

崔爽律师 依照目前的相关法律规定和司法解释,拿着《补偿协议》以及李先生前妻所签的借名买房协议,去主张这套房子变更登记到实际出资人名下,也就是李女士名下,至于李女士获得这套房子之后再去转移给他的儿子或者他的孙子那是李女士的自由。但是,借名买房确实是发生在李女士和她的前儿媳妇之间,所以问题的解决也应该在双方之间去解决,而不需要把孙子和儿子也拉进来。

(北京市盈科律师事务所　崔　爽)

结婚前发现未婚夫还未离婚,我该怎么办

婚姻是一个关于爱情的美好归宿。“婚姻”,那代表着两个相爱的人,结束了它们的感情长跑,步入婚礼殿堂结为夫妻,两个人执子之手,共度一生。就在这样的美好憧憬下,于女士的婚期却是一拖再拖,是新郎官婚前恐惧?还是另有隐情?

案例回顾

于女士与王先生相恋多年，他们相识在于女士刚上班的时候，王先生当着于女士14位闺蜜发小的面，展开了追求攻势。面对王先生的追求于女士的家人开始是不同意他们在一起的，原因是王先生比于女士大十多岁，再加上王先生一直称自己离异，有一个孩子。

王先生对于女士执着的追求，让于女士的父母承认了她们的关系，并准备祝福她们今后的婚姻生活能够幸福。两个相爱的人在2017年定婚，于女士家出的房，王先生出的装修费用，王先生的父母也是以于女士公公、婆婆的名义住在了新家。

两人的婚期定在了2018年9月，于女士满心欢喜地憧憬着婚期的到来时，王先生却说要延后婚期。于女士不明白这是为什么。在于女士的苦苦追问下，终于在一次次的争吵中王先生说出了自己还未离婚的事实，这个答案完全惊到了喜悦中的于女士，将她从准新娘的欢喜中打到了情绪的谷底，到底是怎么回事？如果王先生真的没有离婚，于女士可以维护自己的权益吗？

律师支招

于女士 2013年我们俩在一起，就跟夫妻一样生活，关于我们俩的夫妻关系，我有书证，有物证，还有几十个人证。

张亚敏律师 根据于女士的事实描述，王先生涉嫌重婚罪的概率还是比较大的，但是现在还不能定性，因为毕竟只是于女士个人的陈述，定性还要通过其他全面的事实来确定，比如说有王先生他自己事实的描述，还有相应的证据材料。

于女士 我们俩跟双方的家里人都已经改口了，这可以证明他重婚吗？

张亚敏律师 这一点是比较关键的，这也就是我们如何判断是以夫妻名义共同生活。重婚是指有配偶者再行结婚的行为，即已经有了一个有效的婚姻，又与他人缔结第二个婚姻。重婚一般具有两种形式，第一种是法律上的重婚，即前一段婚姻关系未解除又与他人办理婚姻登记手续而构成的重婚。只要双方办理了结婚登记手续，无论双方是否共同居住或者举行了婚礼，都已经构成重婚。第二种就是事实上的重婚。在前一段婚姻关系未解除的情况下，又与他人以夫妻名义共同生活。虽然没有办理结婚登记的手续，但是也可以构成事实上的重婚。重婚是违反我国《婚姻法》一夫一妻基本原则的一种违法犯罪行为，也是我国《婚姻法》明令禁止的，构成重婚罪的还可能依法承担刑事责任。

于　女　士　**那比如说要想认定重婚罪这个事实，大概都需要哪些要件和哪些证据材料呢？**

张亚敏律师　要件主要是有几个，首先它必须有一个前期的合法的婚姻存在，现在王先生他确实是已经存在合法婚姻，这是一点。还有一点是他明确地在有配偶的情况下，又跟于女士以夫妻名义同居多年，这是构成要件。比如说他们在亲戚朋友或者邻居这些人的面前都是以夫妻相称的，所以说可以提出有效证人，然后由证人来提供这方面的证据。还有比如说在生活中可能发一些朋友圈，或者说在微博上有一些相片的这些记录，相应地还有很多的朋友亲戚可能在看到发的这些内容之后可能做一些点赞，这些都能表示出来他们是以夫妻名义实际在生活的。

于　女　士　**我现在已经联系不到他了，下面我该做什么？**

张亚敏律师　您已经收集了相应的证据，什么书证、人证、录音、录像之类的证据都有很多，下一步有两种方式，一种是到公安机关报案，由公安机关进行侦查，然后通过检察院这边提起公诉；另一种是您可以到法院提起刑事自诉，这两种方式你都可以采取。

（北京市盈科律师事务所　张亚敏）

父母离世后三兄妹18年的和谐竟被拆迁打破了

家是最温馨的地方，给我们温暖；家是我们一辈子的依靠，默默地守护着我们；家是讲感情的地方，不需要据理力争；家是我们这辈子最大的财富，给我们幸福的力量。和谐的三兄妹在父母离世后，慎重地坐在一起将父母留下的遗产进行了分割。原本平和的生活，却因为最近要拆迁的消息打破了，18年前的协议妹妹后悔了，卢先生陷入了情感与现实的困扰。

案例回顾

卢先生的父母分别在1999年和2001年离开，兄妹三人在父母离世后签订了一份关于父母遗产的分配协议。如今，卢先生拿着18年前的分家协议却无法完成房屋过户，曾经弟弟和妹妹亲笔签字确认的财产分配方式，如今妹妹反悔了，卢先生该如何保障自己的权益。

18年前的一份家庭协议，让卢先生在北京市西城区拥有了一套80平方米的住房。当年父母名下的两套房子，母亲名下的房产给了卢先生，父亲名下的房产给了卢先生的弟弟，父母的存款，大头给了妹妹，剩下的一部分兄弟二人分。18年来，母亲曾经的承租房已经由卢先生出资变为了私产，18年后当卢先生希望将房屋过户到自己名下的时候，却因为该房屋要拆迁，妹妹听说有一笔800万元的拆迁补偿款，而不愿意配合哥哥过户，希望哥哥答应将拆迁补偿款分给自己一部分。面对妹妹的要求，难道卢先生真的要拿出一大笔钱给妹妹才能完成过户吗？让我们看看崔爽律师怎么说。

律师支招

卢先生　我想问一下律师，18年前我们签订的协议还有效吗？

崔爽律师 前提是,这三个签字人都是真实的本人亲笔签名的情况下,那这份协议在法律上是有效的。

卢 先 生 我能不能拿这份协议去办理过户?为什么还必须要求兄妹几人都到场?

崔爽律师 其实这个问题很简单,现在咱们认可说我的签字是我签的,但那两个人呢?您那两个兄弟姐妹呢?他们到底同不同意又是什么状态,作为房管局来讲他们是不清楚的。房管局不能仅凭借这个协议就帮您办理过户手续,需要确认是你弟弟和妹妹亲笔签字。所以在房屋过户时,弟弟妹妹是要到场的。

卢 先 生 那如果是这样我该怎么做?

崔爽律师 您可以以继承为由,起诉到法院,让法院确认这个协议。即使您的弟弟妹妹在开庭的时候不到场也没有关系,等同于他们在法律上放弃了自己抗辩的权利。如果在法庭上他们不承认这个签字也没关系,我们可以作笔记鉴定,如果弟弟和妹妹认为这个不是自己的亲笔签字,又不愿意作鉴定,法律可能做出对他们不利的后果。既不承认这是自己签的,也不申请作笔迹鉴定,那么就相当于默认签字。法院会对这个协议做出一个判决书,这个判决书是具有第三方公示效力的,也是具有法律强制执行力的。您到时候可以拿着判决书到房管局办理过户手续,那个时候您的弟弟妹妹是可以不用出现的,房管局也会给您办理相关的过户手续。

卢 先 生 关于这件事,我有诉讼时效吗?

崔爽律师 您的继承问题还没有超过诉讼时效,关于继承最长诉讼时效是20年以内。况且本身物权的确认,也是不受诉讼时效限制的,只要您提起诉讼很快就可以解决问题。

(北京市盈科律师事务所　崔　爽)

“隔空盗刷”银行卡，我的钱谁来赔

银行卡你一定不会陌生，是我们生活中不可或缺的支付方式，拥有银行卡给我们的生活带来了极大的方便。然而来到节目中的贾女士最近遭遇了明明卡还在自己的手上，也没有借给其他人使用，卡上的钱却莫名奇妙在海外不翼而飞，这到底是怎么回事？

案例回顾

2018年5月，贾女士的手机连续接到来自银行的刷卡提示短信，每一条短信都会出现让贾女士触目惊心的数字，而且全部都是美元，这让贾女士意识到自己的一张VISA卡，被境外盗刷了。

贾女士在之前出国的时候，使用过这张VISA卡来购物，她觉得应该就是自己在国外消费的时候被人盗取了银行卡的信息，导致这次被盗刷。

贾女士在接到刷卡信息后就紧急办理了停卡，而自己卡内的钱，已经被刷完了。目前损失还没追回来，一共损失了3万多元，面对自己的损失，贾女士不知如何是好，该找谁要回被盗刷的钱？

律师支招

贾　女　士　我想问一下律师，遇到这样的事我应该怎么做？

胡聿州律师　遇到这种情况，很可能涉嫌到盗窃的刑事犯罪，那么当事人应当及时地向公安机关报警。按照《刑事诉讼法》、《公安机关办理刑事案件程序规定》，一般是在犯罪地或者犯罪嫌疑人居住地来报警。根据贾女士的叙述,卡是在北京开户的,盗刷的时候她人在张家口,而盗刷的地点则是在海外。由此此案的报案地点涉及案件的管辖地问题,因此本案暂时无法确定犯罪嫌疑人的所在地,所以当事人需要到犯罪结果的发生地也就是银行卡被盗刷时,当事人所在的地点进行报案。

贾 女 士 **当时,我已经在张家口报警了。除了报警我还应该做什么?**

胡聿州律师 首先,当然是马上联系银行,将自己的信用卡或者银行卡挂失,通过这种方式尽量减少自己的损失。其次立刻向公安机关报警,来维护自己的合法权益。最后也相当重要的是,一定要马上抓紧去取证,争取拿到一个能够证明,在这一个时间、这一个地点,银行卡是在自己身上的证据。比如在当地刷一次卡,证明在同一天的时间内自己是不可能同时在张家口和境外进行消费。

贾 女 士 **我觉得盗刷银行卡不是我的责任,我是不是应该属于无过错?**

胡聿州律师 当事人若需要证明自己无过错就要证明:

(1)卡被盗刷时自己不在交易地;

(2)被盗刷时卡在自己手中;

(3)曾报过警。

若通过民事诉讼的途径保护自己的权益,则应当向法院提起诉讼,起诉银行,证明自己不存在恶意将卡交给其他人的可能。在这样的情况下,法院可能会将这种情形认定为一种伪卡交易,也就是用伪造的信用卡在进行交易。在认定为伪卡交易的情况下,是由银行方面来对贾女士的财产损失承担责任,贾女士可以向银行主张违约责任,请求法院判决银行赔偿自己的损失。

我们先抛开银行的民事责任,本案首先要等待警方破案抓到这个犯罪嫌疑人,如果犯罪嫌疑人有资金可以执行的话,被盗刷的钱款应该由最终的刑事责任人进行赃款的返还。

(北京市盈科律师事务所 胡聿州)

母亲的养老钱，该如何要回

如今生活和工作压力都很大，老人为了给自己的孩子缓解生活压力，往往提前处置自己的大额财产，如此提前分配之后，后果必是有喜有忧。孝顺的子孙会更贴心地照顾，不肖子孙拿了钱之后反而会更冷漠地无视老人的求助。作为子女我们应该如何面对老人提前处置的财产，又如何在法律和亲情中找到一个平衡点？

案例回顾

潘女士的父亲去世时留下一套房产，经过家人协商将房屋变卖，获得625万元的卖房款。母亲将这笔钱给潘女士和哥哥每人200万元，母亲自己留225万元养老。

母亲患有帕金森症，一直住在昌平太阳城养老院，因此身份证存单等都交由潘女士的哥哥代为保管。哥哥因为自己买房，擅自将母亲的存款又挪用了100多万元。如今母亲的账户中只有40多万元，养老院一个月的费用要1万元，母亲现在是86岁，按照现在的健康状况推断，母亲活到90岁或95岁的情况账户中所剩的钱恐怕不够在养老院养老。

潘女士及母亲想要从哥哥手中追回转走的养老钱，哥哥却声称自己将其中40万元转给了同父异母的姐姐。原来，同父异母的姐姐在知道处理了父亲遗产后，将父亲财产的其他继承人起诉至法院，之后一家人和解，协商分给姐姐65万元人民币，这钱难道也应该从母亲的份额中支取吗？如今母亲最信任的儿子对挪用的财产拒不承认，这使得本就多分给子女财产的母亲却无钱养老，如何让老人安度晚年，让我们听听律师怎么说。

律师支招

潘　女　士　我想问一下律师,遇到这样的事我应该怎么做?

胡聿州律师　现在很关键的一点是,您的母亲是否认可银行卡交给您哥哥是让您哥哥代她保管,而且她是没有授权给您哥哥让他去使用的,然后您的哥哥又私自挪用了您母亲的钱。您母亲是否认可这一点?

潘　女　士　我哥哥和我嫂子,曾经因为买房的事情跟我母亲借钱,母亲说不借了,已经给你们100万元了不再借了。之后,哥哥就私自转走了钱,而且转走的时候我母亲是不知道的。

胡聿州律师　如果您母亲确实没有授权给您哥哥去使用这笔钱的话,您哥哥私自挪用了母亲的钱,那么很有可能您的哥哥确实涉及了刑事犯罪里面的侵占罪。那么什么是侵占罪呢?《刑法》第270条规定,将代为保管的他人财物非法占为己有,数额较大,拒不退还的,处两年以下有期徒刑、拘役或者罚金,数额巨大或者有其他严重情节的,处两年以上五年以下有期徒刑并处罚金。

潘　女　士　母亲可能也考虑到犯罪的问题,所以不愿意因为这几十万元钱就将儿子送进监狱,可是未来母亲的养老钱该如何解决呢?

胡聿州律师　建议您继续与哥哥协商解决,劝哥哥将这钱归还给母亲。告诉哥哥这其中的利害得失,如果协调没有结果的话,那么您其实还是可以通过民事诉讼的途径去解决。您可以继续以母亲为原告,去法院起诉哥哥,主张哥哥不当得利,要求哥哥返还母亲的财产。

(北京市盈科律师事务所　胡聿州)

房产面前亲情值多少钱

兄弟反目？姐妹怨恨？别以为这些事情只会出现在电视剧中，在现实生活中为了一套房子，亲人之间对簿公堂的已经不是新鲜事。为何以家庭和睦为传统道德和社会道德典范的现代社会中，竟会出现为了区区一套房屋所有权而置亲情于不顾的情形呢？有人说，都是房子升值惹的祸；也有人说人情薄如纸，感觉在房子面前，有时候亲情显得这样无奈。

案例回顾

张女士自知青回来就一直和父母居住，在丰台区父母名下的公租房里一住就是二十余年，父亲于1998年去世，母亲于2006年去世，父母相继去世后房子一直由张女士居住。

张女士与父母的户籍都在丰台区的这套公租房内，父母曾在众多亲友面前口头公布，在自己百年之后房子留给张女士。2018年这套公租房即将拆迁，拆迁办答应分配给张女士一套68平方米的新房，就在张女士按照拆迁办的通知去选房的日子，张女士的兄弟姐妹对张女士独自分得房子产生意见，选择起诉张女士。于是拆迁办停止张女士选房资格，并与张女士姐弟承诺在房产有纠纷期间，不再让张女士选房，等张女士姐弟矛盾处理完后，张女士再进行选房。

如今，张女士原住宅已经拆迁，新的房子也无法选址，7个月来一直在外租房子住，而自己本就不多的退休金已经无力支撑房租，张女士希望能够尽快解决自己的纠纷。

张女士能分得全部房子和补偿款吗？面对兄弟姐妹的起诉和拆迁办停止分配新房子，张女士该怎么办，让我们听听律师怎么说。

律师支招

张女士　当初这套公租房，房子又低、又矮、又破，他们都住着楼房，谁都不要就是给我的，如今拆迁了他们又反悔了。

曹晓静律师　公租房的承租人是张女士的父亲，在父亲去世之后，您是符合申请将公租房变更到自己名下的，就是变更承租人。因为您是原承租人的子女，户籍在这里，并且居住了两年以上且在本市没有其他住房。从变更承租人这一点上，您比其他兄弟姐妹更有资格来变更承租权，但是并不是说您父亲去世之后，这个公房的所有的拆迁利益都是您的，这两个是不能画等号的。

张女士　这套房子当初他们都不要，父母也口头说过是给我的，现在他们和我争要把拆迁房卖了平分，这合理吗？

曹晓静律师　在您父母去世前并未立下有效遗嘱，那么应当按照法定继承处理。按照《继承法》第13条的规定，同一顺序继承人继承遗产的份额一般应当均分，对生活有特殊困难、缺乏劳动能力的继承人分配遗产时，应当予以照顾。对被继承人尽了主要扶养义务或者与被继承人共同生活的继承人，分配遗产时可以多分，有扶养能力和有扶养条件的继承人不尽扶养义务的，分配遗产时应当不分或者少分，继承人协商同意的也可以不均等分。

张女士　那我还能够得到这套房子吗？我现在生活很困难，确实需要这套房子。

曹晓静律师　我建议您去找一下丰台区房屋经营管理中心，因为在2018年5月16日他们给您发过一份告知书，这个告知书的内容就是依照北京市公有住房租赁合同第11条的约定，您这个房子要拆迁，要腾退。但是中心作为公房的所有权人，同时也是这个棚户区改造的实施主体，就是要求您在限定期限内搬离这个房屋，届时中心会提供房源，以公房租赁的方式继续与您签订北京市公有住房的租赁合同。也就是说，您要明确一点，新给你安置的房

子，是个产权房还是公有住房，如果是公有住房的话，那么兄弟姐妹中只有您符合公有住房的承租条件，您是优先享有这个承租权的。如果是公有租赁住房的话，你不仅可以依据政策享受到您的房子，另外这10年悬而未决的公租房变更承租人的名字，其实也自然而然地得到了解决。

（北京市盈科律师事务所　曹晓静）

500万元的拆迁款我该怎么分

现在的社会人们似乎变得越来越现实，“钱不是万能的，但没有钱就是万万不能的”。这简单的道理已经深入人心。不自觉地感到一丝伤感，从小一起长大的手足之情，在拆迁这样的大事面前好像仅剩一层金钱关系。父母去世，一套公租房面对拆迁，哥哥、姐姐就是不配合签字，这一拖就拖了3年时间。

案例回顾

赵女士的爱人家中，有5个兄弟姐妹，赵女士的爱人排行老四。公公名下有一套公租房，10年前公公去世，承租人一直没有变更依然是公公的名字，房子一直由赵女士一家居住，房费也一直由赵女士一家来缴纳。

如今该承租房面临拆迁，签订拆迁补偿协议的时候，需要先变更承租人才能得到拆迁安置。在过户的过程中，要求老人所有的子女都要签字，同意将房产过户到赵女士爱人名下或是全家已经协商好分配方案才能进行过户。

公公的这套公租房实际的居住人员就是赵女士、赵女士的儿子还有赵女士的爱人,赵女士爱人和儿子的户口都在该承租房内。除此之外,赵女士爱人的哥哥和姐姐的户口也在该承租房内。

从2015年房屋拆迁至今,因为家庭内部的分割纠纷,这套房子已经拖了3年还没被拆迁安置。赵女士求助《律师帮帮忙》栏目组,希望帮忙尽快拿出合法、合理的解决方案,让哥哥和姐姐配合签字,解决房子过户完成拆迁安置等一系列问题。

律师支招

赵女士 由于我们一直居住在这,我和我爱人想着拆迁款是500万元,回迁房依然需要另行出资购买,这笔拆迁款我们拿大头,剩下的给几个兄妹来分。可现在他们不同意,户口在这儿的哥哥和姐姐,他们想要160万元到170万元,这样的话我们该怎么办?

崔爽律师 因为您的拆迁已经拖了3年的时间,建议您现在清晰地去了解一下如果目前拆迁的话,到底政策是什么以及依据是什么。也就是说不管是拿几百万元的拆迁款,这个拆迁款与户口有没有关系,如果跟户口在这有关系,那么有多大的关系,人家户口在这应该拿到什么就很明晰了。但是如果拆迁无论是房还是钱都跟你的户口在不在这没有任何关系,那么在协商拆迁款分配的时候,就不用提户口的事情了。

赵女士 这套房子的房租一直是我们交着,在公公去世以后,这套房子是可以作为遗产被继承的吗?

崔爽律师 不管房子是房管局的公租房还是单位的公租房,无论是哪一种情况,只要是承租的权利,那么它就不属于遗产的范围。对于承租人来讲享有的只是一个租赁权,也就是占有、使用的权利,但并不享有物的所有权,在这样的情况下是没有办法进行继承的,所以公公去世之后,这个房子并没有按照遗产的方式进行分配。现在对于5个子女来说,要去继承的不是这套公租房,而是公租房现在处于

即将要被拆迁的状态，子女们要对拆迁的利益进行继承和分配。

赵女士 房子的租金一直是由我们来缴纳的，在公公去世后，是不是我们可以顺理成章地成为承租人？

崔爽律师 租金交纳的主体显示的依然还是您公公的名字，并没有以自己的名义去交。那是因为以自己的名义去交的情况下，可能出租单位不会接收，因为他并不是承租人。在承租人没有完成变更的情况下，虽然原承租人已经去世，但是依然登记在他名下，不必然直接导致谁居住谁是承租人。一般来讲原承租人去世之后需要变更承租人，需要除原承租人以外实际在承租房屋中居住的人或者是和他的这些兄弟姐妹，所谓的有继承权的继承人之间能够达成一致，然后共同到房管局去完成变更或者到原出租单位完成变更。如果不能达成一致的话，可能这个事情就会被搁置。

律师锦囊将在节目之后交给当事人赵女士。希望能帮赵女士更好地处理家庭纠纷。

嘉宾观点

赵可老师看到当事人赵女士提供的拆迁时收到的《西城区给居民的一封信》，在信的内容中对于补偿的对象有明确的约定，拆迁范围内的直管公房的承租人，在没有变更公房承租人的情况下，确实赵女士需要考虑其他兄妹的利益。还有一点需要注意，这套房子是2015年就已经准备进行拆迁补偿了，在这样的情况下建议你们最好尽快与家人达成一致的意见，将能够拿到的补偿先拿到，接下来可以再进行细致分配，以免影响拆迁进度，给自己的家庭造成不必要的麻烦。

（北京市盈科律师事务所　崔　爽）

买房遇到虚假宣传，律师支招合法退房

买房是人生中的大事，很多房子在预售阶段的时候，购房者只能从宣传图册或销售的介绍中大致了解周边的规划和未来的交通情况，可是等房子建好以后会发现实际和当初描述的相差很大。今天走进演播室的王先生就遭遇了这样的情况，他希望能够得到《律师帮帮忙》栏目组的帮助，尽快解决自己的困扰。

案例回顾

2015 年 5 月，王先生在涞水"华银城人才家园"买了一套 93 平方米的毛坯房。当时付了首付 47 万元，付完首付款一个月之后，王先生 5 月底就把贷款材料准备齐全交到了房地产开发公司。开发商一直拖着没有给王先生办理贷款等相关手续，具体原因不是很清楚。

王先生是看到当时的宣传材料之中开发商明确说明，高铁有涞水西站，还会有京石城际且 917 线路的公交车，可以实现一小时直达北京西三环。王先生认为此房产交通方便，可以解决上下班来回通勤的问题，才决定购买房产。

如今开发商宣传材料中的便捷交通都没有了，至于 917 线路的公交车，也并非开发商所说的 1 小时到达西三环，实际要 3 小时才能到达西三环。在了解到实情以后，王先生决定退房。

就在王先生决定退房之后，开发商给王先生发来了一份办理贷款的催缴函，如果王先生不能按时办理贷款手续将按合同条款，扣掉王先生总房款的 20% 才能同意退房、退款。

王先生认为，开发商的退房及退款要求非常不合理，希望律师帮忙、支招，能够合理地达成自己的退房意愿。

律师支招

王先生　开发商之前宣传的便捷交通现在都没有,是否属于虚假宣传?如果我从退房的角度来说,怎样可以尽量减少我的损失?

崔爽律师　我们假定这套房子是符合正常上市销售条件的,也就是说预售许可证是存在的,首先我们需要明确,这是我们假定的一个前提。那么现在王先生想要解除合同,按照法律规定就两种途径:约定解除或者法定解除。我们刚才看合同,合同中双方约定解除的条件没有达到,那可能王先生希望依据相关的法律规定解除合同。而王先生的理由就是存在虚假宣传,那么当时购买这套房子最主要的理由就是那有一个高铁,高铁站可以直接通勤上下班,同时还有一个1小时就可以到北京三环的通勤车,这是王先生认为买这套房子非常重要的两点。那我们就要看这两个前提开发商是否作出过相关的承诺以及现在实现不了的原因。如果开发商本身存在欺骗和虚假宣传,也就是政策早已公示规划发生变化,但是开发商依然宣传说这就是有高铁站,还是在开发商宣传高铁站的时候相关的政策规划也是这样规划的,只不过是在他宣传完了之后国家的规划或者政府的规划发生了改变,导致两个站合并,高铁站不可能就在这个小区附近。那么两种情况的不同势必导致王先生的主张会得到不同的后果。如果是第一种情况的话,王先生也能举证证明我买房子最主要的一个因素就是高铁站,如果能够举证到这种程度要求解除合同,在法律上还是站得住脚的。但如果是第二种情况,那确实开发商本意上是不存在虚假宣传的,后续国家政策和规划的变化并不是开发商或者当事人能够左右的。规划发生了变化,后续由业主和开发商进行协商解决。

王先生　开发商针对我退房的要求,让我支付27万元的违约金也就是总房款的20%,这合理吗?

崔爽律师　关于后续20%的违约金的问题,如果我们解除的条件在法律上是支持和成立的,那自然不用付违约金。支付的前提一定是解除合同是得不到法律支持的,但是我们要求解除合同,开发商也同意解除,在这种情况下我们是要支付相应的违约金的。咱们假定是这样的情况,开发商要去举证证明王先生的行为给他造成的实际损失到底是什么,然后用于去衡量和20%的高与低,最终确定违约金的多少。

嘉宾观点

赵可老师在听完王先生的叙述后,也想提示广大观众朋友及持续关注我们的众多粉丝朋友。在购买如房屋、车辆这种大型的商品,也就是有关自己财产处置的时候,真的需要三思而后行,需要我们考虑清楚再谨慎购买。因为很有可能会出现,当时对于您来说非常具备诱惑力的点也许在今后一段时间里随着国家政策就会有变化,那在这样的情况发生后,就很有可能会影响到您的生活和决策。而一旦我们签订了合同,双方就要遵守合同的约定,如果是因为自己不想再履行合同的条款,可能就要承担相应的违约责任,付出承担违约金或者赔偿金的责任。所以在我们做决策的时候,建议大家慎重考虑,明确自己的需求。

(北京市盈科律师事务所　崔　爽)

妹夫独占了岳母的房子,我们该如何维权

想必大家对曹植的《七步诗》“煮豆燃豆萁,豆在釜中泣,本是同根生,相煎何太急”一点也不陌生。这首诗是曹丕当时为争权要杀自己的亲弟弟,但又怕落下骂

名于心不忍，于是出了一个损招。在我们的现实生活中，为了房产兄弟姐妹对簿公堂的屡见不鲜，为了争得父母的遗产可谓八仙过海各显神通。

崔先生一家在浑然不知情的情况下，岳母的房子变成了妹夫的房产。这让崔先生一直觉得产权人的变更事有蹊跷，那么崔先生能得到属于自己的那部分房产份额吗？

案例回顾 >>

崔先生的岳母是一位残疾人，双目失明。岳母在世的时候有一套房产，这套房子在一九八几年的时候由于下大雨，把那个地区的房子全淹了，淹了之后要动迁，房子拆了以后就搬到天坛南里。在搬家之后房子的户主依然是崔先生的岳母，同时岳母还得到了420元补偿款，这笔拆迁款岳母给了自己的儿子。

随着政策的变化，之后房改房承租人可以购买自己的承租房变为产权房。岳母为了购买天坛南里的这套房产，当时还和崔先生借了购房款。崔先生原本以为这套房子一直在自己岳母的名下，可谁知在2002年的时候房本就已经变更成妹夫郭某的名字。

岳母在去世之前没有留下遗嘱，也没有对这套房产进行分配。崔先生心里一直对该房产的变更手续存有疑点，认为是妹夫郭某擅自变更了产权人。面对崔先生一家的情况该如何维权呢？让我们听听律师怎么说。

律师支招

崔先生 这套原本登记在岳母名下的房子，现在突然变成妹夫的名字，我们还有继承资格吗？

崔爽律师 首先我们说，如果这套房子当时登记在岳母名下的时候，是套公租房，是租赁的，那在这种情况下可能是变更了承租人，不管因为什么原因承租人已经变更为崔先生的妹夫，那之后妹夫又通过房改房的方式，把房子私有产权化登记到自己名下，这种情况下不发生任何遗产以及遗产的继承关系。还有一种情况是这套房子还是公租房，直接登记在岳母名下的时候就进行了拆迁，拆迁所获得的房子就是现在登记在妹夫名下的这套房子，我们也不管是什么原因，为什么拆迁房登记到了妹夫的名下，但这是在崔先生的岳母在世的时候对自己财产作出的一种处分和选择，同样不发生继承。再假设第三种情况，这套房子当时登记在岳母名下的时候，它就是一套私有产权房。岳母享有完全的所有权，同样不知道因为什么原因是买卖或者赠与，以什么样的方式在岳母生前完成了这套房子的产权转移，转移到了崔先生妹夫的名下，同样也不发生任何继承。

崔先生 因为老人有残疾，我们一直认为变更手续办理得非常蹊跷，我们可以用什么样的方式来查询确认？

崔爽律师 自己是没有办法直接到房管所查询房屋的交易状态的。如果确实对于这套房子本身变更到崔先生妹夫名下有异议，认为所有权是有问题的，对这个登记提出异议的话，可以起诉到法院。通过法院开具调查令由律师或者其他代理人，持调查令到相应的房管或住建委等相关部门去调取这套房子之前的交易状态。

律师提示

作为儿女面对老人身体的残疾，不能够料理自己相关事宜的情况下，其子女应该主动地替老人保管和看好家中重要的证件文书，以防再出现我们不愿意看到的结果。一旦事情发生，要想去追责或者改变这个房产的权益已经是很困难甚至是基本不可能的事情。

（北京市盈科律师事务所　崔　爽）

你看上的是高额返利，人家盯着的是你的本金

投资是一个“养成游戏”，理好财也是有门槛的，“你看上的是高利息，人家盯着的是你的本金。”这绝不是一句玩笑话。对于高返平台和项目而言，投资人在选择前，要想明白风险与收益的关系，不能既要高收益又想要低风险。在去年的金融街论坛上，央行行长就曾经提示广大投资者，“天上掉馅饼的事是不会发生的，如果你看到一个投资机会，他告诉你又保本又有一个两位数的收益，一定要小心，一定要问一问，它投什么项目才能够有这样的结果。”

寻求帮助的韩先生就是相信朋友推荐的高利息投资产品，结果面对已经到期却无法兑现的情况，感到十分的苦恼。那么韩先生还能够顺利地拿回自己的本金和利息吗？

案例回顾 >>

韩先生在2017年8月的时候，经朋友推荐购买了10万元，年化收益为12.5%的理财产品。

这款理财产品当时与韩先生签订的是收藏品协议，协议中表明，韩先生以5万元的价格购买了一只玉镯，但实际上根本没有发生玉器交易，韩先生也没有见过合同中所体现的玉镯。

当时韩先生是因为朋友也在该公司购买了几十万元的理财产品，且朋友对自己承诺，如果出现到期公司不能兑现的情况，他全权负责。如今兑现时间已经过去，公司要求跟投资者签订补充协议，在这个协议签订之后，公司从2018年8月1日开始一直到2021年1月按照这个期限给韩先生支付利息，目前每个月只给韩先生打款1000元。

面对现在的情况，韩先生不知自己该怎么做才能拿回属于自己的本金和利息，无奈之下韩先生求助栏目组,希望得到北京市盈科律师事务所黄兴国律师专业的解释和帮助。

律师支招

韩先生 我想问一下,我购买的理财合法吗?我遇到的情况是否属于非法集资?

黄兴国律师 根据韩先生的描述,韩先生真的可能是遇到了一种新型的非法集资的案件。根据《中国人民银行关于取缔非法金融机构和非法金融业务活动中有关问题的通知》(银发〔1999〕41号)规定,非法集资是指单位或者个人,未依照法定程序经有关部门批准,以发行股票、债券、彩票、投资基金证券或其他债权凭证的方式,向社会公众募集资金并承诺在一定期限内以货币实物及其他方式向出资人还本付息或给予回报的行为。非法集资是一种经济犯罪,它对社会正常秩序进行了破坏,非法集资的行为人会利用各种不同的手段实施犯罪行为,使投资者落入犯罪人员设下的陷阱。所以投资者在投资之前应谨慎选择投资项目,对于一些回报率高于正常标准许多的投资项目应小心对待。

韩先生 那我后面与公司签订的补充协议有意义吗?我该怎么做才能要回我的本金?

黄兴国律师 补充协议中其实已经写得很清楚了,公司对韩先生的义务就是给付10万元,而且这10万元要从2018年8月一直还到2021年。在协议中只字没有提韩先生说的年化12.5%的利息问题,所以在补充协议签订之后,现在就变成了韩先生的10万元押在公司这里,公司用4年的时间慢慢地返给韩先生且无息。其实对于韩先生来说是一个非常不公平的协议。而韩先生对于第二份协议的签字,已经用补充协议去替代了第一份协议。那就变成了公司对韩先生的还款义务,也就是每个月就是1000元钱,一直要还到2021年才能把您的钱还完。如果现在起诉要求公

司一笔偿还的话，只要公司每个月不违约，韩先生希望通过民事诉讼解决问题，是不一定能得到法院支持的。因为第二份协议其实就是一个分期还款的协议。正如韩先生所问的，韩先生的朋友在韩先生购买理财产品的时候承诺万一不能兑现，他来负责，也就是韩先生的朋友承担的连带偿还责任，也因为当时韩先生已经签订的第二份补充协议而随之取消。韩先生朋友的担保义务所对应的是第一份协议，现在已经被补充协议所替代了，所以在这个过程中韩先生的朋友具体还能否承担责任就变得不确定了。

（北京市盈科律师事务所　黄兴国）

家中老宅宅基地拆迁，婆婆到底该拥有多少份额

这几年，国家对于农村拆迁的补偿力度是越来越大，而农村也是不负众望，发展面貌也是日新月异！相较几年前，如今的农村经济发展水平提高了不少。整体的基础设施建设也是更加完善，在环境上也是摆脱了原来破旧、落后的整体面貌，新的生活必然带来新的矛盾，在拆迁的过程中，尤其是宅基地拆迁对于许多家庭来说更是一种亲情与金钱的考验。

案例回顾

刘女士的婆婆今年80岁高龄，婆婆的父母留下了一处367平方米的宅基地，院子里盖有5间房，婆婆有一弟一妹，由于婆婆的母亲身体不好，在生完孩子后没有能力抚养，婆婆的二妹和三弟都是由刘女士的婆婆抚养长大的。

随着年龄的增长婆婆和二妹相继嫁人离开了家，只有三弟和父母住在一起，宅基地依然是父亲的名字，现在父母都去世了，三弟在两个姐姐都不知情的情况下将宅基地过户到自己名下，地上房子一共有367平方米。如今，此宅基地拆迁，在签订拆迁协议的时候是弟弟和妹妹的儿子去办理的，拆迁分得两套134平方米的房子以及补偿款200多万元，但这些拆迁补偿竟然与刘女士的婆婆没有任何关系。

刘女士的婆婆无奈之下将其弟弟、妹妹告上了法庭，要求合理分配拆迁所得，希望能用法律武器争取本该属于刘女士婆婆的份额。可是一审判决只分给了婆婆4万元，原因是婆婆的二妹在法庭上找了假证人说大姐不赡养老人，这是刘女士的婆婆万万没想到的，所以导致败诉。婆婆觉得不合理依旧上诉，但二审判决结果仍维持原判。刘女士希望拿回婆婆的拆迁份额，不知道是否还可继续申诉？

律师支招

刘 女 士 我想问一下，法院为什么只判给我婆婆4万元补偿？婆婆能要回属于自己的份额吗？

崔爽律师 其实通过判决书咱们可以看到，拆迁根据拆迁政策是有补偿名目的，而不同的补偿名目对应的被拆迁人也是不一样的，对被补偿的人也是不一样的。宅基地上的地上物也就是房屋的部分，是要进行拆迁评估的，这就是房屋的重置成新价。估价的内容包括房子、家具、装修和房屋的状态。经过评估，我从证据中看到应该是一共18万元左右，这是一部分款项。除此之外，在拆迁中还有一个补偿的名目叫区位补偿价，区位补偿价意思就是说，你原来在这块地方居住，现在我要把这拆了，这块地就要收走了，你没有地方住了。那这个原则上是针对于实际在这儿居住的人，也就是一直在这居

住的婆婆的弟弟。因为这个宅基地有它的特殊性,和咱们的商品房不一样,商品房我在没在这住,产权归谁就是属于谁的。但宅基地的特殊性就在于它是以家庭为使用单位,户主是谁可能谁就是宅基地的使用权人,其他人虽然不是使用权人没有持有使用证,但是他如果是这个家庭成员也在上面居住,拆迁的时候也会给相应的补偿。

刘女士　**现在我们起诉了,法院也判了,到底给我们的相应补偿是不是合理呢?**

崔爽律师　宅基地拆迁不同于其他房屋拆迁,宅基地是以家庭为单位,除户主外在此居住的家庭成员也可以享受到区位补偿款。但是刘女士的婆婆并不在此居住,所以不享受这部分拆迁补偿,而由于刘女士婆婆的父母没有留下遗嘱,地上房屋的补偿款18万元是可以分割的。根据《继承法》第13条规定"同一顺序继承人继承遗产的份额,一般应当均等。对生活有特殊困难的缺乏劳动能力的继承人,分配遗产时,应当予以照顾。对被继承人尽了主要扶养义务或者与被继承人共同生活的继承人,分配遗产时,可以多分。有扶养能力和有扶养条件的继承人,不尽扶养义务的,分配遗产时,应当不分或者少分。继承人协商同意的,也可以不均等",由此婆婆的弟弟、妹妹对已经去世的老人照顾的更多,所以没有均分这笔钱,这种分配也符合国家的法律政策。

（北京市盈科律师事务所　崔　爽）

有家回不去，弟弟强占“我的”房子

每当风雨来临时，鸟儿总会躲进它的巢穴里，因为巢穴就是它的家。其实，人也是如此，每当在外面受了委屈，或者遇到了什么困难，我们第一时间想回到的地方就是家。因为家是避风港，是一个充满温暖、充满爱的地方。

案例回顾 >>

家住石景山区的陈女士最近很苦恼，陈女士父亲名下有一套公租房，位于广渠门。本来这套房应该是属于陈女士的，可现在却被四弟霸占着。陈女士没有钥匙，也进不去，而陈女士一家人还住在单位的宿舍里，这让陈女士不由得感叹自己是有家回不去。对于父亲名下的公租房，为什么陈女士却一口咬定是属于自己的呢？让我们来看看到底是怎么回事。

原来陈女士一家有3间平房，在老大结婚的时候父母将位于幸福村的一间平房给了老大，陈女士是老二，在自己结婚的时候父母也给了一间位于幸福一村的平房，在老三结婚的时候，父母给了他一间位于隆福寺的平房，这样分配下来，父母就没有房子了，他们就搬到单位的工棚居住，条件相当的差。

直到1998年父亲单位要分房，当时分房的政策是你要想要新房就需要先交出一间公租房才能有资格分房。当时父母就跟陈女士一家商量，希望陈女士能把自己的房子上交与父母一起分房，而这个过程中父母找没找其他的子女，陈女士是不知情的。原本并不想交房的陈女士，面对父母的居住条件心软了，最终还是同意将自己的房子交了，与父亲一起分了现在广渠门的这套房，所以，在陈女士的心目中，父亲名下这套位于广渠门的公租房是自己的房子。

广渠门的房子分下来之后，一直是陈女士父母、陈女士老公有残疾的妹妹和陈女士一家三口还有家中的老四，一大家子人共同居住。这么多人在一起生活难免

会有矛盾，生活也特别不方便。在这样的情况下，陈女士一家决定先暂时搬到单位的集体宿舍中居住。可是令她意想不到的是，陈女士刚刚搬出不久，老大拆迁了，得了一套两居室自己居住，老三也拆迁了所得拆迁款他没买房，而是搬到了父亲在广渠门的这套房子里面。三弟的搬入令陈女士非常不解，并且也对此提出过质疑。父母面对老三的搬入也是无可奈何。如今父亲已经去世，房子没有购买依然是承租房，陈女士想向房屋所有权单位要求变更承租人也是不能办理的。面对房屋的争议，陈女士该何去何从？她能拿回这套她一直认为属于自己的房屋吗？我们看看律师怎么说。

律师支招

陈　女　士　我想问一下，我能根据我的情况变更承租人吗？

黄兴国律师　根据相关法律法规规定，公租房变更承租人需要满足以下几个条件：

1. 原承租人死亡或外迁；
2. 与原承租人为同一户籍；
3. 是原承租人的家庭成员；
4. 与原承租人共同居住二年以上；
5. 没有其他住房。

只有符合上述5个条件才能进行公租房变更承租人，因为本案中的公租房，几个子女对于变更承租人不能达成一致，所以变更无法完成。

陈　女　士　如果现在无法变更承租人，那么拆迁的时候我可以争取属于我自己的利益吗？毕竟老大和老三都已经分到了父母的房子，并且已经拆迁，已经得到了他们应得的利益。

黄兴国律师　根据您的情况，您可以拿着个人的身份证，到东城区档案馆调取当年的拆迁安置协议，要求查阅档案就可以了。您把这些东西准备好，未来对您一定有积极的作用。拿到这些证据之后，也不一定必须要等到拆迁的时候，如果现在政策允许把承租房变更成房改房，或者有新的政策实施，那么这时候您手上的证据对您来说非常有利。因为现在房子是属于公租房的性质，不属于遗产的分配，但一旦有一个政策或者变化就可以将房产变成遗产，就可以重新上法院去起诉要求析产。

（北京市盈科律师事务所　黄兴国）

超市购物遇飞来横祸，老人受伤超市态度骤变

现在随着大型购物超市的逐渐普及，人们的生活也越来越方便，去一趟超市，基本能买到所有生活必需品，而且超市的环境也很干净舒服，食品也都安全卫生，超市还会不定期地做活动，价格实惠，这吸引了更多的人去消费。

寻求帮助的赵女士因为一次超市购物导致自己身体受到损伤，超市态度竟然是：你自己有病自己去看，不要来找我们。面对超市的态度赵女士很气愤，求助栏目组，希望来自北京市盈科律师事务所的崔爽律师可以为自己出主意，帮助赵女士维护自己的权益。

案例回顾

2018 年 10 月 21 日中午，赵女士到燕郊东贸物美超市购物，在超市米面组的旁边一辆拉送货物的车将赵女士的脚压伤了，当时为了躲闪这辆车赵女士还扭伤了

自己的腰。当时超市中一位营业员将赵女士送到燕郊的人民医院，由于当天事发突然，没能做核磁检查仅仅照了胸片。原本以为没大碍回家休养几天就能好的赵女士，在回家后越躺越严重，晚上睡觉脚部一直抽筋再加上小腿肚子的疼痛和当天的经历，经常把赵女士惊醒，这让赵女士身心饱受折磨。

11月6日下午，在家人的陪同下照完片子，结果显示脚没有骨折，腰椎骶皮下软组织水肿。赵女士的女儿将伤情告诉超市以后，超市的态度就变了。11月7日，超市负责人给赵女士的女儿发微信，你们自己有病自己看，跟我们超市没关系，我们不管。

无奈之下的赵女士选择报警，警察带着赵女士的家人到监控室看到录像，警察和赵女士的家属都各备了一份。到现在问题依然没有解决，到底赵女士应该找那个工人来承担责任还是超市来承担责任呢？让我们看看崔爽律师怎么说。

律师支招

赵女士　我在超市受伤，现在自己已花了将近2万元的医药费和打车、保姆费，这个责任是不是应该找超市来承担？

崔爽律师　我们去公共场所无论是购物或者就餐，作为场地的提供者，就是餐饮方或者超市方，他们应该给咱们提供的是一个安全的购物环境和一个安全的就餐环境，或者安全的游览环境。如果在这个里面受伤了，首先要看责任的问题，是游客之间或者是顾客之间发生了冲突造成伤害，还是由其他第三方比如刚才赵女士说的超市的工作人员，在工作期间造成了赵女士的伤害，不管你是主观故意还是客观上疏忽大意，都是在履行一个工作职责，所以是一个工作的行为。那么对于赵女士来讲，如果真的有损失要去要求赔偿的话，找这个个人或者找他所在的工作单位都是可以的。接下来我们可以主张哪些赔偿呢？像赵女士刚才说的，已经花了将近2万元，其实医疗费、交通费、误工费、营养费、伤残补助金、陪护费或者看护费，这些在法律上都是在赔偿的名目范围。但护理费它的产生如果想要得到法律的支持，必须是有医院的医嘱，也就是说医生要给我们的伤者开具一个医嘱，建议有几个人进行护理，护理的期限是多长时间，只有持这个有效的医嘱，我们才好主张要求对方承担。

赵女士 我现在的状态和做法对吗？最后我应该如何维权？

崔爽律师 关于赔偿和维权，还是要看超市过错责任导致直接的损失是什么样子，要看它们之间的因果关系。就是说不是受伤以后产生的所有费用都应该由超市方来承担赔偿责任，关键还是要看受伤与受到损失之间的因果关系到底有多么紧密，来决定超市的这种赔偿义务。我个人觉得其实赵女士在整个事件的过程中有一点亡羊补牢的还是比较及时的感觉，就是您后来报了警，然后警察把这个证据给固定了，如果说在没有录像的情况下对方真的不认账了，我们再翻后账取证就会比较困难。对方当着警察的面承认撞您了，这个事是您做的特别好的，最起码固定了证据。现在以赵女士这种情况，如果跟超市已经沟通过无果的情况下，想要主张自己的权利只能是通过诉讼的方式解决。我建议您，在您的病情稳定以后，因为那时候大概花费多少费用才会有一个相对精准的计算，那个时候协商不成再去提请到法院诉讼。诉讼的时候，至于哪些费用能支持，能支持到一个什么样的程度还需要具体问题具体分析。赵女士您以后在看病的过程中一定要留存好医嘱，包括检查的结果，它是一个直接能够证明您受伤程度与在超市受到侵害是不是有因果关系。至于起诉的法院就在事故发生所在地的法院就可以了，我建议您把这个超市作为主体，一并起诉。因为毕竟公司的赔偿能力比个人更强一点，这是其一，其二您把它作为被告的主体，也是有法律依据的，因为毕竟是它的工作人员在工作过程中对您造成的伤害，这是一种职务行为，所以公司也要承担责任。

（北京市盈科律师事务所　崔　爽）

朋友不还钱，我的房子怎么办

借笔钱出去，到期了就收回来，期间还能获得一笔高额利息。这样一种看似大有赚头的民间借贷细想一下隐藏的风险不可小觑。有人因此一本万利，也有人血本无归。虽然很多人深知把钱借出去背后的风险和利害，可高额的利息仍吸引着更多的人前仆后继。

寻求帮助的范先生因为盲目地相信朋友，前后借给了朋友300多万元，如今自己的“窟窿”堵不上了，朋友却消失了。万般无奈之下求助栏目组，希望来自北京市盈科律师事务所的崔爽律师和帮忙团成员赵可老师可以为自己出主意，帮助范先生摆脱眼前的困扰，维护自己的权益。

案例回顾

2017年5月，范先生的同事由于资金周转问题，开始向他借钱。出于对十几年同事兼好友的信任和一定的利息回报，范先生陆陆续续借给同事几笔钱，同事也都按期按时地将钱还了回来。

去年春节后，同事再次提出了更高的借款请求。可让范先生万万没有想到的是，在自己把房子抵押给小贷公司，用贷出来的钱借给同事后，面对前后近300万元的借款，同事的做法是不再偿还自己的借款，甚至时常联系不上。

在借款协议中同事用了房产做抵押，本以为这样的抵押让范先生的借款多了一重保障，可范先生辗转才得知，同事居然私下在2018年8月的时候，已经把房子卖了。现在让范先生更为头疼的是，由于同事一再拖延偿还自己300万元借款的时间，自己目前已经无力偿还小贷公司的利息，这也让范先生的房产面临着随时被查封的风险。此前范先生了解到同事的妻子经营了一家店铺,他能够向同事的妻子索债来解燃眉之急吗?让我们看看崔爽律师和赵可老师怎么说。

律师支招

崔爽律师 合同中没有看到逾期支付利息的情况下本金可以提前到期,那也就意味着范先生由于借款期限还未届满,只可起诉到期还未支付的利息,而不能要求他现在就把本金偿还。另外,合同中虽然约定了月息是3%,但是根据我国相关的法律规定以及民间借贷司法解释,在法院诉讼的过程中,法院支持的最高的利息是月息2%,如果超过2%低于3%包括3%这部分实际给付了的,也就是借款人实际已经给出借人履行的那部分法院不干涉,如果在没有给付的情况下,法院也支持不超过2%(月息)的那部分。建议范先生尽最大努力与同事联系,在没有资产可以提供的情况下,范先生可与其同事协商在借款协议上增加一个保证人,增加对自己的还款保障。

范先生 此前我了解到同事的妻子经营了一家店铺,我能够向同事的妻子索债来解燃眉之急吗?

崔爽律师 按照《最高人民法院关于审理涉及夫妻债务纠纷案件适用法律有关问题的解释》第3条规定,夫妻一方在婚姻关系存续期间,以个人名义超出家庭日常生活需要所负的债务,债权人以属于夫妻共同债务为由主张权利的人民法院不予支持。但债权人能够证明该债务用于夫妻共同生活,共同生产经营或者基于夫妻双方共同意思表示的除外。所以举证的工作需要范先生进一步完成。

嘉宾支招

赵可老师建议范先生,可以考虑跟小贷公司协商,尽量提前终止借款协议,这样可以避免范先生利息的进一步支出。也就是说范先生如果有能力还款的话,先把贷款的利息和本金提前偿还,这样也可以减少利息方面的支出。还有就是现在

与朋友之间的借款协议没有到期,本金没有到期所以是没有办法就本金提起诉讼的,但是可以根据朋友没有偿还的利息部分,来起诉要求他偿还。对于范先生来说,由于目前很难联系到朋友,如果通过诉讼的方式能够见到朋友或者能够借此机会跟对方再协商一下后面的还款怎么进行,也是无奈之中的一种策略。

(北京市盈科律师事务所 崔 爽)

开发商以售代租,面积缩水没有产权,我们该如何维权

买东西,希望同等商品享受便宜的价格,优惠的政策是人之常情。一件商品原本就卖 10 元,现在卖东西的将价格调整到 15 元,但是送你 5 元的赠品,很多人就乐滋滋地捧着回家了。其实还是 10 元卖给了你,这就是商人的精明。有过购房经验的人对于赠送或者优惠出售的面积都不陌生,很多朋友一听到是赠送的或者可以以低于市场价的价格购买就欣喜若狂,认为自己买到了超值的商品,其实细想之下情况并非如此。

寻求帮助的尹女士在自己购房的时候,就遇到了开发商以售代租,强行搭售地下室并且在收房的时候发现面积缩水没有产权等一系列问题。万般无奈之下求助栏目组,希望来自北京市盈科律师事务所的崔爽律师可以为自己出主意,帮助尹女士等众多业主摆脱眼前的困扰,维护自己的权益。

案例回顾

2016年8月，尹女士在河北怀来上湖郡小区购买了一套商品房。两年后到了收房的时候，却遇到了糟心事儿。

尹女士在收房的时候小区一片狼藉，垃圾、挖的渣土都还没有清理，甚至开发商在收房的时候，没有竣工验收备案表。尹女士认为，房屋实际上并没有达到验收合格的标准。最让尹女士无法接受的是地下室面积和结构，与购房时承诺的严重不符。在购买房产的时候，售楼人员一直强调地下室只售不租，告诉我们有的地下室是有窗户的，地下室面积是7平方米左右，按照一平方米1980元出售，当时关于地下室的购买也是写在认购协议中。

现在尹女士等业主已经收房，看到地下室的情况心里已经凉了半截，里面跟迷宫似的不说还阴森森的，面积就更不用说了，几乎少了一多半。王女士和刘女士也是上湖郡小区的业主，他们也同样遇到了地下室面积缩水的问题。公摊面积也比之前承诺的要多出来不少，内部全是设备的管子、管线，给业主的使用造成了诸多的安全隐患。

据了解，发现地下室问题后，业主们曾多次和开发商沟通，开发商的态度一直很强硬，事情拖到现在也一直没能得到解决。尹女士说，在和开发商沟通地下室面积问题时，他们才了解到，地下室根本没有预售许可，也无法办理产权登记。那么小区的业主们究竟该如何维权呢？让我们看看崔爽律师怎么说。

律师支招

尹女士 当时公共维修基金，还有契税加起来有2万多元，都提前已经交了。到了8月才开始跟我们签正式合同。正式合同当中没有地下室，既然开发商不能卖，是不是应该退款，我们不愿意买，是不是可以买卖公平、自由，开发商不能非得逼着我们去买，而且现在也没有签任何的协议合同。

崔爽律师 看到您的购房合同，房屋的属性是住宅，现在尹女士对于房屋本身是没有异议的，矛盾点就在地下室的销售上。在购买房子的时候，

开发商捆绑销售一个地下室，但是现在这个地下室无论是从面积上还是从产权的归属上，您这边认为开发商都是没有权利给我们的，而且面积和当时收取的价款也并不对等，所以您要求把地下室退了。

尹女士　**小区的业主们说，在沟通地下室面积缩水问题时，他们才知道他们购买的地下室根本没有预售许可，也无法办理产权登记。由于已经交了钱，正式的购房合同也没有地下室部分的面积，现在开发商坚持不退钱，给出的解决方案是强行以租代售。我们能退吗？**

崔爽律师　咱们打蛇打七寸，对方没有产权，所以业主与开发商之间的交易行为是无效的。因为本身卖一个东西，无论你是卖的房子还是卖的其他的物品，前提条件一定是你对这个物有处分权。如果你对它没有处分权，你怎么可能把它卖给别人，你还收取相应的款项。那么如果我们不太知道它到底是人防工程，还是小区业主的公共面积，不管是什么，只要开发商没有相关的所有权的证明，作出了这种出卖的行为，那本身都是违反法律规定和合同约定的。合同可能就是无效的，因为他并不是一个有权的出卖主体。在这种情况下，尹女士等业主提出要退款，这个理由是非常正当的，而且这个行为也是非常明智的。对开发商不具备所有权的小区业主公共面积或人防等特殊用途面积，开发商没有处分的权利，不能作为有权的出卖主体。开发商对没有处分权的面积所进行的任何租售行为，都不受法律保护。

（北京市盈科律师事务所　崔　爽）

六旬老人帮人贷款,轻信他人债务缠身

老人们常说,做人一定要多做好事,多帮助别人,赠人玫瑰手有余香。可现实往往并没有那么美好,有时候帮忙切记须谨慎。

寻求帮助的张女士就是出于好心帮助别人,出借了自己的名义为他人贷款,而到了还款的时间,却出现了一系列的麻烦事。如今年过六旬的张女士轻信他人,帮忙贷款导致自己债务缠身。走投无路之下求助栏目组,希望来自北京市盈科律师事务所的崔爽律师可以为张女士出主意,帮助张女士尽早走出困境。

案例回顾

张女士是单身,在2008年申请了一套经济适用房,当时从银行贷款12万元,从2009年开始张女士每月还贷款1000多元。2011年刚刚过完春节的时候,张女士的手机上突然出现了一条短信,“您好！您在银行贷款信用良好,我行针对您的情况给您最高额度为20万元的信用贷款。”看到这条短信以后,已经60多岁又在东北建设兵团工作10年的张女士,完全不明白是什么意思。

怀疑是诈骗短信的张女士紧忙让认识的朋友帮自己看看,这条来自银行的短信到底是什么意思。张女士周围都是一些60多岁的老人,大多对这条短信不了解,更说不清是什么意思。凑巧张女士的朋友带了一个朋友,在看到张女士这条短信的时候,他告诉张女士,这是银行让您用钱的意思。张女士表示自己并不需要这笔钱,这位朋友的朋友一个“80后”的小伙子就赶紧说,您要不用这笔钱,能不能我用。

随后,小伙子开车带着张女士到银行办理了信用贷款20万元的相关手续。钱用了半年到了与银行约定的还款时间,这个让张女士帮忙贷款的小伙子已经被看守所刑事拘留。

面对银行要查封张女士的房子，张女士感觉自己已经走投无路，如何才能让张女士摆脱现在的困扰呢？让我们看看崔爽律师怎么说。

律师支招

张 女 士　我已经找到他们家了，当我把借贷的事说了之后，这个小伙子的爸爸妈妈就开始哭，表示家里没钱，他们家有两套房产，一个是父母的房子，一个是他跟他媳妇的一套两限房，可这套两限房需要5年以后才可以卖，我现在该怎么办？

崔爽律师　您先不要太着急，因为小伙子名下还有房产，如果说他真的一无所有的话，您再着急情有可原。银行在2013年就起诉了您，到现在已经长达5年的时间，银行也迟迟地或者说法院也迟迟没有拍卖您的房产，证明法院本身也是考虑到了您本身的情况以及您在这个事情过程中的一个无辜因素。

张 女 士　我当时太信任对方了，没想到信任了一个骗子，才导致今天这样的一个结果，崔律师，您看我现在需要做点什么吗？

崔爽律师　张女士一直在担心，因为对方不还贷款，银行将自己名下唯一的住房拍卖。对于银行拍卖，也许大多的观众朋友会比较陌生。根据《最高人民法院关于人民法院执行设定抵押的房屋的规定》第1条规定，对于被执行人所有的已经依法设定抵押的房屋，人民法院可以查封，并可以根据抵押权人的申请，依法拍卖、变卖或者抵债。第2条规定，人民法院对已经依法设定抵押的被执行人及其所扶养家属居住的房屋，在裁定拍卖、变卖或者抵债后，应当给予被执行人6个月的宽限期。在此期限内，被执行人应当主动腾空房屋，人民法院不得强制被执行人及其所扶养家属迁出该房屋。第3条规定，上述宽限期届满后，被执行人仍未迁出的，人民法院可以作出强制迁出裁定，并按照《民事诉讼法》第229条的规定执行。在这里，我也要提醒有银行贷款的朋友，一定要理性消费，对银行的贷款及时还款。针对张女士的情况，银行其实已经知晓，并没有强制拍卖张女士名下的房产。所以，张女士只需耐心等待对方的两限房出售，就可以解决自己的燃眉之急了。

（北京市盈科律师事务所　崔　爽）

开发商捆绑销售，70万元高价车位费能否退还

如今，很多家庭在购买商品房的时候，必须考虑相关配套车位的问题，为了自己日后生活的便捷，业主也可以接受从开发商手中购买车位。不过，买车位和买房子一样，都有类似的手续，同样要交认购费或者定金，而且合同同样也是很认真签订完成的。然而，业主在购房之后，发现自己的总房款中竟然包含一个高价车位，感觉自己陷入了开发商的陷阱中。

寻求帮助的李女士就在自己购买商品房的过程中遭遇了70万元高价车位费，面对自己的困惑求助栏目组，希望来自北京市盈科律师事务所的胡聿州律师可以为李女士支招。

案例回顾

李女士在2016年10月的时候，在河北大厂购买了一套商品房。购买时，只知道房价中包括一个车位和精装修的费用，后来在办理相关手续的过程中，突然发现车位的费用是70万元，对于李女士来说这个70万元的车位费有点不能接受。

李女士与开发商签有《购房合同》和《车位使用权协议》。据李女士讲，开发商当时的销售方式是将房屋总费用，约合150万元人民币和装修费用40万元，以及车位费70万元捆绑销售。李女士除了停车位剩余的50万元未付，其他费用已经全部交付，并且已完成网签，开发商约定2019年6月交房。如今李女士认为这样捆绑销售高价停车位不合理，想退掉停车位，收回已经交付的20万元停车位首付款。

律师支招

李　女　士　您好，像开发商这种捆绑销售的行为是合法的吗？

胡聿州律师　现在很多开发商因为有政府限价的因素，感觉自己的房价上行困难的时候，通过一些变相的方式，将精装修和车位捆绑在一起销售。关于捆绑销售，我国目前的法律还没有一个明确的认定，只有在《反垄断法》里面规定了禁止具有市场支配地位的销售方滥用市场支配的地位来搭售商品。我国《反垄断法》第17条禁止具有市场支配地位的经营者从事下列滥用市场支配地位的行为：一是以不公平的高价销售商品或者以不公平的低价购买商品；二是没有正当的理由以低于成本的价格销售商品；三是没有正当的理由拒绝与交易相对人进行交易；四是没有正当的理由限定交易相对人只能与其进行交易或者只能与其指定的经营者进行交易；五是没有正当理由搭售商品或者在交易时附加其他不合理的交易条件；六是没有正当理由对条件相同的交易相对人在交易价格等交易条件上实行差别待遇；七是国务院反垄断执法机构认定的其他滥用市场支配地位的行为。本法所称市场支配地位，是指经营者在相关市场内具有能够控制商品价格数量或者其他交易条件，或者能够阻碍影响其他经营者进入相关市场能力的市场地位。具体到李女士这个案件中，李女士在购房的过程中，在同一区域应该还有很多楼盘在销售，李女士完全具有充分的自由选择权利，既然李女士当时同意购买该处商品房并且同意搭售相关的车位，而且在购买的协议上也确认签字，应当是被认定为李女士真实的意思表示，是不可以随便反悔的。

李　女　士　我已经签订了合同，如今我还能撤销合同吗？我觉得这个车位太贵了，还有解决的方式吗？

胡聿州律师　根据《物权法》的规定，小区的车位不是都允许买卖。大致可以分为两类：一类是小区当时在车位规划的时候就占用了小区的公共用地，而且车位建设的费用是分摊到业主的公摊面积里面的，那么这一类车位的所有权应当是属于业主共同所有的。对于这类的车位开发商是无权处分，如果开发商私自将这类的车位卖给业主，业主是可以主张撤销合同返还价款的。另一类车位是在规划的时候所有权是属于开发商，而且它的建筑成本没有公摊在小区业主的公摊面积里面，这类车位是开发商有权出售的。对于李女士的情况建议到规土委去查一下规划和批准的项目到底是什么，看到了真实的记录，比如上面写了小区的车位所有的费用，已经分摊在公摊面积之内了，这样就对您特别有利。当然如果这条路走不通的话，李女士还可以通过民事诉讼的途径来解决，可以到法院去起诉车位的销售方，以车位销售价格过高，在订立车位买卖合同时显失公平为由要求撤销合同。

（北京市盈科律师事务所　胡聿州）

定向安置房违规买卖，酿百万元纠纷

“指标房”不是一个法律术语，是在实践中对某一类房屋的俗称，通常是指低于普通房价，但高于建安价（指在房屋及其配套设施的建造、改建、安装等过程中，由原材料、人工、机械等产生的成本）的面向特殊人群销售的房屋。取得“指标房”购买资格的人通常为特定身份人群，由此区分“指标房”的种类，比如，单位集资合作建房、经济适用房、团购房、回迁房、安置房等。多数“指标房”在交易时并不具备过户条件，因而价格与一般商品房比较相对低廉，但不乏有消费者仍对此趋之若鹜。正所谓收益与风险形影相随，在房价逐年上涨、政策法规趋于完善的现实状况下，“指标房”风险日益显露，相关纠纷频繁发生。到底“指标房”能不能买？

案例回顾

周先生于2016年通过中介跟购房者签订了一份购房合同，而正是由于这份购房合同，让周先生寝食难安。源于什么样的遭遇，让周先生能寝食难安呢？他又是来解决什么棘手的难题呢？

原来周先生签署的不是一般的房屋买卖合同，而是想靠着出售定向安置房的指标来获得一笔不菲的收入，以230万元购得此安置房并以400万元进行出售，但抱着侥幸心理的周先生迟迟没有意识到自己的这一想法已经铸成大错。

为了购买安置房，中介曾鼓动周先生提交虚假材料帮助购房者进行贷款，好在周先生及时发现，制止了这一行为。由于出卖指标的错误行为和不能按时缴纳房款，周先生的此次购房也未能成行，成为竹篮打水一场空。

既然安置房不能买卖，那么购房者曾先后两次支付周先生120万元购房款，周先生一直想要将钱款返还购房人，但迟迟不敢在合同没有解除的情况下进行返还。为了解除合同，周先生一纸诉状将购房者告上了法庭。可让周先生始料未及的是，在审理期间购房者以周先生涉嫌诈骗为由报警，那么面对受理通知书，周先生又该怎么办呢？

律师支招

周 先 生 目前这样的情况，我该怎么办？我能主张合同无效吗？

崔爽律师 周先生怎样才能确认房屋买卖合同无效呢？《合同法》第52条规定有有下列情形之一的，为合同无效。

1. 一方以欺诈、胁迫的手段订立合同，损害国家利益；
2. 恶意串通，损害国家、集体或者第三人利益；
3. 以合法形式掩盖非法目的；
4. 损害社会公共利益；
5. 违反法律、行政法规的强制性规定。

另外，关于购房者向中介支付了中介费，因中介在提供服务过程中存在重大瑕疵过错，可要求退还中介费。至于能否主张要求其他损失赔偿，要通过举证来确认。

周 先 生 购房者以涉嫌诈骗为由报警，那么面对受理通知书我该怎么办？

崔爽律师 根据《刑法》第266条规定，诈骗罪是指以非法占有为目的，用虚构事实或者隐瞒真相的方法，骗取数额较大的公私财物的行为。周先生的行为是否构成诈骗罪呢？需要等待公安机关进一步的调查核实，看看是否符合诈骗的基本要素和条件。

（北京市盈科律师事务所　崔　爽）

再婚夫妻，属于我的拆迁安置房去哪了

人这一生，有了亲情、友情之后，最重要的是需要一份爱情。爱情是一个很微妙的词语，找到一个对的人，可以使你的一生都生活在幸福中，而找到一个不合适的人或者脾气暴躁的人，婚姻亮起红灯也是必然的趋势。随着经济的发展，社会的进步，人们观念的变化，离婚的现象越来越多，也就造成了再婚的家庭越来越普遍。再婚的家庭普遍面临着财产分配、子女教育的问题。再婚后并不是两个年轻的人共同努力营造自己的小家，更多的时候是两个已经形成自己风格的家庭结合在一起。再婚家庭需要更加坦诚和宽容，避免隔阂，才能在无声中化解误会，否则一个小小的误会很有可能是这个再婚的家庭走向崩溃边缘的开始。

案例回顾

王先生和现在的妻子是二婚，2015 年年初的时候一场大火把妻子的婚前财产烧成废墟。遭遇大火之后，王先生为妻子出资、出力翻盖了新的房子。

新房翻盖没多久就遇到了拆迁，在拆迁政策中规定，每个在册的认定人口有 50 平方米的住房，王先生和妻子各 50 平方米，妻子的女儿拥有 100 平方米，共计 220 平方米的拆迁安置，王先生和妻子选了 3 套房产，一家人沉浸在 3 年后交房搬新家的喜悦中。

在拆迁的过程中，王先生的妻子给王先生写了一纸承诺书，承诺拆迁安置的房产有王先生的份额，这份承诺书具备一定的法律效力吗？

如今，王先生一家拆迁补偿协议已经签了，购房人确认书也已经签好，拆迁办承诺是 3 年以后交房选房，因为王先生家拆迁的房子是小产权房，所以涉及的并不是产权的分配而是使用权及相关利益的分配，王先生有必要变更拆迁协议吗？如果不变更能保障自己的合法权益吗？让我们看看彭欣彤律师怎么说。

律师支招

王　先　生　我与妻子是再婚,拆迁安置房属于小产权房,这样的情况我可以申请变更购房确认书的名字吗?如果不变更拆迁安置房有我的份额吗?

彭欣彤律师　首先,要跟王先生说的是,对于小产权房本村村民只享有居住权,不能向非集体成员的第三人转让或出售。拆迁办只针对被拆迁人,被拆迁人其实是王先生的妻子,虽然说王先生是被安置人,但不是被拆迁人,所以在签订协议的时候,拆迁办会跟被拆迁人协商然后签订拆迁补偿协议,而王先生作为被安置人,肯定能保证自己的利益。目前王先生与妻子尚在婚姻存续期间,一般这样的情况下是不分配财产的,双方可以在心平气和的情况下共同商量,因为拆迁利益是肯定有王先生的。建议您真的要走到离婚那一步的时候,再去向法院主张自己的权利。在没有离婚之前,只要是您还在她的房间内共同居住的情况下,其实是没有必要必须对房产进行分配。

王　先　生　已经签订购房人确认书,使用权证书都是妻子的名义,拆迁办成诺3年之后交房,如果在3年期间妻子把房子卖了,或者我们俩离婚了我该怎么办?

彭欣彤律师　一旦发生变故,王先生可以通过法院判决来确定自己的权益。如果妻子将房产出售,那么王先生有权追回属于自己的权益。关于王先生与妻子万一出现离婚情况,王先生依然可以取得拆迁政策里面明确规定的定向安置的份额。拆迁政策中按人口安置,而且只要是在册人口是每人50平方米,所以王先生并不是基于婚姻得到的房产利益,而是基于被安置人所获得的利益,是可以得到保障的。也就是不管在婚姻存续期间还是离婚之后,王先生都有自己的利益。

嘉宾支招

听完了王先生的叙述，赵可老师认为，从妻子给王先生出具的协议中可以看出，妻子对于王先生当年出资、出力是认可的。同时在拆迁的时候妻子是认可王先生所拥有的权益。如果王先生想要变更购房确认单，肯定要跟妻子协商好，在双方意见一致达成协议的基础上，可以到拆迁办进行变更。

（北京市盈科律师事务所　彭欣彤）

4S 店私自更换汽车部件，我该怎么办

汽车圈内有这样一句话，叫作“买车容易养车难”，不知各位车主是否有体会？当我们在使用汽车时，汽车内部的零部件多多少少会有损伤，这个时候车主就需要给车子进行维修和保养了。然而养车并不简单，自己车到底哪出了问题，可能需要专业人士在维修和检查中才能发现，但是私自更换零件对于消费者来说，是绝对不能接受的。

案例回顾

张先生购买了一辆轿车，开满了 5000 公里后送到 4S 店内进行首保，当时因为需要系统升级预计整个保养过程需要五六个小时，张先生早上 8 点半把车送到 4S 店之后，就返回了。下午 4 点半，张先生再次来到 4S 店提车，车辆首保完成后开车驶离 4S 店，可是车刚行驶出 4S 店没一会儿，一阵异响让张先生不得不赶紧踩住刹车。

在4S店做保养的时候应该有一个机打的单子，但是张先生到4S店的时候，接待人员告知张先生电脑坏了，只是给了张先生一张手写的单子。在这张手写的单子上只填了张先生的个人信息和更换机油还有软件升级这几项，张先生在核对信息无误以后签完字就离开了4S店，之后就发生了车辆异响。

车辆出现异响让张先生再次返回了车间，回到修理车间的时候，维修师傅问接待员该车做了哪些项目的时候，接待员小声跟修理师傅说，这个车换了马达。听到换了马达张先生脑子一下就热了。张先生认为自己的车马达明明没有问题，为什么到了4S店以后就给更换了一个新马达呢？

产生疑心的张先生立刻拨打了汽车厂家的400客服电话，对方给出的答复是更换起动机属于硬件并非首保项目。张先生再次询问了接待人员，接待人员解释说，这个车可能在零下25度的时候，会启动有问题。面对官方解释和4S店的解释完全不一样的情况，张先生产生了更重的疑惑。无意中，张先生在4S店的柜台上发现了一张车辆维修单，上面分明标注了更换发动机的价格是1389元，这到底又是什么情况呢？面对张先生的遭遇，我们看看崔爽律师怎么说。

律师支招

张先生 新买的车，在做首保的时候4S店的做法是不是侵犯了我的权益？

崔爽律师 《消费者权益保护法》里面是有明确规定，消费者在接受购买产品或者接受服务的时候是有知情权的。其实4S店的做法就是侵犯了作为消费者的知情权。

张先生 作为消费者，车辆出现问题我可以要求退车吗？我对车辆维修的质量产生了很大的质疑，我希望这辆车回到原厂，由厂家对这个起动机进行重装。再有，车辆是我还没有开出4S店就出问题了，我对它的安全和质量都产生了质疑，我能不能到国家的汽车检测中心，由厂家给我提供一份这辆车是合格的安全的检测报告。毕竟行车无小事，安全放第一。

崔爽律师 首先我们去4S店购买车辆的时候，其实是张先生个人跟4S店形成了一个买卖合同关系。买卖合同已经成立，而且履行完成了。

您现在希望退车,那么我们在法律上讲这叫解除合同。一般是两种大的情况出现会解除合同,第一,约定了解除条件,已经符合解除条件,可以解除合同。目前来看咱们这个案件中是不适合这种情况的。第二,是我们没有约定解除条件,但是法律规定解除条件形成的时候,也可以要求解除。比如说购买车辆的目的是用于驾驶使用,但达不到使用目的的,那可以要求解除合同。或者是车辆本身存在重大的设计缺陷或者安全隐患,造成不能正常或安全使用的情况下,也达到了法定的解除合同的条件。所以对于张先生第一个希望退车的诉求,除非双方协商,否则真的提起到法律程序上,恐怕很难得到法律的支持。第二个问题是张先生认为车辆维修的技术不过关,希望返回原厂重装。在这里如果一定要回原厂进行安装,其实是超越了双方合同约定,属于合同之外的约定,同样在法律上也很难得到支持。第三个请求就是希望能去检测一下车辆,在不能安全驾驶的情况下要求卖方承担责任。针对这一点,还是这句话,除非双方达成一致。如果检测结果出来以后,车辆真有问题,那张先生的第一个和第二个诉求就真能实现了。但如果检测完以后车辆本身不存在问题,是可以安全驾驶的,那么在这种情况下,可能会产生一个后果,就是相关的检测费用需要最终由张先生来承担。我们再来说一下消费欺诈,顾名思义是存在消费领域的欺诈行为,其目的是攫取高额利润,对消费者而言,消费欺诈侵犯了其知情权和公平交易权,使消费者不能通过交易行为获得满意的产品和服务,损害了消费者的合法权益。回到本案中,商家并没有构成消费欺诈,所以张先生不能要求退换车辆。我们也特别希望无论是在产品生产还是销售的环节,还是跟我们消费者沟通和售后的环节,如果商家能带着一份爱意的话,效果可能会大不一样,千万不要把这种明规则变成了潜规则。

（北京市盈科律师事务所　崔　爽）

假离婚变真离婚,财产能否重新分割

“执子之手,与子偕老。”这是一句中国人传唱了千年的佳句,每每读起,内心深处,便溢满了柔软与温情。在这滚滚红尘中,遇一人白首偕老,从青丝如墨,到鬓发似雪,从两情相悦,到生死相依。这一看似简单而平淡的生活却如此真实的震撼着很多人的心。婚姻本该是一份神圣庄重的承诺,但如今很多人为了眼前的经济利益,不惜在婚姻关系上弄虚作假。为了获得经济适用房的购买资格,为了能得到优惠房贷利率,不惜牺牲本该属于自己的婚姻幸福,这样做真的值得吗?这样做合法吗?

案例回顾 >>

赵先生与前妻在2011年组建家庭,赵先生和妻子一直共同经营一家小饭馆作为主要生活来源。饭馆为妻子一人主要投资,赵先生与妻子一直分白班和晚班轮流负责饭馆的经营,赵先生负责夜班,一直到2016年11月两人离婚,在这期间赵先生从未领取过工资。

2011年10月,赵先生开始申请经济适用房的指标,妻子在2016年4月,贷款在平谷贷款购买了一套商品房,买房时赵先生还配合妻子办理了相关的手续。没想到在2016年8月赵先生被告知由于妻子购买了商品房,赵先生经济适用房的指标被取消。

赵先生为了挽回经济适用房的指标,和妻子协商假离婚。随即2016年9月赵先生和妻子办理了离婚手续,并且签有《离婚协议书》,写明女方名下位于平谷的房产归女方所有,赵先生当时认为这是和妻子协商好的假离婚,就毫不犹豫地在

《离婚协议书》上签了字。现在女方决定弄假成真，不打算和赵先生复合，赵先生觉得自己被欺骗的不仅仅是感情，还有夫妻生活多年的共同财产，赵先生希望重新分割财产，赵先生的诉求能实现吗？让我们看看律师怎么说。

律师支招

赵　先　生　我想问一下，我对当时的离婚协议中所涉及的财产问题还可不可以再议？如果对协议有异议的话，我还可以申诉吗？

黄兴国律师　按照《最高人民法院关于适用〈中华人民共和国婚姻法〉若干问题的解释（二）》的规定，如果对于协议离婚，在离婚后双方又产生了一些其他争议或者说任何一方反悔的话，应该在离婚协议之后的一年之内向法院起诉。也就是说赵先生是在2016年9月9日办理的协议离婚，当发现妻子要将假离婚弄假成真的时候，应该在2017年9月之前，向法院起诉。超过一年的时效期，法院就不会再对赵先生关于离婚协议争议进行受理了。如果在一年的时效期内，协议离婚的过程中存在欺诈或者胁迫，赵先生是有权主张自己的权利的。在我国离婚协议的效力，不应等同于一般民事上的合同和协议，它具有一定的特殊性。《合同法》第2条规定，本法所称的合同是指平等主体之间的设立、变更、终止民事权利义务关系的协议，而婚姻、收养、监护等有关身份关系的协议，应当适用《婚姻法》和《民法通则》的有关规定，而不能适用《合同法》的一般精神。

赵　先　生　我和前妻一直经营一家小饭馆，我从未领取过工资，现在这样的情况我能主张要回我的工资吗？

黄兴国律师　当您发现假离婚这件事儿变味的时候，没有及时地采取诉讼的手段，所以现在就这份离婚协议再去诉讼，其实已经没有机会了。就您提出的关于工资的问题，其实我觉得这是您双方合伙经营的饭店，可能还不是拿工资这么简单的事。很可能是您双方应该共同享受经营收益，如果在这种情况下，在离婚协议中没有对经营的收益进行分割的话,这部分应当属于离婚时漏分的财产,对于漏分的财产您是可以在发现之后提出要求分割的。

律师提示

婚姻应该是一个很严肃的话题,法律上从来没有假离婚这个概念。一旦双方履行完离婚手续,那相应的法律后果也就要夫妻双方共同面对。黄兴国律师提示各位朋友,在面对利益诱惑的时候,离婚真的要格外的慎重。

(北京市盈科律师事务所　黄兴国)

送餐骑手撞人后"消失",伤者该找谁维权

自从外卖平台出现后,外卖骑手给我们的生活带来了很多的便利,然而送外卖毕竟有时间限制,这也是导致骑手频频出事的一个主要因素。如果外卖骑手不及时送外卖到指定的地点或指定的人手中的话,平台对于骑手一定有相应的惩罚,所以那些外卖骑手为了赶时间,违反交通规则较为常见,稍有不慎便会发生交通事故。

案例回顾

2018 年 4 月 29 日下午,一辆送外卖的摩托车从侧面将正在骑自行车的康阿姨撞伤。当时送外卖的骑手速度很快,撞上之后康阿姨摔倒在地一下就懵了,挺长时间康阿姨自己都没缓过神来。不知道谁报的警,只知道头部湿了,地上不知是从鼻

子还是从嘴中流出很多血。后来“120”把康阿姨送到医院，在急诊室待了4天。医院诊断为左侧颧骨骨折，面部组织血肿。如今这个脸把康阿姨折磨得不轻。因为面部骨折还伴随错位情况，导致不能正常吃饭，吃饭只能吃粥硬一点都不行，睡觉也只能侧着一面睡，真的是苦不堪言。

康阿姨心里觉得委屈，自己这么大岁数了还要受这个罪。在交通责任认定书中，认定骑手是全责，撞人的男子姓季，是一名外卖送餐骑手。然而骑手只在当天送康阿姨去医院的时候，支付了4000元的医药费，之后就联系不上了。骑手在出事的当天说自己是饿了么平台的，后来又说自己当天是在给美团送餐，康女士的家人致电美团和饿了么平台，美团称当天骑手是给别的平台提供送餐服务，给哪送应该由哪来负责。饿了么则说，骑手当天并不是给他们送餐，而且这个骑手已经辞职了。面对平台方责任的推脱，康阿姨能找平台维权吗？让我们看看崔爽律师怎么说。

律师支招

康阿姨　现在平台相互推诿，都不愿意承担责任，我是直接找骑手，还是应该找平台？

崔爽律师　交通事故所产生的是直接的经济损失，是可以将骑手和公司一并起诉到法院的，那如果说不知道他是到底隶属于哪个公司，可以通过公安部门去进行调查，那我们知道公司是谁了，把他的公司一起起诉到法院。用人单位需要承担相应责任，依照《侵权责任法》第34条的规定，用人单位的工作人员，因执行工作任务造成他人损害的，由用人单位承担侵权责任。同时劳务派遣期间，被派遣的工作人员，因执行工作任务造成他人损害的，由接受劳务派遣的用工单位承担侵权责任，劳务派遣单位有过错的，承担相应的补充责任。

康阿姨　如果我可以起诉平台，确认被诉的主体之后，那我到底起诉多少钱？

崔爽律师　首先医药费用，如果是因为这次伤害所造成的必要的医药费用，那这些肯定是在对方承担的范围之内,而且是100%的承担,因为在交通责任认定书中康阿姨是无责的,骑手是全责。但是刚才阿姨提到的请护工的费用或者其他的费用,可能法院就很难支持了。确实康阿姨面部受到了比较严重的伤害,可以咨询一下相关的鉴定机构,看在这种情况下是否能构成伤残,如果确实能够构成伤残,在这种情况下去主张伤残的赔偿费用还是可以成立的。康阿姨不要拖得太久,因为我们这种交通事故以及人身损害类的赔偿案件,它是有一定的诉讼时效限制的。

(北京市盈科律师事务所　崔　爽)

租赁合约解除,为何我还要赔偿三个多月的租金

现如今,房屋租赁现象极其普遍,不管是商事物业性质的租赁还是住宅性质的租赁,都必须有一套合法地手续和相应的交接流程,这样做是对房屋租赁双方最为有效的保障。然而生活中,无论是出租人还是承租人,相当多的朋友都没有重视房屋租赁中的合法手续和行管流程。

寻求帮助的李先生就遇到了自己已经搬离了租赁的房屋,却被房主一纸诉状告上了法庭,要求李先生多承担三个月的租金。这到底是怎么回事呢?

案例回顾

2016年元旦,李先生租了一套房子,当时与业主签订了三年的租期。2017年7月中旬,李先生决定把房子退掉,房主因为一直在美国,就委托北京的一个朋友来与李先生沟通,协助办理退租手续。

李先生经过几次与业主委托的北京的朋友沟通,都没有确定最终交接手续该如何办理。李先生一再告知房主,自己8月1日要搬走,房主却迟迟不来办理房屋交接手续。于是李先生在8月1日清晨,直接到物业办理了出门手续随即搬走。之后,房主也一直没有跟李先生联系。没想到时过半年以后,李先生收到了传票,业主将李先生告到了法院。

如今,一审已经裁决,判李先生2018年8月17日房屋合同解除,李先生支付给房主25,000元的房屋占用费,面对如此判决李先生觉得不服,已经上诉还未开庭,面对下一步的庭审崔爽律师会给李先生一些什么样的建议呢?让我们看看崔律师怎么说。

律师支招

李 先 生 我已经跟房主再三说过了,我要解除合同,他非但没和我办理交接手续还将我告至法院,这点我非常的不理解。

崔爽律师 一审法院的判决书中认定了,合同解除的时间就是2017年8月17日。但是,从2017年8月17日一直到对方起诉2018年3月的这段期间,您搬走之后没有做相关的交接工作,法院认为双方都存在一定的过错。法院是根据调查了解的事实,以及双方的过错程度,进行了一个裁定。就这段时间的房租,裁定您来承担两个半月,其他的由房主来自行承担。

李 先 生 我觉得一审判决是不公平的,所以我选择上诉,那么下一步我需要做什么呢?

崔爽律师 法院查明的内容是不是真实的,有没有偏差,客观情况以及证据相不相符,这恰恰是您在上诉过程中需要重点去做的。您最早明确提出要解除合同这个时间点是什么时候？这是您二审举证的第一个关键点。而第二个关键点就是，搬走的时间是什么时候，您可以出具当时的出门条作为依据，再有就是在您搬走之后，没有进行钥匙以及其他的相关交接工作，障碍在哪儿或者您已经提出了交接，但是房主不配合您交接。这些相关证据的收集和固定将是您二审过程中非常关键的点。

李先生 **另外，原告没有出庭，代理律师的委托书是原告从美国邮寄过来的，是不是可以说案件的审理程序上有问题？**

崔爽律师 如果您确定，律师开庭当天所持的授权委托书在法律上是有问题，属于没有履行正常的手续获得的。正常的委托书，是要经中国驻当地的使领馆公证或者认证，然后拿到国内来才能在法庭上使用的。如果是这样的情况，那么当天的庭是不应该开的，如果说已经开了，假如我第二天来补签手续，这在法律上也是存在瑕疵和问题的，所以如果这个程序上真的有问题，您在二审上诉的过程中在二审开庭的时候，一定要提出来。因为程序第一，即便实体判的一点问题都没有但程序错了，这案子也必须重新判发回重审或者二审依法改判。

嘉宾支招

崔律师这次帮助李先生梳理的，主要是在二审中李先生在向法庭陈述的时候，我们需要陈述哪些方面的理由，包括这些理由项下我们需要出具什么样的证据予以支持。这些将是决定李先生在二审过程中能否成功维权的关键点。

（北京市盈科律师事务所　崔　爽）

我该如何拿回属于我的 500 万元

您手头上有点余钱，买房有点困难、买车又觉得不太划算，投资股票、期货又认为自己不懂风险太大，专业系数太高，又不甘心把钱存到银行赚取微薄的利息，一些“聪明”的投资人把眼光瞄向了各种投资产品，殊不知这背后暗藏的风险更加凶险。

朱先生一次偶然的机会，将大部分积蓄都进行了投资，如今别说利息就连本金都迟迟没有归还。面对这样的情况，朱先生很茫然不知道该如何维权。来自北京市盈科律师事务所的崔爽律师，将在节目中帮助朱先生分析一下自己的投资协议都有哪些漏洞，如何保障朱先生的财产不受损失。

案例回顾 ≫

2015 年，朱先生在自家小区中无意间看到盛世源达投资有限公司的投资项目。经过初步了解，朱先生在盛世源达投资有限公司分别投资了两笔钱，因为募集的项目不同，说法不同，所以相关的收益也是不同的。然而，现在两笔款项都出现很大问题，这让朱先生很是焦虑。

公司在募集资金的时候，说是给我们村民的一个福利。于是朱先生先投资了一个 200 多万元的项目，后又投资了其公司集资的另一个项目 500 多万元。如今两笔投资均已到期，本应连本带利返还给朱先生，可盛世源达投资有限公司虽然承认返还本金，但对于之前承诺的利息却闭口不谈。到如今双方对于资金的归还还仅限是口头承诺，没有签订归还协议。

而对于朱先生来说，最麻烦的应该是第二笔投资，由于公司更换负责人，对投资一事已经不予承认，担保的公司也没有在合同中盖章，这让朱先生不知如何是好。朱先生能够拿回属于自己的财产吗？公司是否应该连本带利归还给朱先生呢？让我们看看崔爽律师怎么说。

律师支招

朱先生 我投资的钱就是汇到北京的盛世源达公司，同时在合同中约定了投资时间是到2018年4月24日，现在已经到期了，但是并没有把本金归还，我该怎么办？

崔爽律师 按照合同的约定，投资本金已经到期，利息也有相应的标准，就是同期人民银行的贷款利率，那么到期之后它应该正常地进行偿还，如果不能进行给付的话，对于朱先生来说，一是可以通过协商的方式，向他进行主张。二是在协商不成的情况下，按照协议的约定，您可以到北京市丰台区人民法院去对他提起诉讼，以此方式要求对方偿还尚未归还的本金以及拖欠的利息。包括从2018年4月25日起，给您支付逾期的付款利息，这都是您的权利。如果在诉讼的过程中或者说现在您就了解北京公司有什么样的资产，您可以在诉讼的同时或者诉讼之前申请财产保全，以保障您在胜诉之后可以顺利地将您的财产执行回来。

朱先生 对于第二笔投资，原本由万达来做担保的，但是我们在合同以及合同的附加页中都没有看到万达的公章，这笔钱我们该找谁要？

崔爽律师 我翻看了您的合伙协议，落款处盖红章的就是两个有限合伙企业的章，您把钱汇到锦踝童晟公司，可能依据协议，您只能跟童晟公司去主张款项的归还责任。至于您刚才提到的，万达对这笔投资做了担保，在这个协议里面没有万达公司相应的盖章，如果万达确实对于这笔款项的偿还承担保证责任的话，应该是在相关的保证义务的条款处加盖公章。另外，您还提供了一个说明书，就是说您所投资的钱，用到了哪个项目中，这个项目到期需要偿还款项的时候万达投资公司对于款项的归还承担保证责任。但是，这个内容上并没有作为保证人万达投资公司的任何签字或者盖章。所以一旦真的还不了本金的时候，主动权就在万达投资手里而不是在您

这儿了。您投资的这500万元，现在也已经到期了，如果确实逾期没有偿还给您相应的本金以及投资收益的话，同样您如果协商不成也可以去起诉。但是在起诉之前，您刚才所说的万达投资公司要做担保或者什么其他方要做担保这些事情，如果还能够先落实下来的话，最好先落实下来，再走后面的程序和步骤，否则的话就现在这500万元起诉，只能起诉童晟公司而没有其他公司，但童晟公司作为一个项目公司，它名下还有没有资产可供执行是未知的。

朱先生　**如果是这样的情况，我能起诉它的上级单位吗？**

崔爽律师　不可以，因为童晟公司它是一个独立的主体，独立地承担民事责任，所以在起诉的时候它是被告，因为只有它盖了章，只有它收了钱，它的上级公司没有盖章也没有收钱。是童晟公司把您的钱募集过去之后，有没有按照募集上面具体的约定去使用，是不是存在挪用，那是另外一码事，并不等于这个钱他挪用到别处了，实际用钱方就有义务对您承担归还责任。所以如果童晟公司实际资产情况您了解不详细的话，那么之前他也做过相关的承诺，说由谁来给您提供担保，建议您把担保的事情先落实一下，如果能够落实之后再去提起法律上的程序来维权，那对于您来讲是最好的，也是最有利的。

（北京市盈科律师事务所　崔　爽）

房屋出售多年未过户,我该如何要回尾款

房屋按照性质可以分为商用房、经济适用房以及回迁房。回迁房是指按照政策一般开发商在征收土地时承诺赔偿给拆迁住户的房屋。这种房子在市面上的价格普遍偏低,所以吸引了很多人想要购买。说起回迁房的房产证,其实这是一个复杂的话题,首先回迁房从拆迁、建房、入住到出证需要一个漫长的时间,比我们平常购买商品房复杂的多。我们经常遇到不是回迁房没证,而是回迁房尚未到出证时间的问题,这个时候回迁房持有者手头只有回迁协议,房屋可以出售吗?一旦出现纠纷又该如何维护自己的权益呢?

赵先生家老房拆迁,兄弟两人商量好分配方案,一人拿房一人拿钱,没想到出售之后的房子,因为迟迟拿不到房产证一直不能过户,面对房价飞涨和一直拿不到的尾款,赵先生挺闹心。

案例回顾 »

为了给哥哥补偿款,手头没有太多钱的赵先生,决定先将房子出售,再从卖房款中拿出一部分给哥哥。2012 年 12 月,赵先生就与买方谈好,签订了购房协议。在购房协议中,关于房款的支付方式,双方选择了分期进行。赵先生所出售的房屋总价值为 53 万元,买方前期支付了包含定金在内,共计 31 万元。而关于尾款 23 万元的支付,双方约定,乙方也就是买方,在房屋产权转移登记手续完毕当日支付给赵先生。正是这项条款的签订,让赵先生落入了非常尴尬的境地。

由于回迁房的特殊性,始终没有得到房产证,房子也一直没有完成过户,那么对于赵先生应得的尾款也就一直都没能拿到。这个问题已经困扰赵先生很久,那么赵先生的问题该如何才能尽快解决呢?我们一起看看曹晓静律师怎么说。

律师支招

赵 先 生 当时签完合同就让对方入住了，现在尾款一直没能拿回来，我想问一下我该怎么办？

曹晓静律师 看了您的合同，在合同中您将房屋所有权的转移登记作为了一个付款条件，那么现在恰恰是您这个房屋的特殊性质，属于回迁房，回迁房取得房产证涉及很多方面。所以时间周期本来就比较长，而回迁房业主跟开发商在房产证方面是没有书面合同约定的。那么赵先生在与买家签订协议之后，不到一个月的时间，您就把房子交给对方了，就是这个房子已经交付使用了。在这样的情况下，您就没有再行使房屋使用的权利了，那我认为从目前来看，买方没有任何的违约行为，您是这两个环节没有把握好，所以陷入比较被动的局面。

赵 先 生 我该和买方打官司解决吗？还是我该怎么做？

曹晓静律师 从目前来看，买方没有任何的违约行为。而合同签订之后，对双方具有约束力。除非你们双方协商一致，才能解除合同，您才可以把房屋收回。从对方购买到现在，房价已经翻倍的情况下，对方不可能跟您协商解除合同，所以我建议您，索性换一种思路，尽快找开发商催办房产证。因为房产证下来的越早，您拿到这个尾款的时间就越快。至于说您要跟买方去打官司，依据您现在的情况，我是不提倡的。

（北京市盈科律师事务所 曹晓静）

离婚五年，我还能再次主张财产分割吗

即使再浪漫的爱情，也免不了柴米油盐；即使再唯美的婚姻，也要考虑到生活琐碎。当爱已不在，婚姻是否成为捆绑两个人的枷锁。当两个人打破枷锁选择离婚的时候，财产分割则是曾经相爱的两个人必须面对的现实问题。夫妻在离婚的时候，依照法律规定，把夫妻共同财产划归个人所有。离婚时只就夫妻共同财产进行分割，个人财产不参与分割，那么具体来说，离婚时财产如何分割？离婚后发生财产纠纷又该怎么办呢？

周女士在与前夫离婚的时候，与前夫多年的婚姻生活，两人积累下上千万的共同财产，难道周女士掉进前夫的财产分割圈套，真的等于净身出户吗？周女士与前夫的财产到底是如何分配的呢？

案例回顾

经过昌平法院的调解，将周女士夫妻二人的共同财产进行了分割。当时调解的结果就是把夫妻的财产分为两部分，男方所获得的一部分中，有在周女士名下的房子和车辆，现在都已经按照约定过户给男方了。而周女士只要了北京一处男方名下当时说是小产权的别墅。

由于房子一直由男方来居住，周女士对房产的情况完全不了解。直到 2018 年 12 月，昌平区法院下发公告，将这套房产定性为违建房。面对马上要被拆除的房产，周女士陷入了困惑，不知道该怎么才能维护自己的权益，如果这套房产被拆除，那么等于在离婚的时候自己一分钱都没有拿到，属于净身出户。而这套房产属于违建的消息，在 2014 年第一次起诉的时候，法院就已经发过一次公告，男方是知情的。面对离婚五年的财产分割，周女士还能再要求重新分割财产吗？让我们看看李蕾律师怎么说。

律师支招

周女士　我觉得在离婚财产分割的问题上,很不公平,我能不能申请再审?

李蕾律师　我国《婚姻法》第 47 条规定,就是说离婚的时候一方如果有隐藏、转移、变卖、毁损财产或者说伪造债务企图侵占另一方财产的情况,对于这一方可以少分或者不分。离婚之后,如果发现有这些情况,可以要求法院对财产再进行重新分割。但是您这个情况,根据法条来看,并不属于以上的几种情况。如果您要是想重新分配财产的话,就看调解书能否支持我们申请再审。但是,您还有一个问题,就是调解的时间是 2018 年 4 月,您应该是当时调解的时候签收的是吧,如果是当时签收的话,那么签收之后就具有法律效力。我国《民事诉讼法》规定,调解书的再审期限是从调解书生效之日起半年内,现在这个期限也已经过了,所以说申请再审这条路,貌似现在是走不通的,就是说从现在的情况看,对您非常不利。

周女士　如果按您说的,我不能申请再审,我可以申诉吗?

李蕾律师　在 2016 年的时候,北京市高级人民法院民议厅出过一个参考意见。就是说像这种小产权房,它是分三种情况的。第一种是已经确定为违建的,那么法院是不能处理的;第二种就是,它经过行政程序已经合法化了,对这种小产权房是可以对它的权属作出处理;第三种,虽然说行政没有审批过,但是也没有说确认他违法,而且长期使用的这种状态的房子,可以对它的使用权作出处理。最后一种情况和您调解书是一致的。当时,法院应该是按照第三类对它的使用权作出了处理,但是像您说的在 2014 年的时候其实就已经确认违法了,这个单从这一点来看,如果您手上有确切证据证明之前确实已经公告过,那么就确认为违建,可能当时调解的时候确实有失公平,您可以再诉。

周女士　现在房产还在前夫名下,房子马上就要被拆了,我怎么做才能维护自己的权益?

李蕾律师 法院不能对一个违建进行调解，确实是在当时没有查明这个权属状况的情况下作出了调解，从现在分配的结果来看，对您来说是明显不公平的，现在房子让您居住和使用也实现不了，相应的财产收益也没有了，所以您可以依此提起一个申诉。当时既然它是违建，买卖协议应该也是违反国家强制性法律规定，会被认定为无效。如果买卖协议也无效的话，其实您还可以主张要求返还购房款。毕竟当初的购房款也是200多万元，如果说给您造成损失，还可以要求他赔偿。因为房产还在前夫名下，您需要和前夫协商此事，如果协商不成，您就只有申诉这一种方式了。

（北京市盈科律师事务所　李　蕾）

带户口的二手房，我该如何解决

二手房的交易过程要比新房复杂的多，在复杂的交易过程中，各种纠纷也会随之而来。比较常见的二手房纠纷当属户口纠纷。在买受人发现自己购买的房屋里还登记着他人的户口时，又该如何解决此问题呢？

李女士几年前买了一套二手房，最近才发现这套房子里竟然还有别人的户口，在与卖家沟通后发现户口是上上个买家的。李女士不知道该如何才能让对方将户口迁走，面对棘手的问题李女士选择求助律师的帮助。

案例回顾

李女士在2013年的时候买了一套二手房，当时也签了北京市存量房买卖合同，但是李女士并没有通过中介公司，而是自行签约的。

在李女士与卖方签协议的时候，在协议中也有对户口问题的约定。当时约定卖方在150日之内把户口迁出，如果不迁出也约定了违约金。但是后来李女士发现，卖方的户口根本没有迁走，便多次打电话询问。卖方给出的答案是，户口也不是自己的，而是上一家业主的。之后李女士一直就没有联系上卖方。

现在，李女士想将房屋出售，在卖房的同时只要人家一听说房子内有户口，要么买家就不买了，要么就直接要求降价。李女士认为，房屋内的户口问题已经直接影响到自己的切身利益，急需解决。无奈之下求助栏目组，希望崔爽律师能够帮自己解决问题。

律师支招

李 女 士　我已经多次联系之前的卖方了，但是人家说户口也不是他的，我是该找他吗？还是我应该怎么办？

崔爽律师　对于您该找谁来解决这件事，首先我们来看是谁跟您签订的合同。您只找和您签订合同的这一方，也就是我们的合同相对方。因为在您2013年所签订的那份买卖合同中，无论是否通过中介，合同中也是有关于户口要在什么时间迁出的约定的。也就是说，他作为房屋出卖方在把房子卖给您的时候，他是有义务在一定期限内将房子中所有的户口迁出的。至于这个户口是他的还是他的家人的，还是他允许别人的又或者是上家或上上家的，跟您是没有关系的。因为合同关系是您与卖方形成的，那么就应该由卖方来负责解决在房子出售过程中所涉及的所有问题。如果对方不配合您，确实也只能通过法律的方式来维护自己的权益，否则的话户口不迁出势必影响您卖房。如果您现在不解决户口的问题，除非您在出卖房子的时候，就要写明这里边有一个户口，我是不能保证什么时间迁出的，否则您一样会对新的买房人去承担逾期户口不能迁出的法律后果。逾期不迁出户口，确实需要承担相应的违约责任。但是这里边有一个比较麻烦的问题，就是鉴于我们国家现在的户籍制度，在不迁出的情况下，目前只能是依据法律的规定或者合同的约定，让对方来承担逾期迁出的违约责任，也就是违约金。如果对方宁可承担违约金也不迁走户口，在这种情况下，可能对于目前法律规定来讲，确实还没有办法能够强制他把户口迁出。这一点可能对于您来讲是一个小的困扰点。

李 女 士 **我还是希望他能够将户口迁出，这样后续我再卖房也会比较踏实。**

崔爽律师 最彻底的解决方法一定是他配合把户口迁走，如果说确实不迁走，您可以通过户籍所在地的派出所，也就是到公安机关找到在咱们房子中有户口的这个人的联系方式，然后迈过卖方直接和这个人进行沟通来解决，看看通过这样的形式将您的问题解决。毕竟您是在2013年买的房子，时间过去这么久了您的卖方可能就不愿意管这件事了，那么您通过起诉他，要求他承担违约金这样的方式，也会给他一定的压力，让他站出来和您一起解决问题。

李 女 士 **我们在签订协议之后又签订了一份补充协议，补充协议中有一些变化，是不是我就不能再提违约金的事情了？**

崔爽律师 您这个顾虑是考虑的有点多了，完全不存在这样的情况。我们说补充协议是对原协议的补充，如果补充协议中的内容与原协议中的内容相冲突的，比如就是您说的原协议中约定的150日迁出而补充协议中变更为150个工作日，这样的冲突，一定是以补充协议为准。但如果补充协议中未涉及的条款依然以原协议为准。所以无论是150日还是150个工作日，对方都已经超出了时间，需要支付违约金。

（北京市盈科律师事务所　崔　爽）

哥哥不履行分家协议，我该怎么办

拆迁，对于普通人来说，一直都是一个牵动人心的话题。“一夜暴富”的过程里，总有各种各样令人感慨和唏嘘的事情发生。但也只有经历过动迁的人，才知道真实的生活往往和人云亦云的传言有着极大的不同。

孙女士的公公婆婆去世多年，留下老宅的宅基地。孙女士的爱人兄弟两人，一直关系很好，后来大哥批了一块养殖地，为了和大哥一起把小日子过得红火起来，孙女士的爱人将准备买楼房的钱也投在了哥哥的养殖地。时隔多年后，两处宅基地遇到拆迁，大哥对之前的承诺避而不谈，难道孙女士和爱人在养殖地上的投入就没有一分钱的补偿吗？老宅拆迁大哥还能与孙女士的爱人分割财产吗？

案例回顾

孙女士的公公和婆婆去世多年，给家中兄弟二人留下一处老宅。多年以前大哥又批了一块养殖地，原本准备买楼房的孙女士一家，经过夫妻俩的反复权衡，最终放弃买楼，兄弟俩共同出资建造大哥批下来的养殖地。

两家人在养殖地上建造了房屋，也共同居住了好几年。后来，孙女士的爱人在父母留下的老宅上建造了房屋，孙女士一家搬回老宅居住。

当初，大哥承诺老宅是兄弟俩一人一半，由于养殖地也是兄弟俩共同出资建筑，兄弟俩人也是一人一半。如今，两块宅基地面临拆迁，大哥批的养殖地的拆迁利益，一分钱都未分给孙女士的爱人。老宅拆迁，大哥又提出要跟孙女士一家分老宅的拆迁利益。这让孙女士很是气愤，难道当初的承诺就可以不履行了吗？如果大哥不分给孙女士爱人养殖地的拆迁利益，老宅的拆迁利益还应该有大哥的吗？

面对孙女士的种种困惑，我们来看看崔爽律师如何解答。

律师支招

孙 女 士 我就想知道，作为大哥他能不能享受两次拆迁安置，这样做合理吗？养殖地当初是大哥承诺的一人一半，我们是不是也应该享有养殖地的拆迁利益？

崔爽律师 实际上孙女士的大哥真的不叫享受两次拆迁安置，我们认为法律意义上的两次安置，是针对同一个拆迁项目。同一个拆迁项目肯定只能安置一次。对于您提到的关于养殖地的拆迁安置，实际上刚才您已经说了，养殖地是兄弟两个人出资建的房，那么一旦涉及拆迁的话，关于地上物的加盖部分，谁出资建的那么相应的拆迁利益原则上就应该归谁所有。如果你们双方没有再另行针对养殖地的地上建筑签订承诺书，那么你们出资加盖那部分，所获得的拆迁利益就是您们的，大哥出资加盖那部分所获得的利益就是你大哥的。关于养殖地到底谁是地的使用权人，在拆迁的时候，谁是地的使用权人，拆迁利益就应该给谁。

孙 女 士 我们在拆迁办签了一份承诺书，现在大哥又不去履行，我们该怎么办？

崔爽律师 这个承诺书主要的内容就是针对老宅以及这块养殖地的宅基地拆迁以后钱和房要怎么分配。双方写的已经很清楚了，而且在双方都已经签字确认的情况下，没有特别的事由是没有办法反悔的。无论是您还是大哥，都没有办法反悔。如果大哥不履行，比如说他多占了拆迁利益，他多占那部分您是可以依据承诺书，向他主张要回来，法律上一定是保护您的。

孙 女 士 我想问您一下，我们签的承诺书为什么在拆迁公司履行不了？

崔爽律师 在进行拆迁的时候，拆迁公司可能不会给你们分得这么细。不会按照什么归大哥，什么归您这种方式来分配利益，这不是拆迁公司要干的事儿。那么拆迁公司可能只依据拆迁的地上物以及拆迁的

土地的现状，进行一个统一的利益分配，在分配完成之后你们双方也就是兄弟两个人，再按照这个承诺书进行划分。任何一方不服，认为划分的没有按照承诺书履行，都可以起诉到法院，法律上都是支持的。

（北京市盈科律师事务所　崔　爽）

苏大强有苏明玉来帮自己填窟窿，我的养老钱找谁要

热播电视剧《都挺好》中，苏父经朋友老聂介绍，将仅有的积蓄6万元投入了一款年化收益率高达15%的理财产品。一夜之间，公司人去楼空，苏父痛哭流涕，为此高血压飙升住进了医院。最后不得已之下，明玉自掏腰包填了苏父的窟窿，苏父的精神状态才渐渐好转。现实生活中，有多少老年人禁不住甜言蜜语或利益诱惑，掉进高收益的骗局。这些骗局不但骗取了老年人毕生积蓄，而且会给他们的身心造成极大打击。

王先生在自己的生活中恐怕就扮演了一次苏大强的角色，将自己毕生的积蓄投给了一个自认为非常靠谱的投资项目。如今将要面临血本无归的境遇，王先生的养老钱能通过法律手段要回来吗？

案例回顾

王先生今年已经74岁高龄，是郭公庄的村民。前几年拆迁后有点补偿款，经

过张某的介绍，获知一家公司要做民间借贷，不仅有较好的收益还有担保公司作担保，万一公司不能还款担保公司可以让借款人卖掉设备来还款。

面对这样的条件，让王先生及村民都信以为真，认为这是一次比较好的投资、养老机会，于是纷纷将自己的养老钱拿出来，借款给这家公司。

现在，事情已经过去两三年了，当初签订的协议也已经陆续到期，而王先生非但没有拿到当初承诺的利息，就连本金现在都回款困难。

王先生现在没有收入，只能依靠国家给老年人的每月200元维持生活，想要起诉欠款公司无奈兜里没钱，可不去起诉这家企业，这钱可能就完全拿不回来了。王先生无奈之下寻求栏目组的帮助，希望律师能帮帮他们，尽快将钱要回来。

律师支招

王　先　生　2013年开始由中间人带领去担保公司签订借款合同，陆陆续续一共借了两次，利息是一年的18%、两年的23%，至于钱转到哪，我们并不知道，只是去银行办理了相应的手续。

黄兴国律师　就您合同中所涉及的这家担保公司，现在在网上公示出来的，就因为借款合同已经被人家告了59次，其中它所涉及的裁判文书大概有150多个，因为判他赔偿而不去偿还被法院申请强制执行的也有将近30次，所以在这种情况下，我们可以看到这个企业实际上是没有什么意愿去承担一个还款责任的。那么面对这样的情况，首先这家公司是不是存在，是否是真实的借款，再有他向我们借的款是不是真的存在能给我们23%，这么高的利息返还，我觉得这些都很难讲。而且从2015年开始，我们陆续看到这家公司已经被告了200多次，基本上都是基于借贷的关系，所以您的事情通过民事诉讼能不能解决，我们现在在拿回钱的这个问题要打上一个大大的问号了。

王　先　生　那么现在这样的情况，我们拿回钱的困难在哪？

黄兴国律师　首先如果我们通过诉讼的方式解决，那我们要证明钱打给他了，需要去银行查流水，通过我们的合同来起诉对方公司。即便官

司赢了，第二步就是执行，刚才我们看到有大量的执行案件都在排队，这家公司都没有去履行，从拿到钱的角度来说，还有一份担保合同，也就是还有担保的企业。比如说主合同约定的债务企业没办法偿还，能让担保的公司来承担一部分责任。但实际情况刚才我们也查了一下，担保公司的情况也并不乐观，而且根本没有什么还款的意愿，所以您的这个遭遇可能简单地通过民事诉讼很难实现，我怀疑可能您和村民，是不是也遭遇了那种套路贷。所以我建议在民事诉讼作为一种途径的情况下，您和村民是不是也要考虑报案等其他手段。

王　先　生　如果报案我们应该以什么样的理由报案？

黄兴国律师　我们可以以非法集资或者集资诈骗先去报案。因为中间人在里边到底扮演了什么角色，通过我们自己很难查清楚。如果说公安机关认为属于合同纠纷，不能通过这种方式来解决的话，我们马上就要开始提起民事诉讼，通过民事诉讼，首先确认我们手里是有这笔债权，然后再去考虑下一步通过什么方式执行。

（北京市盈科律师事务所　黄兴国）

同为拆迁被安置人，为何拆迁补偿只有弟弟的

宅基地拆迁时的补偿，为了公平和便于操作，基本都采取分头补偿的办法，就是分为宅基地补偿、房屋即地上附着物补偿、租房补贴、签约奖励等，而不是笼统地每户补偿多少钱。

来到节目中寻求帮助的王女士，在自家宅基地拆迁的时候，拆迁办只让弟弟一个人签署了拆迁补偿协议，难道同在一个户口本上，拆迁补偿只有弟弟的没有王女士的份额吗？

案例回顾 ≫

2018 年，王女士家中拆迁，自己和弟弟同在一个户口本里。王女士家中的宅基地是母亲早年申请的，在 1997 年确权的时候，使用权证书就变更成王女士弟弟的名字。

如今家中拆迁，拆迁办只跟弟弟一个人签了拆迁补偿协议。关于拆迁补偿利益一直困扰着王女士，难道自己没有签拆迁补偿协议，就没有自己的拆迁补偿利益了吗？到底王女士能否获得拆迁补偿利益，让我们看看崔爽律师怎么说。

律师支招

王 女 士　这个拆迁补偿协议，我弟弟也不知道都是一些什么内容就签字了，这样合理吗？

崔爽律师　关于您说的，拆迁补偿协议不管是别人代签包括代摁手印的那份文件，认不认可的权利在您弟弟那，如果您弟弟认为这是替我签的

我不认可，或者是别人代签，他认为内容能接受且他认可，这都不是您主张的范围，而是您弟弟该主张的。根据您的情况，如果您认为是拆迁办侵犯了您的利益，也就是说应该给您拆迁利益，但是他没有给您，那么您起诉的主体应该是拆迁办。依据您的户口在那且地上有您加盖的房屋，要看拆迁办能不能和您单独签订拆迁协议。如果能，当然您的权利能得到维护。如果不能，那可能您诉的主体就会发生变化，也就是您的弟弟才是被诉的主体，因为是他已经代替所有人的利益，在拆迁补偿协议上签字，如果是他一个人签字之后，并没有给其他人一个有效且合理的利益分配，那么您要协商或者起诉的人应该是您的弟弟。

王女士　为什么我跟我弟弟在一个户口本上，只让弟弟签了拆迁补偿协议，我的拆迁补偿该跟谁要？

崔爽律师　是这样的，在拆迁的时候，因为宅基地的使用权人毕竟不是您，而是您弟弟，所以原则上讲，拆迁办它所对的主体只是宅基地的使用权人，然后只有宅基地的使用权人签订拆迁协议，其他人都是在拆迁协议中作为被安置人，来享有一定的拆迁利益。对于宅基地上您也出了钱，在上面盖了房子，而您出钱在上面盖的房子，其实已经经过评估作价，然后把相应的拆迁利益给了您弟弟。因为您弟弟才是被拆迁人。现在作为拆迁单位来说，他们认为宅基地是谁的地上物原则上讲就应该是谁的，如果你的地上物有其他人的利益，那么是被拆迁安置人也就是宅基地的使用权人跟其他人去协商解决的问题。作为拆迁办并不对其他的任何人，只对宅基地的使用权人进行安置。

王女士　那我该如何要回我的拆迁利益？

崔爽律师　您可以通过起诉的方式，申请法院去调取您弟弟和拆迁办所签订的这份拆迁协议，具体地看一下拆迁协议里边的内容，有没有牵扯到您利益的地方，如果牵扯到您的利益，那么相应比例的价值财产就应该是您的。这是您在这件事情中最有效的解决途径。

帮忙团支招

在听完了王女士的叙述后，赵可老师帮王女士进一步详细地解读该如何维护自己的权益。王女士一直认为是拆迁办没有给自己拆迁安置利益，实际上是王女士对整件事产生了误会。

在拆迁过程中，对王女士有利的有两个点。第一，王女士的户口在拆迁的宅基地上。第二，在拆迁的宅基地上有王女士加盖的房屋。

按照拆迁补偿方案，王女士是被安置人或者一个被补偿人，因为拆迁办不可能与宅基地上所有的被安置人都分别签订一份协议，拆迁办是不能帮助每一户家庭细致地分割拆迁补偿，所以，拆迁办只按照权证来认定到底谁是宅基地的权证所有人，认定宅基地所有人之后是根据拆迁政策与宅基地使用权人来协商一个安置方案。所以，是在这样的情况下，拆迁办只和王女士的弟弟签订了拆迁补偿协议。在王女士的弟弟签完补偿协议之后，实际上就是整个宅基地，包括宅基地的面积和地上物的价值以及多少常住人口和户籍全部进行了补偿。

那么王女士现在需要做的是跟您弟弟协商，在协商前您需要做一件重要的事情，就是先要拿到您弟弟签的拆迁补偿协议，在看清拆迁补偿条款之后与弟弟针对拆迁利益的分配进行协商，如果在不能协商的情况下，王女士是可以通过诉讼的方式来追索自己应得的这部分利益。

（北京市盈科律师事务所　崔　爽）

老人去世后，我如何查清老人的遗产有多少？该归谁

遗产分配是指财产所有人在死亡后根据法定继承、遗嘱或其他法律规定对其遗产的分配制度。在遗产继承方面需要大家知道，遗嘱继承效力高于法定继承，低于遗赠扶养协议。那么对于多子女家庭，没有遗嘱的遗产该如何分配？

来到节目中寻求帮助的刘先生，在爷爷和奶奶去世后，父辈们为了遗产产生纠纷。刘先生寻求律师的帮助，希望能搞明白爷爷和奶奶留下的遗产到底应该怎么分配。

案例回顾

刘先生的爷爷和奶奶相继去世，留下两套房子和一些存款。其中一套已经购买成产权房，另一套房爷爷是承租人，由于两位老人均没有留下遗嘱，对于遗产的继承刘先生的父亲、叔叔和姑姑需要确定自己的份额，为此家中发生了一些不愉快的事情。

现在刘先生的姑姑要将爷爷已经买下的房子过户到自己名下，然后把另一套房出租。出租以后所得的收益没有给刘先生的父亲，刘先生的父亲情急之下去和姑姑交涉，谈着谈着刘先生的父亲和姑姑就要动手。刘先生只得先行离开，随后父亲也追了出来。没想到在半路上，刘先生的父亲突然瘫了。

在爷爷奶奶去世之后，刘先生的父亲和叔叔还有姑姑做过一次房产公证，公证内容是爷爷奶奶留下的房产归兄妹三人共同拥有。刘先生觉得属于自己父亲继承的份额目前还没有着落，也不清楚爷爷和奶奶到底在银行留有多少存款。面对这些疑惑刘先生找到栏目组，希望律师帮自己分析一下，该如何拿回属于父亲的份额，该如何才能清楚地知道爷爷和奶奶到底留有多少存款？让我们看看崔爽律师是如何帮助刘先生的。

律师支招

刘 先 生 已经有产权证的房产明明应该归三个人平分，在换发房产证的问题上，姑姑已经就遗产分割的问题起诉，起诉之后要求将房子过户到她一个人的名下，这合理吗？

崔爽律师 其实您这套有产权的房产还是很清晰的，您的父亲、叔叔和姑姑已经做完公证，如果您父亲和叔叔不同意将房产过户到您姑姑的名下，您姑姑是无法完成过户手续的。您可以通过诉讼的方式要求将爷爷留下的一套产权房，进行每个子女1/3份额的确权处理。之后您可以按照流程下发三个房本就可以了。

刘 先 生 爷爷还有一套承租房，这套承租房可以出租吗？出租之后所获得的租金是不是应该有我父亲的？

崔爽律师 对于这套承租房，现在还是您爷爷的名字，至于说把承租人变更为谁，需要您父亲他们兄妹三个人协商解决，在协商不成的情况下，可以分别向房屋的出租单位提出申请。看相关单位是否能够根据实际情况，确定把承租人进行变更。如果说相关单位也不管，那这个房子作为继承人，您父亲他们兄妹三人任何一方，都可以使用，但是不可以进行出租。因为承租房是不能出租的，否则可能导致房屋被相关出租的部门收回的风险。

刘 先 生 另外，我们想知道爷爷奶奶到底留下多少钱，钱是什么时候提走的？这些我们可以查到吗？

崔爽律师 关于银行的存款，您可以在诉讼中一并提出来。您只要知道是哪家银行，就可以向法院提出申请，由法院出具调令，来调取您爷爷和奶奶在相应银行的银行开户以及相关银行卡的支出明细。可以申请拿法院的调令再给银行柜台查询，银行在给您出具相关的明细之后，您就可以看出款项支出的时间。如果是在老人去世前的

话，是一般性质的支出，是老人的正常支出。如果是在老人去世之后，那么银行柜台一定会保存是谁去柜台取了这笔钱，如果确实是您的姑姑，那取出来的这笔钱又不是为老人，比如说丧葬费用支出，那么您姑姑就应该把这个钱返还回来，作为遗产由三个子女平均分配。

（北京市盈科律师事务所 崔 爽）

轻信他人言语购买巨额股票，如今损失百万我该如何维权

在股市里面有一个比较有趣的现象，所有人都有一种心态，就是众人皆睡我独醒，大家都认为在股市大风大浪中自己是最明白的人。所以一旦“我认为某件事应该怎么做”，那么必然就会义无反顾地去做。但也许就是这样一种心态，成为众多投资者的死穴。

来到节目中寻求帮助的郭先生，在对方身份不明的情况下，听信他人言语购买了巨额股票。如今来到节目组不仅为了寻求律师的帮助，还为现身说法提醒广大观众的注意。

案例回顾

2017 年下半年，一位“年轻貌美”的女士反复要求加郭先生为微信好友，出于

好奇,郭先生通过了添加请求,谁知道,正是这一举措让郭先生损失了260万元。

随后,这位女士说她是做股票的,在一家专门负责新三板上市的金融机构工作。还向郭先生介绍说自己有一个叔叔是专门做上市公司的总监,她在给这位总监当助理。并声称可以帮郭先生找到新三板上市的公司,申请到原始股。

最开始,郭先生也不相信,可随着接触的加深,郭先生与这位女士还是建立了信任关系。她推荐郭先生购买自己公司的股票,郭先生也就答应了。

郭先生新三板的开户手续是这位女士帮忙找垫资公司开户的,所有的钱也是经过她转入账户的。这样的开户流程,其实已经属于违规开户,由于没有连续10日流水达到500万元,又是这位女士告诉郭先生该如何操作。前前后后郭先生一共投资了250多万元,本想着可以发家致富的郭先生,却发现事情并非那么理想。当初是12.5元购买的股票,现在仅剩2.05元,再加上新三板交易并非那么简单,现在面临卖也卖不掉的情况。现在因为股票亏损的厉害,郭先生再次联系这位女士的时候,她称自己已经离职了。

面对超过百万元的亏损,郭先生能追回自己的钱款吗?让我们看看杨龙幸律师怎么说。

律师支招

郭 先 生 我是完全不了解金融投资的,我想问一下从开户的角度来讲这个新三板会有什么特别的要求吗?

杨龙幸律师 新三板开户是有严格要求的,投资者本人名下前一交易日,日终证券类资产市值500万元人民币以上。证券类资产包括客户交易结算资金、股票、基金、债券、券商集合理财产品等,信用证券账户资产除外。具有两年以上证券投资经验,或具有会计、金融、投资、财经等相关专业背景或培训经历。严格的要求是为了保护投资者的利益,就是并不鼓励不具备一定经济基础或者不具备相关金融知识的人员,操作这方面的股票,更多的是为了降低风险。

郭 先 生 我想问一下律师,就我自己的这个事情能否认定为对方诈骗?

在开户的时候对方垫资是否有违规的地方？

杨龙幸律师　诈骗首先就是以非法占有为目的，对方没有把您的钱财私自占有，也没有欺骗您。而所有相关的操作，都是在您自愿的前提下进行的操作，所以说这个情况不构成诈骗。帮您开户的是一家典当行，按照典当行的行业规定它是不具备带客户去垫资开户的经营范围，只能说从行政处罚上它的主管部门、商务部门会让其承担行政处罚责任。或者说典当行有其他犯罪行为的话，可以向公安机关举报，但对于您个人来说，获得不了什么样的补偿。

郭　先　生　面对如此遭遇，我还能维权吗？需要做什么相应的准备？

杨龙幸律师　首先，需要您证明这不是一个个案；其次，就是跟您聊天的这个女士，她是不是根本就不是这家公司的员工；再次，需要证明她除了跟你微信聊天以外，还欺骗了其他人；最后，就是她卖这个公司股票，完全是夸大公司的经营模式，骗取您去买，其实公司根本就不存在或者根本就没有上市计划。这几个方面都可以去找相应的一些证据，达到一定金额的时候，公安机关会考虑立案。毕竟如果人数众多，确实引起社会的一些不稳定因素，我觉得公安机关肯定会考虑进行立案侦查。

帮忙团支招

赵可老师在听完了郭先生的叙述后表示，股票市场本身就是一个有风险的市场，俗话说股票投资有风险，所以大家要谨慎入市。对于新三板就更不一样，在新三板上市的一些企业中，真的有成长型的公司，未来会有很高的盈利预期，而对于初期的投资者来说，这些公司如何甄别是一个非常非常专业的问题。目前很多专业人士都未必能够选到这样的好公司，所以对于我们个人来说甄选优质的公司就变得更加困难。

对于郭先生的案件来说，如果是一些人串联起来，通过这样一个合法的手段来骗取一些没有金融知识或者金融知识很少的人去投资，那可能真的就不是一个民事行为或者行政行为，就有刑事犯罪的可能性了。但现在我们缺少相关的证据，所以对于郭先生来说，需要按照杨律师说的，收集与您有类似遭遇的朋友，看看所投资的股票是不是同一个公司，跟您一起聊天的这个人她是否也一样去跟别人推销公司的新三板股票。如果有这样的说辞，我们再去分析她是不是有故意的行为，这样可能性质就完全不一样了。

（北京市盈科律师事务所　杨龙幸）

弟弟出售父母留下的房产，难道房子没有我的份吗

房子对于一个家庭来说，地位绝对不容小觑。“房改房”俗称单位房，由于历史的原因，它是把单位的公有住房用最原始的成本价格卖给员工的一种方式，其实也是一种变相的工资补偿，可以让员工在享受因为国家住房制度改革，而获得价格更加低廉的住房。而关于这类房产的继承也大有说辞。

来到节目中寻求帮助的王先生，在没有搞清楚自家房子性质的时候，认为弟弟将房产私自售出是侵犯了自己的权利，到底王先生家围绕房子发生了什么事呢？王先生能够维护自己的权益吗？

案例回顾

王先生在东北老家有一处房产，是老人遗留下来。房子是当年父亲单位分配

的福利住房,随着父母的先后离世,围绕房子的相关问题使王先生产生困惑。

一直以来,王先生都认为房子在被弟弟出租,由于租金不高,王先生也一直没有跟弟弟详细地算账。一次偶然的机会,王先生从老乡的口中得知,父母留下的房子已经被弟弟出售了。得知消息后的王先生赶紧联系在老家的弟弟,希望弟弟能给自己一个合理的解释。

兄弟俩为了房子的问题产生了纠纷。弟弟指出在2012年房改的时候,打电话通知了王先生,是王先生没有弄清到底是怎么回事,没有回来签字。而王先生则认为,自己一直没有放弃对房子的继承权,弟弟私自处置房产是自己所不能接受的。

对于父母留下的这套房,王先生还能享受相应的继承份额吗?弟弟私自卖房是不是侵犯了王先生的权益?面对王先生的疑虑,让我们来看看崔爽律师如何回答。

王 先 生 房子是父亲的单位分配的公租房,2012年的时候进行房改,如今他出售这套房产是否需要我们签字?

崔爽律师 在您的咨询中,您对于房屋的性质并不是十分的清楚,而实际上此次事件中的“分水岭”就是房屋的性质。如果房屋性质为承租房,王先生父母去世后,由于弟弟一直居住使用,弟弟完全拥有主动变更承租人的资格或者符合原产权单位对变更新承租人的条件,并且在变更承租人后根据政策缴纳部分购房款,成为房屋产权人获得了处置房屋的权利。在这样的情况下,弟弟是有权处置这套房产的,无须其他姐妹的签字。

王 先 生 我从来没有表示放弃对父亲遗产的继承。您刚才解释了如果这套房子是承租房的情况,如果父亲在世的时候就已经是产权房的话,我还能主张自己的份额吗?

崔爽律师 但是,咱们再假定,说这套房当时登记在您父亲名下的时候,就是一套产权房,后来你父亲去世,在父亲去世之前房产的权属没有发生任何变更,父亲去世之后无论您弟弟是通过什么样的方式,把房子变更到了自己名下,只要您没有明确表示过,我放弃继承父亲的遗产,那么他现在擅自变更到自己名下并再次完成出售,整个的行为都侵犯了您的权利。您是可以依照我国《继承法》的相关规定，主张您应该分得的遗产份额。

（北京市盈科律师事务所　崔　爽）

弟弟没有尽孝，我为母亲讨说法

俗话说得好“百善孝为先”，这是我们国家一直流传的一种优良的传统，也是我们国家的立足之本。父母陪伴着子女成长，子女成人后就该报答父母的养育之恩，对父母尽孝。子女不赡养父母，不仅会受到道德谴责，还要承担一定的民事和刑事法律责任。那么，老人去世，对于不尽孝的子女，还能分到遗产吗？

来到节目中寻求帮助的张先生，因为自己的弟弟未对母亲尽到赡养的义务，张先生希望能为母亲讨个说法。来自北京市盈科律师事务所的张晓英律师和帮忙团成员赵可老师，将在节目中为张先生详细地分析关于自家房产的那些事。

案例回顾 》

张先生家中一共有兄妹 5 人，30 年前，父母为了孩子的小日子都能过得红红火火，便早早地立下了分家单。一处老房子归张先生所有，一处新宅归弟弟所有。在这份分家单中有一个约束，就是张先生和弟弟每人赡养一位老人。

30 年过去了，在母亲需要照顾的时候，弟弟却不履行当初的承诺，没有尽到赡养母亲的责任。张先生的母亲被逼无奈，离开她几十年一直居住的房子，去张先生妹妹家度过的晚年。

面对弟弟仅仅与母亲距离几百米远，一年半时间没有探望过母亲，连个电话也不打，连碗水都没有给母亲倒过的做法，张先生很是气愤。作为哥哥，张先生希望能帮母亲讨一个说法，现在弟弟的这套房依然是张先生母亲的名字，老人最后希望几个子女平均分配房产，老人的愿望能实现吗？让我们看看张晓英律师如何解答。

30 年过去了，在母亲需要照顾的时候，弟弟却不履行当初的承诺，没有尽到赡养母亲的责任。张先生的母亲被逼无奈，离开她几十年一直居住的房子，去张先生妹妹家度过的晚年。

面对弟弟仅仅与母亲距离几百米远，一年半时间没有探望过母亲，连个电话也不打，连碗水都没有给母亲倒过的做法，张先生很是气愤。作为哥哥，张先生希望能帮母亲讨一个说法，现在弟弟的这套房依然是张先生母亲的名字，老人最后希望几个子女平均分配房产，老人的愿望能实现吗？让我们看看张晓英律师如何解答。

律师支招

张先生　对于母亲想让子女平均分配财产的意愿，我有一个录音资料还有一份分家单，想请律师看一下是否有效？

张晓英律师　一般情况下我们遗嘱有自书遗嘱、公证遗嘱还有这种像录音、录像的遗嘱。在您这份录音当中，一直存在其他人引导着您母亲来陈述的情况，而且老人当时是 83 岁，在自我陈述当中存在一个表达不是很清晰的状况。所以我们还需要结合其他的证据，来确认您母亲的真实意思。在分家单上，我看到有 4 个人的签字，还有一个代笔人。签字人是大队负责人，没有您弟弟签字，也没有您父母的签字，有可能分家单是无效的。因为正常情况下，在处置自己财产的时候，要有本人的签字，这是代表本人的真实意思。作为财产所有权人，并没有在分家单上有任何签字，甚至盖章或者捺手印的一个痕迹。所以这样的话，不管是录音还是分家单，我们都没办法确认是不是权利人的真实意思表示。

张先生　现在已经登记在我名下的房产还需要走法定继承手续吗？

张晓英律师　在法官审理的过程中，会对事实进行一个倒推。对于已经登记在张先生名下的房产,如果推定为父母的真实意愿,则不进入法定继承。对于弟弟的这套房产,在分家单里存在一个附赡养义务的问题,如果弟弟对母亲没有尽到赡养义务,就是没有履行这个协议的内容。而且实际上弟弟也没有在此实际居住,那么这套房产将按照法定继承。

张　先　生　面对这样的情况,我该如何收集证据?另外弟弟不赡养老人,是不是在分配遗产的时候可以少分?

张晓英律师　赡养父母除了在生活上资助或者在父母存在身体状况不好,需要医疗救治等环节上,作为儿女,有没有合理地、有效地陪伴老人。从弟弟本人来说的话,既不看望,也没有照顾老人。您就从这些切入点去找相关的证据,来证明他没有尽到赡养的义务。如果确定了弟弟没有履行赡养的义务,也就是这些证据链都能够成立的话,在分配母亲遗产的时候,没有尽到赡养义务的子女,原则上是少分或者不分。

嘉宾观点

听完了张先生陈述,赵可老师表示,赡养老人是子女应尽的义务,这与老人给儿女留下多少财产无关。

对于张先生来讲,现在需要做的就是收集关于弟弟不尽赡养义务的相关证据。虽然分家单上没有父母的签字,但是在这个过程当中,张先生的母亲一直是认可这个事实并且没有异议的。那么对分家单中所涉及的已经在张先生名下的房产,可能从法院的判定上来说出现两种结果。其一,会存在一个部分有效的问题。其二,张先生一直在这套房子内居住,而且已经翻盖了房子,并且在翻盖的过程中也得到了国家相关机构的认可,所以即使是无权处分的情况,那么也有事后追认的问题。也就是说,在整个过程中张先生的父母都没有提出过异议,可能也表示了老人家对这个事情的认可。所以张先生这套房子还是有可能不走法定继承的。

（北京市盈科律师事务所　张晓英）

告知抄袭者,下笔请自重

知识产权也称为“知识所属权”,是指“权利人对其智力劳动所创作的成果享有的财产权利”。著作权是权利人对作品等智力成果享有的权利,包括署名权、发表权、复制权、网络传播权及获得报酬权。随着相关制度的逐渐完善,知识产权是激发创新、创造活力的重要保障。近年来,人们对知识产权、著作权的认同度普遍提高,但依然有一些人存在模糊认识,盗版等侵权问题尚未得到根治。

1994 年 12 月 6 日,《人民日报》上刊登了一篇题为《自豪的别名文化》的文章,作者为郝俊文。虽然距今已经二十余年,但这篇文章在郝先生以及家人的心里,都有着很重的份量。今天走进栏目组寻求帮助的郝先生,只因一次无意间的搜索,竟然发现了一篇题为《骄傲的别名文化》的文章。郝先生仔细看来,这篇文章抄袭了自己的作品。现在,郝先生希望能通过法律武器维护自己的权益,让抄袭者声明、道歉。

案例回顾

20 年前,郝俊文还在大连陆军学院的时候,一个晴朗的夜晚,仰望星空,北斗七星看得清清楚楚,有感而发写下了《自豪的别名文化》,1994 年这篇文章顺利地发表在《人民日报》上。20 多年过去了,每每提及这篇文章仍然可以看出它在郝先生以及家人的心里都有着很重的分量。

大数据时代的来临,郝先生希望借助现在科技的力量再看看当初自己写的这篇文章。没想到竟然发现在 1997 年的一本杂志上刊登了一篇名为《骄傲的别名文化》的文章,这篇文章中除了将郝先生的自豪改为骄傲之外,内容没有任何的改动。

郝先生心生质疑,难道自己的文章被剽窃了吗?

这件事在已经过去20多年的时间才被发现,两篇文章的内容一模一样,心血之作竟然遭人冒名,这让郝先生十分气愤,希望当年剽窃自己文章的那位叫商一文的朋友,也能站出来说出事实真相。郝先生在无法联系到当年这位作者的情况下能够顺利维权吗?让我们看看张雅琴律师怎么说。

律师支招

郝 先 生 我认为,这位叫商一文的作者侵犯了我的权利,但是因为时间过长我无法联系到他,我该怎么办?

张雅琴律师 从规定来说,复制比例如果超过20%就视为剽窃,在学术当中是这么认定的。那么商一文这位作者,实际上已经侵犯了您的著作权,这是一定的。对于刊登这篇文章的杂志,根据《最高人民法院关于审理著作权民事纠纷案件的适用法律若干问题的解释》规定,出版者对于出版行为的授权、稿件的来源以及署名,所编辑出版物等未尽到合理注意义务的,造成了侵权的时候,应该承担赔偿责任。所以说,刊登剽窃文章的这个杂志也构成了对您著作权的一种侵害。

郝 先 生 事情已经过了20多年,但是我是2018年才发现的,这样的情况下,我还能维权吗?

张雅琴律师 现在您要实现维权的目的,出现了一些法律上的障碍。这个抄袭的作品,距今已经21年了,也找不着这个商一文的作者,他的身份信息以及地址都是不详的状态,这样的情况如果起诉的话,就等于没有一个明确的被告,也就是立案都立不了,这是一个障碍。另外一个障碍是,我国《民法通则》有明确的规定,诉讼时效是3年。就是说诉讼时效自权利人受到损害之日起计算,咱们的情况已经超过20年,这样的情况人民法院不予支持。所以说,现在您面临的是丧失胜诉的机会。

郝 先 生 事情已经这样了,您看我该怎么做才能减少损失?

张雅琴律师 这种(被)侵权行为,实际上在网络上依旧持续着,主要是因为文章被发布在搜索平台上。在百度上搜索依然可以查到,(文章)是在知网上刊登的。那么在这样的情况下,建议您向百度和知网提出告知,要求他们下撤稿件。如果网站不撤的话,您可以根据我国《信息网络传播权保护条例》,提起侵权诉讼。《信息网络传播权保护条例》里面规定了,像百度、知网这种提供搜索或者链接服务的平台,在被告知侵权的情况下,有删除的义务。如果不删除,就视为侵权。所以这也是您维权的一条路。

(北京市盈科律师事务所 张雅琴)

八套房产孰轻孰重,如何分配才能避免儿女纠纷

对于独生子女的家庭来说,父母的财产最终都会留给自己唯一的孩子,在自己需要养老的时候,也是这个唯一的孩子负责,对于独生子女家庭这点是没有什么需要考虑和讨论的。但是如果是再婚家庭,家里两个孩子不是一个母亲,这样的情况又该如何分配财产呢?晚年生活的费用和给儿女的财产该如何做才能有效避免儿女产生纠纷呢?

谢女士与丈夫生有一个女儿,女儿还小在读书,丈夫与前妻有一个儿子,儿子已经成家立业也有了自己的孩子。身患重病的夫妻二人该如何处理财产才能避免

今后孩子的纠纷呢？来自北京市盈科律师事务所的曹晓静律师，将在节目中帮谢女士解决困扰。

案例回顾

谢女士与丈夫于2000年结婚，丈夫与前妻有一个儿子，2005年的时候，谢女士又生下一个女儿。自1995年，谢女士的丈夫开始翻建自家的房子，当时翻建的房子一个是149.9平方米，一个是25.5平方米。在谢女士与丈夫结婚后，又先后盖了三次房。到2016年家中遇到拆迁的时候，房子的总面积已经有500平方米。所有房子的产权都是谢女士丈夫的。拆迁办依据谢女士家的情况分了8套房子。同时考虑到丈夫与前妻的儿子已经年满18岁，属于成年人，于是直接跟拆迁办协商，给儿子另外签订了一份拆迁补偿协议，直接将丈夫名下的2套房产给了儿子。另一份拆迁协议补偿给谢女士和丈夫及女儿6套房产。

如今谢女士身患癌症，丈夫的身体也不是很好，他们希望给女儿留2套房产，再给儿子1套房产。可是，由于拆迁安置房还没有房产证，公证处无法办理相关的手续。夫妇俩担心，万一有一天自己先走了，两个孩子以后为了房产发生争执。所以就想趁现在夫妻俩还有能力的时候，帮儿女弄清楚房产的分配问题，避免日后的纠纷。

律师支招

谢　女　士　我和我爱人，我们俩都写了遗嘱，想问一下律师我们的遗嘱是否有效？

曹晓静律师　看到您的遗嘱之后，实际上这是您和您爱人的自书遗嘱。您需要注意的是，在遗嘱中，你们各自只能处分各自的那一部分，在您的遗嘱中已经附加了一个期限，实际上法律规定就是被继承人死亡之后生效，所以您不用约定。您可以附加上女儿必须要尽赡养义务这样的条款。对您自书遗嘱有三点提示，第一，一定要写明遗嘱两个字；第二，遗嘱内容全部要由您和您爱人自书，也就是全部手写；第三，一定要写明落款和日期。

谢　女　士　除了房产还有一部分存款，属于儿子的已经给儿子了，那么剩下

的这部分我们老两口要如何写遗嘱？

曹晓静律师　给您一点提示，在遗嘱里您可以特定地将这个房屋，留给您的子女，但是要注明比如说，给我女儿个人所有或者给我儿子个人所有，只有这样才能排除他配偶的权利。对于您存款的情况，您可以列一下存款账号的明细，说清楚钱留给谁，就可以了。鉴于您的情况，因为房子没有房本，所以您自书遗嘱只要符合法定的要件，是不需要办理相关公证手续的。

谢　女　士　我很担心，儿子有一天会说，这个房子里有我妈妈的份额，如果遇到这样的情况我该怎么办？

曹晓静律师　您除了遗嘱之外可以再签一份家庭析产协议，就是家庭成员对共同共有的房屋的一种处分。在析产协议中，可以说清楚比如留两套房子，是归你们夫妻所有；另外一套三居室的房子归女儿所有；还有某个房子给女儿所有以及哪套房产是归儿子所有，之后所有的家庭成员都在协议上签字。这样一来，您的遗嘱您留一份，再签订一份析产协议，就可以解决您担心的问题了。

（北京市盈科律师事务所　曹晓静）

借钱容易！还钱不易！我该怎么办

中国自古以来就是一个人情社会，很多人愿意为朋友两肋插刀。经常在饭桌上、酒场上你一声兄弟，我一声大哥地就把钱借出去了。也有些是要好的亲戚朋友，一说买房、看病、投资、急用，二话不说把钱借出去了。虽说当时想想觉得不妥，但是碍于朋友之间的情面，很多人还是愿意伸出援助之手。当然，借钱的人能顺利还钱是最好不过也不伤和气，但是如果遇到借了不还钱的又该咋办呢？

王女士是一位资深的保险业从业人员，多年来的敬业工作让王女士结识了很多的朋友。前不久王女士出借了一笔50万元的款项，没想到这笔款项不仅影响了自己的生活，还对工作造成了很大的损失。到底王女士经历了什么事情？她的损失能挽回吗？来自北京市盈科律师事务所的崔爽律师，将在节目中帮王女士解决困扰。

案例回顾

王女士是一位资深的保险销售人员，多年来兢兢业业地工作，让王女士结识了很多朋友，其中有一位小吴不仅是王女士的客户还是很好的朋友。

2016年，小吴说她资金周转不过来了，希望王女士能借钱给她帮她渡过难关。王女士告诉小吴自己没有钱只有保单，小吴说那干脆用保单帮我贷款吧。于是，王女士帮小吴用保单贷款，借给了小吴50万元。借完钱之后，小吴只按照约定还了第一期的本息，后来就一直没有音信了。王女士再给小吴发微信，开始小吴还说，这边的事办完了一定回报王女士，后来就变成不回信息了。

2017年的春节，王女士还去小吴的家中看过她的家人，等到2019年再去她家的时候，就已经锁门找不着人了。走投无路之下，王女士找到栏目组，想请律师帮忙解决自己的困扰。王女士还能要回自己的借款吗？让我们来看看崔爽律师如何支招。

律师支招

王 女 士 我现在已经找不着她了，她在国外。我该如何找对方要回欠款？我通过保单贷款借给她钱，这样做违法吗？

崔爽律师 现在关于出借方面有几种方式。第一种是我自己有钱，直接借给对方；第二种是我没钱，是从我朋友那转借过来的钱借给对方；第三种是我自己没钱，但我有房子，拿我的房子去银行抵押，贷款出

来再借给对方。其实,不同的出借方式都会产生不同的后果。如果是第一种,我就拿我自有的钱借给您了,咱们的利息正常约定清楚,在法律保护范围之内就可以了。第二种转借就在现实中出现了很多的问题,这个钱不是我的,我可能就不着急了,因为钱是别人的,但是别人又没有办法直接跟借款人去要,原则上这种情况出现,就很尴尬。第三种是最恐怖的,就是我拿我自己的自有资产去银行办理抵押贷款,由于我贷款也是有成本的,那么我给你的利息就不可能按照银行的政策利率来约定。其实在民间借贷的司法解释中,明确规定这种是属于无效的范围,因为这属于高利转贷。这种高利贷的款进行再次的出借,是不受法律保护的,所以也真的要提醒咱们电视机前的观众朋友们,不要用这种方式帮助别人。

王女士 **我现在已经将银行的钱还完了,但是我找不到她人了,我该如何要回我的钱?**

崔爽律师 50万元您是正常打给她的,这个是有银行流水的,那么50万元从银行借出来的流水也是有的,借出来之后直接又打给了借款人,借款人出具了借据,实际上借贷关系就已经形成了。无论是从银行流水上还是从这张借据本身内容的体现上,您现在已经把银行的钱还完了,现在可以从法律上提起相关的主张,向她要求归还款项是没有任何问题和障碍的。这点跟您能否找到她的人,没什么太大关系。当然如果她常年在国外,您也不可能去国外找她。那么您可以在您自己居住所在地的人民法院向她提起相关的民事诉讼,以民间借贷为由要求她偿还本金,当然除这个本金之外还有银行的贷款成本和利息这两部分款项。在证据确凿的情况下,这些都是可以主张的。即便对方不出庭,法院也是可以通过公告的方式进行送达,公告期满正常开庭。开庭以后按照庭审的情况以及证据进行判决,在判决送达生效之后也可以正常地进入法院的执行程序。只要她没有移民,总是要回国的,只要进入了执行程序,可以申请法院把她纳入失信人的黑名单,除非她不回国,只要回来就必须面对自己的法律责任。

王 女 士 在寻找小吴的过程中,我发现她的保险账户中有价值47万元的保单,我能不能用这张保单来填补欠款。

崔爽律师 如果是这样的情况,其实对于您来说是非常有利的。她虽然不在国内,但是在起诉程序上是没有障碍的,那关于她的财产线索方面,只要您向法院提交,由法院来执行就可以了。即使她不出现,只要她有资产,是不需要得到她的同意,法院就可以通过正常的程序完成评估、拍卖以及相应变现的,那对于您来讲是有利的好消息。

(北京市盈科律师事务所 崔 爽)

耄耋之年的老人无人过问,打工在外的子女无暇照顾,谁来赡养年迈的老父亲

每当过年时,一支支回乡大军都会从五湖四海回到农村陪伴老人。许久未曾见面的一家人,在这一年团聚一次的饭桌上,大家相聊甚欢,但是总有一个话题必须说但是又不敢直说,那就是来年,谁来赡养老人……也许在外打拼奋斗多年后,我们才发现父母已经老了。让年迈的父母感受到来自子女的温暖,也是我们工作的动力,正所谓家庭幸福是财富的源泉。

秦女士一家姐妹六个，去年6月，六姐妹同时被父亲告上了法庭，父亲的要求很简单——想要女儿们尽赡养义务。那么，秦女士家的六姐妹为什么都没能照顾自己的父亲？这一家人的生活又是怎样的呢？

案例回顾

秦女士的老父亲如今已是80多岁高龄，独自一人在老家居住，无人照顾。秦女士家中姐妹六人，二姐当时在结婚的时候，招的上门女婿，老人与二姐一家在一起生活了将近两年就分家了。

秦女士姐妹几人分别在全国各地打工，一年也难得回家团聚一次。秦女士一直在北京工作，不能经常在老人身边照顾老人，但是一直坚持给老人赡养费。

2017年，秦女士的父亲先是起诉秦女士的二姐不赡养，结果法院判二姐每月给父亲200元的赡养费用。在法院判决后，秦女士的二姐并没有给老人赡养费，家中秦女士的四妹向法院申请了强制执行。结果，2018年6月秦女士的父亲将姐妹6人一并告上法院，诉由依旧是要求姐妹赡养老人。法院判决结果是每个子女每人每个月给父亲500元，其中赡养费300元，护理费200元。秦女士和老四还有家中的老六，一直都按法院的判决向老人按时支付赡养费和护理费，而老大、老二和老五从6月到8月只支付了300元的赡养费，从9月到现在索性一分钱都不再支付。

如今，秦女士的老爸已经是80多岁的老人了，秦女士求助栏目组，希望律师给出专业的指导，让六个子女能够按照法院的判决，按时地给父亲支付赡养费。秦女士这简单的诉求能得到解决吗？让我们来看看陈微律师如何解答。

律师支招

秦女士　家中姐妹几人一直商量不出一个统一的赡养方案，由于沟通不顺畅，我该如何解决老人的赡养问题？

陈微律师　赡养老人是一家人的事，六个子女各有各的忙，作为女儿建议您也回去一趟，跟其他姐妹商量一下，安抚劝慰一下有情绪的姐妹。比如经济条件不好的可以适当少给点，条件好的可以多给一点。法律是无情的，也是冰冷的，许多时候是解决不了家里的问题的。法院的判决只能解决姐妹之间给不给钱的问题，关于赡养和照顾，包括精神上老人的慰藉是解决不了的。如今，家中就只有一个老父亲了，在这样的情况下，让老人安度晚年是家中姐妹最核心的任务。

秦女士 法律上像我们的老人赡养的情况，会考虑哪些因素？

陈微律师 赡养老人不仅是指在物质上对老人付出，也包含精神上给予老人慰藉。子女对老人的情感需要漠视、一家人之间情感沟通不畅，是造成本案赡养不力的主要原因。在赡养老人的审判实践中，法官在判案的时候一方面会考虑家庭的具体情况，另一方面就是老人的实际需要，老人精神上的慰藉，这些都是法院判案时候的考量因素。因为婚姻家庭的案件，法官在审判的时候是情理法的结合，不是只考虑法律。

秦女士 如果不赡养老人，不尽赡养义务的话，要承担什么样的后果？

陈微律师 如果对没有生活能力和劳动能力的老人不尽赡养义务，导致老人冻、饿、生病等情形，情节严重会构成虐待罪或遗弃罪。在这样的情况下，将要面对的就是刑事责任的制裁，而不仅仅在民事层面了。而秦女士一家的情况只是沟通不畅导致的，为了家庭的和睦，老人的安逸晚年，建议您再努力去跟家庭中的其他姐妹共同商量出一个两全其美的赡养方案，姐妹们共同努力让老人安度晚年。

（北京市盈科律师事务所　陈　微）

母亲流浪养老,子女觊觎财产

中华民族是礼仪之邦,尊老、孝老是我们的优良传统。不可否认,家家有本难念的经,赡养纠纷的形成,可能具有多种原因,孰对孰错也难以厘清,但赡养老人是子女应尽的法律义务,应成为一种自觉行动。

王先生一家兄妹五人,老母亲如今已经90岁高龄,大弟弟一直霸占母亲的房产,老母亲无人赡养。那么,王先生老母亲的养老问题该如何解决呢?父亲多年前已经去世,大弟弟能否如他所说拥有一半房产吗?来自北京市盈科律师事务所的崔爽律师,将在节目中帮助王先生解决老母亲的赡养问题。

案例回顾

早在1993年,王先生的父母就在上海郊区买了一套41平方米的房子。当时王先生的父母看到王先生大弟弟的儿子没地方落户口,就把大弟弟跟儿子的户口迁入这套房子中。没想到父母的好心,却酿下祸根。如今王先生90多岁高龄的老母亲一直处于流浪养老的模式。

王先生是家中的老大,下面有两个弟弟和两个妹妹,一共五个孩子。弟弟妹妹都以各种理由不出钱,不想管老人。为了能让母亲安度晚年,王先生想在今年下半年将多年前父母购买的房产卖掉,将卖房所得的钱款用于老母亲的养老。

房子现在价值将近一百六七十万元,当王先生提出卖房的时候,大弟弟说要卖房他要得到整套房产的50%。王先生认为大弟弟的做法非常不合理,父亲去世后房产登记在母亲一个人名下,父亲在去世之前没有留有遗嘱,这套房子王先生能卖吗?又该如何才能卖掉房产为母亲养老呢?让我们看看崔爽律师如何说。

律师支招

王 先 生 崔律师想问您一下,我父亲是没有留下遗嘱的,这个房子的产权或者说份额到底是几个子女都有份还是说是我母亲一个人的?

崔爽律师 关于您这套房子的问题,还是比较清晰的,是属于父母的夫妻共同财产,一方在去世之前并没有留下遗嘱,那么在去世以后这套房产的50%是作为遗产要进行分配的,也就是法定继承。就是这套房产的50%本身就是您母亲的财产,剩下50%由您的母亲和五位子女平均分配,一人占1/6的份额。无论是您还是其他的兄弟姐妹,都只占1/6的份额,不可能说其中的大弟弟能拥有50%的份额,除非是大家同意的。

王 先 生 现在大弟弟住在房子内,我该怎么做才能保障老母亲的养老?

崔爽律师 我建议,无论是母亲还是其他兄弟姐妹,都可以提起诉讼到法院,要求进行法定继承。那么法院会按照法律规定的比例给各方进行一个比例分配。那么这套房子就属于六个人共有了。依据《物权法》的相关规定,应该是达到一定比例的时候,比如说2/3以上的人也就是绝大多数人都同意处理这套房子的时候,那房产是可以去进行处置的,也就是我们说的变卖或者以其他方式去进行变现。这样之后就达到了王先生来咱们节目的诉求。就是把这套房子卖了,分给兄弟姐妹的钱我们就分了,剩下的钱就用于母亲在之后的养老使用。

王 先 生 因为母亲毕竟已经90岁了,我们帮母亲写了代书遗嘱,想请律师看一下代书遗嘱是否有效?

崔爽律师 保险起见,建议您带母亲到比较临近的医院,去开一个母亲身体状况的健康证明。如果除了大弟弟以外,其他的子女对于房产的分配没有异议的话,我建议其他子女也在这份代书遗嘱上签字确认。在您的这份代书遗嘱中,最好把您母亲的身份证这些信息都写全了,然后包括谁代书的,谁是见证人,代书人的姓名,见证人的姓名

以及身份证号，也要写全。一定写的是母亲名下的财产，在什么地方的多少号的房子，然后是属于我份额的部分，如果还有其他什么财产需要分割也一定要写得非常清晰，然后再说这个事怎么处置，是由谁来继承。

（北京市盈科律师事务所　崔　爽）

法定代表人不能随便当

在现代社会中，一些企业的老板经常出于各种目的或原因，让员工去担当子公司的法定代表人。遇上这种情况，你该怎么办？当公司法定代表人，实在是一件收入与职责完全不匹配的事情。如果公司经营得好，你并不能享受多大的红利。如果公司经营出现危机和困难，你很可能也会跟着陷入泥潭，甚至会影响到以后的工作和生活。

王女士身为公司法定代表人，却对公司账目一无所知，一次偶然的机会发现公司有大笔的资金进出。面对公司大量资金转入转出是否存在风险？王女士如何才能辞去法定代表人？

案例回顾

公司是2011年成立，当时是三个股东，注册资金是50万元。王女士个人出资10万元，占股份20%。2015年12月，王女士变更为公司法定代表人。在变更法定代表人的时候，王女士提出新旧法定代表人办理交接，但是公司一直未能办理交接手续。

律师支招

王女士 我不能实际控制这家公司,我想辞掉法定代表人的职务,其他股东一直都不同意,我可以采用什么样的方式辞职?

陈微律师 我给您建议第一先提议召开临时股东会,召开股东会的目的是把您的股份转让。看其他两个股东,如果他们同意您转让,那么您正常转让,如果卖给其他人,他们不同意的情况下,他们就等于要接收您的股份,这是一条路,可以把您的股权转让给他们。第二种形式,如果达不成您的诉求,那么按照《公司法》的规定,您可以向法院提出解散公司。解散的同时法官会给你协商把股权转让。如果这家公司继续存续的话,其他股东接您的股份,这样就可以把您的股权转让出去了。召开股东会还有一个问题,就是变更选举新的法定代表人,法定代表人的身份任期已经届满,正常是应该召开股东会选出新的公司的法定代表人。召开股东会以后形成股东会决议,然后您是可以向工商登记申请变更,您是有这权利的。

王女士 我现在有权召开股东大会吗?如果其他股东不到场是有效的吗?

陈微律师 现在您是有权召开股东大会的,如果召开的程序合法,即使对方不来,股东会也可以表决,表决之后您可以向工商登记部门办理变更登记手续。法定代表人身份是可以辞去的,股份同样也是这个道理。假设您转不出去的话,您可以走公司解散的途径,同样也是可以把股份转让出去的。

王女士 公司账上有大额的资金往来,我会不会承担责任?如果我提出解散公司,是不是就不用先提出召开临时股东会,直接上法院起诉就可以了?

陈微律师 如果公司经营中有触犯刑法的情形,法定代表人首先要担责,法定代表人同时又是股东,如果公司经营中有需要承担民事责任的情形发生,那么股东对公司经营负有责任要对债务承担连带责任。

所以建议您按照刚才我们给您讲的一些相应的程序，辞去自己的法定代表人的身份，同时也想办法转让出自己的股权。

（北京市盈科律师事务所　陈　徽）

父母去世，兄妹之间的遗产纠纷

父母名下的房子，作为子女是有继承的权利的。老人辛辛苦苦一辈子，甚至自己都没享到什么福，为的就是能给自己的儿女留下一套房产。然而对于多子女家庭，面对老人留下的房子而产生的纠纷太多了。有很多原本和睦的家庭，就是因为这套房产而引发了家庭纠纷。

今天来到节目中寻求帮助的张女士，父母留下一套房产，却被大哥一直霸占，张女士和二哥觉得大哥的做法侵犯了他们的权益。张女士选择找专业的律师帮助自己，希望律师支招，让自己能合法地维护自己的权利。

案例回顾

张女士家兄妹三人，父亲有一套105平方米的房子，这套房子是2002年父亲单位盖的房，距现在已经过去近17年的时间了，房产证依然没有办下来。张女士的母亲是在2010年年底去世，父亲是在2017年1月去世，如今这套属于父母的房产一直被大哥占有着。

在2011年下半年，张女士的大哥以照顾父亲为由将保姆辞退，之后大哥一家搬到父亲的房子中居住，并将自己的房子出租。大哥在照顾父亲的过程中，每个月向父亲收取4000元的生活费,后来大哥又以物价上涨为理由将父亲的生活费涨到一个月5000元。

在父亲去世之后,大哥并未搬离父亲的房子,一直居住在那里。并且把家中所有的门锁全换了,使其他子女无法再进入房屋。

父母没有遗嘱,眼看房子被大哥霸占,张女士和二哥觉得自己的权益受到损失,既无法进入房子,也没有得到大哥给出的补偿。张女士和二哥到底该如何维护自己的权益呢?让我们看看曹晓静律师怎么说。

律师支招

张　女　士　我通过收看《律师帮帮忙》的节目,也知道一点关于遗产继承的法律,好像父母留下的房产是没办法分割的,但是我们是不是有居住和使用权?

曹晓静律师　在离婚和继承案子中,遇到这种央产房或者单位的自管房,或者是单位集资建房的话,只要手续齐全还是可以办理房产证的。像您父亲留下的这种特殊性质的房子,产权证目前还没有下发之前,所有权是不能处理的,但是您可以基于继承享有使用权,这点是没有问题的。比如三间房一人一间,还是分配每个人享有相应的面积,在这点上也有法院这样处理。由于是单位集资建房,不是承租公房的性质,因此使用权和所有权的分配需要征求原单位的意见进行比例划分。

张　女　士　还有一个问题,就是我父亲的大额存单都没有了,都让大哥给取走了,这个钱我们能追回吗?或者能要求大哥分给我们吗?

曹晓静律师　您父亲去世时已经是91岁高龄,在司法实践中一般是这样的,老人去世之前一段时间,谁照看的比较多,可能谁会暂时保管他的财务。只要他的金额不是特别大,这个是比较难主张的。如果是老父亲生前处分的,那么不管是证据的收集还是我们日后的主张都是有难度的。如果涉及日后起诉,那么我们可以在继承的时候提一下,让大哥说明资金的去向,如果他说明不了,那

也可以作为酌情考虑的一个情况。

张 女 士 您看，根据我们家现在的情况，我该怎么做？

曹晓静律师 从目前情况来看，这个房产是遗产肯定是没问题的，三个子女虽然没有房子的所有权，但是都应该有共同继承的权益。那么也可以考虑分配使用权的份额。建议您先跟大哥协商，如果协商不成可能您只能通过起诉解决。一旦单位把这个房产证办下来之后，我们就可以根据这个继承的判决，来要求房子析产，也就是分割所有权。

（北京市盈科律师事务所　曹晓静）

替子还债，引发母子纠纷

俗话说，欠债还钱天经地义。一个人在经济困难之际需要用钱，当然可以向亲人或者朋友请求支援。如果是自己的儿子因为不懂事在外面欠下高利贷，那么作为父亲母亲是不是应该为孩子还钱呢？古语云，子不养父之过。作为至亲不负任何还钱的义务时，就眼睁睁地看着自己的孩子被高利贷天天追讨上门吗？

今天来到节目中寻求帮助的夏女士，就是用自己的全部积蓄和回迁房帮儿子还债，结果却落得无家可归的境地。夏女士选择找专业的律师帮助自己，希望律师能给自己支招，让自己能合法地维护自己的权利，安享晚年。

案例回顾

2017年,家住丰台区的夏女士因为儿子犯错误,欠了好多账,儿子哭着跟夏女士求情,希望母亲能拿出积蓄帮自己还账。为了替小儿子还债,夏女士不仅拿出自己28万元的养老钱,还在不得已的情况下,卖掉自己的房子替儿子还债。

帮儿子还债之后,夏女士用剩余的400多万元购买了一套小房子。本以为可以就此安度晚年的夏女士,没想到事后不到半年,小儿子就失踪了,而自己竟然无家可归。

原来,房子卖了之后,钱在小儿媳妇手里,小儿媳卖房之后还给了夏女士10万元养老钱之后,小儿媳妇告诉夏女士,自己已经和夏女士的小儿子离婚了。小儿媳妇不但不承认夏女士替小儿子还过债,还让自己无法继续住在房子里。

新买的小房子在买的时候增加了孙女的名字,房子应该是夏女士和孙女一人一半,怎么就不能让夏女士居住了呢?无奈之下夏女士找到栏目组寻求帮助,希望律师支招让自己能安度晚年。

律师支招

夏女士 现在房子是我和孙女共有,这样的房子我能出售吗?

曹晓静律师 以您作为原告,以这个孙女作为被告,因为孙女还未成年,所以孙女的父母作为法定代理人,提起一个共有物分割之诉。比如说是因为家庭关系出现矛盾,如今矛盾已经激化,不适宜再共同生活,那么想把这个房子卖了,再各自买一套小的,就是维持之前的这个生活状况或者说是提高一下生活质量,这个是法律允许的。

夏女士 我当时拿出自己全部积蓄,替儿子还了28万元,卖房之后儿媳还了我10万元,还有18万元没还,这个钱我能要回来吗?

曹晓静律师 只要您有转账记录,替他还了外债,其实剩下的18万元,您可以以民间借贷的案由起诉,要求他返还。如果您的小儿子失踪了,法院在这种诉讼过程中也比较常见,其实是可以公告送达的,这

点您是不用担心的。只要有他的身份证号,就可以去告他。而且告的可以是两个人,儿子和儿媳妇,因为当时还没离婚,在婚姻关系存续期间就是告的夫妻,作为夫妻共同债务,夫妻是共同的还款人。但是,如果说您儿子欠的钱可能不是什么好钱,没准是什么赌债或者其他的,那么这笔钱如果没有用于家庭共同生活,依照现在最新的法律规定,跟您儿媳妇其实是没关系的,所以说最主要的还款人还是您儿子。

(北京市盈科律师事务所　曹晓静)

我承包的土地,怎么种上了别人的树

土地经营权是指土地经营权人依法对农村土地享有从事种植业、林业、畜牧业等农业生产并取得收益的权利。土地经营权人对流转土地依法享有在一定期限内占有、耕作并取得相应收益的权利,可以通过多种方式处分土地经营权,如土地经营权的融资担保、入股和再流转等。

今天来到节目中寻求帮助的张先生,与村委会签订有正规的土地承包合同,如今自己的土地却被第三方种上了树,给张先生造成了直接的影响。张先生选择找专业的律师帮助自己,希望律师能给自己支招,使自己能够维护自己的合法权利。

案例回顾

张先生是垛子村的村民,从 2007 年开始承包了村里 14 亩的土地,土地承包期限为20年，租金是每亩2000元，每年的1月1日交上一年的承包费，最低按市场价的5%递增，每五年递增一次。如今张先生与村委会的土地承包合同没有解除，村委会在未经张先生同意的情况下，竟然让第三方在张先生承包的土地上种树。

村委会当初与张先生在签订承包合同的时候，这块土地可以多种经营，只要不违反国家相关政策，是可以用于建厂房等经营用途。

在2017年的时候，地上物给拆除了，拆除以后土地变成白茬地，如今土地被别人种上了树，从2017年9月开始，张先生反复找村委会交谈协商土地的问题，但至今没有解决。

律师支招

张　先　生　没有经过我同意的情况下，就让第三方在这片土地上种上了树，难道我承包土地不合法吗？

陈立飞律师　您作为这个村的村民，是有权利承包这个村的土地，这是您的合法权利。

张　先　生　在没有经过我允许的情况下就让第三方种树，是不是侵害了我的权益？我该怎么做？

陈立飞律师　根据您的叙述，《农村土地承包法》明确规定，土地流转在依法自愿有偿的基础上流转，任何人和任何组织不得强迫或者阻碍您进行土地流转。村委会现在的行为，就是说强制您把土地流转给他人，由他人来种树，所以村委会的行为应当是违反了《农村土地承包法》的规定，属于一种侵权行为。如果发生侵权，第一，您可以依据《农村土地承包法》的规定，要求村委会停止侵权，也就是不能再继续让第三方在承包的土地上种树了。第二，就是恢复原状，将已经种了的7亩地的树，进行清理让土地恢复到原先的状态。第三，就是赔偿损失，因为种了树的这一年，您是没有办法经营这一块土地，可能给您造成了损失，您是可以要求赔偿的。您可以从这三方面完成您的诉求，途径可以根据《农村土地承包法》和村委会协商解决，如果协商不成也可以向土地

承包仲裁委员会提起仲裁，如果说仲裁还是无法解决或者说您对仲裁不满意，那么可以向法院直接提起民事诉讼。

嘉宾支招

在听完了张先生的叙述之后，赵可老师表示，农村土地的二次流转，根本的意义在于别把土地荒废，让它能够得到及时的使用和履行。对于张先生承包的这块地，村委会希望您流转出去，可能就是因为当时约定的交的租赁费用比较高，您现在自己经营可能也达不到交的费用，自己可能还要亏损，所以这个土地一直处于一个空闲的状态。在这样的情况下，村委会才一直希望您把土地流转出去，用作其他的经营，以能达到缴纳租赁费用的目的。

但是不管怎样，也应该尊重原来土地租赁人的权益，必须要与土地租赁人进行协商并且在协商的基础上达成二次流转。如果在协商不能达成一致的情况，就已经有第三方在这片土地上种树的话，不管是实际的种树人还是村委会，都构成了侵权行为。所以张先生可以通过律师帮您分析的途径，来维护您自己的权益。

追踪结果

节目录制之后，栏目组了解到，张先生在腾退地上物的时候，曾经和镇政府签订了一个合同，合同中明确约定租赁地交镇政府管理，所以镇政府是有权利在张先生租赁的土地上种树。

（北京市盈科律师事务所　陈立飞）

新车问题多，我的权益谁来负责

以前在聊到“开多少年后将车卖掉最值”这个问题时，大多数人的答案都是五年或六年，因为普遍认为五六年之后，汽车的故障率逐年增加。然而在汽车技术不断发展、市场竞争日益激烈的形势下，新车质量问题频发，眼花缭乱的高科技配置反而让不少准车主内心产生隐隐的担忧。

今天来到节目中寻求帮助的李先生，新买一年的车就状况频出。李先生提出退车要求，却要收取十多万元的折旧费。问题车到底该如何处置？4S店又该承担哪些责任呢？

案例回顾

2018年3月，李先生从北京一家路虎4S店买了一台路虎揽胜运动P400E的新能源汽车。在买车一周后，突然出现屏幕花屏，当时李先生赶忙将车送去4S店进行检测。4S店给出的解释是，需要软件升级。之后在一次给汽车充电的时候，车辆显示充电错误。李先生再次将车开到4S店进行检测，这次给出的结果是充电口的问题，李先生将车放在店内等待配件进行维修，半个月左右后配件来了，在对充电口进行更换后，依然还充不进去电，技师说需要给车再进行详细的检查，最后发现是车内充电模块的问题。

在对车辆进行维修之后，李先生终于可以正常使用车辆。没想到在2018年10月，李先生到4S店正常做保养的时候，技师经过检查说李先生的车辆是因为防冻液泄漏导致充电模块短路，对充电模块进行更换后，李先生再次正常使用了一个月。而在2018年11月英国路虎厂家做了一个全球召回，在召回中承认车辆的充电模块有问题。这也是李先生第三次更换充电模块，在这次更换充电模块后三四天的时间，李先生去充电，没想到车辆的电依旧无法充满。

买车不到一年的时间，面对车辆频频出现的大大小小的质量问题，李先生担心车辆在行驶过程中会对人身造成一定的安全隐患，现在李先生的诉求是退车。

目前，车辆行驶了26,000公里，在与商家协商退车的过程中，商家要收取李先生车辆的折损费。李先生认为是车辆的安全性能或者说属于这种动力总程出现问题，属于退车的范围，作为商家不应该收取李先生车辆折损费，应该全款退车。李先生无条件退车的诉求能够实现吗？让我们来看看李学磊律师怎么说。

律师支招

李　先　生　充电模块肯定是车辆的一个主要部件，我买的是新能源汽车，如果充电模块有质量问题，依旧三包法规定，车辆有质量问题的话是全款退车的。我当时买车的时候是裸车968,000元，店内开票价是852,000元，店内现在答应我按852,000元给我退车，按行驶6000公里来给我算折损，使用费是35,000多元，可852,000跟实际交付的968,000元之间还有一个11万多元的差价，这个差价店内是不补给我的，我想知道这样做合理吗？

李学磊律师　在这我们要提醒一下广大朋友，在购买车辆的时候，一定要按照自己的实际付款金额向4S店索要发票，否则一旦日后涉及维权会有不必要的麻烦。再有，您主张的车辆是否符合三包法，是不是主要零部件威胁到了人身安全，这些都需要进一步的确认。现行的三包法有规定，60日内或者行驶3000公里以内，这两个条件哪个先到以哪个为准，可以全款退车。您的情况显然是已经超过了这个所谓的免费退车的范围，那么超过这个范围，车辆又确实存在安全的性能或者说属于这种动力总程的隐患，确实属于退车的范围，但是需要您支付一定的使用费，这是合理的。

李　先　生　车辆因为黑屏已经出过一次单方的事故了，再加上现在充电模块涉及了主要的零部件的问题，我觉得已经威胁到了人身安全，在这种情况下也是不能全额退款吗？

李学磊律师　我刚才已经给您解释了，以开票的时间为限，60天或者行驶

3000公里,这是免费全款退车的条件,否则是不能无偿无条件退车的。符合条件的情况,一般都是明显威胁人身安全的性能问题,是可以免费退车的。现在我建议您,将店家给您的一些口头说法采取录音或者录像的方式留存,因为毕竟现在还是跟对方协商的过程,那么您在协商的过程中留足相应的证据,万一协商不成将来肯定会选择诉讼的方式解决问题,那么这样的话,您现在留存的证据在诉讼的过程中会显得比较必要。

(北京市盈科律师事务所　李学磊)

自如的合同让我不“自如”

租房,是在外工作朋友的必然需求,也是我们出门在外首先要解决的事情,为此很多平台都推出了租房服务。自如这个平台也算是风口浪尖的角色,面对租客,自如强调的是品质和服务,那么面对做了多年“包租婆”的业主,自如又是如何服务的呢?

今天来到节目中寻求帮助的李先生,在2017年将海淀区的一处楼房委托给自如,原本以为自己可以省心了,可是一年之后才发现合同中的约定与之前商量好的内容大相径庭。这让李先生很是困惑。

案例回顾

2017年,李先生由于无暇管理自家马连洼的一套房子,准备将房产出售。链

家的一位姓梁的销售顾问，告知李先生现在有新政，卖房不合适，建议李先生先将房子出租。于是，在梁先生的引荐下，李先生认识了一位自如的管家。

自如管家在看过李先生房子后告诉李先生，房子在出租之前需要装修一下，于是李先生答应第一年给一个月的空挡期，可是李先生没想到第二年的租金也有一个月的空挡期。此外李先生多年来在租房过程中，一直是水、电、气、暖谁使用谁交。可是在把房子委托给自如之后，第一年取暖季自如却不承担取暖费，在李先生与自如反复协商之后，自如只给了一半的费用，再说什么自如都不再支付另一半的取暖费了。

到现在为止，李先生一直想找自如的工作人员协商，然而由于之前的自如管家离职，李先生一直联系不到人。无奈之下只得寻求栏目组的帮助，希望律师帮自己看看到底之前的委托合同是怎么签的，到底李先生的权益能否挽回，让我们看看崔爽律师怎么说。

律师支招

李 先 生　当初为了省心，才将房子以相对比较低的价格委托给自如，结果当初答应我的条件都没有签订在合同中，我觉得我被骗了。当时自如管家只是让我爱人在手机上签了一个名，我觉得这个合同应该是不成立的。

崔爽律师　在听完您的叙述之后，其实您是希望他们再给您代为往外出租的，只不过您认为其中一些当时他们答应您的条件没有落实到合同条款里，后续也不认了，在这点上您认为被骗了。其实是这样的，咱们签合同的意思表达是真实的，并不是说您对于这个合同签订有什么误解，或者说对于签订的合同有完全不知情的情况，那么在签这个合同的时候，实际上你们双方订立合同本身是合法有效而且是受到法律保护的。至于您认为您受骗的那一个层面，实际上是属于合同签订之前您和自如之间洽谈协商的内容，这完全是两个层面的东西。可能在我们协商洽谈的过程中，会谈出很多个版本，但最终双方落实的一定是一份以字面合同为准的合同。至于您说的电子合同的问题,其实这是您的一个误区。自如的工作人员跟您以电子合同的方式来签约,那么每一页合同中的内容在电子合同中都应该是有呈现的。他是跟您谈完了以后,您一定觉得谈的都挺好,就直接把这个合同跳到了签字页完成了签字,而前面合同的具体约定实际上您根本就没有看。如果您以此为由,要求撤销这个合同,是可以的,但是有两点您需要注意,第一您需要有证据证明,自如的工作人员确实没让你看。第二您还要在一定的期间内提起诉讼,咱们法律上规定,合同撤销的时间是,自知道或应当知道撤销事由起一年内。

李先生 经过您一讲,我明白了。那现在还有什么挽回的余地吗?

崔爽律师 首先建议您,以后如果自己把握不好的事情,可以让您的子女多帮您把把关。不要太过于去相信一个人或者一个企业给您的承诺,因为您们之间根本就不可能有任何信任的基础,利益也是不一致的,后续一旦出了问题,办理事情的员工离职后,您很难说清当时的情况,这样您会觉得很冤。在这次房的事情中,您也有您自己的失误点。现在您只能本着相对友好的这种原则和态度再去找您房屋所在地区域的负责人来协商这件事。如果您直接上门去找也不知道找谁的话,可以打他们的官方客服电话,尝试继续沟通此事。另外,他们已经支付了第一年一半的供暖费,如果经过协商他能再次支付的时候,您尽量落实成文字的形式,如果说没有签订书面的内容,而是在洽谈的过程中李先生录音了,确实业务员也反复作出了非常明确的承诺,这些也对您后续维权有利。

(北京市盈科律师事务所　崔　爽)

赌博“输掉”的家

赌博，是我国严令禁止的。古语中曾经这样形容赌博，十赌九输，小赌怡情，大赌伤身。不管是古人还是现代人，有多少家庭因赌博毁于一旦。赌博猛于虎，小编奉劝各位朋友千万不要沾赌，一次足以致命。如果您已经染上了赌瘾，小编同样希望你们能停下脚步来看看，好好想一想，人生没有多少次机会能给你悔过，好好珍惜眼前一切，赌博只会扭曲你的人生观，让你在失去的沼泽中越陷越深。

来到节目中寻求帮助的梁先生，因为自己的前妻嗜赌，短短几年时间家中就发生了翻天覆地的变化。迫于无奈梁先生选择离婚，可万万没想到的是，前妻竟然偷了梁先生的身份证，将离婚时属于梁先生的房子抵押了。在这样的情况下，梁先生能够维护自己的权益吗？

案例回顾

2014 年，因为妻子赌博，将家中所有的房子都抵押了，梁先生迫于无奈选择与妻子协议离婚。在离婚时双方约定将 2002 年 8 月购买的一套小产权的房子，归梁先生所有。而让梁先生万万没有想到的是，在财产分割不久，梁先生才发现前妻因为赌博将属于自己的这套房产，也抵押了出去，并且找人冒名顶替自己签订了房屋转让协议。

梁先生一脸困惑，自己不知道什么原因跟人家签了一个房屋转让协议，也不知道是什么时候签订的协议，再仔细查看时发现，上面签的名字还有手印，都不是梁先生本人。由于房子一直被梁先生出租，前妻偷了梁先生的身份证，把租户轰走，然后找人冒名顶替办理的相关手续。

面对如此的遭遇，梁先生认为自己非常无辜，如今，前妻在监狱服刑，梁先生还能要回属于自己的房子吗？梁先生又该如何维权呢？让我们看看崔爽律师怎么说。

律师支招

梁 先 生 因为房子在通州马驹桥，我已经向通州法院提起诉讼，主张的是协议无效，希望受让方能将房产返还给我。

崔爽律师 由于您没有出示相应的法律文书，我们只能做出推论。小产权房在诉讼过程中，北京市高级人民法院确实出过一个指导意见。大概分几个层次，我们就说离婚关系这种过程中，假如说夫妻两口子要分割一套小产权的房产，那么如果在诉讼阶段，房子并未被确认为违法建筑或者违章建筑的情况下，这个财产法院是可以去给双方进行分割和分配的。但是他分配的并不是所有权，而是这套没有相应证件房子的使用权以及财产利益，可以直接在判决中列明归谁所有。对于您这件事情，房子虽然没有产权证，但是它是您购买的，您对于这套房子是享有财产利益也享有使用权的，如果被无端地侵害了肯定是可以去主张相应的责任。但是需要您注意的是，现在到底这个责任是向当时的受让方主张，还是向您的前妻主张，这才是咱们这个案例中，应该探讨的一个问题。

梁 先 生 现在我前妻在服刑，我该怎么才能证明我是无辜的？

崔爽律师 因为只看到转让协议，没有看到更多的证据，所以我只能给您一个推论。比如说在交易过程中，您的前妻拿了一份授权委托书，当然肯定是仿冒您签字的，那这个协议就没有问题。作为受让方来讲，缴纳了正常的购房款，买了这套房子，您现在跟我说确认无效，说签字不是您本人签的，在这种情况下确实法律上是支持不了的。所以，具体问题具体分析，如果您前妻没有经过您的同意擅自把房子卖了，作为善意第三方来讲，他是没有义务返还的。那是谁侵犯了您的权益呢？其实是您的前妻，相应的责任应该向她去主张，而不是要求善意的购买方来进行返还。但至于这个购买方是不是善

意的，也是要看客观情况。购买的时候，购买方知不知道这套房子的状态，然后有没有支付合理的正常的市场价格，房款是怎么给付的，有没有证据证明已经给过了等问题，都是法院应该审查的，也应该是您去了解的一些细节。

（北京市盈科律师事务所　崔　爽）

图书在版编目(CIP)数据

律师帮帮忙：身边的法律微服务/盈科律师事务所编；梅向荣主编. -- 北京：法律出版社，2020

ISBN 978-7-5197-4500-4

Ⅰ.①律… Ⅱ.①盈… ②梅… Ⅲ.①案例-汇编-中国 Ⅳ.①D920.5

中国版本图书馆CIP数据核字(2020)第076421号

律师帮帮忙

——身边的法律微服务

LÜSHI BANGBANGMANG

—SHENBIAN DE FALÜ WEIFUWU

盈科律师事务所 编

梅向荣 主编

胡忠义 执行主编

策划编辑 朱海波

责任编辑 朱海波

装帧设计 汪奇峰

出版 法律出版社

总发行 中国法律图书有限公司

经销 新华书店

印刷 三河市龙大印装有限公司

责任校对 马　丽

责任印制 吕亚莉

编辑统筹 法律应用出版分社

开本 710毫米×1000毫米　1/16

印张 34

字数 590千

版本 2020年7月第1版

印次 2020年7月第1次印刷

法律出版社/北京市丰台区莲花池西里7号(100073)

网址/www.lawpress.com.cn

投稿邮箱/info@lawpress.com.cn

举报维权邮箱/jbwq@lawpress.com.cn

销售热线/400-660-8393

咨询电话/010-63939796

中国法律图书有限公司/北京市丰台区莲花池西里7号(100073)

全国各地中法图分、子公司销售电话：

统一销售客服/400-660-8393/6393

第一法律书店/010-83938432/8433　西安分公司/029-85330678　重庆分公司/023-67453036

上海分公司/021-62071639/1636　深圳分公司/0755-83072995

书号:ISBN 978-7-5197-4500-4　**定价**:98.00元